ソグド商人の歴史

エチエンヌ・ドゥ・ラ・ヴェシエール
影山悦子 訳

ソグド商人の歴史

岩波書店

HISTOIRE DES MARCHANDS SOGDIENS
Deuxième édition révisée et augmentée
by Étienne de la Vaissière

First published 2004 by *Collège de France*,
Institut des Hautes Études Chinoises, Paris.
This Japanese edition published 2019
by Iwanami Shoten, Publishers, Tokyo
by arrangement with *Collège de France*,
Institut des Hautes Études Chinoises, Paris.

アン＝ソフィーへ
昼と夜

估客行《こかくこう》

海客《かいかく》　天風《てんぷう》に乗《じょう》じ
船《ふね》を将《もっ》て遠《とお》く行役《こうえき》す
譬《たと》うれば雲中《うんちゅう》の鳥《とり》の如《ごと》く
一《ひと》たび去《さ》って蹤跡《しょうせき》無《な》し

李白

序

「シルクロード」という考えは、ギリシア化し、後にイスラーム化した西アジアと、東アジアとの間で、商業、宗教、芸術の分野において生じた接触について、多くの歴史研究を生み出した。その言葉が呼び起こすイメージの力がこのテーマを広く普及させた。しかしながら、これまでに「シルクロード」と呼ぶことのできる歴史的事象が正確に定義されたことはない。「シルクロード」という考えは、歴史研究にとって必要な段階ではあるだろうが、はっきりとした歴史的概念に立脚しておらず、歴史地理学を中心とする研究方法に商業、外交、宗教の要素を混ぜ合わせたものである。

したがって、議論をより明確にしようとするなら、可能な方法の一つは、特定の社会集団の活動に関心を持つことである。すなわち、拙速に「シルクロード」とされてしまった広大な領域の中の、ある地域で、ある時代に交易に従事したことが知られる商人社会のいずれかに関心を持つことである。特定の社会集団が行った遠距離交易は、確実に、一つの歴史的事象、すなわち固有の経済的・社会的・文化的特徴を備えた構造を形成し、その時間的変化を分析することが可能である。このような交易は、特定可能な経済的交換——そのバリエーションを復元することができる——、長距離を管理するメカニズム、社会的階級制——解読が必要——、そして共通の慣習の上に成り立っている。それは明確な歴史的背景のもとで生まれ、発展し、変貌する。衰退もするし、競合する他の交易が取って代わることもある。このような集団の交易活動を特定し、分析することは、「シルクロード」という未分化の考えに歴史的実態を与える第一歩となるだろう。中央アジアのサマルカンド地域出身のソグド商人が行った遠距離交易の活動を特定し、定義することが、本書の目的である。

ソグド人が住んでいたソグディアナという地域は、アム川とシル川の間の砂漠に囲まれた肥沃な流域、とくにザラフシャン川流域であり、現在のウズベキスタンとタジキスタンにあたる。イラン系の言語を話すこの民族は、前六世紀のアケメネス朝の支配者が記した碑文から、一〇世紀のアラブ人地理学者の文献まで、一五〇〇年以上もの間、その存在が証明されている。後者の文献には、ソグド人の文化的・言語的アイデンティティーの決定的な衰退が記されている。サマルカンドとブハラを建設したにもかかわらず、ソグド人が一般にはほとんど知られていないのは、後にイスラーム化したイラン系の民族集団に融合してしまったからである。それに対して、紀元後一〇〇〇年間のステップ地域、中央アジア、東アジアを対象とする学術文献は、この民族をありとあらゆる交換の担い手とみなしてきた。史料に遠距離交易が出てきたり、外国の影響が現れたりすると、専門家は最後の手段として、時にやむをえず、ソグド商人を引き合いに出すのである。ところが、多様なソグド人の交易に対して、その本当の役割を評価しようとする歴史研究はいまだに行われていない。本書はこの欠落を埋めようとするものである。

漠然とした歴史研究から不要な部分を取り除いてしまえば、ソグド商人の影響の本当の広がりが見えてくる。本書の主題である経済的・社会的問題と、筆者が同様に取り組むことになる政治的問題はおくとして、ここでは文化の分野、より正確にいえば宗教に関する例をいくつか挙げておきたい。インドとイランの境域出身の僧侶と並んで、ソグド人は二世紀から三世紀にかけて中国に仏教を伝えた主要な民族である。四〇〇年後、ソグド人は西方から新たに伝来したマニ教とネストリウス派キリスト教を中国およびテュルク人のもとにもたらした。その後イスラームが到来する。一〇世紀にテュルク人が初めてこの新しい宗教に改宗したのは、ソグド商人が交易を独占していた地域、すなわちシル川の北のステップ地域だった。セルジューク朝の改宗も、最初のテュルク・イスラーム帝国であるカラハン朝の改宗も、その起源はこの時の改宗にある。最後に、宗教から少し離れるが、インドや中国、そしてイランやテュルクの影響を受容したイスラーム以前のソグド文化が、九世紀から一一世紀のイスラーム世界において最も偉大な学者たちの育成に対して果たした役割についても考えることができる。何人か名前を挙げれば、ビールーニー、ファーラービー、イブン・スィーナー、フワーリズミーは、すべてソグディアナまたはその隣のホラズムで教育を受けている。より広く見れば、これから筆者が研究するソグド商人のネットワークは、人間、技術、物品、思想の循環を可能にしたのである。思想の循環はそれだけを詳細に研究する価値があるが、研究の多くは初期段階にある。思想の循環について本書では論じないが、それについて認識し、その観点からもソグド人の交易ネットワークの歴史的重要性を評価する必要がある。

ソグド人の交易の問題に取り組む歴史学者は、一つの大きな困難に直面する。西洋史の史料環境であれば、少なくとも中世末期以降は、特定の集団による交易史の経済的・社会的構造を、その内側からも外側からも研究することが可能な場合が多い。とくに文書資料は様々な視点からの情報を豊富に提供してくれる。すなわち、公証人文書、会計簿、結婚契約書や傭船契約書、法律の条文、ギルドや後援者の寄進文などが必要な情報を提供する。しかし中世の中央アジア史はこのような史料環境にはない。

筆者がこの研究に着手した時点では、七〇〇年頃にはモンゴル高原から北西インド、そして中国の都からアラル海に至る地域にソグド商人が存在したことが確実な証拠によって示されていた。一方で、ソグド人の交易の期間は、ほぼ一五〇〇年に及ぶとされていた。しかし、たとえ、ある歴史学者が必要とされるすべての能力――言語的にも技術的にも膨大である――を身につけているとしても、それでもやはり、利用できる史料はあまりにも少なく、あまりにも分散している。さらに、これらの史料は基本的に外部の観察者の手によるものである。ある場所に商人がいて、それがソグド人であることは伝えるが、それ以上のことを伝えるのは稀である。そしてこのような情報は、三世紀の中国の仏教僧の伝記にも、一一世紀にバグダードで作成されたテュルク語・アラビア語辞書にも見られる。この種の史料から引き出すことができるのは、時間的・地理的描写、つまりソグド人の交易の存在を示す地図とその変遷である。

このように情報が分散している一方で、厳密に交易に関係する、またはソグド商人の社会に由来するソグド語文書は、片手で数えられるほどしかなかった。筆者には、決算報告書も、法律の条文も、プロソポグラフィー（人物研究）の概略を示すのに必要なものもなかった。したがって、たどることができると思われたのは、基本的には、アジアにおけるソグド人ネットワーク拡大の外形的な歴史、すなわちソグド商人の存在を示す地図とその変遷だった。

文書資料が基本的に外部のものであり、同時にきわめて分散している状況においては、研究する事象の一貫性が大きな問題になる。たとえ文書資料が分散していても、それが内部のものであれば、あるソグド商人の社会を別のソグド商人の社会と比較することができただろう。また、たとえ文書資料が外部のものであっても、それが限られた時代もしくは空間に集中しているのであれば、一つの歴史的現象が存在したことをかなり正当に推測することができただろう。しかし、ソグド人の場合には不利な点が積み重なっていた。証拠のほとんどは外部のもので、それらがこれほど広大な地域に、これほど長い期間にわたって、これほどまばらに分散していると、証拠がすべて一つの同じ歴史的現象に結びつくという確証を得ることができなかった。そのため、「シルクロード」という観念に泥を塗るような概念上の矛盾に陥り、結局のところ、中世の遠距離キャラバン交易とはこういうものだったというアプリオリな考えを上からかぶせて、文書資料の空白を埋め、内部に一貫性のない歴史的事象を一から作り上げるという過ちを繰り返す危険性は十分にあった。

地理的・時間的に総合するだけでは十分ではなかった。これほど大きな時間的・地理的空白の上に最小限の歴史的関連性をもって橋を架けようとするならば、文書研究はどうしてもソグド人の交易の内部構造の、せめて輪郭だけは浮かび上がらせる必要があった。それは史料の検討によって最終的には達成されたのだが、文書資料が限られているため、かろうじてであった。以下に挙げる二つの要素が、完全にではないが、ある程度は困難を解消してくれた。

ソグド人の交易に関する記述は、全部ではないが大部分は短いもので、そして概して一つひとつの記述が孤立している。しかし、もしアジア大陸の両端に位置する二つの史料がソグド商人に関してわずかでも同じ情報を与えるならば、それは一つの客観的事実の存在を実証するだろう。さらに、このような情報がソグド人の社会または経済の内部の特徴を明らかにする場合がある。また、ソグド商人の社会に直接由来する文書資料もいくつか存在する。それらは内部の立脚点――数は少ないが、とてもしっかりした――を形成し、仮説を立てること、さらに、その仮説と外部の史料の記述内容とを結びつけることを可能にする。それによって、構造の単一性、すなわちゆっくりと形を変えるが、時間的にも空間的にも構造が連続していることを示すことができると思われる。研究されていないことは、少なく見積もっても、私たちが知っていることと同じくらい多い。しかし、ここで重要なのは、研究されていないことは、このおおよその構造を大幅に改造しなくても、その中に組み込める性質のものだと考えられることである。

しかしながら、とくにソグド人の交易史の二つの段階、すなわち始まりと終わりは問題を提起し続ける。始まりについては、古代におけるソグド人の遠距離交易の起源を特定するために、ソグド人のネットワークが生まれた年代を確定するというかなり漠然とした試みを行ったが、その際、とても少ない情報、しかもすべて外部の史料から引き出した情報で満足せざるをえなかった。終わりについては、八世紀に到来したイスラームと言語がもたらした文化的衝撃は、ソグド文化を消滅させるほど圧倒的なものであったため、筆者は外部の史料を選ぶ基準を再検討しなければならなかった。そもそも、もはやソグド人は存在しないのだからソグド商人は存在しないのだが、それでも、ソグド人の交易が名前を変えて存続したかもしれないし、その構造の文化的要素の一部が失われただけで、他の部分は存続したかもしれない。筆者は、先行する時代について論証したすべてのことにもとづいて、一〇世紀の中央アジアの交易、すなわちサーマーン朝の交易が、ソグドという名前だけでなく、かつてのソグド人の交易の経済的・社会的特徴の一部をもまた失ったことを証明しようと試みた。そして、それが筆者の研究対象が到達した最終的な変化形であるという結論を導き出すことができた。

このような方針は明らかに能力の問題を提起するだろう。前六世紀の古代ペルシア語の鉱物用語の解釈に始まり、一三世紀のフランシスコ会修道士の話に現れるいくつかの地名の同定に至るまで、その間にも、九世紀のニーシャープール旅行者の出身地の特定や、中国の地理文献にその数百年前の文献の記述が引用されることなど、提起されるすべての問題を究明するなどということは論外だった。この点については歴史学を指針とすることが重要な歯止めとなり、それによって碩学の様々な議論に対して境界、「期待の地平」を設定することができた。しかし、こちらの方がより深刻なのだが、原典の言語をすべて習得するなどということも論外だった。アルメニア語、チベット語、または中世インド諸語の文献も、きわめて重要だが、ここではおくとして、主要な言語だけでも、少なくとも古典中国語、ソグド語、アラビア語、テュルク語、ペルシア語、ギリシア語が挙げられる。ロシア語、中国語、日本語のような東洋学の碩学たちが用いた言語も簡単ではない。さらに、文献資料、考古資料、図像資料、貨幣資料を同時に操るのに必要な経験を積むべきだっただろう。筆者は本研究の過程で、考古学の文献を利用することができるようにロシア語を習い、イスラーム史料を原文で読むことができるようにアラビア語を習い、またペルシア語、ソグド語、中国語は中級レベルに達したものの、本研究の大部分は翻訳に依拠していることを認めなければならない。翻訳と原文を照合してはいるが、翻訳の使用が明らかに誤りの要因になることは認めるほかない。筆者は、考古発掘、文献研究にも参加したが、自分が考古学者または文献学者であると、ましてや貨幣学者や美術史学者であると主張することはとうていできない。多くの研究者の助けがなければ、誤りはもっと多かっただろう。そのうえで残っている誤りは完全に筆者のものである。本書は、多くの点で、本書が取り上げる様々な領域の専門家とたいへん緊密に協力した成果である。おそらく大部分の歴史研究よりもその傾向は強いだろう。本書の主題がそれを促したのである。

筆者を助けてくれた人々の中で、第一にフランツ・グルネの名前を挙げなければならない。寛大で、膨大な知識を持ち、いつでも対応してくれる氏は、東洋学のラビリンスの中で筆者を導いてくれた。彼の継続的な助けがなければ、本書を執筆することはできなかっただろう。ポール・ベルナール(故人)は、本書の前身である博士論文の指導を引き受けてくれ、クロード・ラパン、オスムンド・ボペラッチ、ギイ・ルクイヨとともに、筆者を高等師範学校の「東洋と西洋の考古学」研究班にあたたかく迎えてくれた。これに対応する中国側の研究班が、コレージュ・ド・フランスに拠点を置く、高等研究院とフランス国立科学研究所の「中国文化」研究班で、学問的な真摯さと寛大さによって受け入れてくれた。ジャン＝ピエール・ドレージュ、エリック・トロンベール、張廣達、リチャード・シュネデールは、敦煌《とんこう》とトルファンの数多くの資料に筆者を導いてくれた。エリック・トロンベールは、さらに本書の漢文の翻訳をすべて読み直してくれた。ニコラス・シムズ＝ウィリアムズと吉田豊は、ソグド語文献学の領域で筆者を助けてくれた。コンスタンティン・ズッカーマンは、ビザンツとハザールの分野で筆者を支え、ギリシア語の翻訳を修正してくれた。アラステア・ノーテッジとモニク・ケルヴァンは、キャラバンサライの問題についてじっくりと議論することを許してくれた。ロシアでは、グレゴリ・セミョーノフ(故人)とボリス・マルシャーク(故人)が、ソグド人の文化に関する彼らの豊富な知見を、とても親切に筆者と共有してくれた。ウズベキスタンでは、ジャマル・ミルザアフメドフがパイケントのキャラバンサライの発掘に筆者を参加させてくれ、ピエール・シュヴァンはフランス中央アジア研究所に何度も筆者を迎えてくれた。他にも、ステファン・ルベック、フランソワ・ティエリイ、ヴラディミール・リフシツ(故人)、テオドル・ヌーナン(故人)、フランソワーズ・ミショ、影山悦子、マルガリータ・フィラノヴィッチ、ユーリ・カレフ、ペネロップ・リブー、ミッシェル・カザンスキイ、カトリーヌ・プジョル、イサベル・アング、ホウダ・アヨウブといった多くの研究者が様々に筆者を助けてくれた。コレージュ・ド・フランス、サンクト・ペテルブルグ、タシュケント、ケンブリッジ、サマルカンドの多くの司書たちは、様々な分野の著作を大量に必要とする研究に対して寛容だった。すべての人々に感謝する。

それ以外のことはレイラ、ロマン、アン＝ソフィーがすべて知っている。

＊　＊　＊

第二版について

初版がすぐに品切れになったので、初版から一年半後に、増補改訂版を出版することにした。筆者に寄せられた指摘と批判をできる限り考慮した。気付いたことを知らせてくれたN・シムズ＝ウィリアムズ、吉田豊、森安孝夫、I・ヤクボヴィッチにとくに感謝する。新しいことの大部分は中国についてである。修正箇所はいくつもあるが、とくに第5章は、É・トロンベールとの共同論文の資料を使って部分的に書き改めた。

目　次

＊本文と注において、訳者による補足を〔　〕内に示す（引用文献を除く）。引用文献の和訳は原則としてすでに出版されている訳文を使用し、訳文の書誌情報を注に記す。また、史料の訳者または原著による補足を〔　〕内に、史料の訳者または原著による注を（　）内に示す。

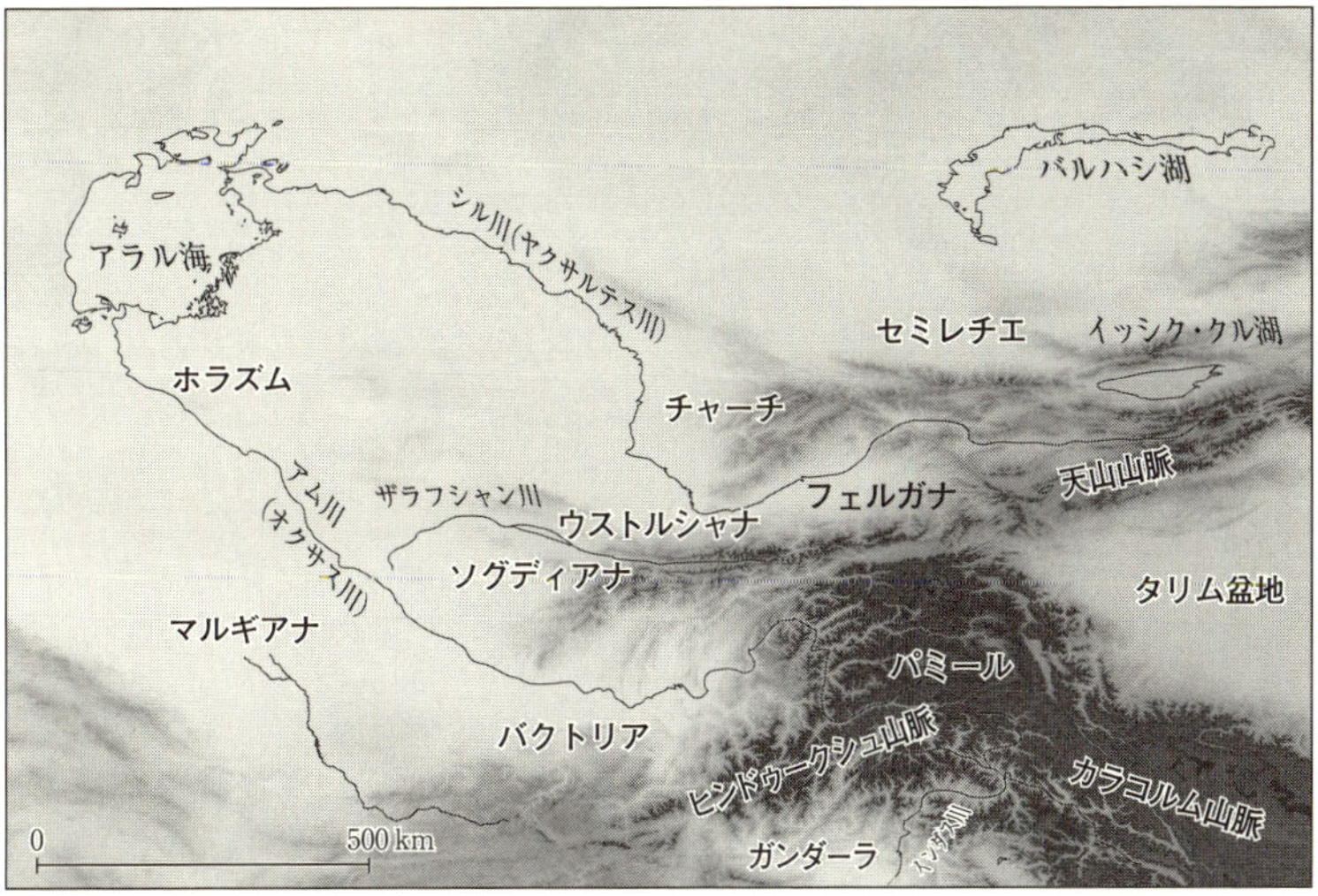

地図 1　中央アジア全体

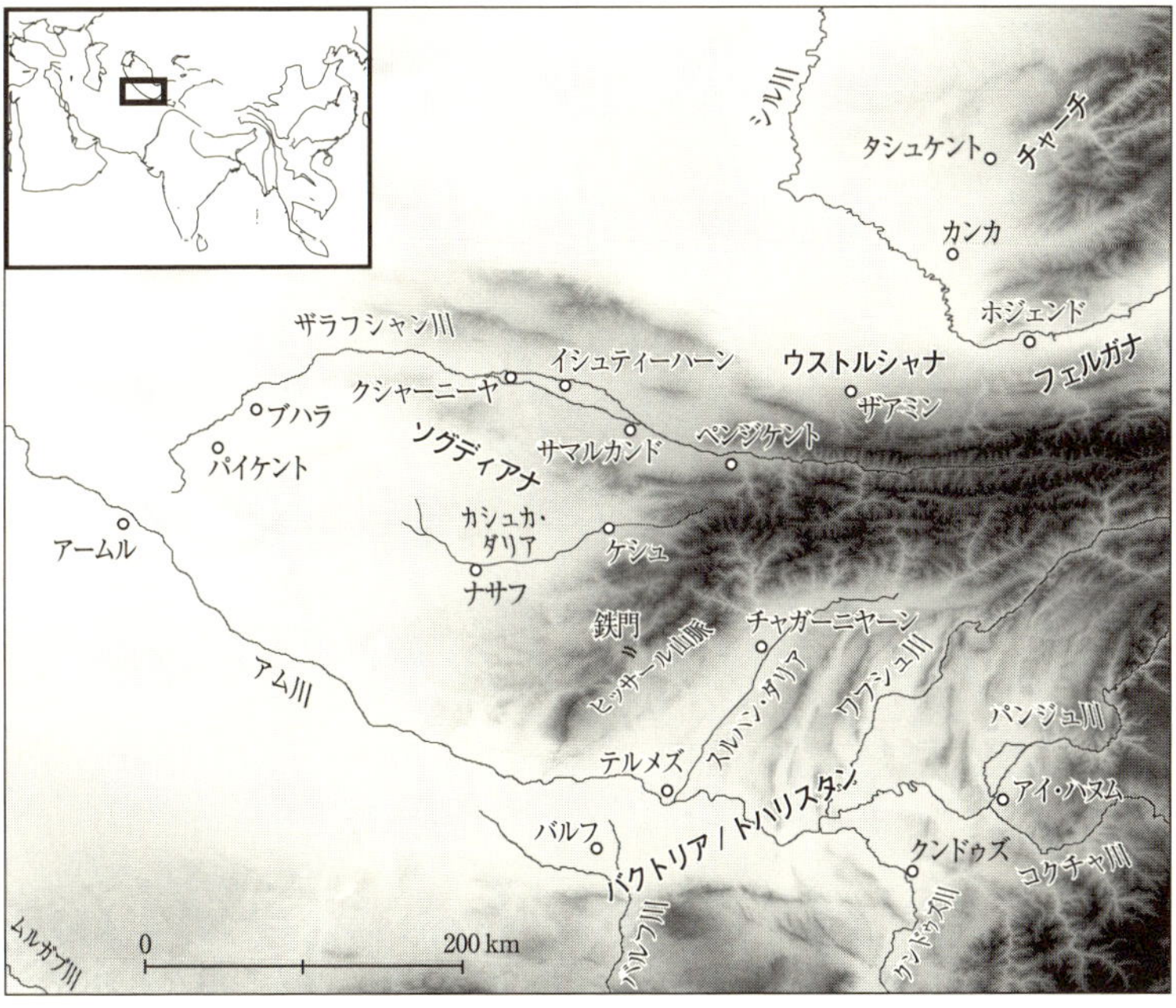

地図 2　中央アジア(部分)

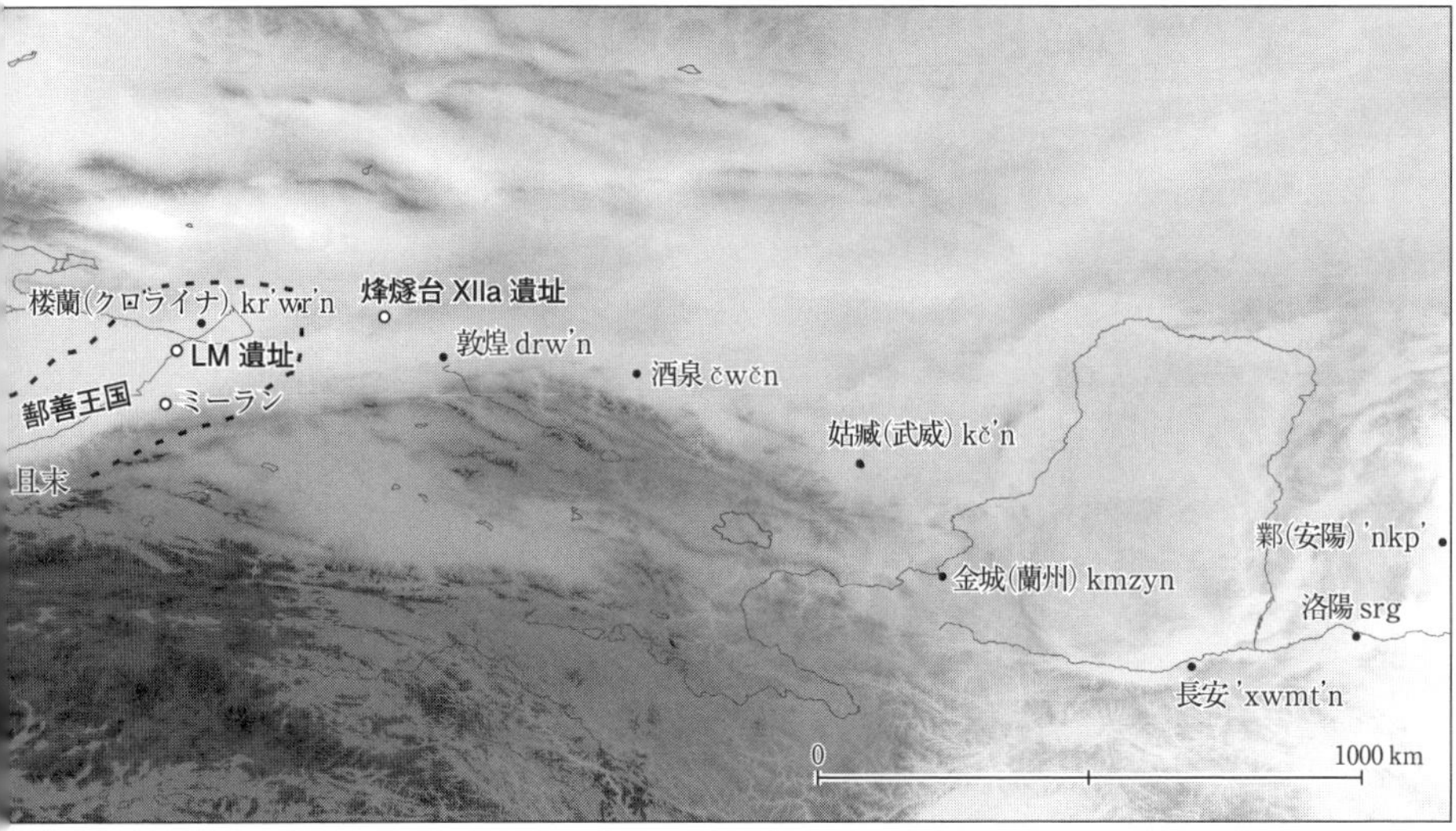

地図 3　ソグド人による交易(「古代書簡」の時代)

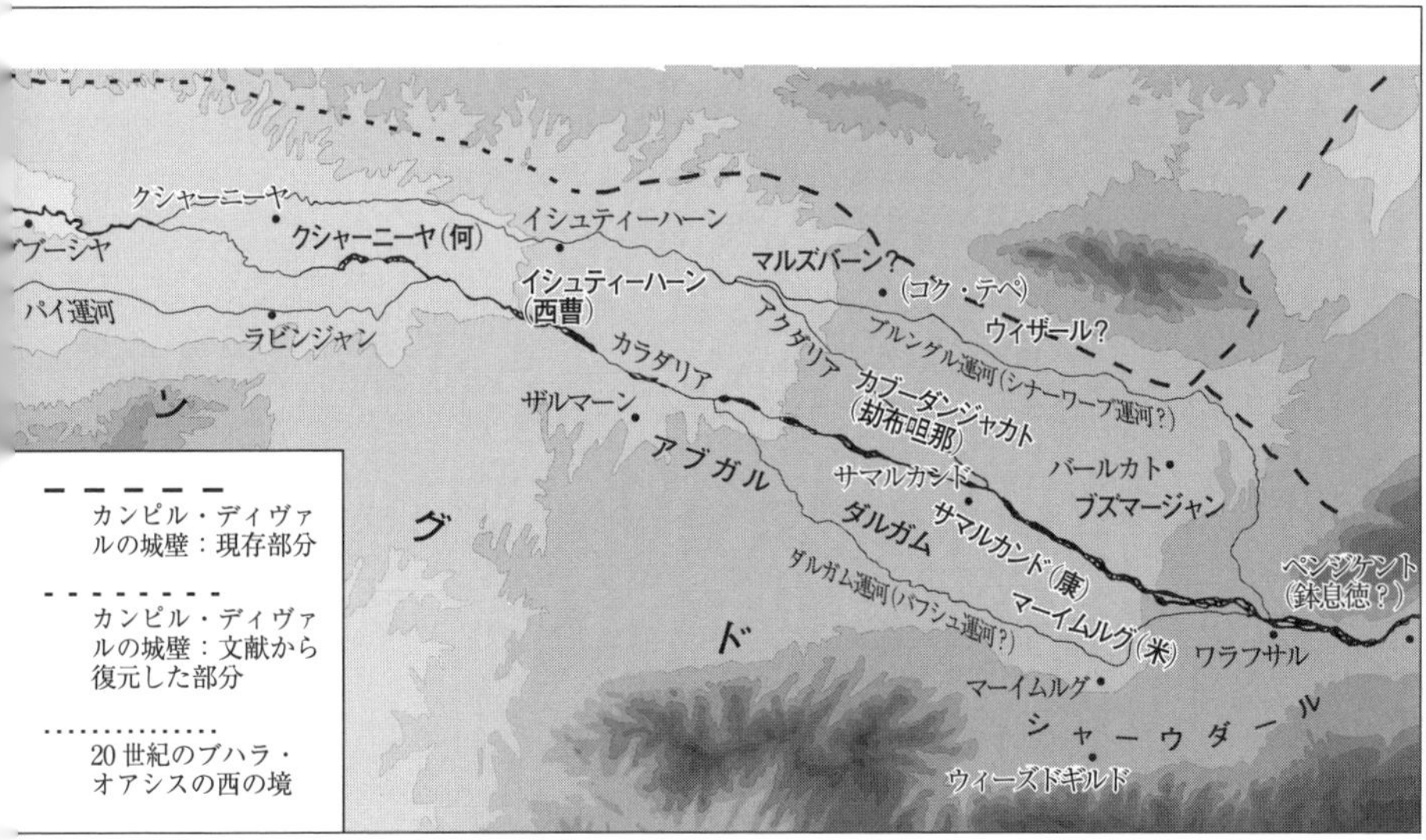

地図 4　ザラフシャン川流域

地図中に示した場所は，「古代書簡」の時代にソグド人が頻繁に往来していたという点で共通している．ソグド人の存在を証明するのは，「古代書簡」に言及される地名（地図中の•，ソグド語名を付記），もしくは，ソグド語の文書やソグド人に言及する文書の発見場所（地図中の∘）である．楼蘭には両方がある．烽燧台XIIa遺址が「古代書簡」の発見場所であり，楼蘭の南南西約50 kmのLM遺址では，LM II ii 09を含む数点の文書が発見されている．さらに，エンデレで出土した文書は一人のソグド人に言及する．しかも，その文書はコータン王の統治年によって日付が記されているため，コータンをリストに加えることができる．3世紀の鄯善王国のおよその範囲を黒の点線で示す（Brough, 1965による）．ニヤとチャドタを加えた．

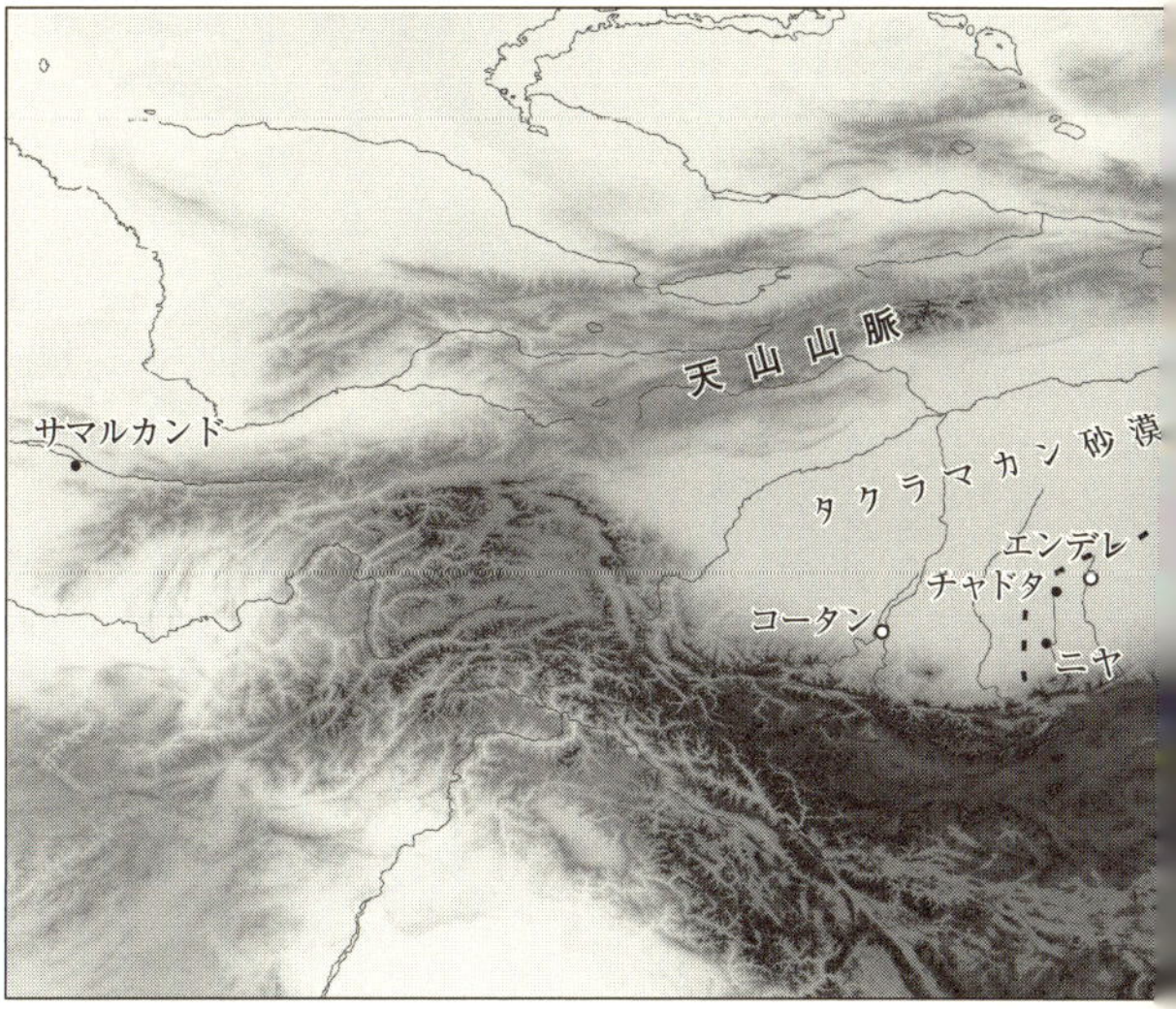

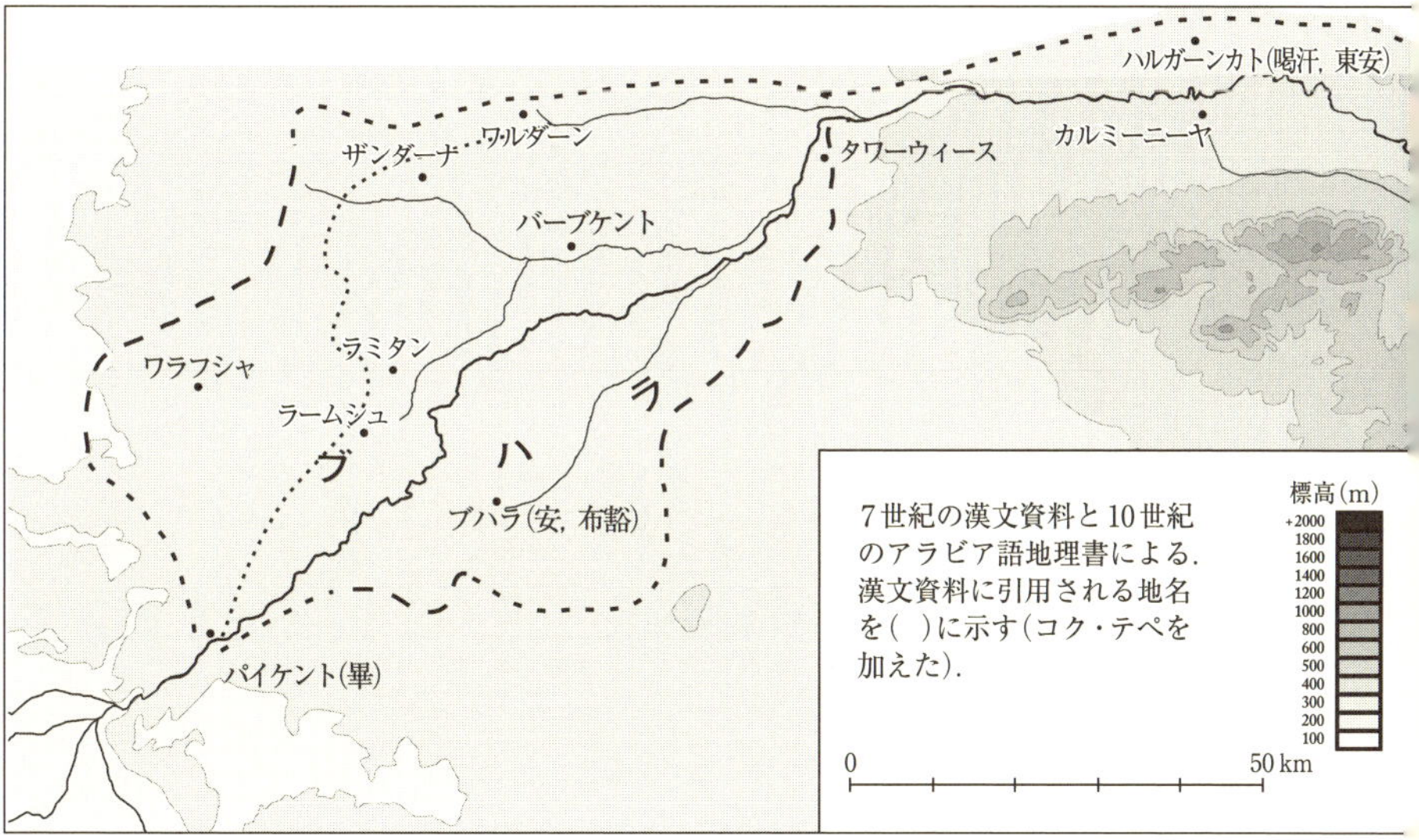

7世紀の漢文資料と10世紀のアラビア語地理書による．漢文資料に引用される地名を（ ）に示す（コク・テペを加えた）．

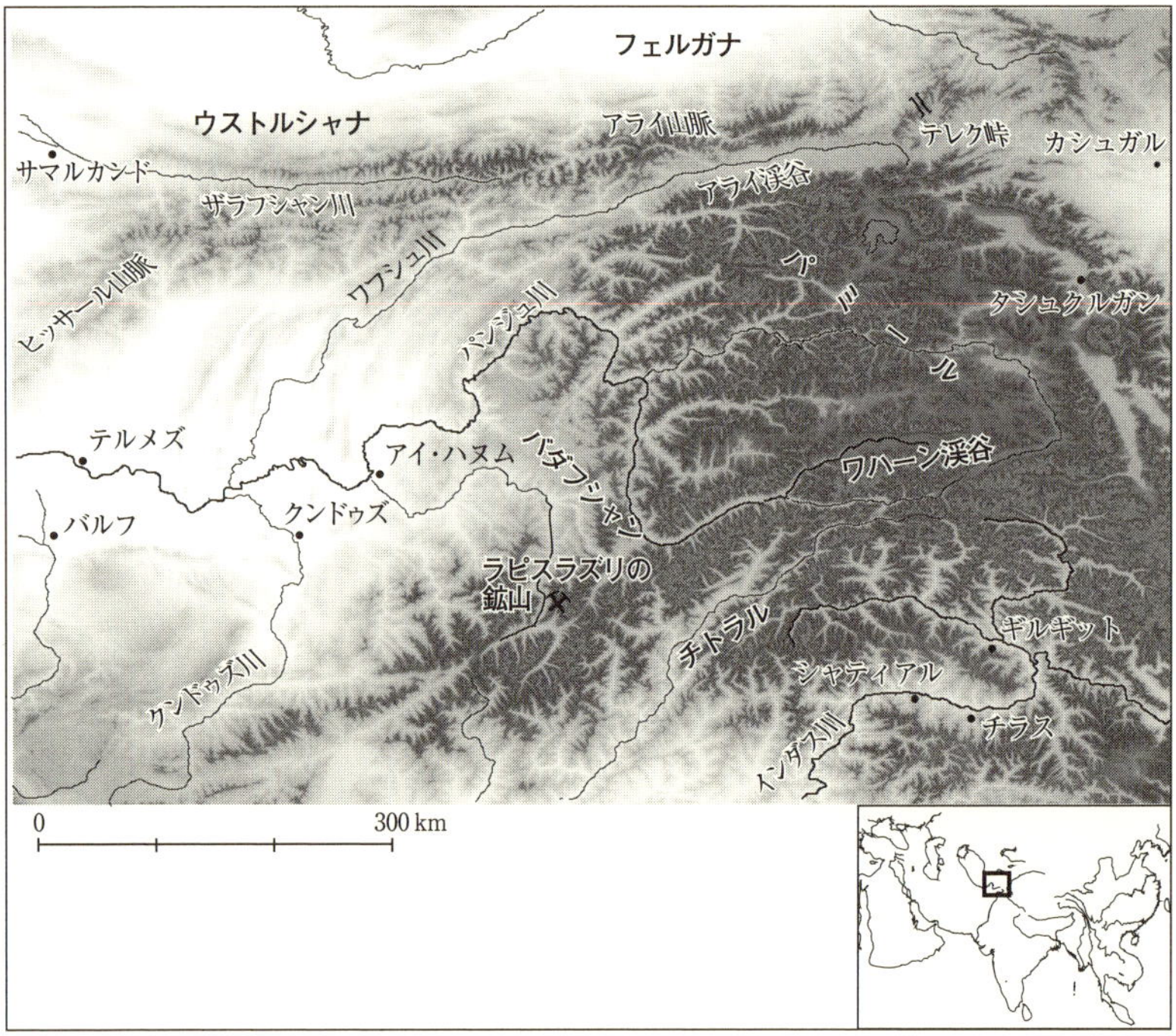
フェルガナ
ウストルシャナ
サマルカンド
ザラフシャン川
アライ山脈
テレク峠
カシュガル
アライ渓谷
ヒッサール山脈
ワフシュ川
パミール
タシュクルガン
パンジュ川
テルメズ
アイ・ハヌム
バダフシャン
ワハーン渓谷
バルフ
クンドゥズ
ラピスラズリの
鉱山
チトラル
ギルギット
シャティアル
チラス
クンドゥズ川
インダス川
0
300 km

地図 5　インドへ

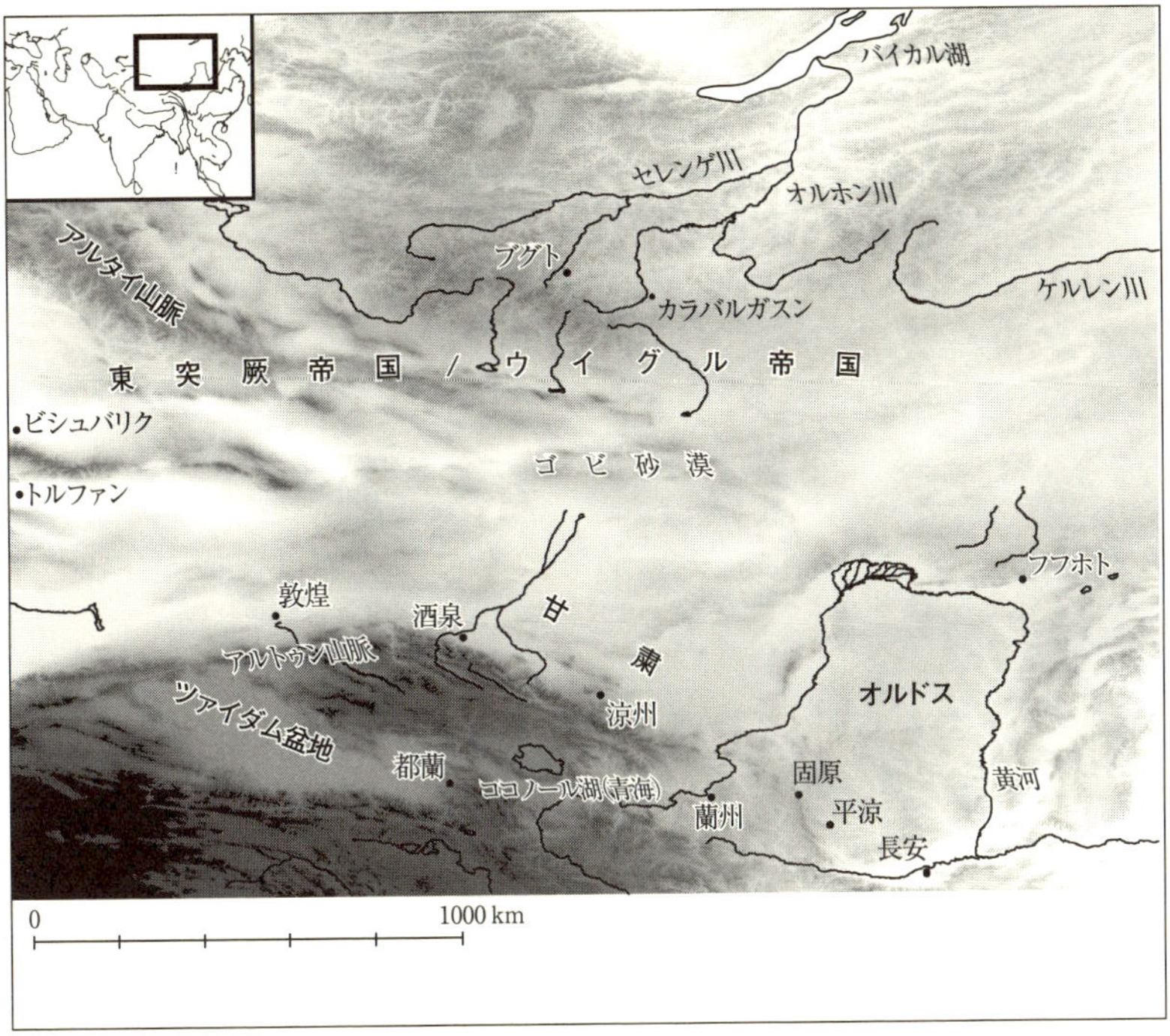

地図 6　テュルク・ソグド世界

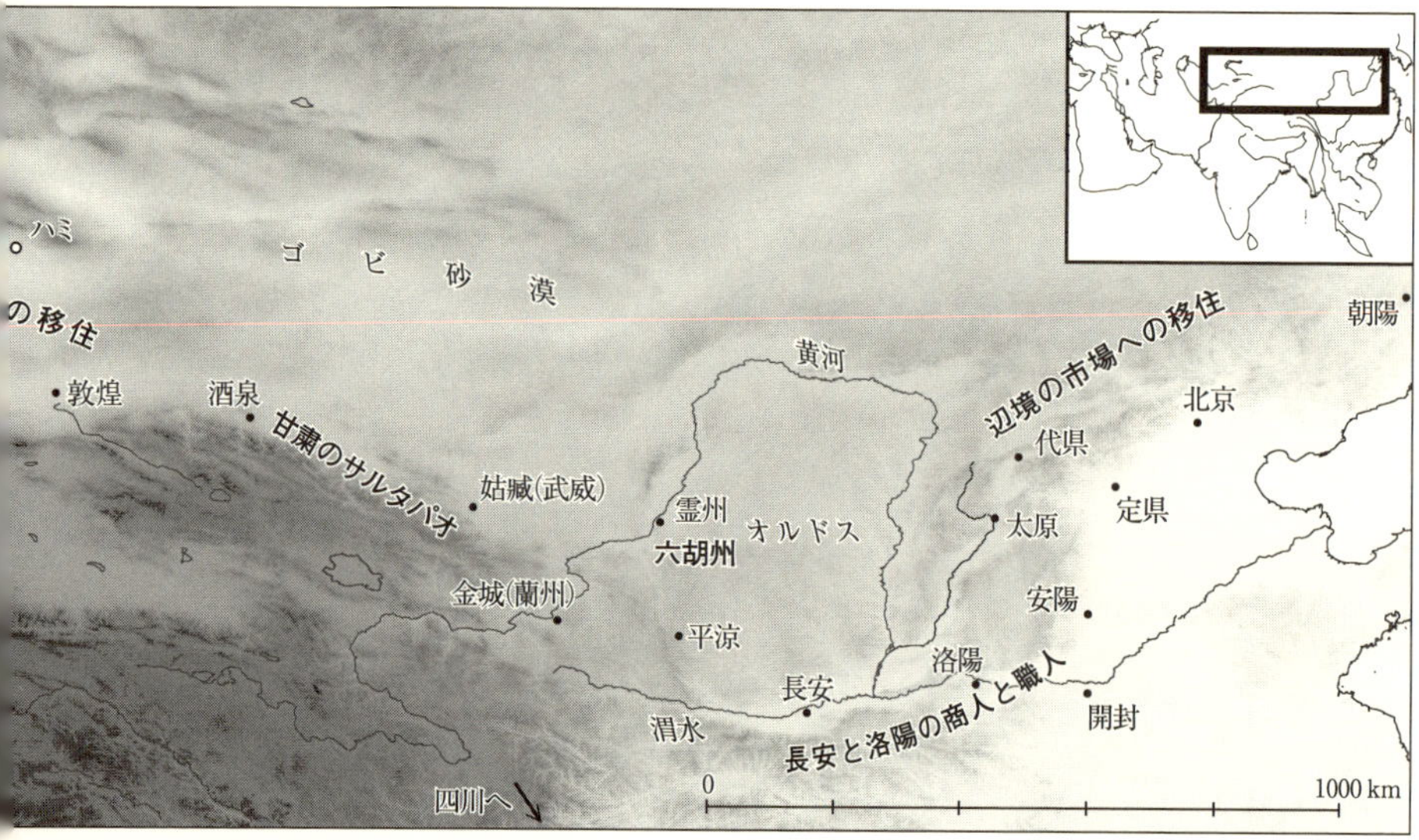

地図 7　ソグド人の拡大(6〜8 世紀)

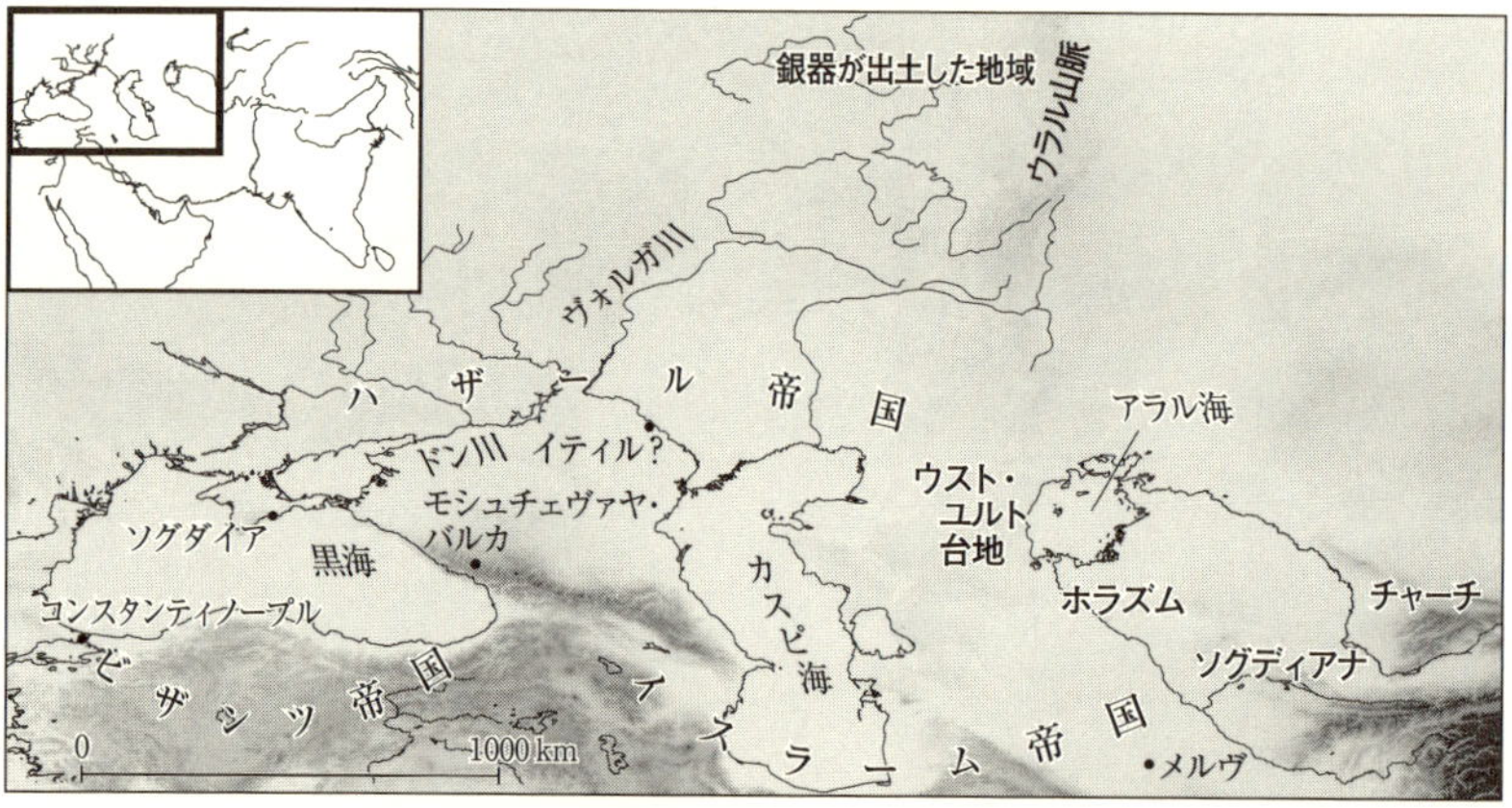

地図 8　西部ステップ地域

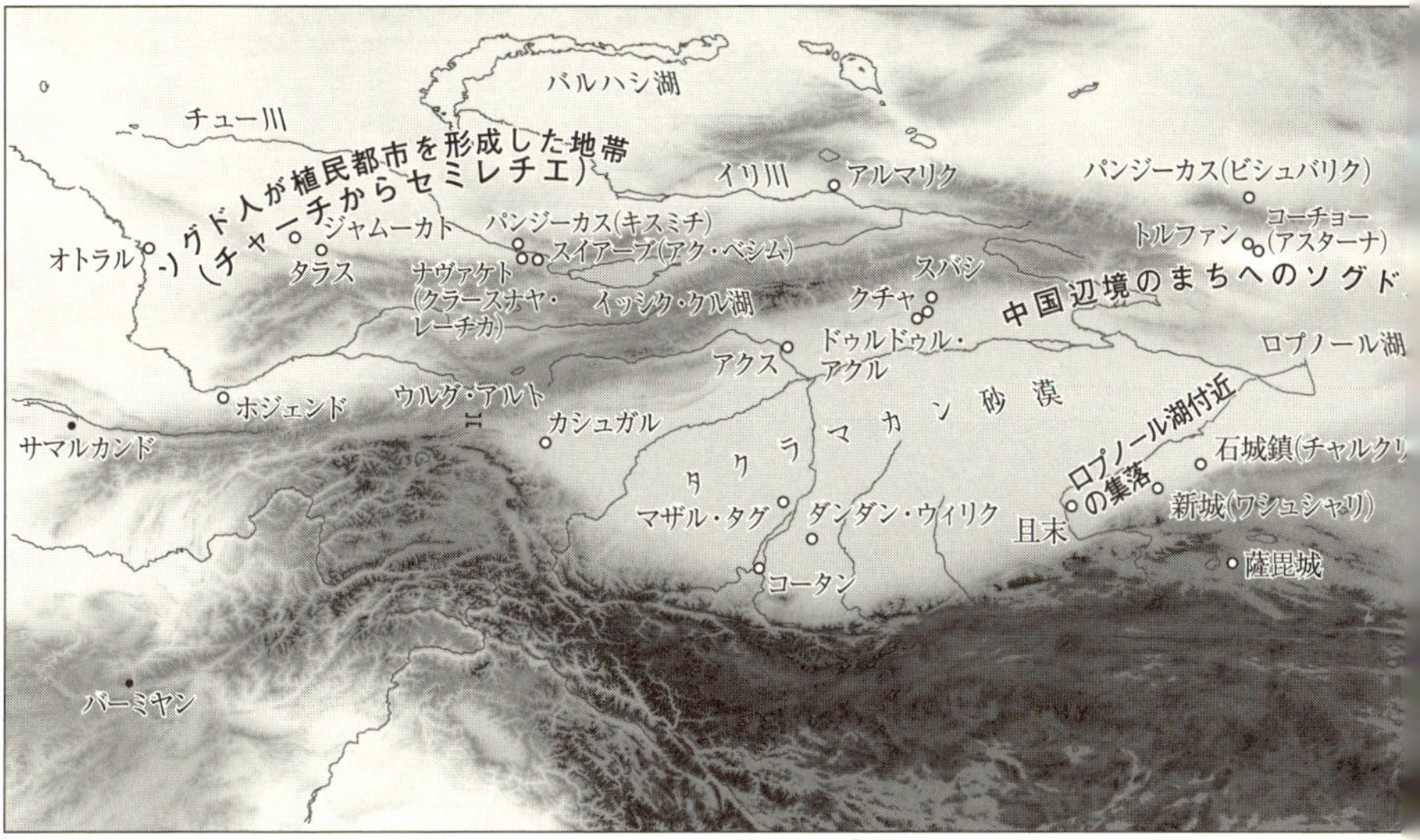
バルハシ湖
チュー川
ソグド人が植民都市を形成した地帯
（チャーチからセミレチエ）
イリ川
アルマリク
パンジーカス(ビシュバリク)
コーチョー
(アスターナ)
トルファン
ジャムーカト
パンジーカス(キスミチ)
オトラル
スイアーブ(アク・ベシム)
タラス
ナヴァケト
(クラースナヤ・
レーチカ)
イッシク・クル湖
スバシ
クチャ
中国辺境のまちへのソグド
ロプノール湖
ドゥルドゥル・
アクル
アクス
ホジェンド
ウルグ・アルト
カシュガル
サマルカンド
タクラマカン砂漠
ロプノール湖付近
の集落
石城鎮(チャルクリ
マザル・タグ
ダンダン・ウィリク
且末
新城(ワシュシャリ)
コータン
薩毘城
バーミヤン

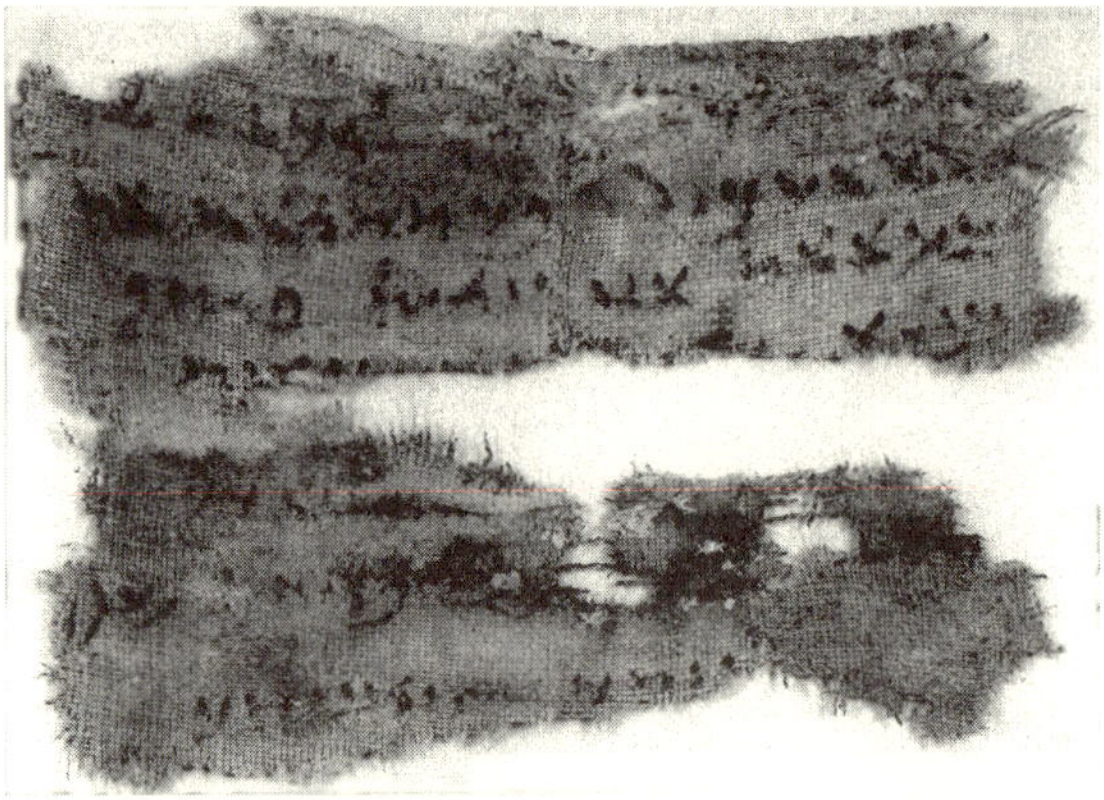

(a) 敦煌付近で発見された「古代書簡」IIの麻布の封筒.
「サマルカンドへ」と宛先が記されている(p. 36 参照).
(courtesy of the British Library Board)

(b) インダス川上流のソグド語銘文
(p. 66 参照). Jettmar, 1989.

(c) ケルチ海峡で発見されたソグド語
の陶片(p. 219 参照).
(©V. Livshits)

図1 ソグド人の交易に関する文字資料

(a) ソグド人の隊商とテュルク人の護衛(p. 182参照). MIHO MUSEUM所蔵.(©MIHO MUSEUM)

(b) 使節と商人の間. 可汗と交渉する安伽. 左は安伽の出資者(p. 182参照). フランス国立科学研究所 Fr. Ory による描起図.(©CNRS, Fr. Ory)

図2 ステップの商人と使節. 中国で出土した葬具に表現されたソグド人

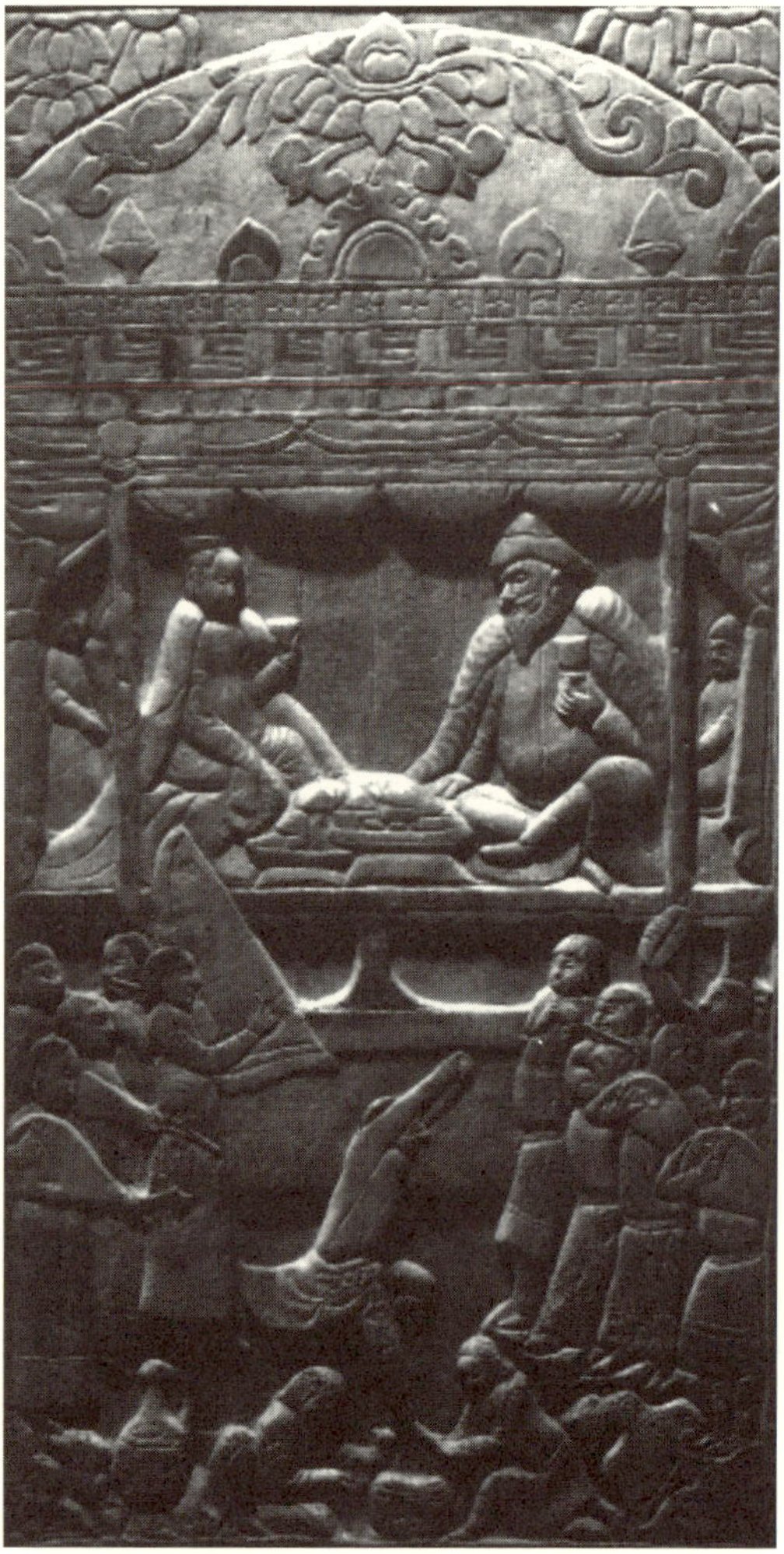

中国のソグド人共同体における祝宴(p. 116, 182 参照).
MIHO MUSEUM 所蔵.
(©MIHO MUSEUM)

図 3　中国の共同体での生活

(a) キャラバンの隊員のソグド人(p. 115, 164 参照). チェルヌスキ美術館(パリ市立アジア美術館)所蔵.
(©Musée Cernuschi)

(b) ソグド人の行商人. 唐代(p. 115, 164, *56* 参照).
(©Musée Guimet)

(c) 手綱を取って駱駝か馬を引くソグド人(動物の俑は現存しない. p. 115, 164, 188 参照). チェルヌスキ美術館(パリ市立アジア美術館)所蔵.
(©Musée Cernuschi)

図 4 ソグド人の商人と馬丁を表す中国の俑

ペンジケントの商人の酒宴．豪華な衣装を着て，財布を身につけるが，
腰に長剣を帯びていない．エルミタージュ美術館所蔵(ペンジケント遺
跡第16区第10室出土，図6，p. 138参照)．
(©Hermitage Museum)

図5　ソグドの壁画に描かれた商人

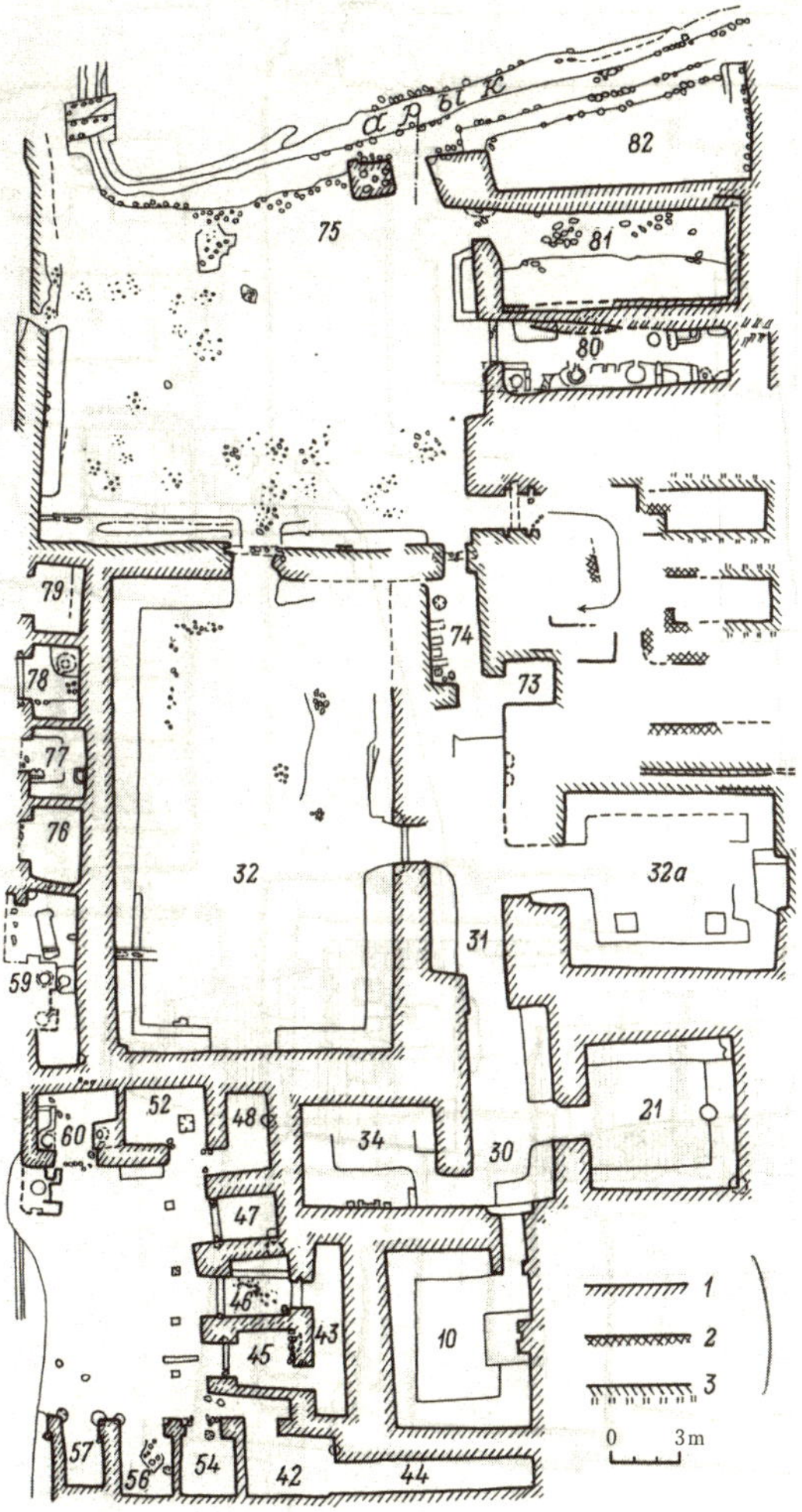

商人が住む豪華な邸宅の敷地に組み込まれている(ペンジケント遺跡第16区，Raspopova, 1990)．図5の壁画は第10室で発見された(p. 138-139参照)．

図6 ペンジケントのバザール

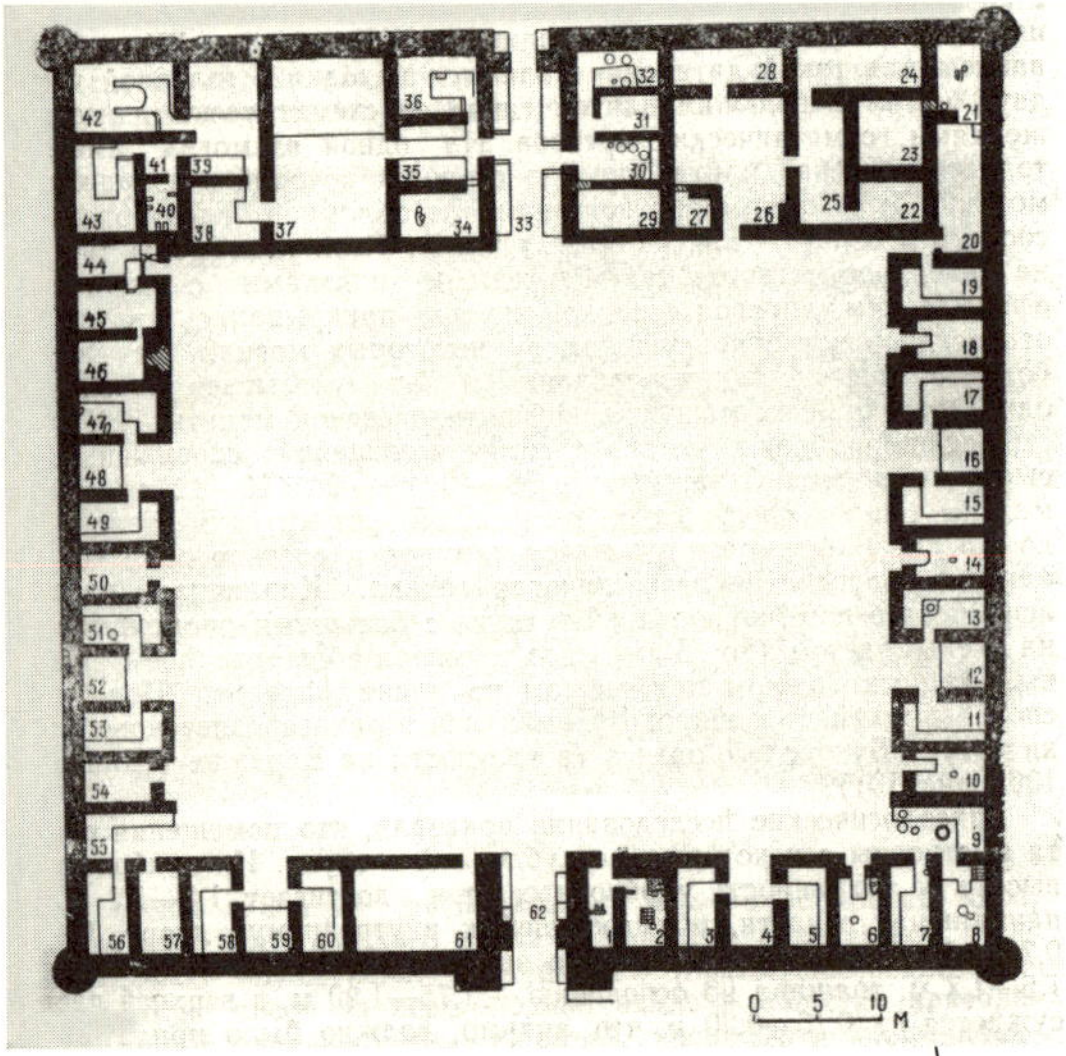

(a) パイケントのリバート(p. 165 参照).
Gorodišče Pajkend, 1988 による.

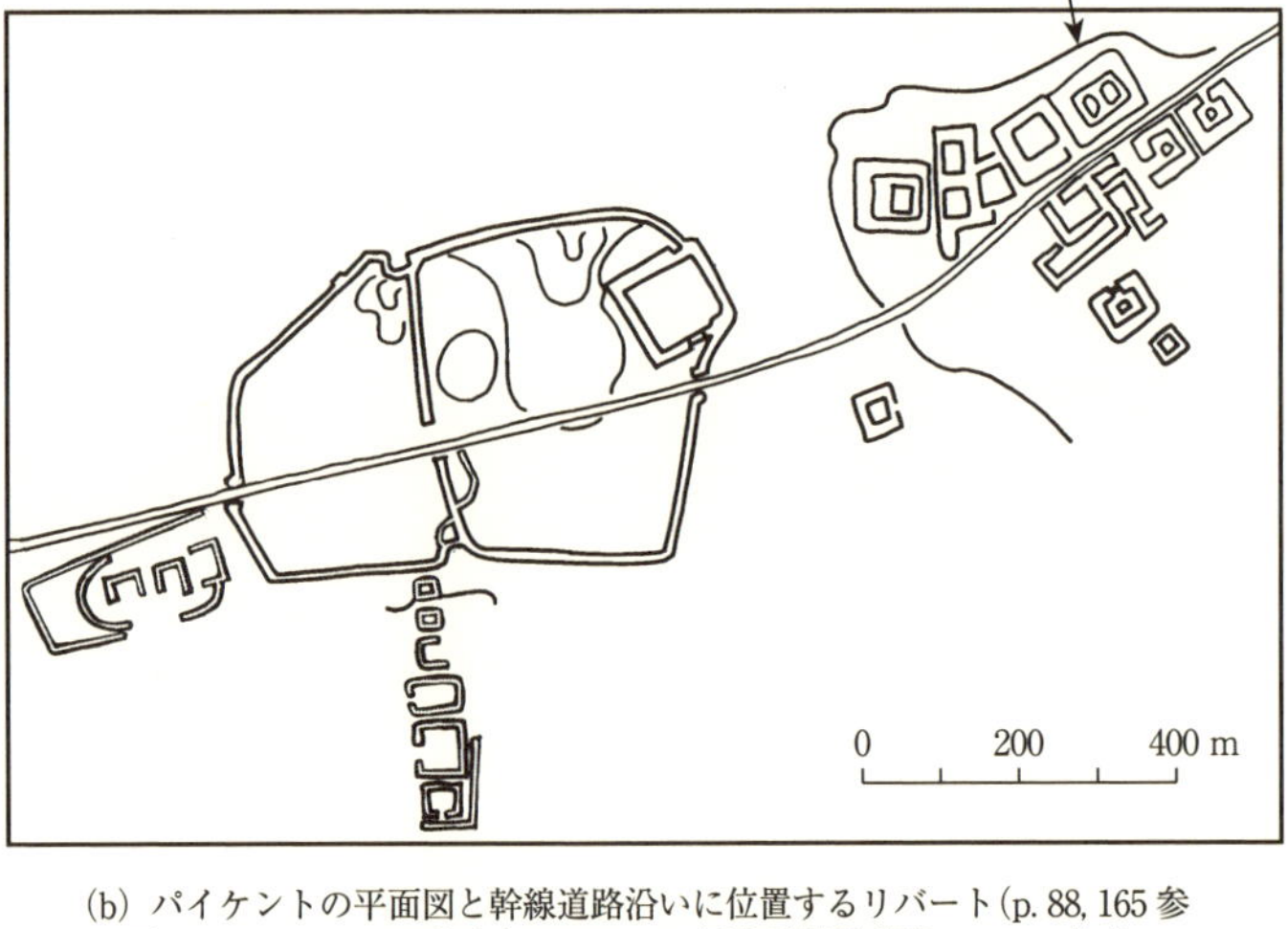

(b) パイケントの平面図と幹線道路沿いに位置するリバート(p. 88, 165 参照). Semënov, 2002 をもとにフランス国立科学研究所 Fr. Ory 作成. (©CNRS, Fr. Ory)

図7 パイケント

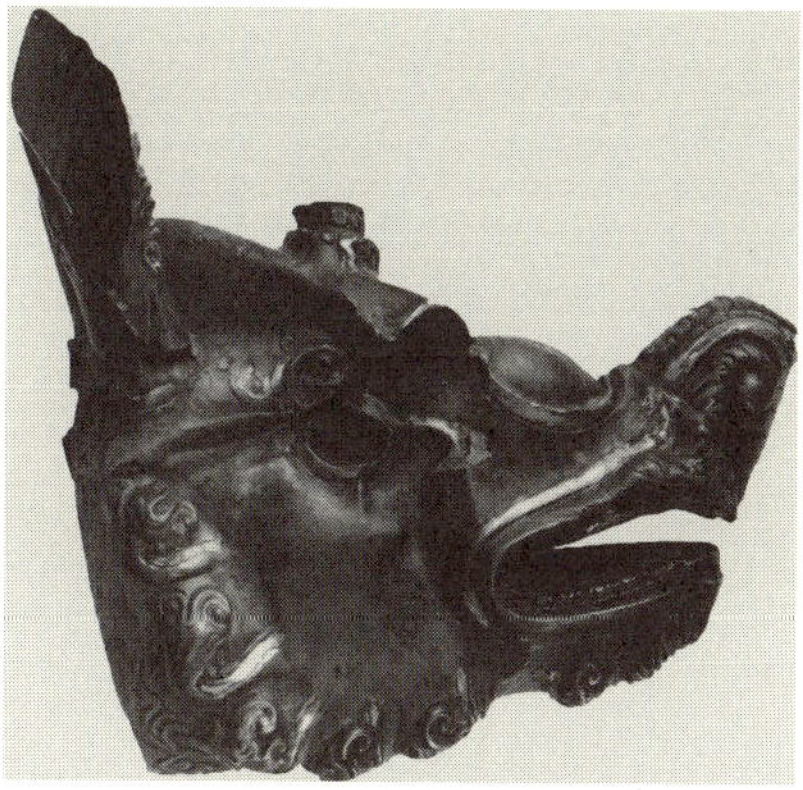

(a) センムルヴ頭部(p. 244 参照). 銀製, 8 世紀, ソグド製, オビ川流域出土(Maršak / Kramarovskij, 1996).

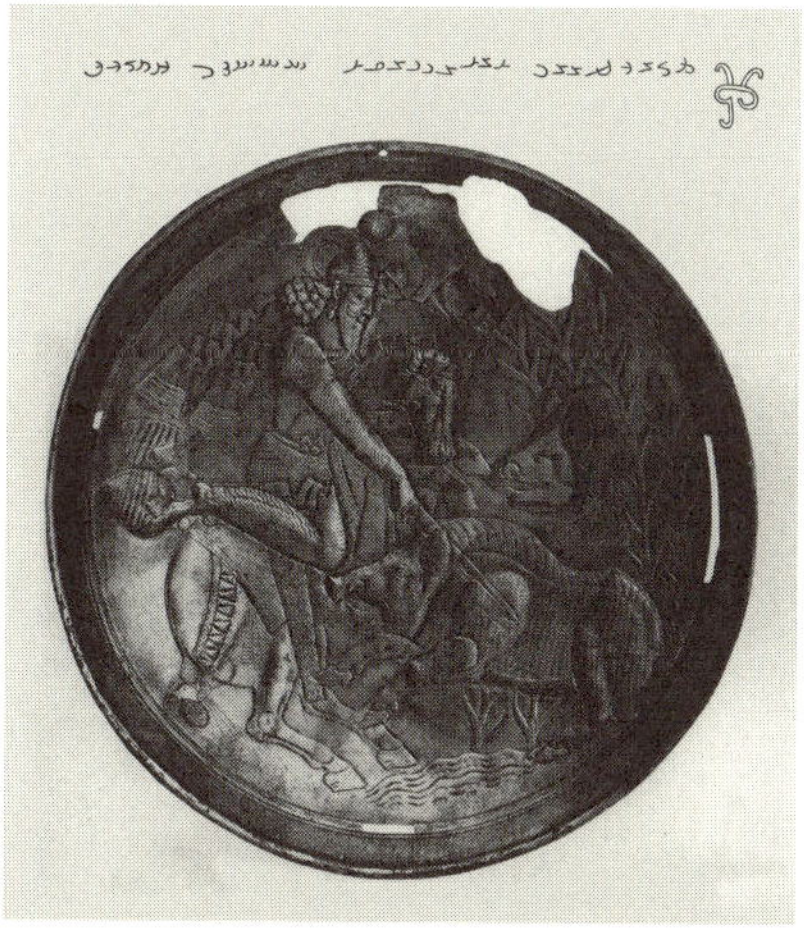

(c) ペルム付近出土ササン朝製銀器(p. 223 参照). 狩りをするクシャノ・ササン朝バフラーム 2 世を表す.「チャーチの領主サーウ, 39スタテル」を意味するソグド語銘文とタムガあり(Smirnov, 1909).

(b) ソグド製水差し(p. 223 参照). 重さを記すホラズム語銘文あり(Smirnov, 1909).

図 8 ソグド製またはソグド人が売買した銀器

I　古代のネットワーク

（起源から一三五〇年まで）

導入

第Ⅰ部は、「ソグド語古代書簡」(以下、「古代書簡」)という史料群を中心に構成される。これは、四世紀初めに、中国の都、甘粛《かんしゅく》、タリム盆地の南、サマルカンドを結ぶソグド人の交易ネットワークが存在したことを証明する唯一無二の史料群である。それらは河西回廊《かせいかいろう》沿いのまちに定住していたソグド人によって西方へ発送された手紙であり、これらの交易に関する手紙と私的な手紙の分析が第2章の主題である。手紙の一通はサマルカンド宛てである。ソグド人が移住した中国の都洛陽とサマルカンドは、八カ月を要する三〇〇〇キロメートル以上のキャラバン・ルートによって隔てられている。しかし、この混乱した時代にも物品や商人、情報は行き交っていた。

四世紀にこれほどの規模を持つ交易ネットワークが存在したことは、その前にかなり長い生成期間があったことを示唆する。確かに生成期間は長いだろうが、先行する歴史研究はありとあらゆる年代を提案して、その期間を極端に長くしてしまった。第1章は「古代書簡」以前の年代幅を確定することに焦点を絞り、四世紀にその存在が証明されるネットワークがどのように形成されたかを示すことを試みる。ネットワークの形成を促したのは、遊牧民に対抗するために同盟相手を探していた中国の外交政策と、ヒマラヤ山脈の端で中国使節がもたらす絹をインドの産物と交換して莫大な利益を得ていた中央アジアの住人との遭遇だった。

古代アジアにおいてインド人が重要な交易の担い手だったことは間違いない。ソグド商人は、インド商人とバクトリア商人の後に続いて、遠距離交易に足を踏み入れた。そのため、第3章では、「古代書簡」の語彙や家族関係にはっきりと現れている、インド商人、バクトリア商人の影響の度合いを分析する。さらに、ある史料群——キャラバンの成員がインダス川上流の峠に刻んだ文字——によって、初期のソグド人ネットワークが、三世紀から五世紀に、インド・中国間の交易において、その規模を拡大したことが示される。

第1章　ソグド人ネットワークの起源——年代幅を狭める試み

史料のコーパスはとても限定的であるため、それをもとに「古代書簡」以前の交易史を長々と分析するのは適切ではない。そのため以下では、史料をかなり手短に検討することになる。前六世紀から前四世紀の中央アジアに関するアケメネス朝の文献は、とても少ないうえに、経済とは無関係である。ギリシア語史料は、アレクサンドロス大王のペルシア帝国および中央アジアへの遠征に関係し、前四世紀末から前三世紀を対象とするが、アケメネス朝のテキストと同様に、経済とは無関係である。もう少し有意義な情報を得るには、前二世紀末以降の漢文文献と、アレクサンドリアのプトレマイオスの『地理学』(後二世紀半ば)を待たなければならない。

したがって、第1章においては、相互に関連性のない個別の論点を手短に検討する。論点には、史料の保存を左右する不都合な偶然性が反映されてしまう。そのため、ここで筆者が意図しているのは、古代におけるソグド人交易生成の歴史を示すことではない。史料が不足しているため、生成の歴史を示すことはできない。筆者の意図ははるかに控えめで、ソグド人について簡潔に紹介し、年代幅を狭め、いくつかの仮説を立てることである。このように目的を限定することが、前六世紀から後二世紀までの八〇〇年間を数十ページで論じることを正当化する唯一の方法である。

1　古代ソグディアナ——商業を基盤とした経済か?

ソグド商人の不在——キュロス大王からアレクサンドロス大王までのソグディアナ

前六世紀のアケメネス朝の史料は、ソグディアナとその住人であるソグド人に言及する最初の史料である。これらのテキストにおいてソグド人が一つの民族として扱われていることは、民族的な帰属意識が言語的な実態に先行して存在したことを示す。というのも、本書では、ソグド語を母語とする人々をソグド人とするが、ソグド語は、おそらくアケメネス朝時代に他のイラン系言語からとてもゆっくりと分離したからである。

ソグド地方の正確な境界はよく分かっていない(**地図1・2**)。確かに北のシル川(ヤクサルテス川)と南のアム川(オクサス川)はその自然の境界になっている。ソグディアナ西部はアム川中流域に接するが、その中心地域であるザラフシャン川下流域は湿地帯で、まだほとんど人が住んでいなかった。ブハラははるかに遅く後五世紀になって出現した。ソグディアナの南東はパミールに接する。(1)

中央アジア全体を見れば、ソグド人の南の隣人はアム川の対岸の、現在のアフガニスタン北部にあたる地域に居住するバクトリア人である。そこからヒンドゥークシュ山脈の高い峠を越えれば、インドに至る。南西にアム川を渡り、砂漠を越えれば、現在のトルクメニスタンに位置するメルヴに達し、イラン高原と接する。北西に位置するホラズムは、アラル海に近いアム川とシル川のデルタ地帯の、砂漠に囲まれた地域である。そこから半砂漠とステップ地域を越えれば、ヴォルガ川と黒海に達する。北はシル川の向こうに遊牧民のサカ族が住むステップ地域があり、山麓には現在のタシュケントにあたるチャーチなど、定住民が生活するオアシスがある。ステップ地域を越えれば、西は黒海に達し、東は天山山脈の北を通ってタリム盆地を迂回すればモンゴルに、遠く南は中国に達する。ソグディアナの北東にはフェルガナ盆地があり、そこから天山山脈の峠を越えれば、砂漠のタリム盆地が広がり、その山麓沿いに居住地が点在する。タリム盆地の東端には細長い河西回廊があり、ゴビ砂漠を南に迂回すれば中国中心部に達することができる。

ソグディアナは定住民世界の北縁に位置し、ステップ地域の遊牧民と常に接触していた。アケメネス朝とギリシア人がサカ族に立ち向かったのは、ソグディアナにおいてである。考古学の成果によれば、ソグド人の社会は、とても肥沃なレス(黄土)の土壌を灌漑することによって成り立つ農耕社会である。南側と東側の山脈から流れる河川が灌漑に必要な水を供給する。遊牧民はオアシスの周辺にクルガン(墳墓)を築き、経済的に密接な関係(畜産物と農産物との交換)を保っていた。

前五四〇年前後にキュロス大王がソグディアナを征服した。シル川まで前進したが、サカ族との対戦で戦死した。ソグディアナはこの時にアケメネス朝帝国に組み込まれ、その状態は前三二九年に始まるアレクサンドロス大王の征服まで続いた。征服者の後を継いだ将軍たちは、前二四七年までこの地域を支配し続けた。その後、この地域に移住したギリシア人の末裔は、グレコ・バクトリア王国を建設して独立し、イラン高原からギリシア人を追い払ったパルティア帝国の背後に拠点を置き、中央アジアの真ん中でギリシア文化を保持した。およそ前一四〇年代または前一三〇年代まで、彼らはソグディアナ全体を領有した。この時代にソグディアナは何度も侵略され、北方から来た遊牧民(イラン系のサカ族)の手に落ちるか、もしくは東方からの長期間にわたる移住(月氏の)にさらされる。その後数百年間、ソグドの政治史が観察されることはほとんどない。

アケメネス朝時代にソグディアナには都市文明が存在した。前八世紀または前七世紀に、ザラフシャン川から水を引く二つの運河——原始ダルガム運河とブルングル運河——沿いの、二〇〇ヘクタール以上の面積を持つ二つの広大な土地——アフラシアブ遺跡(旧サマルカンド)とコク・テペ遺跡——に人が住むようになった。[2] ザラフシャン川流域には、より古い段階にも都市が存在していた。それはサマルカンドの少し上流のサラズムという遺跡だが、この段階はすでにその一〇〇〇年前に終わりを迎えていた。(3) 急速に衰退したコク・テペに対して、サマルカンドは、その後二〇〇〇年間ソグディアナ最大の都市として、メルヴとバクトラとともに、中央アジア西部の大都市として存続した。アケメネス朝はソグディアナに文字をもたらした。さらにアケメネス朝帝国で使用されたアラム語は、書写言語として長い間使用され、帝国消滅から一〇〇〇年以上が経過した七世紀にも、バビロンから継承された行政書式がソグディアナで使用されていた。(4) アラム文字のアルファベットからパルティア文字に近い形でソグド文字が形成されたのは、後一世紀か二世紀になってからである。(5) そして、ブハラの文字はパルティア文字にとても近い形を保持した。(6) ソグディアナに初めて本物のコインをもたらしたのはギリシア人である。というのも、アケメネス朝のダーリック金貨は、ソグディアナでも、東イラン全域でも、ほとんど見つかっていないからである。ソグディアナでは数種類のギリシア式コインが五世紀まで使用されたが、質は低下していた。

スーサの碑文とソグド人の交易史

スーサの碑文の一節は、ソグディアナの交易史が前六世紀に始まった可能性を示唆する。ダレイオス一世（在位前五二二～前四八六年）の宮殿がスーサに建設されたときの状況が、宮殿の基礎部分で発見された石板に記されている。碑文はアケメネス朝帝国の属州を列挙するとともに、各州から供出された材料を列挙し、帝国の豊かさを称揚している。

ここで加工されたラピスラズリとカーネリアンは、ソグディアナから運ばれた。(7)

ここに示されているのは朝貢であって商業経済ではないが、興味深いのは、ラピスラズリとカーネリアンと翻訳されているKāsaka KapautakaとSinkabrušという材料が、ソグディアナから来たとされていることである。一つ目の石がラピスラズリであることに異論はない。古代に開発された唯一の鉱山は、パミールの支脈に位置するバダフシャンにあり、それはソグディアナの南東の境界にあたる[8]（**地図5**）。二つ目の材料を同定するのは難しい。おそらく赤い石のことであるため、カーネリアンであると考えられた[9]。古代東方世界においては、カーネリアンはインドのグジャラート産とされる[10]。そうだとすると、カーネリアンをソグディアナに輸入する交易が存在し、その量はアケメネス朝の君主から宮殿への供出を任されるほど多かったと想定しなければならないだろう。そうでなければ、グジャラートからはるか遠く離れ、いくつもの他のアケメネス朝の属州によってグジャラートと隔てられているソグディアナに、なぜこの石の供出が任されたのか理解することができないからである。この情報はきわめて重要であるかもしれない。なぜなら、これがソグド人の遠距離交易に対する最初の言及になるかもしれないからである[11]。

Sinkabrušという語はスーサの碑文にしか言及されないため、結局のところ、言語学者の推測は単に色の特定に依拠している[12]。ところで、バダフシャンはラピスラズリの他に赤い石も産出する。それは、古代から中世に有名だった「バラス・ルビー」、すなわちバダフシャンのスピネル（尖晶石《せんしょうせき》）である。しかし、Sinkabrušがスピネルだとすると、装飾材料のリストに含まれるこの石の用途を見つけることができない。ここで、Sinkabrušという語は西方の諸言語に入ったことを強調しておきたい。シナバーcinnabar（辰砂《しんしゃ》）もその語に由来する[13]。したがって、Sinkabrušが辰砂である可能性を検討することができるだろう。宮殿での用途は壁画だと考えられる。ラピスラズリも同じように、しばしば壁画に利用されている[14]。仮にSinkabrušがカーネリアンであるとしても、カーネリアンの発見を根拠としてインドと他の地域とを結ぶ交易ルートを復元するには、十分に慎重を期する必要があることを強調しておきたい[15]。実際、カーネリアンはそれほど珍しい石ではない。ソグディアナとグジャラートとの間に交易が存在したことを想定する前に、ソグディアナのすぐ近くにカーネリアンの鉱山が存在しないと断言できなければならない。しかし、そのようなことはできない。したがって、スーサの碑文をソグド人の交易史のために確信を持って使用することはできない。

ソグド人のことを伝える史料は他にもあるが、交易とは関係がないようである[16]。アケメネス朝ペルシア帝国の東方の属州が納めた様々な貢ぎ物の総額は、綿密な分析の対象となっているが、交易とは無関係である。

サカ族の世界へのラピスラズリの伝播

スーサの碑文はソグド人がラピスラズリの採掘を管理していたことを示すが、では誰がそれを広めたのかということになると、分からない。考古発掘によってラピスラズリの伝播をたどることはできるが、発掘だけでは商人の身元を明らかにすることはできない。南のイランやインド方面への伝播については、当該地域やその隣接地域にバクトリア人が存在することが、考古資料の検討をはじめからすべて無駄にしてしまう。なぜなら、インダス川で宝石を扱うバクトリア商人に関するクテシアスの言及が証明するように、バクトリア人は遠く離れた所で交易をしていたからである[17]。したがって、これらのルートへラピスラズリを広めたのがソグド人であると示すことができるのはテキストだけだろう。

しかしながら、ソグド人の領域と境界を接する地域がある。それはシル川の北に広がる遊牧民サカ族のステップ地域である。バクトリア人ははるか南にいるので、採掘者であるソグド人が、少なくともソグディアナ内部のラピスラズリの市場を管理していたと推測するのは無謀なことではないだろう。もし、サカ族が駆け回っていた広大な帯状のステップ地域にラピスラズリが伝播したとすれば、その伝播を担ったのはソグド人またはサカ族であり、おそらく(確実には言えないが)それ以外の民族ではないだろう。

サカ族とソグド人がシル川沿いで接触していたことを示す資料は比較的多い[18]。両者の接触は、アケメネス朝のモチーフが織りこまれた絨毯[19]をはじめとする数々の遺物によって証明されている。それらはアルタイ山中のパジリクの凍結墳墓〔クルガン〕で発見されたもので、現在では前四世紀から前三世紀に製作されたと推定されている。[20] この絨毯は、その見事な出来栄えから都市の工房で製作されたと考えられ、ふつうはソグディアナかバクトリアの工房に由来すると推測されているが、一方で、染料にはステップ地域の遊牧民が使用していたものが使われている。そのことから、絨毯の製作地はこの二つの手がかりが地理的に両立するシル川流域であるという仮説が立てられている。[21] つまり、全体的な状況は、ソグド人とサカ族との間に接触があったことを大いに支持する。ところが、驚くべきことに、サカ族の墳墓の調査から明らかになるのは、ラピスラズリが北方に伝播していたことではなく、反対にラピスラズリが一点も発見されないことである。[22] 後にサルマート族は、金銀細工の装飾に青色の石を使うが、それはトルコ石である。

現在の研究状況において、ラピスラズリは考古資料と文献資料とを結びつける唯一の資料である。テストの結果は否定的だが、テストの基準がたった一つでは、結果の有効性はおのずと限定的である。しかし、スピネルもほとんど伝播していないようであることを指摘しておく。仮にSinkabrušがバダフシャン産のスピネルであると認めるなら、これでテストを二回行ったことになるだろう。

パジリクで発見された遺物が示すように、他の物品も流通していたが、それらを交易の観点から分析することはできない。つまり、パジリクの絨毯は、たとえば、バクトラのサトラップ〔州の総督〕が遊牧民の首長に派遣した使節団からの贈り物だったかもしれない。この種の例外的な製品の伝播から交易の存在を結論付けることは、それを明言する文献がない限り、ふつうは不可能である。朝貢や略奪、贈り物による外交が製品の移動を担うことができるからである。もし、単体では価値が低いラピスラズリの小さな玉《たま》がステップ全域に伝播していたことが認められるならば、事情は違ってくるだろう。しかし、そのようなことは認められない。

現在の資料状況では——いうまでもなく、筆者がここで論じているのは地域内交易についてではない——遊牧民の方面に向かうソグド人の遠距離交易について論じることはできない。ソグド人による遠距離交易がアケメネス朝時代に存在したとする仮説は、現在のところ全く根拠のないものである。

アレクサンドロス大王とソグド人の交易

アレクサンドロスの征服によって古代東イランについての情報はかなり増加するが、ソグド人の長距離交易に関わる情報は一つもない。[23]にもかかわらず、この征服がソグド人の交易の起源であると推測されている。

「古代書簡」では、中国の都長安はフムダーンという名前で呼ばれている。フムダーンとは、秦(前二二一～前二〇六年)の都咸陽《かんよう》をソグド文字で音写したものである。当時、咸陽はそのように発音されていた。このまちは長安(現在の西安)の近くに位置したが、前二〇〇年頃に放棄され、都は長安に遷った。そのため、ソグド人は咸陽が中国の都だった前三世紀に中国を知るようになり、当時の都の名前をそのまま新しい都にあてはめたと考えられている。この推論はその後さらに進んだ。[24]現在では、中国とソグド人との接触は咸陽の放棄以前に起こったはずで、それはアレクサンドロスの征服による略奪と関係がある、という意見が一般的である。[25]ソグド人は、マケドニア人の軍隊から逃れ、タリム盆地に到達し、最終的に中国に到着した、と。

しかし、この分析には大いに反論の余地がある。確かにアレクサンドロスの征服は深刻だったが、何千人もの亡命者をこれほど遠くまで向かわせることはなかった。フェルガナやチャーチに到達すれば、マケドニアの攻撃から十分逃れることができたのに、なぜ中国に向かっていくつもの峠を越えなければならなかったのか。より広い見方をすれば、この仮説はギリシア中心主義であると思われる。アレクサンドロスの征服が重大な出来事であることに疑問の余地はない。しかし、侵略の波が次々と押し寄せる地域において、アレクサンドロスがそのような結果を招いたとみなすことはできない。

さらにいえば、中国についての知識や語彙は、前三世紀末または前二世紀に仲介者を通して初めてソグド人のもとにもたらされたことを積極的に示すことができると思われる。我々と同じように、ソグド人は漢民族を示すのに秦王朝の名前から派生したチーンという語を用いた[26]。ソグド語では、中国、すなわちフムダーンの地域は、チーンスタン「秦の国」の名で示される。民族、都、国の名前は意味の点で同じグループに属し、ソグド人のもとに同時にもたらされたことが容易に認められる。このことから、アレクサンドロスの時代に接触があったとする可能性は完全に排除される。なぜなら、秦王朝の支配はマケドニアの支配よりも一世紀遅く、前二二一年から前二〇六年までであり、その時に初めて、漢民族、すなわち中国の人々を代表する王朝になったからである。秦王朝は、モンゴリアの遊牧民である匈奴《きょうど》と果敢に戦い、万里の長城を築いた。漢文文献は、匈奴が次の漢王朝の臣民を指すのに「秦人」という語を使ったことを明確に証言している[27]。一方で、秦王朝は中国の人々にとても悪い記憶を残したため、彼らはその語を使用しなかった。匈奴は仲介者として十分想定できる民族である。匈奴帝国は、秦そして漢の攻撃に対抗するために、前二世紀の間に構造化され、少なくとも名目的には中央アジアまで拡大した。名称の伝播には、西に向かって連続する複数の仲介者が関与していた可能性もある。たとえば、西側において匈奴に従属していた烏孫《うそん》やサカ族などである。中央アジアのすべての民族と同様に、ソグド人はフムダーンと秦の名前を、ステップ地域とタリム盆地の住人を介して、前三世紀末または前二世紀初めに受け入れたのである。

結局のところ、検討によって得られた成果はほぼ皆無に等しい。スーサの碑文を検討しても、ソグド人の遠距離交易について検証可能な痕跡は何も得られなかった。ラピスラズリの伝播を調べるテストの結果は、ソグド商人が存在したのなら交易を行ったであろう地域への伝播については否定的である。ソグド語文献に現れるフムダーンの名前から、早い時期に中国との直接的な接触があったと結論付けることはできない。このように結果は完全に否定的であるが、少なくとも一つの仮説として、ソグド人のネットワークが生まれた年代幅を狭めることができる。すなわち、アケメネス朝とアレクサンドロスの征服の時代には、ネットワークは存在していなかったと思われる。まとまった史料に到達するには、二〇〇年の時間を越えなければならない。

2 漢文史料が記すソグド人の地域内交易

ソグド人の交易史が実際に分析対象になるのは前二世紀からで、それを可能にするのは漢文史料である。中国の軍隊は前二世紀末に甘粛とタリム盆地の東端を掌握し、前一〇八年にはフェルガナまで前進した。中国はその後三〇〇年間タリム盆地に介入し、まずまずの成功を収めた。漢が統治する中国と中央アジアが接触を繰り返すことで、中央アジアの政治、民族、経済について重要な情報がもたらされたが、その一方で、二つの深刻な問題がこれらの文献の使用を大きく阻害することになる。一つは地名の同定であり、もう一つは各々の文献の相互関係である。[28] 交易の問題について検討するには、まず漢文文献の中からソグディアナとそこに存在したまちを見つけ出さなければならない。

ソグディアナの同定

中央アジアを対象とする漢文文献には二つあり、一つは司馬遷《しばせん》による『史記』の巻一二三、大宛《だいえん》列伝で、もう一つは『漢書』である。[29]『史記』は中国最初の歴史書であり、著者の司馬遷は漢の宮廷の偉大な天文学者で、前九〇年頃没した。中央アジアの国々に関する巻一二三には、前一三〇年代以降この地域を通過した多数の中国使節や外国使節がもたらした情報や、とくに初めてタリム盆地を越えた中国の使者張騫《ちょうけん》が、前一二五年頃都に帰って執筆した報告がまとめられている。『漢書』は前漢の正史で、『史記』より二〇〇年近く遅い。『漢書』は、後三六年から公式の記録をもとに班彪《はんぴょう》によって編纂され、子の班固とその妹の班昭に引き継がれ、一二一年に完成した。収められた情報の多くは『史記』と同じだが、『史記』のテキストを巻六一、張騫伝と、巻九六、西域伝に分割している。また、『史記』編纂以降の歴史が多数追加され、記述された国々と中国との前一世紀の関係史がまとめられている。(30)
司馬遷と班彪は外交使節の成果を伝えるが、彼らの興味は外交使節の軍事および政治の領域をはるかに越えていた。彼らの情報は、確かに短いが、この時代には比類のないもので、経済に関わる問題に取り組むことを可能にする。たとえば、『史記』は次のように記す。

安息《あんそく》は、大月氏《だいげっし》の西、約数千里にございます。定住の生活をして農耕をいとなみ、稲と麦を植え、葡萄酒を作ります。城壁のあるまちは大宛と同様で、その領内には大小あわせて数百の城があり、数千里四方の広さをもち、最大の王国でございます。嬀水《きすい》（アム川）に臨んでおりまして、市場があり、住民が商売に出る場合、車や船に乗って、近辺の国々をめぐり、数千里も旅することがございます。銀を貨幣として使用し、貨幣にはその時代の王の顔が刻まれております。王が死ぬと、そのたびに貨幣を改鋳し、新王の顔にかえます。(31)

『史記』はまた以下のように記す。

大夏《たいか》は、大宛の西南二千里余り、嬀水の南にございます。定住生活をし、城壁、家屋があり、大宛と同じ習俗です。全体を統治する首長はいず、ところどころの城壁のあるまちに、小首長を置いております。その兵は弱く、戦闘をこわがりますが、商売が上手です。大月氏が西方に移動したとき、〔この国を〕攻撃して征服し、大夏の住民をすべて支配の下におきました。(32)

さらに次のようなテキストを提供する。

大宛から西、安息までの諸国は、言語はかなり違っていたが、風俗はだいたい同じで、互いに言葉を理解できた。住民はすべてひっこんだ眼をし、ひげがこく、商売上手でわずかの利益を争った。[33]

これらのテキストは、前二世紀末の中央アジアに大規模で多様な交易活動が存在したことを明確に証言している。問題はすべて、記述されている場所と民族の同定にある。大夏（バクトリア）や安息（パルティア国）のように同定が確定している地名もあるが、同定が一致しない地名もある。とくに大宛と康居《こうきょ》がそうである。大部分の注釈者は大宛をフェルガナと考えるが、ソグディアナと考える者もいる。[34] 康居はチャーチを中心とし、ソグディアナを含むと考える者もいれば、含まないと考える者もいる。[35] 争点は明らかである。すなわち、もし大宛がフェルガナであれば、大宛から西、すなわち大宛とパルティア国の間に住む「商売上手」とはソグド人に他ならず、これがソグド人の交易史に関する最初のテキストということになる。アレクサンドロスの遠征からアラブの地理学者まで、すべての歴史文献が示すように、ソグディアナは北のシル川中流と南のアム川中流の間の地域であり、まさしくソグディアナこそが、そしてソグディアナだけが、大宛と安息の間のルート上にあることを地図と地形が明瞭に示している。テキストは「大宛から西、安息まで」続く一本のルートに言及しているのであり、大宛の西のすべての国々に共通する特徴を指摘しているわけではない。争点は重大であるため、これらの推論と同定について詳細に検討することにする。[36]

大宛をフェルガナと同定することは、考古学と地理学によって確認される。すなわち、漢文文献によれば、大宛に暮らしているのは、定住化した遊牧民で、馬に乗って戦う技術を完璧に保持していた。商売をするとは伝えず、葡萄と麦を育て、良質の牧草地と優れた都市ネットワークがあると明言する。ところで、フェルガナのクガイ・カラブラク文化は、まさに前二世紀に、それまでよりも広い交換のネットワークに組み込まれたことが、その墓で見つかった漢の絹織物によって確認される[38]。そして、アフシケントのような大きな都市遺跡が発掘されている。このクガイ・カラブラク文化では、後一世紀から四世紀に農業が最盛期を迎える。シル川は流れが強すぎて灌漑に利用しにくいため、当時の住民は、とくに急流で生じた扇状地を開拓し、運河によって整備、拡大した。住民は稲と葡萄を栽培した。中国で生産された物はフェルガナ渓谷の南西部で集中的に見つかっている。また銅銭も持ち込まれている[39]。

フェルガナにおいて稲と葡萄が栽培され、広大な牧草地と大きなまちが存在したこと、そして中国の産品が多数発見されていることは、漢文文献が記す国々の相対的な位置関係の中で、地理的に見て矛盾のない同定（大宛＝フェルガナ）を裏付ける。さらに、この同定は、後の時代の王朝史がかつての大宛国とフェルガナ（破洛那[41]）を同一視することからも支持される。しかも、フェルガナにはソグディアナよりも質の良い牧草地がある[40]。

したがって、右に示した『史記』の引用部分にはソグディアナとソグド人が示されていることになる。フェルガナから西のパルティア国へのルート上で、ソグド商人は、フェルガナの住人とは違うが、彼らの間では理解できる方言を話し、わずかな金額でも値切る人々として、すでに精神的・外見的特徴を備えて（欲張り、わし鼻、深目、顎髭や口髭）歴史に登場する。これらの特徴は、後の唐の正史や図像においても、変わらずソグド人の特徴として示される。ソグド人は当時、組織された国を持っていなかった。ソグディアナとサマルカンドは政治的に自立していなかったため、正史の西域伝の土台を形成する政治および軍事を中心とする報告においては、独立した記事の対象にはなりえなかった。フェルガナとパルティア国の間に位置する民族に通りがかりに言及する方法で、ソグド人は間接的に示されたのである。

商業的な接触か？

漢文文献は、ソグド商人への最初の証言を提供するだけでなく、中央アジアと中国、より正確にいえばソグド人と中国の商業的関係について分析するのにも適している。

接触は徐々に進んだだろうが[42]、その動きは張騫の使節団によって大いに加速した。当時中国は、遊牧民である匈奴に反撃するために同盟相手を探していた。匈奴は中央アジア北部とモンゴル高原から、漢帝国の中心である黄河流域を絶えず脅かしていた。中国は帝国の持つ普遍性を顕示し、珍しい物品を手に入れるために、西方に同盟のネットワークを築く必要があった。

天子は、大宛や大夏・安息などの諸国はすべて大国で、めずらしい物産が多く、土着で、中国とかなり似通った生活をしているが、兵は弱く、漢の財物を貴重な品としている、その北には大月氏、康居といった諸国があって、兵は強いが贈り物をして利益でさそえば漢に入朝させることもできるし、そのうえ、もし信義をもってそれらを支配下に収めるならば、一万里も領土を拡張でき、何度も通訳をくりかえし、習俗を異にする外国を招きよせ、漢の権威と徳化が四海のうちに行きわたることになるのだ、と聞かされた[43]。

中国の使節団は、とくに前二世紀末に莫大な量の絹を持ってこの地域を縦横に行き交った。

しかも天子が大宛の馬を好んだことから、そこへの使者は道路にひきもきらなかった。外国に使者として赴く連中は、多いものは数百人、少ないもので百人余りが一組となっていた。かれらがもって行くみやげものは、だいたい博望侯〔張騫〕の時の前例にならった。その後、次第に〔路に〕馴れてくると人数は少なくなった。漢はおおよその一年のうちに、多い場合で十余り、少ない場合で五つ六つの使節団を派遣した㊹。

張騫が烏孫に派遣された時には、

万の単位で数えるほどの牛と羊をひきつれ、数千万の多額にのぼる黄金と絹織物をたずさえさせ㊺(後略)。

また『史記』は、これらの「使節団」の人員についても、いくつか詳しい情報を提供する。

したがって、かれらが往復するあいだに贈り物を盗んで自分の物にしたり、天子の意志を裏切る行為がないわけにいかなかった。(中略)かれらの配下の役人や兵卒も、機会あるごとに盛んに外国の物産を宣伝した。その話が大げさな連中には節《せつ》を与え、宣伝がひかえめな連中は副使とした。その結果、でたらめをいい、いいかげんな行為をするやからは、みな争ってその真似をした。使者はみな貧乏人の子弟であったから、天子の贈り物をくすねて自分のものとし、外国で安く売ってその利益をわがものとしようとした。外国の方では、漢の使者がそれぞれに違った話をするため嫌気がさしていたし、漢の軍隊はそんなに遠くまで来れまいと推察して、食物の供給をおさえて漢の使者を困らせた。漢の使者は食物が欠乏し、怨みがつもったはてには互いに攻撃しあうほどであった㊻。

とりわけ、中央アジアの住人の態度は何度も示される。

匈奴の使いが単于《ぜんう》(匈奴の王号)の使者のしるしをもっていれば、諸国は送迎して食物を送り届け、留め置いて苦しいめにあわせることはしなかった。ところが漢の使者に対しては、贈り物の絹などを出さなければ食物を手に入れることも家畜を買うこともさせず、乗馬を使用することもさせなかった。そういう態度をとった理由は、漢が遠国のうえに財物が豊富だと考えたからである。だから、必要なものを手に入れるためには、必ず金を出して買わなければならなかった。しかも、漢の使者よりも匈奴の使いの方に遠慮していた(47)。

中国の公式文献は、中国の使者の対応とそれに対する中央アジアの住人の対応を二つの別個の問題として論じているが、実際には、同じ現象の二つの側面を示している。正史は漢の政治家の視点に立ち、西方の国々との外交関係を発展させることに関心がある。そのついでに、西方の遊牧民のエリート軍人に渡すために用意された国庫の贈り物を独占し、それらを転売または密売して私腹を肥やす中国の使者の行動に対して不平を言っている。それと同時に、利益を求めてありとあらゆるものの代金を漢の使節に支払わせる西方の人々の横柄な対応に憤慨している。ここでのキーポイントは、漢の使者が発揮した情熱である。彼らは何度でも冒険を試みる用意があった。この情熱が示すのは、そのような対応によって中国の国庫が損害を受けたとしても、使者は損害を受けなかったということである。公式に行われた外交の循環の周辺で、まぎれもない商業の循環が成立し、それは外交の循環を犠牲にして存在し続けたのである。中央アジアの住人は自身が提供するサービスに対して報酬を要求し、西方に赴いた中国の使者は、自国の政府の絹と引き換えに帰国後に転売すれば金持ちになれる貴重な品々を購入することを望んだ。中国の正史が横領や敬意の欠如と呼んでいるものは、実際には商業の構造である。中国と遊牧民のエリート軍人によるスケールの大きな外交の周辺で、商業的接触が生じ、それが中央アジアの商人と中国の冒険家に利益をもたらしたのである。

このような商業的接触によって、以前なら手に入るはずのない社会階層にも絹が広まることになる。絹は外交の世界を離れて商業的取引の世界に入ったのである。この革新はきわめて重大である。確かに、遊牧民のエリート軍人の手に渡った絹が、その社会内部の循環によって、最終的に商人の所有に帰し、それが交易を引き起こした可能性もある。しかし、そのようなプロセスについて、史料は何も伝えず、何も知られていない。それに対して、筆者が解釈したように、漢文文献は、前二世紀末の中央アジアに中国の商品を扱う地域内交易が確立したことを示す明白な証拠を提供する。おそらく、この交易の対象になった絹は、はるか東方で中国政府が匈奴に供出した莫大な量の絹と比較すれば、とても限られた量だっただろう。(48) しかし、これが証明される最初の交易であり、その形成に寄与したのは、中国が外交のために用意した資金だった。

ソグド人の居住地は、テキストに何度か言及される大宛から安息へ向かうルートとぴったり一致する。彼らがこの交易から排除されていたと推測することはできない。関係国の周辺に居住していたソグド人は、中国の高価な産品を交易によって手に入れる必要性が他の民族よりも高かっただろう。なぜなら、バクトリアやパルティア帝国の住人には、支配者である遊牧民のエリート集団と直に接触する機会があったのに対して、ソグド人には交易以外の方法で中国の高価な産品を手に入れる機会はほとんどなかったからである。

実際に、すべては、あたかも、公式に行われた外交上の接触からソグド人が排除されていたかのように見える。ソグディアナが当時外交上の地位を持っていなかったために、漢文文献はその地域について言及せず、住人の商人気質を示す間接的表現にとどまっている。中国の使節団がソグド人の居住地を見下しながら通過したとき、彼らの取引相手は下僕や運搬人だった。再び中央アジアに戻って不正に取引をすることに熱を上げる従者たちとのやりとりでは、経済的側面は単純化され、中国の市場で高値がつくエキゾチックな商品と引き換えに、どれだけ多くの絹を掠め取るかが、そのすべてであった。高尚な外交は他に任された。ソグド人は、外交の裏側やその周辺で、自らが置かれた地理的状況がいかに重要であるか、すなわち、彼らの土地がステップ世界の直前に位置する都市化した地域であるため、中国の使節団とそれらが運ぶ貴重な物品にとって避けることのできない通り道であることを見抜いていたのだろう。

前二世紀の考古資料

中国の情報は交易の始まりを明白に示す一方で、中国の人々が来る前からすでに交易が存在していたことにも言及している。確かに、ソグド人は交易に従事する中央アジアの民族の中で最も遅れていて、隣人のバクトリア人やパルティア人よりも稼ぎが少なかったように見える。すなわち『史記』によれば、バクトラの市場にはあらゆる地方の商品がそろっていたし[49]、パルティア帝国には船で長距離を移動する商人が住んでいた。とはいうものの、中国の産品の到着によってソグディアナの商業活動が無から創造されたわけではない。大量の絹がこの地域にもたらされる前から存在した、地域内交易の起源を明らかにしようとするなら、唯一活用できるのは考古資料である。なぜなら、漢文文献はそれが言及する交易の性質を明らかにすることができないからである。しかし、ソグド人とバクトリア人が商人だったという仮説を考古学によって補強することは、ほぼ不可能である。バクトラはわずかに試掘されただけで、考古調査の対象にはなっていないが、パミールの麓に位置するグレコ・バクトリア王国の都市遺跡アイ・ハヌムの発掘により、バクトリアが商業的にはどの方向からも比較的孤立していたことを強調することができる[50]。一方、アイ・ハヌムで未加工の塊の状態で発見されたラピスラズリは、インド亜大陸全域に広まっている[51]。

ソグディアナでは前二世紀の層に達する発掘調査はとても限られているため、それらの情報を一般化することができない。サマルカンドで発見されたグレコ・バクトリア王国時代の建物のうち、軍用施設ではない建物は穀物倉庫だけである。しかし、サマルカンドでは、グレコ・バクトリア王国時代の層から多数のトルコ石の断片と数点のカーネリアンの玉が見つかっていることを指摘しておく[52]。とくに城塞では、前二世紀前半にトルコ石を加工する工房が機能していたようである。トルコ石はとりわけホラズムの産物だが、フェルガナ峡谷に位置するホジェンド地域の産物でもあるため、[53]トルコ石の発見が遠距離交易の存在を示唆することにはならない。[54]当然のことながら、腐敗しやすい商品の交易については何も分からない。サマルカンドに生活水準が比較的高い住人が多数存在したことは、質の高い陶器がほぼ中断することなく大量に生産されたことによって証明される。[55]そのような住人の存在は交易の一つの要因となりえただろうが、それは考古学的に確認されるというよりも推測されるにすぎず、そのうえ交易の担い手は不明である。最後に強調しておかなければならないのは、サマルカンドの遺跡からは古代のコインがわずかしか発見されないことである。[56]グレコ・バクトリア王国時代の前二世紀前半には——遊牧民の月氏がグレコ・バクトリア王国を滅ぼす直前、張騫が月氏について記述する数十年前——、ソグディアナの経済は基本的に商業ではなく農業を基盤としていたようである。そのため、パルティア人やバクトリア人の交易とは異なり、ソグド人の遠距離交易は、中国の商品が大量に到着する前二世紀末より前には存在しなかった可能性が高い。逆に、漢文文献が示唆するのは、オアシス内部または地域内の交易から遠距離交易が誕生したが、それはあまり華々しい誕生ではなかったということだろう。ホジェンド産のトルコ石がサマルカンドで加工されたことは、オアシス内部または地域内の交易の一例だろう。全体的に見ると、年代の範囲はかなり明確になった。

3　ソグディアナをそれて？——紀元後初めの交易ルート

中央アジアの民族全体が中華帝国の産品と接触してから四世紀初めの「ソグド語古代書簡」まで、まだ五〇〇年の隔たりがある。漢文史料と考古資料を補足するのは西洋古典史料である。「シルクロード」を対象とした研究は、紀元前後の二〇〇年間から三〇〇年間の情勢をかなりはっきりと描き出しているため、「シルクロード」のイメージが最も真実味を帯びているのは、おそらくこの期間だろう。実際に、とくに絹を対象とした遠距離交易が中国とローマ帝国の間に存在し、それは主にバクトリアとインド、そしてパルティア支配下のイランを経由して行われた。問題は、ソグド人がこの交易にどの程度関与していたかを見きわめることである。

南の商業民族

中国と西洋の史料は、全体として、南方の商業民族が紀元後初めに交易を行っているという記述で一致している。『エリュトラー海案内記』[57]も中国側の『漢書』も、中国とインドを結ぶ構造化された交易が南方に存在し、それはインダス川上流の峠を越え、バクトリアを通過していたことを証言する。『漢書』は、前二五年頃に政治家である杜欽《ときん》が罽賓《けいひん》（おそらくガンダーラ、もしくはより広く北西インド）[58]の使節団について行った報告を引用している。

> 王の親属や貴人が加わっておらず、奉献する者はみな商いする賤人ばかり、貨を通じ売買したいため献上を名目としているのです。[59]

外交上の接触があってから一〇〇年後、北インドの商人はすでに中国の都へと出発していた。都にいた外国商人はかなり頻繁に言及される。[60]一方、『エリュトラー海案内記』は次のように言う。

> この地方の彼方では、今や真北の方角の或るところで外側の海が尽きると、そこにティーナ（中国）と呼ばれる非常に大きな内陸の都市があり、ここから真綿と絹糸と絹布が、バリュガザへとバクトラを経由して陸路で、他方リミュリケーへとガンゲースを通じて運ばれる。このティーナへは容易には到達できない。というのも、そこからは稀に少数の人々が来るにすぎないので。その場所は小熊座の真下に位置していて、ポントス（黒海）とカスピ

アー海の〔そこで海岸線の〕向きが変わる部分に境を接していると言われる。(61)

この交易に関連して、他の史料にも言及することができるだろう。バクトリア人は、ギリシア語・ラテン語文献に言及されることがあり、インド洋の商業圏に関係がありそうな文脈においてインド人やスキタイ人とともに言及されている。ディオーン・クリューソストモス Dion Chrysostomos は、後一世紀末に、アレクサンドリアの劇場の観客の中に、バクトリア人、スキタイ人、ペルシア人、そして何人かのインド人がいたことを（『弁論集』第三二話、第四〇節）、そしてローマに、バクトリア人、ペルシア人、パルティア人がいたことを（同前第七二話、第三節）知らせる。この他に、ギリシア語・ラテン語文献がバクトリア人に言及するのは、ただ、帝国の名声がバクトリア人のようにはるか遠方の民族にも届いていることを強調するためである。後代の『ローマ皇帝群像』はそのような例である。(62) バクトリア人に対するこれらの言及は重要な議論を引き起こしているが、それについて考察すれば本書の主題から離れてしまうだろう。(63) ここではただ、紀元後初めの数百年間、中国との交易の幹線道路はソグディアナの南を通り、パミールとヒンドゥークシュ山脈を越えてインドに達していたことを強調しておきたい。

バクトリアは確実にこの交易に関与していたし、さらにパルティア帝国を通過するもう一つのルートの恩恵にもあずかっていた。(64) 実際に、後一五〇年頃に『地理学』を執筆したアレクサンドリアの地理学者プトレマイオスは、一世紀にローマ帝国から来た商人たちがユーフラテス川からバクトラへ、そして山々を越えて中国へ向かったルートを記述している。(65) プトレマイオスは、中央アジアについて錯綜しているが注目すべき情報を、このような商人からテュロスのマリヌスという先人を介して入手している。(66) 彼が入手したのは旅行記と各行程の所要時間だけで、天文学の情報は入手できなかった。地理座標系はすべてそのような情報から計算された。(67)

それにまた、商業活動を通じてこの道が知られるようになったという事情もある。たとえば、親の代からの商人であるマエス、別名ティティアノスというマケドニア人がこの路程を記録したと言われているが、セレス人の地に自ら赴いたわけではなく、配下の者を派遣したとされているのである。(68)

このように、ソグディアナの南の地域、とくにバクトリアと北西インドが優位に立っていたことをふまえて、ソグド人の交易を分析しなければならない。

北の道

対照的に、紀元前後に存在したかもしれないソグド人の交易に関する証言は、きわめて混乱し、分散している。最も明解なテキストは『漢書』の一節である。

こうしたことを思いはかれば、いったい何のために子をつかわして入侍させているのでしょうか。彼らが交易して親善したいと言うのは詐《いつわ》りの言葉にすぎません。(69)

この一節は、前一一年に康居王が贈り物を持たせて息子たちを派遣したことについて、西域都護《とご》が行った報告の抜粋で、康居との関係を断つように助言している。注釈者は、康居が似たような試みを前二九年にも行ったことを補足している。(70) 前二世紀の『史記』には、康居はシル川中流域にとどまっている遊牧民の小国として記述され、それをソグディアナと同定することはできない。(71) それに対して、これらの使節団を派遣した時代には康居にソグディアナが含まれていたと考える正当な理由がある。

というのも、康居が南は大宛と接するという点は『史記』の記述と変わらないが、『漢書』は、康居がこの頃には安息すなわちパルティア国とも境を接するという新しい事実を伝える。月氏は、もはや張騫が旅行した時のように中央の位置を占めていない。今や康居はフェルガナからメルヴまで拡大し、ソグディアナもその中に含まれている。さらに、この情報の年代を『漢書』が伝えるコインの図柄から推定することができる。パルティア帝国で該当するのは、フラーテス五世（在位前二～後四年）のコインだけである。[72] したがって、康居がソグディアナにおいて優勢になったのは、張騫の派遣から紀元後初めの間ということになる。後の『後漢書』のテキストでは、[73] ソグディアナは明らかに康居に含まれている。[74]

康居がソグディアナを支配下に置いたのが前二九年よりも前で、月氏の最後の移民がバクトリアに出発した直後であると認めるなら、『漢書』が記す交易目的の康居の使節団は、おそらくソグディアナの商人によって導かれたと考えられる。言い換えれば、杜欽は使節団を装う罽賓の商人の手口を厳しく告発したが、ここではソグド人が同じ手口を使っているのである。

こうして、『史記』に言及される商業民族は、ソグド人を含め、すべて中国に向かった。外交と見せかけてソグド人の遠距離交易が開始されたのは、紀元より数十年前だったと確信を持って言うことができる。また、それは中国の使者と稼ぎの少ないソグド人が、ソグディアナで行った一〇〇年にわたる商業的接触に続くものだった。

漢文文献はそれ以上は何も伝えないし、他の史料もソグド人の交易について明言しない。一方、考古資料はとても断片的であるため、それによってアム川以北の遠距離交易について検討することは不可能に近い。少なくとも中央アジアの他の地域よりも可能性が低いことは確実である。絹は保存されない。エジプト産のファイアンスの玉や青銅の小像など、ローマ帝国領内の地中海世界で作られたものは、[75] 中央アジアでは、とくにバクトリア北部、次にホラズム、ソグディアナ、ウストルシャナ、フェルガナで発見される。[76] その規模は、ローマのコインが数千枚も発見されるインド南部とは異なる。一方で琥珀《こはく》は、バルト海から中央アジアにもたらされた[77]。そして、東から来たものの一部は中央アジアに運ばれ、そこから黒海北部のステップ地域にもたらされた。たとえば、最近サマルカンドの北〔コク・テペ〕で紀元前後に築かれたと推定される王族の墳墓が発掘され、そこから中国製の銀の鏡が他の高価なものとともに発見された[78]。この鏡を運んだのが交易なのか、それとも外交ルートなのか――より可能性が高い――、知ることはできない。また、黒海の北の後一世紀末以降の墓から、中央アジアに由来するもの、もしくは少なくとも中央アジアを通過したものが発見されている[79]。

このように考古学は、アム川以北の遠距離交易がわずかではあるが発展したことを証言する。そして、アム川以北の中央アジアと黒海との接触がステップ地域を経由して発展したことは、漢文文献とギリシア語文献によってただちに確認される。『後漢書』は、二世紀の第I四半期に集められた情報をもとに、このルートの一部を記し[80]、『魏略』は三世紀にこのルートをローマ帝国まで延長して記述している[81]。

さらに奄蔡国《えんさいこく》、一名阿蘭《あらん》があって、これらはみな康居と風俗を一にしている。これらの国々は、西は大秦《たいしん》と、東南は康居と境を接する[82]。

阿蘭はアラン族のことで、大秦はここではローマ帝国のことである。一方で、プトレマイオスはカスピ海の北の地域を驚くほどよく知っている。彼はカスピ海を閉ざされた海とみなした最初の人物でもあり、その北側を陸路で回った可能性がある。そしてカスピ海にそそぐ川のリストを残している[83]。同様にフェルガナ、そしてタリム盆地についても記述しているが、ザラフシャン川流域に関係するテキストはごくわずかである。プトレマイオスは、とくにソグディアナについて多くの間違いを犯していて、彼の情報は、ソグディアナよりもその北と南についての方がはるかに優れているようである。一方、『後漢書』は、メルヴがパルティア国への入口であると記している。このことは、ザラフシャン川流域を通りメルヴに達する二次的なルートの存在を示している。[84] 後に、『魏略』は、大宛から安息までこの道をたどっているのだろう。[85]

中央アジアと黒海との間に比較的安定した交易が存在したことを示す唯一の証拠は、ギリシア・ローマの宝石商から得られる。彼らが知っていた数種類の青い石の中で、最良の石はスキタイのキュアヌスという石で、黒海を渡って輸入されていることから、確実にバダフシャンのラピスラズリと同定することができる。大プリニウスは後一世紀に次のように書いている。

最良のキュアヌスは、スキタイのものである。（中略）キュアヌスも雄と雌に分けられる。時に金色の塵を閉じ込めているが、サファイアのそれとは異なる。というのも、こちらでは金が点々と輝くからである。[86]

ラピスラズリに含まれる黄鉄鉱は、この記述とぴったり一致する。したがって、ラピスラズリは絶えず伝播していたのであり、必然的にソグディアナを通り、ステップ地域、そして黒海へと向かったはずである。ソグド人はこの交易に関与していた可能性がある。

中央アジアの古代史を駆け足でたどったが、その唯一の目的は交易が始まった年代を明確にすることだった。その結果は、前一世紀を支持し、それより早い年代をとらない。この頃、一〇〇年前の中国の企てに続いて、ソグド人と他の中央アジア南部の商業民族は、いくつもの峠を越えてタリム盆地へ向かった。インドと中国を結ぶルート、イランと中国を結ぶルート、ステップ地域と中国を結ぶルート、どのルートも中央アジアを通過する。ルートが束になっている所を特定することができる。一つ目は、最も重要で、バクトリアを通って南に向かうルートの束。二つ目はシル川に沿って北に向かうルートの束。三つ目はソグディアナを通るルートの束である。三つの束に接点が存在することは、ラピスラズリがザラフシャン川流域を通ってさらに北方ルートへと伝播していることによって証明される。康居の商人に関するテキストを考慮すれば、とくにザラフシャン川流域と北に向かうルートの束において、おそらくはラピスラズリの交易に対して、ソグド人が果たしたであろう役割を過小評価することはできない。遠距離交易はソグディアナより南を通過し、ソグド人が支配していたのは二次的な道だったとしても、彼らは紀元後数百年間の交易の発展に、遠くからではあるが関与していたのである。周辺の遊牧民に対する中国の政治的な企てによって始動した交易は、接触が途絶えてもその勢いを完全に失うことはなかった。現在の文書資料の状況においては——ごくわずかな発見でもこの図式を徹底的に検討し直すことになるだろうから、この但し書きは重要である——ソグド人ネットワークの起源を——南に隣接する民族の企てと比べて控えめだが——他に求める理由はない。

第2章　「古代書簡」をめぐって

「ソグド語古代書簡」はソグド人の交易史において他に全く類を見ない文書群であり、この資料だけで本研究の論理的枠組みの大部分を形成する。実際に、甘粛からサマルカンドに宛てた「古代書簡」Ⅱは、小規模なソグド商人の集団の存在だけでなく、ソグド人のネットワークの存在を証明する数少ない文書の一つであり、そこには、商業活動を遠隔操作するための経済的・社会的構造として、ネットワークという概念が意味するすべてのものが示されている。さらに、これらのテキストはソグド語で書かれた最も古い商業文書でもある。ソグド人の交易は暗闇の中から突然姿を現し、その時にはすでにネットワークがすっかり発展した状態にあったのである。第2章の目的は、「古代書簡」が提供する情報を活用することと、この暗闇を晴らすことである。

1　「古代書簡」とソグド人ネットワーク

「古代書簡」Ⅱ

「古代書簡」Ⅱのテキストは全文を引用する価値がある。なぜなら、それはソグド人の交易史において最も重要な文書であるだけでなく、四世紀の歴史にとってもきわめて重要な文書だからである。この文書は、洛陽を侵略した匈奴をフン xwn という名前で呼んでいる。フン族がローマ帝国の境界に侵入する六〇年前のことである。

貴きご主人様、カーナック〔家〕のナナイスヴァールの息子であるヴァルザック様へ、千回、万回の祝福と敬礼が、まるで神々へ捧げられたのと同じように、あなた様の僕《しもべ》である私ナナイヴァンダクから送られました。あなた方が幸福で息災であるのを見ることができる日はすばらしく、あなた方が健康であると聞いて我が身は永久に続くと思います。

⑤ご主人様方、酒泉《しゅせん》にいるアルマートサーチュは元気で無事にしています。アルサーチュは姑臧《こぞう》で元気で無事にしています。中原地域からソグド人がやって来てから三年になります。私はゴータムサーチュを定住させました(?.)。彼は元気で無事にしています。彼はkwr'ynkに行きました。そこから誰も帰って来ていませんので、〔中国〕内地に行ったソグド人たちがどうなったのだとか、どんな国々に至ったのかについて書こうにも〔書けません〕。⑪ご主人様方、最後の天子は、――人々が言うところでは――飢饉のために洛陽から逃亡し、宮殿と〔洛陽〕城には火が放たれ、宮殿も城も焼け[落ち]ました。洛陽も鄴《ぎょう》ももうだめです。そのうえ……匈奴たち……長安……まで、そして鄴までを、昨日まで天子の家来であったこの匈奴たちが……ご主人様方、私たちには、残った中国人が長安から、中国から、匈奴を追い払うことができたのか、⑲或いは残りの国々を取り返したのか分かりません。そしてサマルカンド出身の一〇〇人の自由人が[……にいます]。[…]δry'n に四〇人の男がいます。

㉑そしてご主人様方、あなた方の……「内側」から[来て]三年[になります]。……されていない〔布?.〕……㉓そして敦煌(δrw''n)から金城(kmzyn)まで……に売る……、麻布が行くところです(=よく売れています?.)。そして、……されていない〔布?.〕または raghzak――〔まだ〕〔市場に?.〕持って来られていない、〔まだ〕とられていない――を持っている者は誰でも、それの[すべてを?.]売る[ことができます?.]……。そしてご主人様方、私たちについては、――㉖k[金城?.]から敦煌までの地域で暮らす者は誰も――、私たちは、……が生きているかぎり、〔かろうじて〕生き残っています(直訳すれば「息があります」)。そして〔私たちには〕家族がなく〔?.〕、年老いていて、死に

そうです。もしそうでなければ、［私は］私たちがどのようであるか〔について〕あなたに進んで〔?〕書いたりしないのですが。そしてご主人様方、㉚もし私が中国がどうなったか〔について〕あなた方に書くとしたら、〔それは〕不幸を超えて〔?〕〔いるでしょう〕。㉛あなた方にとってそこから〔得られる〕利益はありません。そしてご主人様方、私がサグラクとファルンアーガトを「内側」に送ってから八年が経ち、そしてそこから返事を受け取ってから三年が経ちます。彼らは元気でした……、〔しかし、〕今、最近の不幸が起きてから、彼らがどうなったか〔について〕そこから返事を受け取って［いません］。さらに、私がアルティフヴァンダクという名前の別の男を送ってから四年が経ちます。㊱キャラバンが姑臧から出発した時、ワフシ［ヤック］は……そこにいました。そして彼らが洛陽に到着した時、両［方……］とインド人とソグド人はそこですべて餓死していました。［そして私は］ナスヤーンを敦煌に派遣し、そして彼は「外側」〔中国の外〕に出て、〔敦煌に〕入りました。〔しかし〕今彼は私の許可なく出発しました。そして彼は大きな罰を受けて、彼は……で殺されました。

㊶ヴァルザック様、私の最大の期待はあなた様にあります。ドゥルワスプヴァンダク〔の息子の〕ペーサックは私から……スタテル〔のお金〕を預かっており、それを譲渡できない保証金〔?〕にしました。……ナナイスヴァール様、あなた様はヴァルザックにこの保証金を引き出すように催促し、〔引き出したら、お二人で〕勘定してください。それをその方〔ヴァルザック?〕が持つべきなら、元金に利息を加え〔?〕、それについて譲渡〔契約〕文書を〔二人で〕作成し、それも〔ナナイスヴァール様は〕ヴァルザックに与えてください。もしお二人が、その方〔ヴァルザック?〕が保持するのは適切ではないとお考えなら、それを取り上げて、その金が増えるために適切と考えられる他の人に与えてください。㊿と言いますのも、ほら、一人の孤児は……この支払額〔が頼りで?〕、もし生きながらえて、その年齢に達することができましたら、彼にはその資金以外には他に頼るものがありません。ナナイスヴァール様、タクト〔差出人ナナイヴァンダクの父親か〕が神々のもとに発ったと聞かれ〔た場合〕、神々と〔死んだ〕父の

魂があなたには支えであり、タフシーチュヴァンダクが大きくなったら、彼に妻を与えてください。また彼をご自身のもとから離されませんように。……あなた方に出費のお金が要り用になるなら、[57]そのお金から一〇〇〇スタテルあるいは二〇〇〇スタテルを取られますように。私は敦煌に向けワンラズマク宛てにタクトの所有物である三二〔個〕の麝香《じゃこう》を送りました、彼がそれらをあなたに向けて送るようにと〔考えて〕。届けられましたら、それを五等分し、その五分の三は〔私の息子の〕タフシーチュヴァンダクが、五分の一はペーサックが、そしてもう五分の一はあなた様が〔おとり下さい〕。

[61]この手紙は〔サマルカンド〕領主チルススワーンの一三年、タグミーチュ月（ソグドの暦の一〇番目の月）に認《したた》められた。(1)

背景と年代

このテキストは一九〇七年にオーレル・スタイン卿によって、敦煌の西九〇キロメートルの、中国の長城の西端にほど近い漢代の烽燧台《ほうすいだい》XIIa遺址《いし》で、通路の一つをふさいでいたごみの中からまとまって未開封の状態で発見された書簡のうちの一通である。(2) これらの書簡は、紙にソグド語、ソグド文字で記され、部分的に破損している。(3) 一九三一年に校訂された。(4)

「ソグド語古代書簡」の年代は活発な議論の対象になっている。(5) というのも、「古代書簡」Ⅱが中国の都の一つである洛陽の略奪に言及しているからである。洛陽は一九〇年、三一一年、五三五年の三回略奪されている。複数の理由（書体、紙質など）から一番遅い年代は却下されるが、(6) 一九〇年と三一一年のどちらを選ぶべきか判断が難しい。なぜなら、テキストに言及される騒乱（洛陽と鄴が焼け落ちたこと、飢饉、皇帝が都から逃亡したこと、匈奴の介入）は、どちらの状況にも関係するからである。全体として、一九〇年よりも三一一年に中国で起きた出来事の方が、テキストの文面に合致するようである。とくに、三一一年には皇帝はまさに飢饉のために逃亡したが、一九〇年には相国《しょうこく》の董卓《とうたく》が皇帝を都から逃亡させたのであり、そのうえ飢饉が始まったのは一九三年からである。以上のことから、手紙は三一三年に書かれたと考えられる。

この頃に中央アジアから中国に向かった商人は、パミールを通り、コータン王国、そして、とりわけ楼蘭《ろうらん》王国を通過して、「古代書簡」の発見場所からさほど遠くない中国の領土に到着した。その頃もなお中国の駐屯部隊はインド化した楼蘭王国を掌握していた。(7) ロプノール湖沿いの楼蘭は、当時、インド人、中国人、ソグド人、おそらくバクトリア人をも含む多様な共同体を受け入れる国際都市だった。商人はここから敦煌を通って西晋の領土に入り、「古代書簡」IIに言及される酒泉、武威〔姑臧〕、蘭州〔金城〕などのまちを通過し、当時は混迷をきわめていた中国中心部に到着した。

郵便ネットワーク

これらの書簡はまとまって見つかったが、発送元は一箇所ではない。「古代書簡」IとIIIは同一人物によって敦煌で作成され、宛先はおそらく楼蘭だった。「古代書簡」IIはサマルカンド宛てで、河西回廊で書かれたが、それ以上正確なことは分からない。「古代書簡」Vは武威から送られた。その他の書簡については情報がない。

発送元が一箇所ではないことに加えて、これらの書簡の性質がもっぱらソグド的であることは、ソグド人社会内部で郵便物を収集・発送するシステムが存在したことを証言している。これらの手紙の運搬人は、あるソグド人共同体から別のソグド人共同体へと移動し、他の民族の共同体には立ち寄らなかった。たとえば漢語やインド語の手紙がソグド語の手紙と一緒にされることはなかった。運搬人が配達を本業としていたのか、通りがかりに郵便物を引き受ける商人だったのか――こちらの方が実態に近いだろう――は不明である。郵便物のやりとりはかなり頻繁だった。なぜなら、これらのテキストの中で、ソグド人の通信相手から届くはずの手紙または届いた手紙が、何度も言及されるからである。さらに、封がされた手紙に記された宛先は画一的である。そして、「古代書簡」ⅠとⅢは二通ともミウナイという女性が書いたもので、「古代書簡」Ⅰは母親のチャティサ宛て、「古代書簡」Ⅲは夫のナナイザト宛てで、娘のシャイナによって追伸が添えられている。私的な手紙の存在、しかも女性が書いた手紙の存在は、彼らが頻繁に定期的に連絡をとっていたことを示している。「古代書簡」ⅣとⅤは交易に関するもので、「古代書簡」ⅠとⅢと同様にかなり迅速な返信を前提としている。したがって、地域内の郵便ネットワークはかなり発達しており、共同体の間の経済的・家族的関係を維持する役目を果たしていたのである。

保存状態の良い五通の手紙のうち四通には宛先が明記されていない。配達人が手紙の名宛人を個人的に知っていて、その記載は必要なかったか、もしくは、これらの手紙はすべて同じソグド人共同体、おそらくは楼蘭のソグド人共同体に宛てたものだったのだろう。(8)「古代書簡」Ⅱは、唯一遠く離れたサマルカンドに宛てたことが明白な書簡であり、しかも唯一これだけが麻布の封筒と絹布で二重に包まれていた。麻布の封筒は完全には残っていないが、そこには「……サマルカンドへ送る……」という、ソグド人の交易史にとってきわめて重要な語句が記されている(図1-a)。宛名は書簡の裏面に記されている。宛先を二重に指定するシステムということになる。すなわち、この書簡は楼蘭にいる一人目の人物に運ばれ、次にその人物が封をしたままの書簡をサマルカンドに届ける役目を負うと推測することができる。このことから、郵便物を引き受けた人物がサマルカンドまで行くのではなく、彼の行程は甘粛と楼蘭の間に限られ、楼蘭でサマルカンドに向かうキャラバンを見つけることができたと推測される。しかし、この書簡は敦煌からサマルカンドに麝香を発送したことに言及している。したがって、郵便物の運搬経路は商品とは別で、商品の方がゆっくりと運ばれたのだろう。「古代書簡」Ⅱは、外見、宛先指定、内容の点から、他の書簡とは異なる領域に属している。それはより大きな広がりを持つ。すなわち、これらの文書は、二つの異なる階層のネットワークに属している。一方は、地域内ネットワーク(甘粛と楼蘭王国の規模)で、頻繁に連絡をとる共同体のネットワークである。他方の「古代書簡」Ⅱは、サマルカンドと甘粛の間を結ぶ国際ネットワークに属している。

国際ネットワーク

「古代書簡」Ⅱの中に三つの階層を識別することができるだろう。第一にサマルカンドにいるナナイスヴァールの息子のヴァルザック、第二に甘粛と中国におけるネットワークの責任者であるナナイヴァンダク、第三に酒泉のアルマートサーチュ、武威のアルサーチュ、さらにゴータムサーチュ、ファルンアーガト、サグラク、アルティフヴァンダク、ナスヤーンといった現地の代理人である。最後に挙げた人たちの中には、アルマートサーチュやアルサーチュのように、他の人よりも先に派遣され、まちに定住する時間があった人もいれば、派遣されて間もない人もいた。

ヴァルザックとナナイヴァンダクとの関係は、厳密には明らかにされていない。テキストには、両者が従属関係にあることが示唆され、また深い尊敬を示す表現が多用されている。しかし、これらの尊敬表現はかなり定型化した表現であり、あまり重視する必要はないように思われる。さらに、ナナイヴァンダクはヴァルザックに対して、完全に対等な立場で何度も語りかけているように見える。ナナイヴァンダクの父の遺産の一部をヴァルザックの父が相続していること、また、ナナイヴァンダクが彼に息子を託していることは、(9) 彼らが親族関係にあったことを示唆するだろう。下の階層のサーチュで終わる三人の部下の名前(アルマートサーチュ、アルサーチュ、ゴータムサーチュ)も親族関係を示していると解釈すべきだろう。ヴァルザックは、アルティフヴァンダクを除いて、これらの部下のことを個人的に知っていたようである。なぜなら、ナナイヴァンダクがヴァルザックに彼らのことを伝える際に、それぞれの身元をさほど詳しく説明していないからである。さらにナナイヴァンダクは、ヴァルザックとナナイスヴァール以外の人物を通して、サマルカンドと連絡をとっている。(10) また、ナナイスヴァールに、別途、麝香を送っている。

テキストには期間を示す情報が含まれている。ナナイヴァンダクは手紙の相手に三年前の古い出来事、さらにサグラクとファルンアーガトの派遣については八年前の出来事を、わざわざ報告している。政治的事件が原因で三年間中国から知らせが届かないのは、明らかに異常事態であり、そのために、それ以前の出来事がまとめて報告されているに違いない。サマルカンドの事業に対してナナイヴァンダクの手紙が持つ重要性から考えて、三年、五年、もしくは八年に一度だけ手紙で連絡をとっていたとは考えられない。昔の出来事が言及されるのは、彼らの商業を目的とした移住の経過報告もしくは総括とも言うべき手紙の前半部分であり、その内容も活動開始後に起きた出来事を要約するという、まさに総括の性質を帯びている。手紙の後半部分の内容は、「古代書簡」ⅣやⅤなど他の手紙にはるかに近く、サマルカンドとの間の直近の事業が話題になっていて、より短い期間を対象としている。

ヴァルザックは、ネットワークの中国の部分に利害関係があったのだろうか。ナナイヴァンダクが彼に数年分の事業をまとめて知らせているのは、むしろ中国地区にとても大きな自律性があったことを示唆するだろう。中国地区はナナイヴァンダクが一人で統括しているが、ヴァルザックはその人員を知っている。ソグド人ネットワークの拡大は——ここではナナイヴァンダクの命令下で成し遂げられている——、興味深いことに、収支でも、損失でも、利益でもなく、派遣された人員に関する総括によって表現されている。厳密に商業的な内容が占める部分(二三～二五行目)は甘粛のことに限られていて、人員に関する情報と比べるとかなり少ない。おそらくこれらの人員はみな同じ一族の成員なのだろうが、それでもこれは家族的な性格の手紙ではない。ナナイヴァンダクが統括するピラミッド構造は、実際には、完全に自律していたと思われる。ヴァルザックが、甘粛の交易、さらに遠く中国の交易に関与していたことは、たった一箇所、二九～三一行目の一節から確認される。「そしてご主人様方、もし私が中国がどうなったか〔について〕あなた方に書くとしたら、〔それは〕不幸を超えて(?)〔いるでしょう〕。あなた方にとってそこから〔得られる〕利益はありません」[11]。

次のような解釈が最も妥当だろう。ヴァルザックは、同僚であり、おそらくは親族であるナナイヴァンダクに、中国へのルート沿いにある甘粛とそれ以遠の状況について情報を求めた。それに対するナナイヴァンダクの返信がこの手紙だろう。[12] ヴァルザックは何年間かこの地域から離れていたが、そこに戻ることを計画し、そのために情報を得ようとしていた。一方、ナナイヴァンダクは、中国の様々な都市に派遣した代理人のネットワークを独自に管理していたのである。

2　現地への移住

「古代書簡」V

「古代書簡」の資料群は、より日常的な通信を示す複数の例を提供する。次に挙げる「古代書簡」Vは、「古代書簡」IIが証言する数千キロメートルに及ぶ連絡とは無縁の、小規模なソグド商人にとって日常的であったと推測される手紙の一例である。[13]

高貴なご主人様、アスパンザート様へ、祝福と尊敬を。あなた様が健康で、ご無事で、幸福で、息災で、満足しているのを見る者［にとって良い］日でしょう。あなた様の下僕［フリーフワターウよ］り。そしてあなた様に［私自身がお会いして］、まるで神々に捧げられるように、近くからあなた様に敬意を捧げることができれば、［私にとってその］日は、より良い日となるでしょう。

〔中国の〕内側［から私は］⑤日に日に、より悪い――より良くない――知らせを聞きました。私がア［フルマズタク?］について書くこと、どのように彼が自ら去り、彼が何を……。私は孤立しました、そして、ほら、私はここ姑臧(kc'n)にとどまり、あちらこちらに行きません。そしてここから出発するキャラバン(?・)はありません。姑臧には発送すべき「白いもの」が四束と、⑨発送すべき二五〇〇(単位の?・)胡椒、二 prasthaka の n(..y)t, 五 prasthaka の rysk, 二分の一スタテルの銀があります。そしてガーウトゥスが姑臧から去った時、私は彼の後を行き、私は敦煌(δrw'n)に来ました。しかし、私は(中国の)外へ道をそれること(?・)を止められました(?・)。もし……ガーウトゥスが平坦なルートを見た(見つけた?・)なら、私は「黒い者たち」を連れ出したのですが。多くのソグド人は出発する用意ができていましたが、彼らは出発することができませんでした。なぜならガーウトゥスが山々を通って(?・)行ったからです。私は(?・)、敦煌に残ったでしょう。しかし彼ら(ソグド人の住人たち)は困窮していました。私は、あなた様の'pr'kからの施し(?・)に頼っています(?・)。なぜなら、私は姑臧で……に仕えている(?・)からです。そして、私を[彼らは……]、そして彼らは私を……にし、そして彼らは私の……を手に入れます。[そして]彼らはそれを私たちの……で増やします。そして……私はとても不幸です、そして……その……。

㉑私は次のことを聞きました。ハルストラングはあなた様に二〇スタテルの銀[を借り?・]、彼は「私はそれを持って来る(?・)だろう」と宣言(?・)しました。彼は私に銀を与えました。私はそれを量りましたが、全部で四と二分の一スタテルしかありませんでした。私は尋ねました。「もし彼が二〇スタテル[送ったのなら]」、㉔なぜお前は私に四と二分の一スタテルを与えるのか?・」。彼は次のように言いました。「アスパンザートは私を道路上で見つけ、彼はそれを私に(?・)与えました」(この行の上に追記「彼は次のように言いました。七と二分の一スタテルの銀がある」)。そして四スタテルで私は'st(k)[.]mを四タング手に入れました。そして「黒い者たち」はその銀を取りました。というのも、彼らは次のように言ったからです。「私たちは(?・)お金がない」と。彼らによると、彼らよりも私が不幸になったほうがましだからということです！ もしアフルマズタクが私にどれほど危害を与えた

かをあなた様が聞くようでしたら、その時はまた、このことにも注意してください。
あなた様の下僕であるフリーフワターウによって送られました。[32]この手紙は姑臧で、三番目の月の三〇番目の日に書かれました。
裏面の宛先：
高貴なご主人様、キャラバン・リーダーのアスパンザート様へ、あなた様の下僕［フリーフワターウ］によって［送られました］。

交易について

以下の四通の書簡には、交換された物品が言及されている。「古代書簡」Ⅱには麻の服（？）、毛織物、麝香、[14]「古代書簡」Ⅳには金《きん》とワイン、「古代書簡」Ⅴには胡椒、銀、未特定の物品（rysk は米か？ 'spytc は鉛白《えんぱく》か？）[15]、「古代書簡」Ⅵは樟脳《しょうのう》に言及している。[16]絹がこの文書群に含まれないのは、おそらく単にこれらのテキストが断片的であることによるのだろう。いずれにせよ、絹の存在は「古代書簡」Ⅱを包んでいた布が示している。すなわち、絹はこれらの商人の日常に入り込んでいたのである。西のニヤで発見された同時代の文書[17]は、この点について明言する。

今のところ中国から来る商人はいません。そのため、絹の負債〔の問題〕を、今は調査できません。（中略）商人が中国から到着すれば、絹の負債〔の問題〕を調査します。[18]

楼蘭王国の辺境でも絹は経済的に重要な役割を果たしたが、その唯一の供給者は中国から来る商人だった。[19]「古代書簡」に言及される商品は様々だが、奢侈品《しゃしひん》が多い。遠方の相手に宛てた書簡に引用される物品であることを考えれば、当然のことだと思われる[20]。

「古代書簡」IVとVは、甘粛地方における東西交易のバランスを検証するのに適している。西方から来るのは銀と金で、反対に、西方に発送する準備ができているのは、胡椒、銀、ワイン、米(?)、鉛白の粉(?)である。サマルカンドに向かう商品として言及されるのは麝香嚢《のう》だけである。このリストは利用可能な他の資料と合致する。すなわち、ニヤなどで出土した同時代の資料——たとえばワインや胡椒の交易——、または本書の第5章で分析するトルファン出土の称価銭《しょうかせん》徴収帳簿のような、時代は遅いがソグド人に関わる資料である。

数量に関する情報は少ない。単位が省略されている場合もあるはずで、とくに「古代書簡」IIの麝香と「古代書簡」Vの胡椒の場合はそうである。「古代書簡」IIの麝香にふさわしい単位は、この場合はもちろん麝香嚢である。一つの麝香嚢からは平均二五グラムの麝香が得られるから、ナナイヴァンダクは、約〇・八キログラムの純粋な麝香を送ったことになる。仮説として、中国辺境のまちでは価格にそれほど差がないと想定すれば、この麝香の価格を銀に換算することができる。七四三年にトルファンでは、麝香一分、すなわち〇・四一グラムは、平均して銅銭一一〇枚、銀貨三・四三枚(当時、銀貨と銅銭の比率は一対三二)と同じ価値があるので、一グラムあたりの単価は銀貨八・四枚である[21]。したがって、価格が安定していたと仮定すれば、ナナイヴァンダクは、約四グラムの銀貨六七二〇枚、すなわち二七キログラムの銀に相当するものを敦煌から送ったことになる。それは相当な大金であり、その五分の三が彼の息子への遺産となれば、彼の教育と社会的独立に必要な費用をまかなうことができたはずである。現代の資料と比較すると、この金額が異常ではないことが分かる[22]。西洋の香料市場では、麝香は三倍から五倍の重さの金と同じ価値があり、一九七二年に生産地に近いネパールでは、麝香の価値はそれより少し重い金と同じだった。金と銀の比率を一対二〇とすれば(八世紀前半に敦煌と中国内地において証明されている比率)、二七キログラムの銀は、一・三五キログラムの金に相当し、〇・八キログラムの麝香に相当する。これは想定される範囲内にぴたりとおさまる。

胡椒の方が厄介である。省略されている単位が粒であるとは考えられない。「胡椒二五〇〇〔粒〕」ではわずかな量にしかならないからである。ところで、これらのテキストに重量単位が明記されている場合、その多くはスタテルである。それは、ギリシア人が中央アジアを支配した時代から受け継がれた単位で、sと略記されるが、完全な形で書かれることもある(「古代書簡」Vにstyr)[23]。ギリシアの重量単位は中央アジアにおいて前三世紀から後八世紀まで使用された。六世紀から八世紀のソグディアナでは、銀器にその重さを刻むのに、商人はドラクマとスタテルを使っている。銀盤が破損していなければ、ただその重さを測ることによって、スタテルとドラクマが依然としてアッティカの度量衡システムによる重量、すなわちおよそ一六グラムと四グラムに相当することが明らかになる[24]。したがって、このシステムは四世紀にも使われていて、「古代書簡」のstyrは一六グラムということになる。それゆえ、ここではスタテルが単位である可能性があり、その場合には約四〇キログラムの胡椒ということになるだろう。それに対して、ニヤ文書では胡椒はドラクマで計量されている。ここでもドラクマが使用されていれば、一〇キログラムの胡椒ということになる[25]。どちらの場合も、十分高価であり、妥当な重さの積み荷である。インドのprasthaも言及されているが、この場合、その単位では重すぎる[26]。

スタテルは「古代書簡」の中で貨幣単位としても使われている。このような方式はニヤ文書においても証明され、そこにはコインであることが明白な金のスタテルが認められるのと同時に、ドラクマとスタテルが重さを測るために用いられている[27]。また、重量を示すのに使われているstyrをstyrchと区別しなければならない。というのも、styrchが言及される「古代書簡」IIの四二行目にはどんな物質も示されず、文脈は明らかに金銭の取引を示しているからである。

ドゥルワスプヴァンダク〔の息子の〕ペーサックは私から……スタテル(styrch)〔のお金〕を預かっており、それを譲渡できない保証金(?·)にしました。

当時ソグドでスタテルと呼ばれた可能性があるのは、グレコ・バクトリア王国のエウテュデモスのテトラドラクマのブハラ製模倣貨[28]だけであり、それを「古代書簡」のスタテルと同定することが提案されている[29]。サマルカンド宛ての「古代書簡」IIの筆者が数えるとすれば、それは、サマルカンドのコインか、もしくはソグディアナ全体で使われていたコインでしかない。ところが、エウテュデモスのテトラドラクマは、ブハラ・オアシス以外ではごく少数しか見つかっていない。さらに、ナナイヴァンダクは、当座の支出を補うために一〇〇〇あるいは二〇〇〇スタテルを取ることを、通信相手にあっさりと許可している(五七行目)。このことはコインの単位価値が低いことをとても強く支持する。もしこれが重さ一二グラムのブハラ製テトラドラクマ[30]だとすると、ナナイヴァンダクは、銀一二キログラムか二四キログラムかを、なんのためらいもなく、相手に自由に決めさせ、しかもそれが単に必要な現金を工面するためであるという事実を受け入れなければならない。

ところで、サマルカンドでは、裏面に弓の射手を表す「射手型」と呼ばれる、とても単位価値の低いコイン(四世紀には銀〇・六グラム)[31]が五世紀まで発行されている。これがサマルカンドで主に流通していたコインである。これをナナイヴァンダクが言及するstyrchとみなすのは十分論理的だろう。そうすれば、言及されている銀の量は二〇分の一になり、ナナイヴァンダクの贈与は、銀一二キログラムから〇・六キログラムになる。styrchという呼称は――この形は他では確認されないが――必ずしもstyrと同じ実体を含む必要はなく、指小辞として理解することができるだろう。styrchとstyrの関係は、フランス語のpiécettes(小型のコイン)とpièces(コイン)の関係に相当する可能性があるだろう。後の時代のウイグル語文献ではstirはコイン一般を意味するが、それはソグド語からの借用語である。

この他に、「古代書簡」Ⅳは銅を意味するrwǝkに言及する（三行目と八行目）が、それはおそらく中国の銅銭を示す名称であろう。なぜなら、その地方の硬貨が話題になっている部分だからである。

ソグド人共同体

これらの書簡は商人共同体における親族関係の重要性を示している。実際に、六通の書簡のうち三通はおそらく同じ一族の成員によって発送されている。「古代書簡」ⅠとⅢは、ミウナイがそれぞれ母と夫に送ったもので、「親族会議」の成員の一人であるファルンフントという人物に言及している。ところで、ファルンフントという人物は「古代書簡」Ⅵの差出人である。もし同一人物であれば――ファルンフントはとてもありふれた名前ではあるが――親族の成員の役割分担、そして何よりも女性の経済的地位についてより深く考察することができる。この点において、「古代書簡」Ⅲには交易の要素が皆無ではないことに注目すべきである(32)。とはいうものの、ミウナイは夫と親族会議の二重の監督下にあり、個人的に使うことができる資金を所持していないようである。しかし、場合によっては単独で移動することができたのだろう。一方、敦煌にいる一族の首長らしいファルンフントが書いた「古代書簡」Ⅵは、保存状態が悪いが、交易に関するものであると思われる。すなわち、経済的権限を持っていたのは男性だったのである。ミウナイとその娘が送った「古代書簡」Ⅲに、二種類の異なった筆跡が認められるのはたいへん興味深い。この女性たちが識字教育を受けていたことを支持することができるかもしれないからである。しかし、二人の書記によって続けて書かれたのかもしれない。サマルカンドのナナイスヴァールがナナイヴァンダクの息子に対して負っていた後見人の役割を、ファルンフントがミウナイに対して負っていたのだろう。したがって、交易を行う集団の基本的単位は親族であり、そこでは親族の首長もしくは親族会議が指導的役割を果たすことが認められていた。成員の間には資金援助の関係が織りなされ、それが経済的関係をいっそう強くしたが、同時に各家族は自らの利益のために商売を行った。実際に、ミウナイは夫の商売のことを話している。おそらく「古代書簡」Ⅰ、Ⅲ、Ⅵが形成する下位グループは、祖国を離れたソグド人共同体の間で婚姻が行われたことも証明している。

「古代書簡」Ⅰの一〇行目に神官が言及されていることから、[33] 敦煌のソグド人共同体は信仰の場所と神官を有するほどの大きさだったと考えられる。一方、「古代書簡」Ⅲ（八行目と一二行目）に言及される「実力者 'yps'r」の身分を明確にするのは困難である。この語は、「古代書簡」Ⅰの四行目に引用される「収税官 β'zkr'm」と同様に、ソグド人共同体の内部組織を示しているのだろう。[34]「古代書簡」Ⅱ（一九～二〇行目）に引用される人数は——中国のあるまち（どこかは不明）にいるサマルカンドの自由人一〇〇人と別のまちにいる四〇人の男——、いずれの場合も共同体の構成員が多かったことを示している。[35]「古代書簡」が証明するように、これらの共同体の大部分はおそらく商人とキャラバンの成員によって形成されていただろう。しかし、未開拓の土地を求める農民の集団も含まれていた可能性がある。「古代書簡」Ⅴの「黒い者たち」、なんとかして西方へ帰ろうとしているこの可哀想な連中は、そのあだ名から判断して、おそらく農民だろう。暗い色で農民を特徴づけることが、中央アジア全体に広まっていた。[36]

中国の官権とは難しい関係にあった。「古代書簡」が玉門関《ぎょくもんかん》にあった中国の軍事機関に没収されたひとまとまりの手紙であるという考えは一つの仮説だとしても、「古代書簡」Ⅲのテキストによれば、敦煌で見捨てられたソグド人女性にとって最悪の境遇は、中国人の作法を学ばなければならないことと、中国人に仕えることだった。さらに、共同体の成員の一人であるファルンフントは、商売によると思われる借金の件で、中国の警察から隠れなければならなかったようである。[37] 漢人商人とソグド商人との間には敵対関係が存在しただろう。[38] 辺境地帯および楼蘭王国における漢人部隊の名前（「胡を呑む（部隊）」「胡を破る（部隊）」「胡をおさえる（部隊）」「胡をしのぐ（部隊）[39]」）は、両者の関係に問題があったことをはっきりと述べているように見える。なぜなら、胡は北西の民族を示すからである。明らかに、ソグド人は中国の権力から遠く離れていた。実際に、ナナイヴァンダクが報告するニュースは、ソグド人の情報ルートを経由しているため、中国の役人と定期的に連絡をとっていれば得られたはずの新鮮味と詳細さを欠いている。

移住地の地理的分布

楼蘭王国をはじめ広くタリム盆地の南道沿いにソグド人が存在したことは、「古代書簡」に認められる地名や書簡の発見場所の他に、楼蘭で発見されたソグド語文書によっても証明される。[40]さらに、他の言語で書かれた文書にソグド人が言及されることがある。たとえば、三世紀後半から四世紀初めに書かれたと推測されるエンデレ出土文書（Kh 661）には、ナニヴァダガという人物が言及される。カロシュティー文字による音写から見出せるのは、おそらくナナイヴァンダクというソグド人である。[41]この文書は、コータン王の統治年によって日付が記されていて、たいへん興味深い。そして、ソグド人のナナイヴァンダクが証人に含まれているだけでなく、買い手は suliga[42]と呼ばれ、ヴァギティヴァダガ[43]というソグド人のような名前を持つ。一方、売り手はフヴァルナルセというイラン系の名前である。[44]この駱駝の売買契約文書は、コータンで作成され、その後おそらく買い手であるソグド人によってエンデレに運ばれたのだろう。いずれにせよ、この文書から、コータンにソグド人共同体が存在したことが証明され、その成員の少なくとも二人の名前が知られる。

「古代書簡」の時代のソグド人の移住地に関して利用できる情報を、**地図3**にまとめて示した。

3　中国周縁部のソグド人ネットワーク

「古代書簡」によって、甘粛と中国内地におけるソグド人ネットワークの存在が突如として明らかになる。しかし、ソグド人ネットワークが中国において形成される歴史を検討することはできるだろうか。この問いに答えを出すことができるとすれば、手がかりとなる資料は、中国での仏教の普及にソグド人僧侶が果たした役割を記す宗教文献、墓誌、正史に言及される西方の響きを持つ名前、そして中央アジアと中国世界の接触を示す考古学、とくに貨幣学の証拠など、断片的な資料だけである。本書の第1章が、外交から交易への移行を示す最初の微細な兆候を明らかにしたのに対して、これらの史料は、その次の段階、すなわち、中央アジアの交易ネットワークが中国の地へ広がる段階をたどることを可能にするだろう。

基準となる年代

「古代書簡」が示すのは、ただ中国領内の辺境地帯と都との間をとどまることなく動き回る外国商人の輸送隊ではなく、多くのまちに定着した共同体――女性や子どもも含まれ、共同体としての構造を備えた――のネットワークである。康居の使節が交易目的であることに言及する資料(本書二六頁)は、このような移住について説明するのに十分ではない。ところが、「古代書簡」よりも一〇〇年近く前の、とても早い時代の証言が移住に言及している。二二七年、漢王朝の崩壊に続く混乱期に、甘粛地方の涼州において、月支《げっし》の共同体とソグド人共同体の首長は、先を争って中国内地から来た征服軍を受け入れようとしている。

涼州にいる諸国の王はそれぞれ月支・康居の胡侯支富《しふ》・康植《こうしょく》ら二十余人を派遣して指図を受けさせ、大軍が北方へ出陣したときには、兵馬を率い、戈《ほこ》をふるって先駆けせんと望んでいる。(45)

この時代、康居の胡侯はソグド人でしかありえない。したがって、涼州のソグド人共同体は、その首領が征服者との交渉という任務を負うほど十分に大きかった、ということになる。テキストはそれが商人の共同体であるとは明言しないが、他にどのような仮説を検討することができるだろうか。そのうえ、月支は、甘粛の小月氏《しょうげっし》——ずっと前に甘粛を出発してバクトリアに侵入した大月氏の、遠く離れた同族——を指すとは考えられないだろう。したがって、それはクシャーン帝国（中央アジアと北インドにおける大月氏の後継者）の商人の共同体ということになる。(46) あらゆる文献が中国へのルート沿いに彼らが移住していたことを示している。このテキストにおいて最も重要なのは、年代に関する情報である。プトレマイオスの情報を信用すれば、ソグド人の交易は後一世紀にはまだあまり発展していないように見えるが、三世紀初めには十分に成長し、ソグディアナから三〇〇〇キロメートル以上離れた所でソグド商人が政治的に重要な役割を果たすまでになっていた。

中国方面へのネットワークの形成

康居の商人に関する『漢書』のテキストから「ソグド語古代書簡」までの時代について、中国の正史をもとに考察を深めることはほぼ不可能である。(47)『三国志』は、魏（二二〇〜二六五年）の時代に康居の使節が比較的長い間、毎年来朝していたことを明記している。(48)『晋書』も同様に、康居王の使節が二六五年から二七四年の間（泰始年間）に来朝したことを伝えている。(49) 武帝（在位二六五〜二九〇年）は、中央アジアと比較的長い間接触を保ち、二八五年にはフェルガナの支配者に王の称号を与えている。(49)

他の文書は、主に中国の行政機関の重要人物の伝記に由来する。すなわち、正史の中の列伝である。高官の列伝に含まれる西方出身者の系図を調べると、年代、基準となる地理情報、そして社会的地位を高める戦略について明らかにすることができる。それらは「古代書簡」の時代に遡る場合もあるし、もしくはそのように主張する場合もある。これら潜在的な史料は、伝記的要素を含む数多くの墓誌と同様に、このような目的を持って研究されたことがない。ここでは、いくつか例を挙げるにとどめる。(50)

北魏の初代君主（拓跋珪《たくばっけい》、三七〇～四〇九年）の政治顧問だった安同《あんどう》の伝記は『魏書』に詳しく記される。

安同は遼東の胡人だった。その先祖は世高《せいこう》といい、漢の時に安息王の侍子《じし》として洛〔陽〕に来た。魏と晋（二六五～三一六、三一七～四二〇年）の間、〔安世高の子孫は〕乱を避けて遼東に逃れ、そこで子孫をもうけた。(51)

遼東は朝鮮との境界に位置する。安同は皇帝拓跋珪の政治顧問になる前は商人だったこと、(52)そして彼の父は、自身が商人だったかどうかは分からないが、商人の友人がいたことが、この後に続く記述から知られる。他の例として、『新唐書』は唐の節度使李抱玉《りほうぎょく》（在職七六七～七七七年）について以下のように伝える。

武威の李氏は、もとは安氏といった。（中略）後漢の末に、子の世高を派遣して入朝させ、洛陽に住んだ。晋と魏の間、その一族は安定《あんてい》（甘粛）に住んだ。後に遼左（遼東）に行き、乱を避けた。後にまた武威に行った。北魏（三八六～五五六年）の時、〔安〕難陀《なんだ》という者がいた。孫の〔安〕婆羅《ばら》は北周（五五七～五八一年）と隋（五八一～六一八年）の間、涼州の武威に住み、薩宝《さっぽう》になった。(53)

最後に、四六四年に生まれ、五二〇年に没し、『梁書』にその伝記が収められた康絢《こうけん》の例を挙げると、彼の祖先は漢代には康居の王族の人質だったが、その後身分を回復し、甘粛に定住したという。その後、康絢の家族も、甘粛から藍田《らんでん》（長安の東）、そして南の湖北へ移住しなければならなかった。(54)

これらの伝記と系図を文字どおりに解釈してはいけない。(55)それらは、自分たちに都合のいいように美化されている。西方から中国に移住した重要な一族の成員が示す系図には、甘粛に移住する四世紀または五世紀より前の世代の人物の名前は登場しない。漢代に人質になった王族が祖先であるというのは現実味がなく、威信を誇示し、輝かしい時代と結びつけるために言及されている。そうはいうものの、これらの一族が、三世紀から四世紀までの混乱と離散の時代を記憶していたことに変わりはない。提示された系図が偽りだとしても、この時代の外国出身の一族は、「古代書簡」が明確に証言している困難な時代のことをずっと記憶していた。これらのおぼろげな記憶は、一族よりもむしろ共同体によって保持された。共同体は、後漢時代に中国へ移住した当初の情報を、四世紀末以降に到着した新しい移民に伝えたのである。細部に偽りがあり、美化されているとしても、これらの物語の土台になっている歴史的変遷に疑いの余地はない。

安姓一族の場合も康姓一族とよく似たパターンであることは、西方から中国への移住が多様であったことを強く示唆する。というのも、当時、安姓一族はパルティア国の出身で、康姓一族だけがソグド人だったからである。[56]ソグド人ネットワークの特殊性は長期間存続したことにあり、中国と西方が交易を始めてからの数世紀間は、そのネットワークは決して独占的でも特権的でもなかった。そもそも「古代書簡」Ⅱには洛陽のインド人共同体がソグド人共同体とともに言及されている。[57]「ソグド語古代書簡」を別にすれば、四世紀とそれより前の数世紀の間、ソグド人の状況を中央アジアの他の定住民の状況と区別することはできない。「ソグド語古代書簡」が保存されたことは偶然にすぎず、それによって他の民族の役割を過小評価すべきではない。『後漢書』は、

交易をする胡人や商売に励む外国人が、毎日、とりでの下に至る。[58]

と記す。この胡人をソグド人——その場合は「康居の胡人」ということになるが——に限定することはできないが、ソグド人を除外することもできない。

これらの文献から、中国への、とりわけ甘粛への外国人共同体の定着の過程が認められる。「古代書簡」Ⅱが伝えるソグド人共同体は、まさしく、甘粛に存在する共同体である。右に挙げた系図によって、正史が伝える使節と「古代書簡」の共同体とを結びつけることができる。最初に来朝した「大使」らは、中国、とくに甘粛と都に定住し、共同体を築いた。その後、共同体は西方からの移住によって補強された。漢文史料は共同体が定着していく過程をあまり説明しないが、前二五年頃の杜欽による手厳しい指摘〔本書二四頁〕から、そのように考えることができる。すなわち、そこに言及される王子たちは実際には商人であり、そうであれば彼らが商品の供給者の近くにとどまりたいと思うことはよく理解できる。祖国に帰ることを願っている王子たちがそう望むとは想像しにくい。中国におけるインド人共同体とイラン系民族の共同体の歴史は、使節の時代から商人の共同体の時代へと、断絶することなく徐々に移行していったのである。

経済的背景

商人は使節に紛れたり、使節になりすますことで、峠を越え、中国の地に定住することができた。こうして、中国の外交目的の熱意に依存している状態から彼らの交易を解放しようとしたのだろう。実際に、前一世紀には、中国からの贈り物、とくに絹織物が買い手市場を生み出し、その結果、中央アジアの商人は、過剰な価格変動を防ぐために、絹織物を求めて産地まで赴くという行動に出たと考えるのが妥当である。この点について『史記』のテキストはとても有益である。

それで北方の酒泉の路から大夏へ行かせることにした。
使者を出す回数が多くなったので、外国は次第に漢の財物にはあきあきするほどになって、漢の物産を珍重しなくなった。[59]

他の資料によって、このような商人の定着の過程を理解することができる。二世紀の困難な時代が過ぎて三世紀になると、甘粛と敦煌地域は、灌漑の進歩によって生じた余剰生産物を加工することにより、農業と商業が発展し、その結果、西方と中国内地の間の中継地点としての潜在力が強まった。『晋書』食貨志にその過程を記述するテキストが複数ある。たとえば、二三〇年頃の涼州（甘粛の武威）の刺史《しし》について以下のことが知られる。

魏の明帝の治世に、徐邈《じょばく》は涼州刺史になった。この地域は雨が少なく、常に穀物の不足で苦しんでいた。〔徐〕邈は、武威と酒泉の塩池を整備し、蛮族の穀物を買うことができるようにすることを願いでた。また、たくさんの水田を灌漑し、貧民を雇って、田を耕させた。家々は豊かになった。倉庫はみちあふれた。その地域の軍費の余剰を計量し、それによって金、錦、犬、馬を買ったり、中国において消費するものを供給した。西域の人々が貢ぎ物を持って来たり、財貨が流通するようになったのは、すべて〔徐〕邈の功績である。[60]

『三国志』も、同時代に敦煌にいた「西方出身の雑胡」について以下のように伝える。

洛陽に行こうとする者には通行証を作ってやった。郡から〔西域に〕帰ろうとする者には、お上で公平に取引きしてやり、いつも役所にある現物を出して彼らと交易し、官吏に道路を護送させた。[61]

中国においても、甘粛やタリム盆地に置かれた中国人の集落や駐屯地においても、絹が支払い手段としての役割を担ったことによって、ソグド人や他の民族が現地に移住することの利点を理解することができる。漢がタリム盆地を掌握している間、中国の軍人と役人への給料は絹で支払われた。中国中心部から発送する際、絹は硬貨や穀物よりもはるかに軽い。そのため、絹は大量に存在し、商人は西方の品物と引き換えにそれを安く買うことができた。すなわち、「シルクロード」の前半部分は、交易ルートではなく、中国全体に及ぶ特別な貨幣システムがあったからこそ存在したのである。そして、それは派生的な交易を可能にした[62]。

二世紀半ば以降、中国の影響力が東へ後退すると、商人は絹を入手し続けるために甘粛と中国中心部に大挙して移住しなければならなくなった。その結果、絹を入手するための費用は大幅に増加した。

4　中国の共同体

「古代書簡」Ⅱは、洛陽のソグド人共同体が飢饉のために消滅したことなど、ソグド人ネットワークに起きた悲劇的な出来事に言及している。ここまで、ソグド人の中国への移住について、ある程度一貫した歴史をたどることができたが、「古代書簡」Ⅱのテキストは、さらに、中国のソグド人共同体が四世紀にどのように変化したかという問題に我々が取り組むことを促す。

中国内地の状況――年代の問題

正史に記録されている使節は――商人から成るキャラバンと使節の間の曖昧な立場にあったことに留意した上で――、中央アジアと中国との接触がとくに混乱期にも継続していたかどうかを判断するのに格好の手がかりとなる。そのためには、検討の対象となる時代の複数の王朝史を利用する必要がある。四世紀は中国の領土が政治的に分割されていた時代であり、王朝と同じ数の王朝史がある。(63) 四世紀には使節の派遣は二つの短い期間に限られている。三三一年、甘粛の王は、綿と珊瑚を持って後趙《こうちょう》(三一九～三五一年)の石勒《せきろく》の宮廷に向かうフェルガナの使節を通過させている。(64) 次に、三七六年から三八三年まで、符堅《ふけん》のもとで中国北部を支配した前秦の宮廷と西方(フェルガナ、康居など)との間で何度も使節が交わされた。(65) 再び五〇年ほどの中断があり、その後、四三五年からとても頻繁な接触が始まる。とくに北魏の宮廷を、ソグディアナ(粟特《ぞくとく》)の使節は、四三五年、四三七年、四三九年、四四一年、四五七年、四六七年、四七四年、四七九年に、サマルカンドの使節は単独で、四六八年(二回)、四七三年、四七六年、四七九年、四八〇年、四八七年、四九一年、五〇二年、五〇七年、五〇九年に訪れている。これらの使節は南朝の宮廷にも到達し、四四一年にソグディアナ(「粛特《しゅくとく》」と音写)の使節が宋(四二〇～四七九年)の宮廷を訪れたことが伝えられている。(66)

これらの資料は、それだけでは十分ではない。正史は、その性質上、最小限の政治的安定を必要とするため、四世紀のように中国が混乱した時期についてはほとんど記録がない。ルートの開通については、これらの資料から直接情報を引き出すことができるが、反対にルートの閉鎖については情報を得ることができない。なぜなら、商人は混乱に乗じて貢ぎ物を納めるのを免れようとした可能性があるからである。

外交関係の情報を他の史料と組み合わせる必要がある。その際、仏教文献は貴重である。仏教経典の翻訳者のリストを参照すると、三一〇年代から三八〇年に、中国に到着、あるいは中国から出発した僧侶は一人もいない。後漢時代(二五～二二〇年)に中国に到着した西方の僧侶は一〇人、そのうち四人がインド人、二二〇年から三一六年には一五人(うち四人がインド人)が到着し、逆方向に出発した中国の僧侶が三人、三八〇年から四二〇年には二七人(うちインド人が一七人)が到着し、出発した中国の僧侶は五一人、四二〇年から五八九年には三二人(うちインド人が二一人)が到着した。(67) 四世紀末から五世紀の間、中国における仏教の普及は目覚ましく、三八〇年代から数多くの僧侶が陸路を往来している。したがって、使節に関する言及から引き出された仮説、すなわち、三八三年から四三五年まで再び中断期間が存在したとする仮説を、絶対視せずに相対的に考えなければならない。

すでに引用した共同体や一族にとって四世紀が混乱期だったのは確実で、彼らは中国北部の一方の端から反対の端へ放り出された。たとえば、安同の伝記は彼の一族が混乱から逃れなければならなかったことを明記している。西方出身者が甘粛と遼東の間をさまよいながら、混乱と苦難に耐えなければならなかったこの時代の記憶は保持された。「古代書簡」Ⅱのテキストの内容と西方からの使節が中断した事実とを組み合わせれば、これらの例は、中国内地の西方出身者のネットワークが、四世紀半ばの一定期間、部分的に分断されたことを示唆する。

しかしながら、仏教は甘粛を通って継続的に供給されたこと、一世代か二世代の間、すでに言及した一族の軌跡から判断して、分断期間は四世紀の最後の三〇年間を越えて続くことはなかったこと、そして甘粛と中国内地では状況が異なることを強調しなければならない。

四世紀のタリム盆地と甘粛

タリム盆地について見てみると、「古代書簡」が書かれた二〇年後にもなおソグド人が楼蘭にいたことが、ある断片〔木簡〕によって証明される。それは、三三〇年に「粟特胡」すなわちソグディアナ出身の蕃族に穀物を引き渡したことに言及する[68]。さらに、同時代のものと推測されるソグド語の断片がもう一点、おそらくは楼蘭で発見されている[69]。そして、四世紀半ばに西方との接触が中断したのは、厳密にいうところの中国に限られていたことを指摘しなければならない。タリム盆地のまちは、中国北部と中央アジア西部に被害を及ぼした遊牧民の侵略から逃れ、インドとの間にとても強いつながりを維持した。たとえば、のちに中国に仏教を導入する人物の一人となる鳩摩羅什《くまらじゅう》は、四世紀半ばに、幼くして母親とともにクチャとガンダーラの間を移動している。

「ソグド語古代書簡」は、四世紀初めの甘粛ではネットワークが複雑に入り組んでいたことを証言する。その後、ネットワークが衰退したと推測させるものは何もなく、実際はその反対である。ちょうど「古代書簡」が作成された頃、東ローマ帝国の使節が、甘粛で独立を保っていた前涼〔三〇一~三七六年〕に来朝している。[70] より広域的に見れば、甘粛とタリム盆地東部は、すでに言及したように三世紀に発展した後、四世紀には、中国内地を分裂させた混乱から隔離されて、涼王朝による支配のもと、比較的繁栄し、平和なオアシス都市として現れている。[71] この地域では仏教が発展した。今検討している時代の最末期に、ソグド商人が絶えず大挙して甘粛に来ていたことを示す重要なテキストがある。

粟特国〔ソグディアナ〕。葱嶺《そうれい》〔パミール〕の西に在る。〔中略〕その国の商人はさきに多く涼州〔甘粛中部〕に来て交易していたが、〔北魏が〕姑臧〔武威〕を征服したので、全員捕虜となった。高宗の初年に、粟特王が使者を派遣し来てこの商人らを贖《あがな》いたいと願ったので、詔してこれをゆるした。自後は朝献せしめなかった。[72]

三一三年にも、〔北魏が姑臧を征服した〕四三九年にも、ソグド商人は甘粛に多数存在し、その間も中断することはなかったのである。このテキストは、彼らが存在し続けたことを強調している。さらに、同じテキストは補足情報として、「古代書簡」が書かれた一〇〇年後、ソグド商人が甘粛の大きなまちを頻繁に訪れていたことに加え、彼らが本国との連絡を保持していたことを伝える。言い換えれば、ネットワークは、ネットワークとして、四世紀の危機を生き延びたといえる。サマルカンドとの連絡は途切れなかったか、もし途切れたとしても回復したのである。

四世紀の甘粛のソグド人共同体に関する情報が他にもあればもちろんよいのだが、残念ながら史料は沈黙しており、考古学はいかなる情報も与えない。この地域では、唐以前の時代の西方のコインは一点も発見されていない。[73] トルファンでは一括して埋蔵されたコインが複数発見され、その中に四世紀のササン朝のコインが含まれているのとは対照的である。[74]

ソグド人の共同体は、はじめ、おそらくインドとイランの境界地域(ガンダーラ、バクトリア他)の出身者がタリム盆地や甘粛、中国へ移住する動きに加わった。漢代にソグド商人は南の地域の同業者と同様に、中国へ向かう使節を多数生み出した。中国の行政的・軍事的介入が東へ後退すると、ソグド商人は、それに代わって市場への供給を続けるために、中央アジアから中国の間のすべての中継都市に移住地のネットワークを創設した。この点において、四世紀の危機はフィルターとして働き、その結果、甘粛の共同体だけが存続し、中国本土の外国人は四散した。『魏書』のテキストや遅い時代のあらゆる文献が証言するように、四世紀末に連絡が回復した時には、ソグド人は最も重要な商人になっていたようである。したがって、ソグド人ネットワークの設立には二つの段階が認められ、「古代書簡」Ⅱは、まさに、ネットワークの歴史において重要な意味を持つ出来事を記述しているのである。ソグド人共同体の歴史が記憶されていくのは興味深い。その記憶はとても曖昧で現実味のない表現ではあるが、危機より前の時代にまで遡るものであり、断絶というよりもむしろ後退が起きたことを示している。中国は侵略される前と同様に主要な市場であり続けた。

第3章　インドとの交易

「古代書簡」はソグド人の交易路が中国方面に延長されたことだけでなく、ソグド人の交易路の他の支線についても情報を与える。第1章で示したように、中国に向かうソグド人ネットワークは、ソグディアナより南の地方と中国との間で広範囲に行われた交易のもとで誕生した。紀元前後に交易目的で中国に定住した民族の中で、ソグド人は最も北方の民族だったようである。全体的に南方に位置し、まずはガンダーラの住人やバクトリア人の利益となった交易路に、ソグド人ネットワークがどのように連結したのかという問いを、筆者はこれまで検討してこなかった。この問いは、ソグド人のインド交易への参加という問題を提起し、「古代書簡」のまだ活用していない情報を検討することを促す（**地図5**）。

1　ソグド商人、クシャーン商人

康僧会

この問題に取りかかるのに最適な資料は、ここでもまた漢文文献である。五三〇年頃、慧皎《えこう》（四九七〜五五四年）によって編集された『高僧伝』一四巻は、一世紀半ばから五一九年までの僧侶五〇〇人の伝記を収める。信頼できる著作だが、聖人伝につきものの美化を必ずしも免れているわけではない。(1)康僧会《こうそうえ》の伝記はとくに重要である。

康僧会は先祖は康居〔ソグディアナ〕の人であるが、代々天竺〔インド〕で生活し、父親は商売のために交趾《こうし》〔トンキン〕に移住した。僧会は十歳余りの時に両親がそろって亡くなり、喪が明けると出家した。(2)

康僧会がソグド人であることは彼の姓から認められる。それは康居から一字をとったものである。このような方法で中国の外国人に姓を与える例は他にも数多く知られている。たとえば、三世紀半ばに康僧会は先人である安世高《あんせいこう》について、次のように記す。「安清〔という名前の〕菩薩がいた。字は世高であった。安息王の嫡子で〔後略〕(3)」。この時代の漢人の人名に、これらの漢字〔とくに安と康〕は稀にしか見られないことから、このような姓を与えられた僧侶は、西方出身であると推測される。とくに姓氏について記した書物〔『元和姓纂』〕によって、この推測を裏付けることができる。(4)さらに、南京のある役人は、康僧会が胡の地方の人〔胡人、つまり北西地方の人〕であると述べている。(5)

康僧会は三世紀初めに生まれ、六経《りくけい》を熟知するほど漢化していた。二四七年に南京に到着し、そこで翻訳者として重要な役割を果たした。(6)彼の伝記によれば、二世紀にはソグド商人の一族がインドにいたことになるが、それはソグド人の一族が中国に移住し始めるのと同時期である。康僧会は幼くして孤児になったにもかかわらず、自分がソグド出身者であることを知っていた。この事実から、ソグド人のインドへの移住が組織的な移住であり、そのために彼のアイデンティティーが保たれたと考えることができる。漢文史料は、当該地域のソグド人についてこれ以上はほぼ何も伝えないが、西方の外国人——ここでもソグド人かどうかは特定されない——がインドシナとマレー諸島にいたことは十分に示される。(7)たとえば、トンキンには康僧会の両親の他にも胡人がいた。(8)さらに、中国使節の康泰《こうたい》は、(9)二四五年から二五〇年のスマトラについて以下のように伝える。

月支の商人は加営国《かえいこく》に〔馬を〕常に海路で運搬する。王はそれらをすべて買い取る。もし運搬中にその中の一頭が死んでも、馬丁は馬の頭と皮を示せばよく、王はそれを半値で買い取る。⑩

一方で、インドとインドシナ半島の間を使節は頻繁に往来し、月氏〔月支〕の馬を連れて行くこともあった。⑪スンバワ島沖のサンギアン島〔小スンダ列島〕で発見され、二世紀または三世紀に作られたと推測される銅鼓には、中央アジアの月氏の兵士のような服装をした二人の人物と一頭の馬の線描画が認められる。したがって、この時代にインドとマレー諸島に馬の交易が存在したことが証明される。⑫馬の交易が、商人を需要のある市場であったインドとマレー諸島に向かわせたのかもしれない。また、二五五年頃、月氏の僧侶によって仏教がアンナン〔安南〕に広まった可能性がある。⑬商人は逆にそこで様々な産物、とくに「ソグド語古代書簡」にも言及され、インドネシアで産出する胡椒などの香辛料や樟脳を見つけ、それらによって帳尻を合わせることができた。この点において注目すべきなのは、胡椒に中央アジアの住民を指す胡という漢字が含まれるように、紀元後数世紀の間、胡椒はより直接的な海路ではなく陸路で中国まで運ばれたことである。⑭

康僧会に関するテキストと、右にまとめた他の手がかりは、インドおよびマレー諸島との交易にソグド人が関与していたことを証明する。しかし、この地域にソグド人ネットワークを想定するなどということは論外である。孤立した一つの証言だけでは、たとえそれが西方出身者の存在を示すまとまった手がかりの中にあるとしても、ネットワークの存在を証明するには不十分である。「古代書簡」Ⅱに相当するものが欠けている。それに対して、インドに関しては、ネットワークの存在を断言することはできないにしても、他の材料から、少なくとも、ソグド人が長期間にわたり頻繁に往来していたことは歴史的事実であるという結論を導くことができる。

インド人とソグド人との接触

康僧会の短い伝記は、一族が数世代前からインドに定住していたことを証言する。それは当然のことながら我々をインド語史料へと導く。

インド語文献は、その年代を推定するのが非常に難しい。時には一〇〇〇年以上もの間、繰り返し編集されるために、年代が全く異なる情報が含まれている。おおむね、テキストの多くは、その一部が紀元後数世紀の間に作成されたか、もしくはその時代の資料を使用しているようである。これらのテキストには、チューリカー族、すなわちソグド人が言及されるが、交易の文脈で言及されることは一度もない⑮。典型的な例を挙げれば、『マハーバーラタ』は次のようにチューリカー族に言及する。

右翼はタサラ、ヤヴァナ、シャカ族、チューリカー族の軍勢が占め、（後略）⑯。

パーンダヴァ族に対する大戦において、ソグド人（チューリカー族）は、クル族の軍勢の中で、ギリシア人（ヤヴァナ人）、シャカ族（サカ族）とともに、バールヒカ族（バクトリア人）とカンボージャ族⑰の後で言及されるが、これはインド人が知っていた北西インドに住む全民族の完全なリストの一部を示している。このリストは、我々が知っている前二世紀から前一世紀の政治状況と一致する。プラーナ文献でも同様に、ソグド人は北西地域の多くの民族の一つでしかない⑱。

このようにインド語文献はソグド人に言及するが、そこから彼らの交易に関する情報を引き出すことはできない。ソグド人に関する知識が交易によってもたらされたと言うことはできないし（ギリシア人侵略者またはサカ族が広めたのかもしれない）、推定される交易が、インド人でも、バクトリア人でも、ガンダーラ出身者でもなく、ソグド人によって行われたことを示すものは何もない。さらに、強調しておきたいのは、ソグド人についてよく知らなかったインド人は、ソグディアナのこともよく知らなかっただろうということである。プラーナ文献に出てくる地名を中央アジアの地名と結びつける試みがなされているが、それらを照合すれば両者には全く共通点がないことが判明する。[19]

インド語史料のほとんどは、ソグド人について多くを伝えない。バクトリア人についてであれば、結果はいくらか違ってくるだろう。[20] バクトリア人は、インドに輸出したいくつかの物品に自らの名前を与えているし、[21] また外国人として文献に引用されることもある。しかし、それらを検討することは本書の主題ではない。

したがって、他の史料にあたらなければならない。ここでも「古代書簡」がたいへん貴重な史料であることが分かる。すでに言及したとおり、この文書群はソグド人と中国人とが対立関係にあったことを記述するが、それとは対照的に、ソグド人とインド人との関係は密接である。[22] すなわち、洛陽のソグド人共同体はインド人共同体とともに全滅し、ともに言及されている。[23] これらのインド人は北西インド出身者かもしれないし、インド化した楼蘭の住人――ニヤ文書が示すようにプラークリット語を使っていた――かもしれない。また、手紙の配達人は楼蘭に向かっていただろう。「古代書簡」Ⅰの宛名であるチャティサ c'tysh は、楼蘭王国の文書の中にチャティサ Catisa という形で存在することが確認されている。[24] このことは、楼蘭のソグド人とインド人との間に家族関係が存在したことを証言する。なぜなら、チャティサの娘はソグド人と結婚しているからである。

「古代書簡」に見られるインド語からの借用語には以下のものがある。

- s'rth サンスクリット語の sārtha から：キャラバン（「古代書簡」Ⅱ、三六行目）
- s'rtp'w サンスクリット語の sārthavāha からバクトリア語を介して（「ギリシア文字表記のバクトリア語では」-ao で終わる語）[25]?：キャラバン・リーダー（「古代書簡」Ⅴ、宛先）
- prstk 北西プラークリット語（ガンダーラ語）の prastha から：容積の単位（「古代書簡」Ⅴ、九〜一〇行目）

- mwδy 北西プラークリット語の mūlya から：値段（「古代書簡」Ⅳ、五行目）
- δykh 北西プラークリット語の lekha から：手紙（「古代書簡」Ⅴ、三二行目、「古代書簡」Ⅰ、一二行目）
- pδ'pδ[y]h コータンのサンスクリット語の pitpalī から：胡椒（「古代書簡」Ⅴ、九行目）[26]

これらの借用語は、ソグド人とインド人との関係が重要であり、それが商業上の関係だったことを証言している。キャラバンや値段を指すのに使われている単語がそれを示している。

史料の検討により、インド人とソグド人がトンキンと敦煌で接触していたことを示す情報が得られた。両地域の間では、二種類の文字資料群が両者の接触の歴史を明らかにする。

2　北西インドへの定住

仏教史料

一つ目の資料群は早くから知られているが、そこに含まれる商業的内容は完全には抽出されていない。漢代の一世紀初めに中国に根を下ろした仏教は、当初は外国の僧侶、とくに中央アジアとインドの僧侶によって布教された。このような高僧の名前と伝記を集録する仏教の伝承は、西方出身者の中国への流入を研究するための重要な史料となる。僧侶の中にはソグド人に特徴的な康姓の者がいる。しかし、康姓の僧侶が康居出身の一族の出であるとしても、彼らが康居から直接来たことにはならない。歴史研究は、康姓の僧侶の出身地——民族的帰属ではない——をほとんど問題にしてこなかったが、彼らがソグディアナから直接来たかどうかは定かではない。

この時代のソグディアナの仏教に関する資料は全くない。現存するソグド語仏教文献は遅い時代のものであり、しかもインド語からではなく漢語から翻訳されている。[27] 考古学的に見れば、仏教は一世紀末または二世紀初めにオクサス川〔アム川〕に、たとえばテルメズに近いカラテペに達したが、ソグディアナでその存在が証明されるのは七世紀以降である。康姓の僧侶は確かにソグド人一族の出身ではあるが、バクトリアもしくはヒンドゥークシュ山脈の南の、仏教が伝播し、なおかつ遠距離交易も盛んな地域に移住したソグド人一族の出身だろう。

おそらく、安姓の僧侶、とくに高名な安世高の場合も事情は同じだろう。[28] 彼の漢語名はパルティア帝国を想起させるが、イランのパルティアの王子が仏教徒だったと考えるよりも、インドとパルティアの境界地域を統治していたアルサケス朝の王子が二世紀半ばに仏教を信仰したと考えるほうがよいだろう。なぜなら、この時代にはまだ仏教はメルヴに根を下ろしていなかったからである。以前はメルヴに仏教が伝播したのは二世紀だと考えられていたが、四世紀より前に遡ることはないようである。[29] 漢文の「安息王嫡后之子」は一般には「パルティアの王と王妃の息子」と訳されるが、「アルサケス朝に属する王と王妃の息子」という訳も可能であり、安世高は西インドのインド・パルティア王国出身の可能性がある。[30]

漢文文献の記述は、康姓の僧侶の出身地に関するこのような解釈と符合する。確かに僧侶の一族についての情報が記録されることは稀だが、情報がある場合には、康居から来たのは僧侶の祖先である、すなわち、僧侶は移住した一族の出身である、と明記されている。康僧会の場合がそうであり、康孟詳《こうもうしょう》（「其の先（祖先）は康居の人なり」）[31]や康宝意《こうほうい》[32]など、他の康姓の僧侶の場合もそうである。これらの僧侶は移住先でインド語を習得したため、ソグド語を介さずに仏教文献を漢語に翻訳することができた。この場合の移住は商人一族の移住である。康僧会の場合は明らかにそうであり、他の僧侶の場合も事情は同じだと推測することができる。

そうすると、安姓や康姓のイラン系民族が中国への仏教伝播に重要な役割を果たしたのに対して、インド人は二世紀から三世紀にこの分野においてそれほど目立っていないという驚くべき事実を説明しなければならない。[33] 最も信憑性のある仮説は、康姓または安姓の僧侶が中国まで旅をしたのは、このルートを往来する習慣のある世界に属していたからであり、一方インド人僧侶は仏教徒であることに違いはないが、おそらく決まって商人一族の出身というわけではなく、いくつもの言語圏を越えるような長旅をしようとしなかったし、一族の伝統がそれを習熟させることもなかった、というものである。[34] これは、ソグディアナとパルティア支配下のイランに仏教が根付いていない状況で、康姓と安姓の僧侶が果たした役割を理解する唯一の方法である。仏法を広めた康姓の僧侶に言及する仏教史料は、安姓の僧侶にも言及するが、そのうちの何人かは訳経に従事する以前は明らかに商人だった。たとえば、安玄はもとは商人で、一八一年に洛陽に到着し、そこで僧侶になった。[35]

インダス川上流のソグド語銘文

二つ目の資料群は近年発見されたものである。パキスタンと中国との間を結ぶカラコルム・ハイウェイの大規模な建設工事の後、インダス川上流の荒涼とした場所の、主にギルギット川下流で、絵や文字が刻まれた岩の組織的な調査が行われた（**図1-b**）。これらの岩には、仏塔やアイベックスなどの線刻画の他に、インド起源のブラーフミー文字やカロシュティー文字など、いくつもの系統の文字が多数刻まれている。その中でソグド語の銘文は六五〇点以上にのぼり、特別な位置を占める。ソグド語が記されていたのは、シャティアル[36]（約五五〇点）、ダダム・ダス（五五点）、オシバト（一六点）、トル（一九点）、タルパン（八点）、フンザ・ハルデイキシュ（六点）、カンバリ（一点）、キャンプサイト（一点）である。[37] シャティアルではソグド語の銘文が過半数を占め、ブラーフミー文字は四一〇点、カロシュティー文字は一二～一五点、バクトリア語は九点、パルティア語は二点、中世ペルシア語は二点である。[38] 調査地区全体で発見されたソグド語以外のイラン系言語は、一二点のバクトリア語銘文と、今挙げたシャティアルのパルティア語と中世ペルシア語の銘文のみである。[39] その他の言語も記され、とくにキャンプサイトにはヘブライ語が[40]、シャティアルには漢文が記されていた。また地元の言語やインド語の銘文も見つかっている。

ソグド語銘文の内容は多くの場合きわめて画一的で、Xの息子のY、またはXの息子のYの息子のZのように人名研究の分野に関する情報に限られている。(41) 最も長い銘文は次のように記す。


私ナリサフの息子のナナイヴァンダクは一〇日に〔ここに〕到着している。カルトの祠《ほこら》の精霊に恩恵を願った。ハルヴァンタン〔タシュクルガン〕にとても速く到着しますように、そして元気な兄弟に会う喜びがありますように。(42)


また、ブラーフミー文字で書かれたサンスクリット語の銘文にソグド人に言及するものが数点あることを指摘することができる。(43)

これらの銘文を残したのが商人であることに疑問の余地はほとんどない。(44) 銘文はインドにおけるソグド人の存在が三世紀にはすでに大きかったことを証明する。書体から見てインダス川上流のソグド語銘文には「古代書簡」より古い時代のものが含まれる。一方で、次に示すとおり、少なくともその一部は五世紀のものであることを証明することもできる。

これらの銘文に含まれる人名の中で最も頻繁に現れるファースト・ネームまたはニックネームは、ナナイヴァンダクを除けばフン xwn であり、一六点の銘文にその名前が言及される。大半はシャティアルの銘文だが、オシバトやダダム・ダスの銘文にも認められる。(45) その場合、ヴァルザックの息子のフンまたはナナイヴァンダクの息子のフン(46)というように、フンの父親は確実にソグド人である。民族名に由来するフンという人名を歴史的に理解することができるのは、フンによるソグディアナ侵略と、それに続く小康状態、そして侵略者である遊牧民とソグド人との融合が起きた後の時代に限られる。両者の融合が四世紀の最末期よりも前に遡ることはなく、五世紀に起きた可能性がはるかに高いことを筆者は次章で示すつもりである。この年代を裏付ける事実がもう一つある。シャティアルの銘文には、マーイムルグというまちに関係がある名前(マーイムルグチュ)を持つ人物が少なくとも八人含まれる[48]。このまちは、四三〇年代から四六〇年代に初めて『魏書』に言及される。古くからあったまちが発展したのは、この時代に掘られたダルガム運河の発展(もしくはその延長)と関係があるだろう。インダス川上流で発見された最も長い漢文の銘文は、マーイムルグに向かう(北)魏の使節に言及している[49]。したがって、早ければ五世紀のものとみなすことのできる銘文は二四点、それに対して、三世紀または四世紀のものとみなすことのできる銘文は四点である。一方で、複数の基準によって年代の下限を明確にすることができる。すなわち銘文の書記法は七世紀初めを下らないし[50]、またテュルク語の名前がないことからも七世紀初め以降の年代は排除される。

一つの手がかり——とても大きな弱点があることを認めなければならないが——によって、年代幅をさらに限定することができるかもしれない。フンの名前を挙げる一六点の銘文の中に、フンが父称の位置にある例は一つもない。つまり、すべてがXの息子のフンであり、フンの息子のXは一例もないのである。これが偶然ではないと認めるならば、インダス川上流におけるソグド人の交易は、フンとソグド人の接触がとても緊密ではあったが、その状態が一世代以上は続いていない時期に発生し、そしてかなり唐突に終わったと考えることができる。フンは父称の位置に来ることも可能なはずである。そして、マーイムルグチュは父称の位置に頻繁に現れる[51]。したがって、最後に銘文が刻まれたのはマーイムルグが存在するようになってから少なくとも一世代が経過し、フンとソグド人の融合が生じてから一世代が経過した時期である可能性がある。以上のことから、仮説として、インダス川上流にソグド人が存在したのは五世紀前半であることが想定される。なお、同じ場所のブラーフミー文字の銘文の年代は三世紀から七世紀まで及ぶことを指摘しておく。

クシャーン帝国内のソグド人

国際的な遠距離交易の最も重要な幹線道路は、ソグディアナより南を通り、パミールまたはバクトリアを経由して、中国とインドを結んでいた。このルートの南の出口にあたる地域は、一世紀から三世紀初めまで政治的にクシャーン帝国に統合された。

クシャーン帝国の歴史とくにその年代学は、中央アジア史の中で最も議論されているテーマだろう。外部の紀年との接点がないため、カニシカ紀元——帝国を代表する皇帝の名前にちなんだ紀元、その皇帝の統治年数が碑文の日付を記すのに使われた——は、西暦七八年[52]から二三二年[53]まで様々な年代が推定された。数十年に及ぶ論争の末、貨幣学と、何より新しい碑文の発見、そして古くから知られていたテキストの再解釈によって、現在ではカニシカ紀元を西暦一二七年に定めることができるようである[54]。第1章で言及したバクトリアの月氏の国々を基盤として、クシャーン帝国は、一世紀後半に北インドまで広がり、二世紀初めにタリム盆地に向かいコータンまで拡大した[55]。二三二年、ササン朝の攻撃によりクシャーン帝国はヒンドゥークシュ山脈の北側を失った。

クシャーン帝国はソグディアナのすぐ南に位置する北インドとバクトリアを安定させ、大いに繁栄させた(おそらくソグディアナが併合されることはなかった)。仏教が発展し、オクサス川まで達した。仏教はクシャーン帝国から中国に伝わった。このような繁栄が、初期のソグド商人をバクトリアやその向こうのインド北部のクシャーン朝のまちへ移住させたと考える理由は十分にある。当時、ソグディアナの状況は、クシャーン帝国の輝かしい都市文明と比べてかなり劣っていた[56]。すでに言及したインド人とソグド人との商業上・宗教上のつながりは、両方ともこの時代に遡る。この時代、中国における主要な商人はクシャーン商人だった。

たとえば、クシャーン帝国の時代から四世紀まで、ガンダーラ語はタリム盆地における真のリングア・フランカ(共通語)だったようである。カロシュティー文字で記されたガンダーラ語文書が、すべての主要なオアシスで発見されている。[57] ガンダーラ語の商業用語のソグド語への借用は、様々な地点で起きた可能性がある。たとえば二世紀初めに一時的にクシャーン帝国に併合されたコータンのように、北西インドの商人が優勢で、国際色豊かな社会に、ソグド商人が入り込んだ可能性がある。また、サマルカンドからバルフ、さらにタキシラ、インドへと続くルート沿いで接触したと考えることもできる。[58] この考えは、「キャラバン・リーダー」を意味する単語の伝播にバクトリア語の仲介を認める仮説と一致する。それに対して、ヒッサール山脈以北のソグディアナではクシャーン朝のコインがほとんど発見されないことから、[59] ソグディアナに多数の外国人が存在したとは考えにくい。

インダス川にソグド語の銘文が刻まれるようになるのは、ササン朝の攻撃によりクシャーン帝国が中央アジアから姿を消した数十年後だと思われる。バクトリア語の銘文がほぼ全く存在しないことをササン朝の侵略と結びつけて考えるべきかもしれない。ササン朝の侵略以降、ソグド人は、ササン朝の統制を回避するために、かなり東よりの山岳地帯を通ることを強いられたが、一方、バクトリア人は自らの交易をメルヴへと向けたのかもしれない。いずれにせよ、ソグド人の交易はこの地域で二〇〇年間続いた。

3　二次的な支線？

コスマス・インディコプレウステースの証言

コスマス・インディコプレウステースの『キリスト教地誌』というビザンツ文献は、続く六世紀のインドとの交易の発展を巨視的に検証することを可能にする。コスマスはアレクサンドリアで香料を扱う商人だったが、シナイの僧院に隠棲し、五四七年から五五〇年の間に『キリスト教地誌』を著した。彼はインド洋の交易を正確に知っていたが、インド洋を航海したことは一度もなかった。[60] ネストリウス派キリスト教徒で、マール・アバーの弟子だったコスマスは、ニシビスの神学校のペルシア人キリスト教徒の社会と近い関係にあった[61]。彼の著作は――目的は他にあったが――六世紀前半のインド洋における高価な商品の流れをまとめた図に近いものを与えてくれる。交易の流れの中にあるものとしてコスマスが言及する絹を対象に、興味深いテストを行うことができる。言及される産物はおおむね海上交易に特有のものだが、絹は陸上ルートでも言及される。したがって、絹は海上と陸上の長距離交易の流れを比較するための基準になりうる。この点においてコスマスのテキストはとても明快である。交易における絹の重要性は、他の様々な高価な物品の中に埋没してはいない。

絹を求めて、過酷な交易のために地の果てまで行くのをためらわないのに、どうして天国を見るために出発するのをためらうのか[62]。

絹はこの他に二箇所で言及される。コスマスは、第Ⅱ章でアジアにおける距離を測定する際に、次のように明言する。

ツィニスタ(中国)はまっすぐ左に位置するため、そこからペルシアまで絹を運ぶ隊列は陸路で、民族から民族を通過して、わずかな時間で到着する。一方、海路ではペルシアからはたいへんな距離がある。なぜなら、東へツィニスタに向かって行く者は、ペルシア湾がペルシアに入り込んでいるのと同じくらい、もしくはそれ以上、タプロバネ(セイロン)から進むからである。しかも、ペルシア湾の入口から、インド洋をタプロバネとその向こうまで、かなりの距離[を進んだ]後にである。したがって、ツィニスタからペルシアまで陸路で行く者は、距離をかなり短縮することができる。そのためにペルシアにはいつもたくさんの絹がある[63]。

コスマスは、この先のセイロンの記述の中で、この島の交易関係について産物ごとに報告している。

タプロバネは内側の国々、すなわちツィニスタや他の市場から、絹、アロエ、丁子《ちょうじ》、丁子の木、白檀《びゃくだん》や、その土地のあらゆる産物を受け取り、それらを外側の国々、とくに胡椒が自生するマレ島、(中略)そして、麝香や木香《もっこう》の根、甘松香《かんしょうこう》のあるシンドにも発送する。[64]

コスマスは、絹を運ぶ二本の交易ルートの違いをとても明白に示している。一方は中央アジアのキャラバン・ルートで、もう一方はセイロンを経由する海上ルートである。しかし、とくに注目すべきなのは、彼がそれらに優劣をつけ、絹については中央アジアのキャラバン・ルートが優れている、としている点である。ペルシア人は、絹を全く異なる二つの場所で手に入れている。中央アジアの人々が彼らのもとに絹を運んでくる一方で、ペルシア人は絹を求めてセイロンまで行っている。もはや北西インドとバクトリアの商人は、彼らの大きな港に遠い国の絹を十分に供給することができなくなっていたのである。シンドの絹はバクトラではなくセイロンから来ていた。[65]

ソグド人の交易にとってこの情報はたいへん重要である。バクトリア、北インド、そして海を通る古代のたった一本の道筋は、二本の別々の道筋に分かれ、そのうちの一方、絹にとってより重要な道筋はソグド人の手中に入った。すなわち、主要なルートがパミールまたはバクトラから南に方向転換することはなくなったのである。インド、パルティア、またはバクトリアの商人の子孫が大挙して中国に向かうことはなくなり、結果として、交通の主要部分が彼らの土地を通過することはなくなったのである。このように、漢文史料が彼らに言及しないこと、四世紀の危機の後で他の民族が彼らに取って代わったことは、コスマスのテキストによって完全に裏付けられる。少なくとも六世紀前半には、陸路で中央アジアへ運ばれる中国の商品をソグド人がまさしく支配する一方で[66]、パミールの峠とインダス川を通って中国とインドを結ぶ古いルートは相対的に衰退したと言うことができる。

衰退？

インダス川上流のソグド語銘文に対して筆者が提案した最も遅い年代は、ガンダーラの衰退についての伝統的な分析とかなりよく一致する。インダス川上流から南へ向かう道の自然の出口にあたるガンダーラは、五世紀後半から六世紀初めに衰退したとされる。それに対して、ガンダーラの衰退を六世紀半ばとする最近の推定では、このような年代の比較は不可能である[67]。一方で、インド語銘文は、七世紀半ばまでインダス川上流に記される。ちょうどインダス川上流とソグディアナを結ぶ道沿いにエフタル帝国が発展したことによって、シャティアルにソグド語銘文が記されなくなる理由をとてもよく説明することができる。

しかしながら、シャティアルにソグド語銘文が記されなくなることは、ソグディアナとインドとの接触が終わったことを示すわけではない。反対に、六世紀のソグド美術はインドの図像の最後の大きな波による影響を受けている[68]。同じ頃、メルヴの仏教教団はカシュミールと接触している[69]。またインダス川沿いの道は、決してインドからソグディアナに通じる唯一の道ではなく、むしろインド、ソグディアナ、中国の三角交易に特化した遠回りの道である。

より西に位置するバーミヤンは、とくにヒンドゥークシュ山脈を越える場所として六世紀に発展した。中国の求法《ぐほう》僧玄奘《そうげんじょう》は、七世紀半ば、インドへ行く途中に中央アジアを通過した後で、崖に彫られた二体の大仏について記述している[70]。仏教と商人の往来が、バーミヤンにおいて重要な役割を果たしていることを玄奘は伝えている。商人はそこできわめて重要な信者集団を形成していたようである。

商人の往来するものにも、天神は徴祥《しるし》をあらわし、祟変《たたり》を示し、福徳を求めさせる。[71]

このような商人によって——その中にはソグド人が多く含まれていただろう——そして七世紀初めには、さらにメルヴとバクトラの商人によって、インドとの接触は維持されたのだろう。インドとの接触は、これより前の時代と同じくらい重要だったのだろうか。インダス川上流の銘文を除けば、中世初期にソグディアナとインドとの間で商人が接触したことを示す資料群はかなり限定される。

六世紀以降であれば、仏教関係のテキストであるアモーガヴァジュラ〔不空《ふくう》〕の漢文の伝記を引用することができる。それによれば、母はソグド人一族の出身で（康姓）、父はインド北部出身のインド人だった。[72] アモーガヴァジュラは七〇五年にセイロンで生まれ、中国に密教を導入した人物の一人である。彼の一族は商人出身だったのだろう。というのも、彼はまだ若い頃に父方の叔父とともに南海を旅しているからである。その他の証言はずいぶん遅い時代のもので、伝説の性質を帯びている。敦煌で発見された『コータン国授記 *Li-yul-chos-kyi-lo-rgyus*』は、コータンに関する八世紀または九世紀のチベット語文献だが、その中のエピソードの一つには、インドに向かう途中、山中で遭難した五〇〇人のソグド商人（Sog-dag）が登場する。[73] この話は史実ではなく、仏教の説話であり、宗教文献である。この話から分かるのは、ともかく、チベット人にとってソグド人はインダス川上流の峠を越えてインドへ向かう代表的な商人だったということである。しかし、このエピソードがより古い時代の仏教文献を借用している可能性はある。最後に、新羅《しらぎ》出身の求法僧慧超《えちょう》は、残念ながらとても損なわれてしまった部分だが〔「興」の字はくずし書きされていた〕、七二六年にガンダーラを通った時のこととして、中国の興胡《こうこ》（裕福な胡人、「漢地興胡」）に言及している。この時代であれば、それはソグド人である。[74]

この交易の物的痕跡はほとんど残されていない。おそらく唯一、奈良〔法隆寺〕に保管されていた白檀の香木二点に押されているソグド語の焼印だけが、ソグド人が海上交易に継続的に参加していたことを証明する。[75] 他の証言ははっきりしない。中国沿岸部でソグド人が所有していた品物が発見されているが、所有者がとった道筋が海路であるとアプリオリに判断することはできない。[76] 一方で、タイランド湾沿岸部で発見されたテラコッタ製の塑像について指摘がある。七世紀のもので、仏陀の供養者を表している。供養者の身体的特徴や「フリギア」帽は、その地域では知られていないもので、中国におけるソグド人の表現に近く、これらの供養者をソグド商人とみなすことができるかもしれない。[77] ササン朝の商人の可能性はまずない。ソグド人が有力な候補であるとしても、より広く東イランから来た旅人であるかもしれない。とても厳密に特定することは困難である。

六九五年に『大唐西域求法高僧伝』を著した義浄《ぎじょう》は、七世紀後半にインドにいたソグド人仏教僧侶に言及している。しかしこの証言は曖昧である。かつて中国に向かうルートを往来していた商人が中華帝国において仏教に改宗し、その後でインドに行った可能性もある。[78]

このように、ここでの総括はかなり控えめである。すなわち、四世紀から五世紀にソグド人は大勢で頻繁にインドの高い峠を越えた。しかし、五世紀以降は長い間、証言が断片的であるため、その変化を推察することはほぼ不可能である。おそらくインドではソグド商人はたくさんいる商人の一部にすぎなかっただろう。とくに注目すべきは、ソグド商人は世俗の文献（ギルドまたは商人の寄進文、カシュミール王の年代記[79]など）に全く現れないことである。六世紀以降、ソグドの図像からインドの影響は後退し、ソグディアナの地方的モデルが優勢になったようである。[80] このような比較的不活発な状態が、すべて史料の不足によると考えるのでなければ、六世紀から七世紀に北インドの経済が衰退したことの表れをそこに見るべきかもしれない。玄奘はそう証言しているが、この衰退そのものに疑いが持たれている。[81] また、別の商業勢力、すなわちササン朝ペルシアの商人勢力がインドと南海にはっきりと現れてきて、その結果、この地域でペルシア人の交易が発展する一方、ソグド商人は既得権を保持するだけだった。

古代のソグド人の交易は、結局のところ、当時の遠距離交易——二世紀にクシャーン朝の支配下にあったインド商人とバクトリア商人による交易——に付随する構成要素として現れている。クシャーン朝の文化——おおむね仏教が優勢で、都市型で、商業的な——は、ガンダーラやタリム盆地南部の都市において支配的なモデルを構築し、ソグド商人はそれらを自分のものにしたはずである。語彙も吸収したことを文献が示している。ソグド商人は、ガンダーラやバクトラ、タキシラから楼蘭といった地域で活動していた商人の弟子または見習いだった。そしてこの時期に、仏教を極東まで広めるのに大きな役割を果たした。クシャーン帝国の輝かしい時代が過ぎ去る頃には、早くから積極的だったソグド人は、インド人とともに、コータンから中国の都に向かうルート沿いに着実に定住していた。三世紀にはソグド人の共同体が河西回廊全体に多数存在した。「古代書簡」、ギルギットの銘文、そして仏教僧侶の伝記は相互に呼応し、クシャーン朝の文化的保護下にあったこの最初のネットワークがいかに強力だったかを証明している。そして四世紀の侵略は生徒が先生を越えることを可能にする。

Ⅱ　商業帝国

（一三五〇～一七五〇年）

導入

ソグド人の交易の全盛期は、六世紀初めから八世紀半ばまでの約二五〇年間である。その前の一五〇年間は混乱の時代であり、遊牧民による侵略の時代だった。ほとんど何も知られていないこの時代に、中央アジアの政治的・経済的状況が根本的に変化し、ソグド人とソグド商人にとって有利な状況が生まれたのである。ソグディアナは六世紀初めにエフタル帝国に併合される。六世紀半ばには中央アジア全体が突厥《とっけつ》第一可汗国《カガンこく》に征服され、その一〇〇年後に中国の軍隊が前進する。この頃には、陸上ルートによる遠距離交易において明らかにソグド商人が優位に立っていたことが確認される。サマルカンドから四川、モンゴル高原まで、ソグド人は様々な地域で活動している。利用できる情報は他の時代よりもはるかに多い。たとえば、トルファンの税の記録、漢文またはソグド語の契約文書といった実務に関わる文書である。そのため、複数の資料の内容が一致することを強調し、それらがどのように呼応するかを示し、ソグド人が訪れた各地の記述をその土地の様々な情報で肉付けする必要がある。すなわち、ソグド人の交易の構造と共通点を特定する必要があるが、その際、あまりにも迂遠な説明になって歴史を無味乾燥なものにしてはいけない。まず、ソグド人の東方交易にとって重要な地域について一つひとつ詳細に論じ、次に、そのように収集した資料を利用し、交易の構造についてまとめることにする。

第4章　ソグディアナ、中心的市場

国際的規模を持つソグド人の交易は、まず地理的拡大という側面から捉えることが可能である。アジアにおいてソグド人の交易が著しく拡大した地域とそうではない地域とを区別することができる。それを示す文書は、ソグディアナではなく、ソグド人の隣人、主には中国、そしてはるか西のビザンツに求めなければならない。文書が欠如している主な原因はソグディアナの土にある。肥沃だが酸性の黄土は、紙や皮を破壊してしまうのである。ソグディアナの交易史を文書だけを利用して書こうとしても、それは不可能だろう。考古学と政治史は、今日に伝わらなかったソグディアナの交易史に、包括的な経済の枠組みを与えてくれる。重要なことに、ソグディアナの交易史は、四世紀に中断するものの、明らかにそれを越えて継続していることを、我々はすでに知っている。いったいソグディアナで起きた何が原因で、ソグド商人は六世紀から八世紀までアジアのルート上で支配的役割を果たすようになるのだろうか。

1　大規模な侵略

年代の問題(三五〇〜四五〇年)

四世紀後半から突厥第一可汗国が成立する六世紀半ばまで、中央アジアの政治史は、ほぼ全く知られていない。相互に符合するいくつかの独立した文献は、四世紀後半に侵略者の波が東から中央アジアに押し寄せたことを示す。『魏書』は、遊牧民の集団、とくにエフタルの祖先が、三六〇年前後に中央アジアに到着したことに言及する。

嚈噠国《えんたつこく》、大月氏《だいげっし》の一種であり、また高車《こうしゃ》の別種であるともいう。もともとは塞北《さいほく》から出た。アルタイから南下し、コータンの西にとどまった。その都はオクサス川（アム川）の南二百余里にあり、長安から一万一〇〇里である。[1]

『通典《つでん》』は、部分的に残された『魏書』の原文によって、エフタルがアルタイ山脈から出発したのは北魏の文成帝の治世（四五二～四六五年）よりも八〇年から九〇年前であると補足している。[2]

一方、ビザンツの作家は、その強大な敵国であるササン朝ペルシア帝国の軍事・外交に関わる状況を部分的に記述しており、それによって、フンが中央アジアに到達したのは三五〇年頃であると推定することができる。実際に、アンミアヌス・マルケリヌスがその著作の中で、ペルシアの東方の敵であるヒオニトに初めて言及するのは、この頃である。[3] フン Hun に i が加わってヒオンに変わったのは、イランの聖典『アヴェスター』に登場するヒオンとフンが同一視されたことに関係するはずだ。それは、モンゴル時代に西方で、タタールの名前が地獄の川と同一視されてタルタルに変形したのと同じことである（タタールは、地獄の川から来たと思われた）。フンとヒオンが同じであることは、インドとイランを侵略した民族のリストが相互に対応することによって確認される。すなわち、インド人は白フン、赤フンと記し、ペルシア人は白ヒオン、赤ヒオンと記しているのである。[4]

三五六年にシャープール二世（在位三〇九～三七九年）は東方でヒオニトと戦い、[5] その後同盟を結んだ。[6] ヒオニトの王グルンバテスは、三五九年にシャープール二世に味方してアミダ（ディヤルバクル）の包囲に参加している。[7] そして三六一年頃、フンはエデッサのすぐ近くのまちに派遣されている。[8] 次にアルメニア語史料によれば、三六八年からシャープール二世が死去する三七九年までの間、ササン朝は、東方において、バルフを支配するクシャーン人の王によって何度も敗走を余儀なくされている。[9] このように三〇年の間に何度も同盟関係が覆されたことは、イラン東部の軍事状況がきわめて不安定だったことを示唆する。シャープール二世が軍事活動の拠点としたメルヴと、遊牧民が拠点としたバクトリアとの間でとても長い間戦争が行われたことによって、ソグディアナの南の地域は甚大な被害を受けたのである。このことを、ソグディアナの侵略と合わせて考えなければならない。この時代のメルヴのコインには、mnyst'n šḥyky すなわちシャープールの王宮という銘文を持つものがある。これは、王が東方の前線に滞在したとするギリシア語史料の情報を完全に裏付ける。[10]

その後の中央アジアの状況を明らかにする史料はない。文献史料は、四〇〇年の前後五〇年間、中央アジアの南で、ササン朝と遊牧民の間で起きた可能性のある戦いについて何も伝えない。四〇二年にパミールを越えた中国の求法僧法顕《ほっけん》は、混乱した状況に言及しないが、それは、より東側を通過したからかもしれない。[11] しかし、メルヴではササン朝の影響力が保持されたことが貨幣学によって示されている。すなわち、シャープール三世（在位三八三～三八八年）、バフラーム四世（在位三八八～三九九年）、ヤズデギルド一世（在位三九九～四二〇年）の銅貨がメルヴで発見されている。[12] 四二四年にメルヴはネストリウス派の司教座に昇格するが、これは平穏な時代の最後を飾る出来事だったのかもしれない。[13]

それに対して、バフラーム五世（通称バフラーム・ゴール、在位四二〇～四三八年。ペルシア語古典文献の伝説的な王）の治世の後半に、大規模な戦争がメルヴ周辺で起きた、またはメルヴから始まったことを複数の資料が証言している。バフラーム・ゴールに関するアラビア語イスラーム文献は、ササン朝後期の物語の影響を受けた可能性があり、そこに含まれる歴史的内容は不確実な要素に覆われている。そのため、この点についても最も確実な資料はコインである。バフラーム五世のドラクマ銀貨が、王の治世の後半に大量にメルヴで発行されているが、[14] それは、メルヴがササン朝の防衛政策において重要な役割を果たしたことを証言している。ドラクマ銀貨は、そのまま軍隊への支払いに使われたのかもしれない。アラビア語イスラーム文献は、王がメルヴに滞在して活動した理由として、突厥可汗による大規模な攻撃を挙げるが、突厥可汗とするのは時代錯誤であり、そこには、東方または北方から来た遊牧民の勢力を読み取らなければならない。[15] このとき、新たな混乱の時代が始まったのである。

ソグディアナの考古資料

四世紀の侵略はソグドの遺跡に火災の層を残さなかった。確かに、考古調査がこの時代のものと推定される層位にまで到達するのは稀であり、到達したとしても、その面積はきわめて限定的である。一方で、以前は見られなかった新しい特徴が現れることが確認され、それらはフンの到来によって生じたに違いない急激な変化に帰因すると考えられる。

たとえば、オアシスに接する境界線に沿って定住民とその地方の遊牧民が古くから築いてきた共存関係は、一掃されたようである。遊牧民の墳墓はオアシス周辺から消え、それとともに、墳墓から大量に発見される定住民の土器が証明していた相互浸透も消えた。[16] それに対して、土器の形状の変遷をたどることは、とりわけ有益である。というのも、ソグディアナ固有の形状の土器が維持される一方で、細工のある土器が、とくにブハラ・オアシスとカシュカ・ダリア流域のオアシスのこの時代の層に現れるからである。[17] 轆轤《ろくろ》を使わずに成形されるこの新しい形状の土器は、先行する時代のシル川地域に特徴的な土器であり、デルタ地帯（ジェティ・アサル文化）でも中流域（カウンチ文化）でも見られた。まるで、シル川の住人がフンに押されてソグディアナに逃げなければならなかったか、または、被害を受けたソグディアナの住人が部分的に放棄した土地をシル川の住人が開墾しにやってきて、その際に自らの土器を持ち込んだかのように見える。[18] 反対に、ジェティ・アサル文化の遺跡は広範囲にわたって放棄され、シル川中流域のカンカのまちは当初の面積の三分の一に縮小した。

北方から来た人々は、ソグディアナの住人――絶滅したわけではない――に加わった。[19] シル川沿いの脆弱な農耕地帯によってステップと隔てられているソグディアナは、侵略による被害がどうであれ、シル川の住人が南に後退し、人口と熟練した労働力が供給されるという利益を得た。⑳

バクトリアにおいて

南の方がより厳しい状況にあったようである。バクトリア南部の関係する時代の遺構では大規模な発掘が行われていない――バルフでは試掘しか行われていない――ため、利用できる情報は断片的である。それに対して地表面の踏査は広い範囲で行われており、バクトリア東部の複数の地域における定住の変化を土器にもとづいて推定する試みがなされている。㉑ 一方、バクトリア北部についてはソビエト時代の発掘によって比較的よく知られている。利用可能な資料はすべて、四世紀後半から六世紀まで、この地域が著しく衰退したことを示唆する。遺跡から分かるのは、この地域が繁栄していたのはヒオニト侵略以前のクシャノ・ササン朝時代、すなわち四世紀前半だということである。㉒ 五世紀は反対に都市が全面的に後退した時代である。たとえばワフシュ川流域では灌漑網が部分的に放棄されている。㉓ クンドゥズ地域のほとんどの遺跡で火災の層が認められる。㉔ クンドゥズの南南東一一キロメートルに位置するチャカラク・テペという要塞化した村では、二重の城壁が同時に建設されたにもかかわらず、中層期(四世紀末から五世紀前半)に、三回にわたる火災の層が認められている。㉕ バルフでは、テペ・ザルガランで行われた試掘によって、ササン朝時代の二つの連続する層の間に不毛な厚い層の存在が示されている。㉖ その西のディルベルジンとエムシ・テペは、五世紀半ば以降放棄されている。テルメズとダルベルジンテペでは、四世紀から五世紀に、もとは都市だった場所に広大な墓地が出現し、㉗ また、テルメズ周辺の仏教僧院(カラテペ)は、シャープール二世の軍隊による略奪を受け、㉘ のちに放棄され、ここにも墓地が広がった。㉙

バクトリア東部の土器に関する包括的な研究によって、ここで問題にしている時代に、人が居住していた地域で人口が減少したことが明らかにされている[30]。たとえば、バルフ地域の地表面の踏査は、数箇所で行われた試掘を完全に裏付けるように[31]、クシャノ・ササン朝時代からイスラームによる征服までの間、その地域では人の居住が何度も中断したことを示している[32]。バルフ平原とアム川中流域における衰退は、東の地域よりもはるかに深刻だったようである[33]。これらの地域では、後の突厥時代に人口が大幅に増加することになる地域がほぼ放棄された（タルカン平原、クンドゥズ平原[34]）。アム川の北側の支流の下流域では突厥時代の盛期まで住人の数は少なかった[35]。

おおむねこのような状況であったことに反論の余地はないが、考古発掘や踏査の結果は慎重に扱う必要がある。六三〇年頃この地域を南下した中国の求法僧玄奘《ぐほうそうげんじょう》は、多勢の仏教徒がいること、とくにバルフに多いこと——三〇〇人の僧侶の存在は、彼らに食料を供給するのに十分な余剰生産物がその土地にあったことを示唆する——を伝えるとともに、まちが半ば放棄されていることを伝える。

> その城は堅固ではあるが、住民は甚だ少ない。土地の産出する品物の種類は非常に多い。水生・陸生のいろいろな花は一いち挙げきれないほどである。伽藍は百余ヵ所、僧徒は三千余人で、（後略）[36]。

しかしながら、少し前で「住民は多く」と形容されているサマルカンドとは、明らかに対照的である。バクトリアに関する玄奘の記述を注意深く調べると、衰退を示す証拠を追加することができる。ここは疫病の地とされ、僧院の栄華は過去のものとなっている。すなわち、バルフの「新僧伽藍」は、何度も略奪され、周辺の出家者のレベルは低い[37]。テキストは、この地域がとてもゆっくりと回復している状況と符合する。バルフが再びその地域の重要なまちになるのはかなり遅く、イスラーム時代に入ってからである。イスラームの軍隊は六四三年にバルフに達するが、抵抗されることはなかった[38]。バクトリアは、その頃もなお北の隣国であるソグディアナと比べて遅れていたようである。

ソグディアナはアラブと激戦を交わしている。

2　五世紀のソグディアナの復興

五世紀から六世紀にソグディアナで農業が飛躍的に発展したことは確実である。人口は著しく増加している。サマルカンドの南にある遺跡の四分の三はこの時代に誕生したが、大半はその後放棄された。すなわち、ザラフシャン川のステップ地域と、ザラフシャン川とダルガム運河の間で、人の居住が確認される一三一地点のうち、一一五地点がこの時代に生まれたが、中世末期まで存続するのは五二地点だけである。[39] ザラフシャン川流域の沼地に位置するイシュティーハーンの地域――サマルカンドから西へ一〇〇キロメートル以上――が開発され、人が居住するようになるのはこの頃である。[40] カルシ・オアシス（エルクルガン遺跡、旧ナサフ）においても同じ状況が認められる。すなわち、全時代を通して四六〇地点で遺跡が確認されるが、そのうちの三五〇地点は四世紀から六世紀に人が居住するようになった場所である。[41] ブハラ・オアシスの西端では紀元後数世紀の間に砂漠化が進んだが、六世紀に二二キロメートルにおよぶ灌漑によって土地を獲得している[42]（これらと以下に挙げる地名については**地図4**を参照されたい）。

農業生産

ソグディアナ全体から集められた複数のまとまった証拠を組み合わせることによって、この地域は発展したと総括することができるが、いくつか細かい点には問題がある。とくに、大きな運河やオアシスを囲む巨大な城壁といった大規模な農業設備が、いつ頃建設されたかを確定するのは困難である。このように大規模な集団的作業――九世紀から一〇世紀のイスラームの地理学者がその成果について証言している――が行われたのは、ソグドの歴史においてかなり限定された二つの時代、すなわちアケメネス朝以前の時代、または五世紀から六世紀とされることが多い。たとえば、サマルカンド地区の主要な運河であるダルガム運河は、少なくともその最初の区間は、サマルカンドにまちが建設された当初から存在したに違いない。というのも、地形から判断して、まちの中に水を供給する方法が他にないからである[43]。しかし、その他の運河については、地形から判断することができないため、少なくとも土器の編年が確定しない限り、その年代を推定するのは難しい。しかし、著しい人口増加に対処するために、新たに土地が灌漑され、新たに運河が掘られた可能性はあるだろう[44]。

遊牧民の急襲と砂の進入に対抗するために巨大な城壁が建設されると、ソグディアナの農村もその恩恵を受けた[45]。ブハラ・オアシスを囲む城壁は二五〇キロメートル以上もある巨大構造物であるが、五世紀末のものであると推定されている[46]。しかし、この時期に建設された城壁はこれだけではない。ブハラからフェルガナまでソグディアナの北に沿って続く長い城壁も、この時代に建設された可能性がある[47]。

このように、ソグディアナは一五〇年ほどの間に一気に人口過密地域になり、住民は農地を獲得しなければならなくなった。人々はステップ地帯や沼地において農地を手に入れたり、砂漠から農地を回復したりした。ソグディアナの農業が全盛期を迎えたときに、都市がその犠牲になることはなかった。都市から農村への人口流出は全く認められない。逆にソグディアナの都市は、この頃から目覚ましい拡大を始める。

都市の発展

この頃からザラフシャン川流域では新しいまちが、多くは古い遺構の上に形成され、その結果都市網は根本的に改変される。ブハラ、パイケント、ペンジケントは、ヒッポダモス式プラン（長方形の城壁、碁盤目状の通り）のもとで飛躍を遂げている。同じプランは、ササン朝時代の東イランにおいても見られる[48]。カルシ・オアシスでは、四世紀から六世紀までの期間、ナサフ（エルクルガン遺跡[49]）が全盛期を迎える。その面積は一五〇ヘクタールに達し、おそらく五世紀初めにソグディアナ最大のまちになった（サマルカンドは北の部分に収縮し、面積は七〇ヘクタールに減少していた[50]）。六世紀には衰退し始めるが、それはオアシス内部における人口の再分配によるものであり、ソグドの他のまちの拡大は、ナサフの衰退を補ってあまりあるものだった。

このようなまちの拡大は、主としてサマルカンドとペンジケントにおいて研究されている[51]。サマルカンドの東約五〇キロメートルに位置するペンジケントに五世紀半ばに築かれたまちは、すぐに都市の構造からあふれだし、城壁がとても薄くなった[52]。五世紀末に、当初の長方形のプランにしばられることなく新しい防御壁が建設され、まちの周辺部を囲んだ。それによってまちの面積は八ヘクタールから一三・五ヘクタールに拡大した。七世紀末に、北東の城壁の外側に小さなバザールが現れ、また南側には職人の地区が現れたことから、それ以前と同じ速度ではないものの、まちは拡大を続けたことが分かる。一方、サマルカンドのまちでは、五世紀後半か末に、城塞の高さが上昇し、内壁が築かれた。それは前の時代に都市が縮小したこと（遺跡の北側に後退し、面積は三分の一に縮小）と、強い権力が存在したことを証言している。一〇〇年後には台地全体に再び人が居住するようになり、古代の城壁に代わって新しい城壁が築かれた[53]。その城壁は、長さ五キロメートルで、二一八ヘクタールを囲む。そのうえ、サマルカンドではその頃オアシスの一部――二〇平方キロメートル――を保護するためにさらに大きな城壁が築かれている[54]。そして、ザラフシャン川流域のもう一方の端に位置するパイケントでは、一辺が三三〇メートルの正方形の外壁を備えた、一一ヘクタールのまちが古い城塞の近くに築かれた[55]（図7-b）。

このように、大規模な侵略が起きた後で、ソグディアナの経済と人口が活性化したことは疑いのない事実である。都市も農村も最大限発展した。バクトリアでは多くのまちが最終的に放棄されたのに対して、ソグディアナはその後継者として中央アジアにおける農業生産と人口増加の中心になった。

3　フンからエフタルまで、繁栄をもたらした政治勢力

どのような勢力が、このソグドの復興――都市と農業の両方の分野において明らかに組織的に行われた復興――を引き起こしたのか、という問いを避けて通ることはできない。経済、人口、政治における一連の破綻の原因をフンの侵略に結びつけようとする共通した意見とは反対に、フンの時代――三五〇年から五世紀後半まで――はソグディアナが急速に飛躍した時期である。それは侵略後に大量の人口が供給され、三世代の間、政治がかなり安定したことによって生じた。

ソグディアナのフンとキダーラ

まず、ソグディアナの住人とシル川から避難してきた人々との間で融合が起こった。そして、五世紀初めの数十年間が平穏だったおかげで、灌漑網の整備が始められた可能性がある。新しいまちが生まれ、その一つであるマーイムルグが漢文文献に認められるのは、おそらく四三七年からである。[56] さらに、『魏書』は、匈奴《きょうど》によってソグディアナが占拠され、四五七年には匈奴の忽倪《こつげい》王がサマルカンドの王位にあり、三世であることに言及する。

粟特国《ぞくとくこく》(ソグディアナ)。葱嶺《そうれい》(パミール)の西に在る。古の奄蔡《えんさい》。一名、温那沙《おんなさ》。大沢に居る。康居《こうきょ》(キルギスステップ)の西北に在って代《だい》を去ること一万六千里。過去に匈奴が其(粟特)王を殺し、其国を有し、王忽倪に至りてすでに三世である。[57]

ここに言及される匈奴はキダーラでしかありえない。しばしばキダーラは中央アジア史において四世紀末に位置づけられるが、すべての史料は一致してキダーラを四二〇年から四四〇年に位置づける。唯一、コインの銘文の誤った読みが、この一致した年代観を混乱させてきた。[58] キダーラの拡大は四二〇年代末にバクトリアで始まったが、メルヴの近くでバフラーム五世によって制止された。西への進行を阻止されたキダーラは軍を南へ進め、ガンダーラを占領し、そこに息子の一人を残した。[59] その後北に向かい、ソグディアナを占領したのはおそらく四四〇年以降だった。というのも、サマルカンドの「射手型」のコイン(第三グループ)には、kyδr(キダーラ)という名前を読み取ることができるものがあるからである。これらのコインが発行された絶対年代は確定していないが、第四グループの年代は五世紀後半から六世紀にあたるという。[60] ところで、ソグディアナのまちは四四一年まで中国に使節を送るが、その後四五七年まで中断する。したがって、キダーラがソグディアナに到達したのは、四四〇年より後で、エフタル勢力の拡大より前、ということになる。エフタルは、四五六年以降キダーラを背後から攻撃している。ビザンツの作家プリスクスがソグディアナの西のステップにいるキダーラ・フンについて伝えるのはこの時期である。[61] インダス川上流のソグド語銘文に認められるフンというファースト・ネームまたはニックネームがソグド人の名前に大量に含まれるようになったのは、おそらくこの時代だろう。

四四〇年代にササン朝が軍事活動を行い、四五六年にエフタルがトハリスタン(バクトリア)への拡大を始めると、キダーラ帝国は二つの集団——南の集団とソグディアナの集団——に分断された。このことからソグド人のキャラバンがギルギットから突然姿を消してしまった理由を説明することもできる。すなわち、このルートを通ったソグド人のキャラバンの最後の世代はフンの世代であり、その息子たちがこのルートを頻繁に通ることはなかったのである。キダーラはバクトリアの技術や住民をソグディアナにもたらした。ソグディアナは、ペンジケント、パイケント、ブハラなど、計画的に建設された小規模の都市によって領域内部のネットワークを完成させた。[62] それによって人口は飛躍的に増大し、隣国のササン朝に対しても、また四五六年以降バクトリアの拠点からササン朝を追い払ったエフタルに対しても、防御の構えをとることができた。サマルカンドの城塞を途方もない高さに嵩上《かさあ》げしたのも、五世紀後半にこの強大な勢力が成し遂げたことの一つである。[63] 四四〇年代から四七〇年代にソグディアナではまちが築かれ、城壁が建設されたが、このような発展は強大な政治勢力の出現と結びつけて考えなければならない。大規模な作業に住民を動員することができるのは強大な政治勢力だけだからである。キダーラの勢力は、中国で捕らえられた商人を解放するために使節団を組織している。[64]

バクトリアを荒廃させたキダーラ、エフタル、ササン朝の戦いに巻き込まれることのなかったソグディアナは、[65] キダーラがもたらしたものと長期間の安定のおかげで、古代中央アジアの国際交易の中心にあったバクトリアというライバルに対して、ついに人口的にも経済的にも優位に立ったのである。

ソグディアナは文化的にも社会的にも優位に立った。確かに、玄奘が記すように、バクトリアに多くの仏教僧院がなお存続していたことは、きわめて文化的な生活がずっと継続していたことを示している。古くからバルフの「新僧伽藍」の管長を務めたバルマク家がイスラーム時代に果たした役割は、バクトリアのエリート集団と仏教僧侶との融合を示している。さらに玄奘はこの地域の書記文化を好ましいものとして描写し、ソグディアナより優れていると判断している。[66] しかしながら、バクトリアとソグディアナの間で実際に移動があったことを示すたくさんの手がかりがある。すなわち、先行する時代のソグディアナの芸術文化はとても貧弱だったことをあらゆる証拠が示しているが、ソグディアナにおける都市の発展は芸術の発展を伴った。そして、この芸術が持つ複数の特徴によって、その発展を四世紀から五世紀前半のバクトリアと結びつけることができる。[67] すなわち、ペンジケントの初期の壁画は、バクトリアのディルベルジンの後期の壁画に酷似している。[68] また建築と都市化も大きく躍進するが、それはバクトリアのモデルを模倣している。[69] そして、ブハラとサマルカンドの間に位置するクシャーニーヤのまちが示すように、バクトリアの地名がソグディアナに現れる。これらの影響をバクトリアから避難してきた人々(そのような人々がいた可能性はある)に帰することができる。また、キダーラの勢力は、南の地域から追い払われるまではソグディアナとバクトリアの両方の地域を統一していたから、その勢力下で職人が移動したと考えることもできる。その頃ソグディアナで形成された都市のエリート集団は、インドとクシャーン帝国において長い間発展し、クシャノ・ササン朝時代を通して保持された生活様式と洗練された趣味を継承した。

ソグド人の交易史にとって、経済的・文化的事象は重要である。増加する都市の中にエリート集団が形成されることによって、中央アジアにおける消費の中心地が形成されていく。漢文史料で「薩宝水《さっぽうすい》(キャラバン・リーダーの川)」と呼ばれるようになるザラフシャン川流域の商人は、その後長い間この消費地を意のままに管理することになる。このとき、ソグド人の交易は、先行する時代の史料に見られるような主として外に向かう遠距離交易ではなくなる。地元の盤石な経済基盤に立脚することが可能になるのである。

エフタルの銀

ササン朝とエフタルに敗北して衰弱したキダーラ王朝が四七〇年代に放棄したと推測される地域が、五〇九年にエフタルによって征服された[70]。この征服に言及する文字史料はないが、五〇九年以降中国の宮廷に派遣される使節が、ソグドの使節からエフタルの使節に代わることが、エフタルによる征服を強く示唆する。というのも、実際にそれは一方から他方への交替だからである。すなわち、四五六年から五〇九年までは、ソグドの使節が何度も派遣され、エフタルの使節は一度も派遣されないが、その後状況は突如逆転し、ソグドの使節は完全に消え、急にエフタルの使節が何度も登場するようになる。エフタルの征服に対して抵抗がなかったわけではないが、長くは続かなかった。ペンジケントは、この点について検討することのできる唯一の遺跡である。そこでは、まちの城壁と第二神殿が部分的に破壊されたが、直後に修復され、守備隊が常駐するための三階建ての兵舎が城壁そのものの内部に造られた[71]。五〇年後に勃興する突厥による征服も迅速で、ほとんど被害を与えなかったようである。利用することのできる史料は――とても完全とはいえないが――、全体として、突厥による征服までの一〇〇年間、ソグディアナで戦争が行われた期間は短かったことを示している。

エフタルはソグディアナにおいて優勢になった時、巨万の富を築いていた。エフタルは何度もササン朝の君主を打ち負かし、四八四年にはペーローズ王(在位四五七年、四五九～四八四年)を戦死させた。後継者のカワード一世(在位四八四年、四八八～四九七年、四九九～五三一年)はエフタルの保護下にあったため、エフタルは何度も彼をイランの王に復位させたのだろう。ササン朝は、数十年間、少なくともホスロー一世(在位五三一～五七九年)の治世の初めまで、エフタルに莫大な貢ぎ物を納めた。ある時にはペーローズは三〇頭の騾馬が運べる量の銀貨を支払わなければならなかった。これらの銀貨は今でもアフガニスタンの市場に何千となく存在する。ササン朝が発行したコインの大部分が、この頃、中央アジアとイラン東部に流れ、ソグド人はこの富を利用した。ササン朝の黙示録は、イランを略奪した者の中にソグド人部隊を挙げている[72]。中国への使節がソグドの使節からエフタルの使節に完全に交替したことは、支配者が代わってもソグド人が中国方面への活動を継続したことを示している。ソグド人はエフタル勢力の中心に居住し、これらのコインをエフタル帝国全体に広めた。全盛期の五二〇年頃にはエフタル帝国は、少なくとも名目的にはメルヴからトルファン、そしてガンダーラまで、中央アジア全体を掌握した。この頃、河西回廊《かせいかいろう》を含む中央アジア全体でササン朝の銀貨が通常の支払いに用いられるようになり[73]、その状況は以後二〇〇年近く続いた。ソグド商人は、ソグディアナ内部の新たな市場を活用するとともに、エフタルの銀の中に、事業の規模拡大を可能にする資本の蓄積を見つけることができた。

4　移住地の拡大

ソグディアナの経済力は結果的にソグド人の空間を北に拡大する。五世紀から六世紀にソグド人による北方への移住が始まるが、それ以前の時代のこの地域に関する情報は、すでに言及したプトレマイオスから引用されるいくつかの情報と、匈奴と康居の間に存在した従属関係を指摘する漢文テキストを除けば、ほぼ完全に欠如している（**地図7**）。

チャーチにおいて

五世紀のソグドの発展は、六世紀にソグド文化がチャーチ、その南のイラク Ilaq の地域へ広まるという結果をもたらした。この地域はチルチク川流域とアハンガラン（アングレン）川流域から成り、シル川中流の右岸と天山山脈の西麓に沿って一つのオアシス（タシュケント・オアシスとアングレン川流域）を形成している[74]。遊牧民と定住民とが接触し、人口が多いこの地域には、すでに長い間都市が存在していた。カンカの広大な遺跡（一五〇ヘクタール）は八世紀までこの地域の主要なまちだった[75]。六世紀から七世紀にチャーチはソグドの文化的影響下に入る。次に示すように、様々な種類の資料によってそれを証明することができる。

チャーチとソグドの間でコインの交換が顕著に認められるようになる。たとえば、チャーチのコインはペンジケントでかなり大量に発見されるし[76]、同様にソグドのコインがチャーチで発見される[77]。タシュケント・オアシスでは多くの土着の小領主がコインを発行したが、彼らは領主を意味するソグド語の称号フーヴ xwβ を騙《かた》っている[78]。一つのタイプを除いて銘文はすべてソグド語である。唯一の例外は、とても少数だが、吐屯《トドン》(tδwn)というテュルク語の称号が読み取れるタイプである[79]。コインの図像はソグドとテュルクの特徴の混淆を示している[80]。政治的に細分化されていたチャーチは、多数のソグド化した貴族階級によって支配された。貴族の住居はソグドのモデルに従って建造され、装飾されたが[81]、大きな幹線道路からはずれた都市や農村には古風な文化が残された[82]。そして、七世紀の中国人から見ればチャーチの商人はソグド商人でしかなかった[83]。

北西に位置するオトラル・オアシスでは六世紀から新たな灌漑方法が用いられるようになるが、その起源は南のソグディアナもしくはホラズムに古くからある農耕文明に求めなければならない。この時の改良は突厥可汗国の存在に関係する。突厥可汗国がこれらの地域を統合し、チャーチを管理する吐屯をオトラルに配置することで、このような技術の伝播が可能になった[84]。突厥可汗国は食料需要を一気に増加させたが、南からもたらされた技術のおかげで、灌漑地帯の拡大、人口の増大、都市化の進展というサイクルが始動した[85]。ケデル（オトラル付近）で出土した木彫は、エリート集団の文化が十分にソグド化していたことを示している。

六世紀以降、古くからソグド人が居住していた地域を越えて、ソグド文化の優勢な地域が連続して形成され――この地方の遺産が果たしたに違いない役割を否定してはいけないが――、はるか北方まで広がった。

セミレチエ

チャーチの北東のセミレチエ（七河地方）には、ソグドの影響はさらに深く浸透している。タラス平原と、イッシク・クル湖まで続くキルギスのアラタウ山脈の北麓は、五世紀から六世紀に初めて都市化するが、それはソグド人によってなされた[86]。その過程は、南のチャーチやオトラルで見られるものとはかなり異なっていて、まさに、移住の過程と、定住民の都市文化の北方への拡大を示している。

いくつかの文献によって、このような進展の概略を示すことができる。ナルシャヒーは、ニーシャープーリーのテキストを引用して、タラーズ（タラス）に近いジャムーカトというまちが政治的理由で建設されたことを伝える[87]。その理由とは、アブルーイーの圧政に対してブハラの住人が〔地主〕貴族〔ディフカーン〕に追従していった政治的亡命である。しばらくして、強力になったアブルーイーは、その地域の住民にたいへんな圧政を行い、住民はもはや耐えられなくなった。ディフカーンと富裕者〔商人〕はこの地域から逃げて、トルキスタンとタラーズへ行き、そこでハムーカトという名前のまちを建てた。なぜなら、亡命者の集団の首長である大ディフカーンはハムークという名前だったからである。(88)

ソグド人のセミレチエへの移住は貴族主導で行われたのだろう。スイアーブ〔アク・ベシム〕とナヴァケト〔クラースナヤ・レーチカ〕が発掘され、ソグドのモデルにならって築かれた城の周りにまちが配置されたことが考古学によって示された。(89)

ソグド人の移住は標高五〇〇メートルから一〇〇〇メートルの山麓に東西方向に行われ、豊富な水のおかげで、灰色の土を利用し、穀物、葡萄、果物を栽培することができた。平原や高台では、ステップ気候により耕作可能な面積が限られるため、牧畜が優勢だった。(90) これらのまちの発展の歴史はまだほとんど知られていない。ナヴァケトのまちを特徴づけるのは、二〇平方キロメートルの領地を定める長い城壁である〔サマルカンドのように〕。城壁の内側では、灌漑システムの痕跡とともに、厳密にいうところのまちの廃墟が確認されたが、その面積は一〇〇ヘクタールである。(91) まちの住人を構成するのは、当初から、商人、農民、兵士だったようである。

セミレチエのソグド人集落は、それらが東西方向に並んでいることから、何よりも商業を目的とし、「シルクロード」上の多くの宿営地のように、一定の間隔で配置されたと考えられてきた。しかし、このような仮説は検証に耐えない。というのも、比較的大きなソグド人のまちが一二キロメートル以内の間隔で存在し、(92) 現在のビシュケクとイッシク・クル湖の間の限られた空間に集中しているからである。これほど短い間隔で宿営地が連続している理由を、当時の交易の方法によって正当化することはできない。移住地として選択された場所は、未開拓地に土地を手に入れようとした領主による、農業を基盤とした移住であることを示している。これらのまちには商人と推測される富裕層が当初から居住していたとナルシャヒーらが証言しているが、移住の発端は商人ではなかった。ソグド人集落は、交易がステップや天山山脈の方向へ発展するのにきわめて都合のいい都市網を形成したが、農業の発展に対して交易は二次的なものだった。

とはいうものの、ソグド人の交易史にとって、これらのまちが重要であることに変わりはない。玄奘は六三〇年頃イッシク・クル湖からサマルカンドまでの地域を通過し、中国に帰国してから以下のように記している。

素葉《そよう》（スイアーブ）城から羯霜那《かっそうな》国《こく》（ケシュ）に至るまで、土地は窣利《そつり》（ソグド）と名づけ、人も〔窣利人と〕いう。文字・言語もその名称に随って〔窣利文字・窣利語と〕称している。[93]

つまり、玄奘にとってチャーチもセミレチエもソグディアナの一部であり、商人が多数住んでいる地域であった。スイアーブとタラスについて、次のように伝える。

スイアーブ：諸国の商胡（商業に従事する胡人）が雑居している。

タラス：城の周囲は八、九里で、諸国の商胡が雑居している。[94]

そして、スイアーブを含むソグディアナ全体のソグド人については、次のように伝える。

風俗は軽薄で、詭詐《うそいつわり》がまかり通っている。おおむね欲ばりで、父子ともに利殖をはかっている。財産の多いものを貴しとなし、〔身分の〕良いもの賤しいものという区別がない。たとえ富が巨万であっても、衣食は粗悪である。力田《ひゃくしょう》と逐利《しょうばいにん》が半ばしている。(95)

このようにステップへと拡大することによって、ソグド人の交易範囲は二倍に拡大した。ソグド文化圏を北方へ押し出す力によって、ソグド人は都市の前線を創り出し、ステップ世界と直に接触するようになった。一方、ソグド人の洗練された都市文化は、イランとインドからもたらされるものによって常に豊かなものになった。さらに、遊牧世界の近くに位置するようになると、それとも融合していった。

中央アジア西部の人口と経済がソグディアナに有利なように急激に変化し、ソグドが豊かになったことが、中世初期におけるソグド商人の独占を説明する主な要因である。ヒマラヤ山脈という巨大な障壁の西の端に位置し、なおかつステップの境界に位置するこの地域は、大規模な侵略が起こり、その南でササン朝が遊牧民に対して熾烈で破滅的な抵抗を行った結果、中央アジア最大の市場にもなった。ソグド商人はこの地域を拠点として動き回ることができるようになり、以前の何倍もの力で、祖先が古くから往来したルートへ、まずは中国方面へと向かうことになる。

第5章　中国において

ソグド内部の交易圏が二倍に広がり、その東南地域出身の競争相手が侵略によって一掃された結果、ソグド人は、東は中国に至るまで優位な立場を占めることになった。古代のネットワークは衰えることなく、根本的に改編され、かつてない規模に広がった（**地図7**）。このようなソグド人ネットワークの拡大を記述するために用いるのは主に漢文史料であり、具体的には実務文書や物語、正史である。なぜなら、中国は六四〇年に中央アジア征服に着手し、六九二年以降はこの地域を安定的に支配したからである。中国の軍隊がソグディアナまで進んだことは一度もなく、ソグディアナに対する中国の宗主権は純粋に名目的なものだったが、漢文文献にはソグド人に関する描写が数多く含まれる。五世紀から八世紀までの中国のソグド商人に関する文献資料と考古資料の情報量は、それだけで、ソグド人について集められた他のすべての史料の情報量に匹敵するだろう。しかし、これらの資料を利用する前に、きわめて単純そうに見える問いに答えなければならない。

1　漢文史料中のソグド商人

それは、漢文史料に登場する人物がソグド人であることがどのようにして分かるのか、という問いである。六世紀以前の資料については、すでに見たように、答えは比較的簡単である。ソグド人は、康居——古代にソグディアナの大部分はこの国に含まれていた——から一字をとって康を姓とした。康は古代中国にはない珍しい姓であることと、それがしばしば「胡」という修飾語と結びつくことが、康姓の人物をソグド人と同定することを保証する。「胡」は蕃族全般を意味するが、次第に、とくにイラン系の言語を話す西方の蕃族を意味するようになるからである。しかし、時代が下ると事情は違ってくる。中国では、ソグド人の翻訳である「粟特《ぞくとく》人」という表現は滅多に使われない。一般に広まっている説明では、北魏から唐の時代に中国に居住したソグド人は固有の姓を持ち、康の他に、安、何、曹、石、米、史といった姓が見られ、これらの姓だけで、厳密に、サマルカンド出身のソグド人(康姓)、同様にブハラ地域(安姓)、ザラフシャン川中流域(クシャーニーヤ、何姓)、ザラフシャン川の北(イシュティーハーン、カブーダンからウストルシャナまで、曹姓)、チャーチ(石姓)、ザラフシャン川の南東(マーイムルグ、米姓、そしてある時代にはペンジケント[1])、カシュカ・ダリア流域(ケシュ、史姓)出身のソグド人を特定することができる、とされている。

ほとんどの研究者は、研究を著しく単純化する利点があるこの暗黙の前提から踏み出さない。しかし二つの理由から実態はより複雑である。第一に、これらの姓(ソグド姓)は、康姓とおそらく米姓を除いて[2]、稀にではあるが、ソグド人以外にも確認される。当然のことだが、漢王朝を終わらせた曹操がソグド人であると考える人はいない。二つ目は社会学的理由である。すなわち、世代を経るにつれて受け入れる側の社会に同化するという通常のプロセスは、厳密に姓だけを用いてソグド人を特定することを難しくする。婚姻によって完全に漢化したソグド人もいたかもしれない。

たとえば、中国各地を遍歴した曹姓の楽師が多数いたが、彼らは一般にソグディアナ北部の出身とされる[3]。しかし、彼らはむしろクチャ人の可能性が高く、彼らがこの姓を持つのは、インド音楽のレパートリーを初めて中国に導入したクチャの有力な楽師の一族が曹姓だったからにすぎない。このレパートリーは北魏から唐まで中国で大流行した[4]。確かにソグドの音楽も中国に存在し、公式の祝宴の際に宮廷で演奏されたが、その地位はクチャの音楽よりもはるかに低かった。中国を遍歴し、崩れたサンスクリット語で歌う曹姓の楽師は、ソグディアナではなくクチャ出身だったのである。この場合には、姓を基準にすると誤りを犯すことになる[5]。

安姓の一族の場合も問題は複雑である。古代中国では珍しいこの姓は、後にブハラ出身者を指すようになるが、漢代にはパルティア系の諸王朝に属する人々を示した。ところで、中国に移住した人々の多くは、自分たちの起源が、この時代に起きた移住の第一波に遡ると主張する。実際に、この時代に移住した人々は中国に子孫を残したと考えられるが、[5] だからといって、大量の安姓の人々を中国のソグド人のコーパスからすべて除外すべきだろうか。[6] もし安姓の人々の大部分がソグド人ではなく、パルティア人またはササン朝の出身者であれば、六世紀以降ソグド語がテュルク人の間で果たした役割や、敦煌文書やトルファン文書に見られるソグド語の役割を理解することができない。パフラヴィーやパルティア語は、宗教儀礼の言語として使われる場合を除いて、生きている言語としては、ほとんど何の影響も及ぼしていない。さらに、インド・パルティア人を祖先とする安姓一族は、実際には、数世代にわたってソグディアナからの移民によって維持される社会の中で生活している。もし漢化しなかったならば、ソグドの要素が増えるにつれて、彼らはソグド化していっただろう。

今日利用することができる歴史研究は、部分的に誤った仮説にもとづいている。確かに姓を判断基準として手がかりを得ることはできるが、それだけで人物の民族性を断言することはできない。ましてや、文献にはっきりと他の民族への帰属が示されている場合にはなおさらである。[7] このような慎重さを追求するならば、実際には膨大な漢文のコーパスを再検討する必要がある。姓よりもはるかに信頼性の高い別の基準によって、これらの姓を持つ人々が、少なくともその起源はソグド人であると断言できる場合がかなりある。一つ目の基準は名前である。それがソグド語の名前、すなわち、ソグド語で解釈可能な名前の漢字音写である場合、少なくとも一世代前では、その人物の一家は自らをソグド人であると認識していたことが分かる。二つ目は婚姻である。康姓の男性が史姓や安姓の女性と結婚している場合には、おそらく両者ともソグド人共同体の成員である。三つ目は地理的基準である。これらの姓を持つ人物の一族が五世紀以降に西方から来たとされる、またはその人物が「胡」と呼ばれている、またはその墓から西方のイラン語圏と関係のある物や図像が見つかっていれば、その人物はソグド人である可能性が高い。ここで重要なのは、タリム盆地や中国に移住したイラン系民族の文化について我々が知っていることの中に、狭義のイランからの影響が完全に欠如していることである（宗教儀礼の言語と長安に亡命したササン朝貴族の小さな社会を別にして）。なぜなら、このことによってイラン系民族の出身地をソグディアナに限定することができるからである。そして、唐代の文献では、いくつかの用語は実際にソグド人に限って使用されているようである。なかでも、八世紀以降に使用が確認される「九姓胡」はその一つである。[8]

これらの基準を用いれば、コーパスの大きさは保たれる。網羅性は望まずに——一冊の本では不可能だろう——地理学的アプローチを試みることにする。すなわち、ソグド人の交易が拡大した地域の特定を試み、その後で、この拡大の歴史的特徴を分析することにする。

2　タリム盆地と甘粛

南道

古代のネットワークを示すために筆者が作成したソグド人の移住地を示す地図は、タクラマカン砂漠を南に迂回するルートの存在をはっきりと示している（**地図3**）。楼蘭王国は、おそらく敦煌、コータンと並んで、このルートにおいて最も重要な地点だった。ところが、おそらくロプノール湖の周りで砂漠化が進んだことが原因で、楼蘭王国の領域は放棄されてしまう。その年代は、三三〇年代から三六〇年代であるとする説と、五世紀初めであるとする説があり、一致していない。[9] 王国は南の山麓に後退し、漢人はそれを鄯善《ぜんぜん》王国と名付けた。砂漠化が進み、コータンと敦煌を結ぶ南道の一部をふさいだ。また、ニヤ[10]やカラドン[11]など、かつては人が住んでいた領域が放棄された。四〇〇年に旅をした法顕は、敦煌と鄯善の間にある恐ろしい砂漠と衰退した国について記述している[12]。中央アジアにおけるルートの配置が大きく変化したことに疑問の余地はない。五世紀には、インダス川上流の峠からカシュガル、アクス、クチャを通ってタクラマカン砂漠を迂回する北道が、南道に代わる（**地図7**）。

ところが、ソグド人による移住の過程が最もよく知られているのは、この放棄された地域の南に位置する鄯善の領域である。

> 貞観中（六二七～六四九年）、康国（サマルカンド）の大首領康艶典《こうえんてん》が東に来て、この城に居住した。胡人がこれに随い、集落を成したので、これを典合城《てんごうじょう》ともいった。その城の四周は砂の砂漠である。上元二（六七五）年に〔鄯善の名前を〕改めて石城鎮《せきじょうちん》とし、〔この城を〕沙州《さしゅう》に隷属させた（中略）。
>
> 新城《しんじょう》、〔この城から〕石城鎮まで東に二四〇里。康艶典が鄯善に居住すると、先ずこの城を建てた。そのため新城と名付けた。漢は弩之城《どしじょう》と呼ぶ。
>
> 蒲桃城《ぶどうじょう》、〔この城から〕石城鎮まで南に四里。康艶典が築いた。彼は葡萄をこの城の中に植えたので、蒲桃城と呼ぶ。
>
> 薩毘城《さつひじょう》、〔この城から〕石城鎮まで西北に四八〇里。康艶典が築いた。その城の近くに薩毘沢がある。山々は険阻である。常に吐蕃《とばん》（チベット）と吐谷渾《とよくこん》がいて、絶えず往来している[13]。

このテキストによって、『新唐書』「地理志」のより簡潔な記述を裏付けることができる。砂漠化が最も激しかった時に、ソグド人は他の民族と同様にこの地方を放棄したと推測することができる。したがって、「古代書簡」に言及される古代楼蘭――北に位置した――の集落との間に連続性はないだろう。セミレチエと同様に、ここでも移住は貴族によって始められた。両地域の地理的条件は似通っていて、どちらも季節的に急流が発生する山の北麓にある。漢文テキストは、これがむしろ戦略的な移住であったという解釈を可能にするように思われるが、漢人には、軍事的利益をそれ以外の目的を持つ存在から引き出すことが重要だったのだろう。それ以外の目的が何だったのかは不明だが、農業の回復、または七世紀にいくらか復活した交易路の監視だったかもしれない。薩毘城の位置は山岳地帯の遊牧民との交易をも示唆する。いずれにせよ、七世紀末になっても石城鎮将がソグド姓であることから、ソグド人がそこに居住し続けたことがうかがえる。[14] 石城鎮は後のチャルクリクである。[15]

南道沿いの次の主要な中継地点はもちろんコータンである。ソグド人がこのまちやその近郊にいたことを示す証拠は豊富かつ多様である。[16] コータンのソグド人については、ソグド語文書の断片[17]や「幸運」を意味するファルン Farn という名前をもつ印章、またソグド人の名前に言及する漢文文書によって知られる。コータン語で商人を意味するスーリエ sūlye という語が実際に「ソグド人」から形成されたのであれば、このコーパスは二倍になるだろう。[18] さらに、コータンの図像に対するソグドの影響が指摘されている。[19]

したがって、ソグド人は南道に存在していた。彼らの交易については何も分からないが、ソグド人以外の外国商人、とくにバクトリア商人は史料中にほとんど認められない。しかしながら、南道におけるソグド人の存在は、北道沿いに観察されるそれよりもはるかに少ない。初期のソグド人ネットワークの道筋は、のちに二番手になった可能性がきわめて高い。現在の文書資料の状況では、ソグド人の存在が四世紀から継続していたかどうかは不明である。

北道の文書資料

六世紀から八世紀まで、ソグド人はセミレチエと甘粛《かんしゅく》の間を絶えず往来していた。敦煌とトルファンのソグド人は、ソグディアナを含む他のどの地域のソグド人よりもよく知られている。というのも、二〇世紀初めの考古学探検隊（スタイン、ペリオ、フォン・ルコック、ヘディン、大谷……）が、この地域を広範囲にわたって踏査し、またこの五〇年間は中国が多くの発掘を行い、成果を上げているからである。この地域の交易に対するソグド人の関与について詳細に述べる前に、少し文書資料の説明をしなければならない。

この地域の中心にあたるトルファン近郊のアスターナ墓地とカラホージャ墓地では、非常に多くの実務文書が発見されている。文書が残されたのは、紙で死装束《しにしょうぞく》を作るというその土地の漢人の風習と、砂、乾燥のおかげである。一九五九年から一九七五年までに四五六基の墓が発掘された。そのうちの一一八基から二万七〇〇〇点の断片が発見され、一六〇〇点の漢文テキストに復元された。半分は行政文書、半分は私的な文書で、年代は二七三年から七六八年にわたる。五〇二年以前の文書が五パーセント、五〇二年から六四〇年までの高昌国《こうしょうこく》時代の文書が三〇パーセント、六四〇年から七六八年の唐代の文書が六五パーセントである。[20]

一方、敦煌文書は一一世紀初めに封じられた敦煌莫高窟《ばっこうくつ》第一七窟で発見された文書で、トルファンの墓地から出土した文書よりも遅い時代のものである。経済文書は概して九世紀、多くは一〇世紀のものである。ただし、一点の契約文書は古く、八世紀半ばに遡り、しかもそこには一人のソグド人と一人の胡奴《こど》が登場する。[21] 敦煌文書には書記の練習が数多く含まれるし、ばらばらの断片も含まれる。しかし、言語が多様で、とりわけソグド語やウイグル語の文書も含まれ、中には交易に触れるものもある。[22]

その他の大きな都市については、ほぼ全く情報がない。たとえば、漢文文書では北庭《ほくてい》と表記され、ソグド語とアラビア語のテキストでは[23]パンジーカスと表記されるビシュバリクのソグド人については、他の場所で発見された実務文書の中で間接的に言及されるだけである。ただ、通行許可証に言及されるソグド人の証人が北庭の出身者であるほか、ゾロアスター教徒の納骨器が北庭で発見されている。[24] クチャのまちの内部では、中国の学者が調査を行ったにもかかわらず、文書が一点も発見されていない。それに対してクチャの郊外では文書が発見されている。すなわち、漢文の契約文書[25]や、まちの北の峠を越えるキャラバンを監視する見張り台で発見されたクチャ語の通行許可証[26]、さらにドゥルドゥル・アクルの僧院および軍事拠点で発見された仏教文書がある[27]。ペリオによって発見された商業関係の手紙はまだ校訂されていないが、それらはとくに仏教僧院の農業・牧畜による経済に関係するようである[28]。いずれにせよ、クチャ・オアシスにソグド人が存在したことは確実である[29]。この他に、孤立した文献や文書も非常に多く存在する。トルファンのアスターナ墓地から出土した女奴隷売買契約文書[30]のようなソグド語文書や、ソグド語以外の文書にも、ソグド人について豊富な情報を含むものがある。また、トゥムシュク出土文書にもソグド人が登場することから、トゥムシュク・オアシスにもソグド人が存在したことが確認される[31]。

このようにテキストは豊富にあるのに対して、考古学はあまり助けにならない。ソグド人の祆祠《けんし》は敦煌では一例も発見されていない。それが建っていた場所は水で流されてしまったのだろう[32]。一方で、たとえばマニ教寺院は知られている[33]。さらに貨幣学については、ササン朝の銀貨の使用が史料によって確認されるが、発見されたコインはわずかである[34]。

しかしながら、結局のところ、これらすべての文書群は、天山山脈東部のソグド人による交易と移住の過程に関する最も充実した資料体を形成する。それは、セミレチエ、クチャ、トルファン、甘粛の間のソグド商人の往来について、そして同地域への移住全般について証言する。

ソグド人の移住

ソグド人は、すべての大きなオアシスに共同体を形成した。それを証明する文書には様々なものがあるが、例として宗教関係の文書資料を挙げることができる[35]。それらは、祆祠――ゾロアスター教の一形態であるソグド人特有の宗教の建物——や、トルファン、ハミ(クムル)、敦煌においてソグドの神々に捧げられた儀式に言及する。

トルファンで信仰された天神《てんしん》をゾロアスター教と同一視すべきではないが、[36] 六世紀の複数の文書に、ワイン、家畜、穀物といった供物がゾロアスター教の神々とともに言及されている。[37] トユクのソグド人キリスト教徒の僧院があった場所には、おそらく七世紀にはソグド人ゾロアスター教徒の祠《ほこら》があった。[38] 次のテキストは、敦煌のまちの出口にあった祆祠について伝える。

祆教神殿。これは州城の東方一里にある。屋舎をたて、中に神像が描かれ、龕《がん》が全部で二〇個ある。その院はまわり一〇〇歩ある。[39]

八世紀半ばに作成されたと推定されるこの一節は、他の写本や、[40] 祆祠への供物を記録する九世紀から一〇世紀のテキスト[41]——おそらく九六四年まで継続して記録——によって補強される。またカラシャールではソグド人の納骨器が見つかったことが指摘されているし、さらに、ソグド語銘文を持つ銀盤とソグド語が記された二つの木片(荷札か?)の発見、そしてカラシャール在住のソグド人に言及するトルファン文書を加えることができる。[42] 最後に、次のテキストは七世紀のハミに祆廟《けんびょう》が存在したことに言及する。

火祆廟《かけんびょう》中に塑像や絵画によって表された神像が無数にある。祆主の翟槃陁《てきばんだ》は、高昌(トルファン)が破れる前に、入朝する機会を得た[43](後略)。

ソグド人の祆祠の存在は、成員数が多く、組織化されたソグド人共同体の定着を示す最良の証拠である。神官はすでに「古代書簡」Ⅰに言及されるが、また別の偶然のおかげで、神官の存在を証言する別の文書が提供されたのである。また、唐の征服以前は、ソグド人がハミを支配していた可能性がある。なぜなら、歴史文献は、祆廟の他にも、胡人の商人がこの地域に定住していたことを記し、さらにこの土地の高官にはソグド姓またはソグド語の名前を持つ者が複数いるからである。すなわち、翟槃陀は、ソグド語で下僕を意味するヴァンダクという名前とテュルク人の姓を持つことから、テュルク・ソグド人に違いない。(44) 八世紀半ばに遡る数少ない敦煌文書のうちの一点は、従化郷《じゅうかきょう》の中の安城《あんじょう》という村に存在したソグド人の祆祠に言及している。(45) しかし、最も多くの文書はトルファンに関係するもので、それらによってソグド人の多様な移住について把握することができる。

農民、職人

ソグド人の姓を持つ人々はトルファンであらゆる職業に就いている。(46) すなわち、農夫、皮革業者、客館管理者、幡《ばん》の装飾人、葡萄栽培者、銅匠、殺猪《さっちょ》匠、画匠、製革匠、官吏、「釘駝脚《ていだきゃく》」などである。(47) ソグド人が生業としない分野は一つもない。また、ソグド人共同体は、まちの中に、その姓が名称となった区画と一族の寺院を所有していた。(48) したがって、これは単に商人の共同体というのではなく、すべての社会階層を内包する総合的移住の過程を示している。すでに引用した敦煌やトルファンのソグド人は、生業としていた交易をやめて貧しくなった商人の末裔だけではない。すでに引用したロプノール湖付近の四つのソグド人のまちに関するテキストやセミレチエにおける移住は、当初から移住者が社会的に多様だったことを示している。

実際に、この地域にソグド人の存在が認められると同時に、彼らが農民または職人であることが判明する。(49) 敦煌で最も古い籍帳《せきちょう》(徴税帳簿)のうちの一点は六世紀半ばのもので、そこには一五人ほどのいたってふつうの農民の名前が記されているが、その中に二人のソグド人の名前が含まれている。(50) 同じく敦煌では、時代が下って七五一年の紀年のある差科簿《さかぼ》（賦役を課すための名簿）から、従化郷の住民の大部分が、ソグド人であり、農民であることが明らかにされている。[51] 一方、トルファンの六六八年頃の文書は、すでに「よその土地への移住」を届け出た複数の家族（移戸）が所有していた土地の再分配について記している。[52] 移住者の大半がソグド姓とソグド語の名前を持つことから、かなりの広さの農業開拓地を所有するソグド人の存在が認められる。[53]

定住したソグド人の中には手工業と商売の両方に従事する者もいた。たとえば、八世紀に敦煌に定住し、酒を醸造していた安胡到芬《あんことうふん》（胡到芬はソグド語のフダイファルン「ご主人様の栄光」の音写）という人物がそうである。彼はかなりの量の酒と酒糟《さけかす》を地元の役所に供給しているが、製造するだけでなく、市場で購入もしている。[54] このような例は多数あるだろう。

商人

交易が多くのソグド人の生業であったことに疑問の余地はない。敦煌文書とトルファン文書は、この点についてもきわめて豊富な情報を提供する。

中国帝国に定住し、戸籍に登録されたソグド人は、「興胡《こうこ》（許可された胡人）[55]」や「商胡《しょうこ》（商人である胡人）」とは別に考えなければならない。登籍されたソグド人が商人である場合には、国に対して「商人役《しょうにんえき》」を負わなければならない。あるトルファン文書が言及する康姓の二人はそれを負っている。[56] 小額の取引を対象とする多くの漢文契約文書には、このような身分の人々が登場し、駱駝を売ったり、[57] 奴隷や馬を買ったりしている。

開元二一（七三三）年正月五日、西州《せいしゅう》（トルファン）の百姓《ひゃくせい》の石染典《せきせんてん》は、大練《だいれん》一八疋によって支払った。今、西州の市場で、彼は康思礼《こうしれい》から上記の馬を買った。この馬と絹がその日に交換された。もし誰かが異議を申し立てれば、それを受けるのは馬の売り手と保証人であり、買い手ではない。人々が信頼しないことを恐れて、私的な契約文書が結ばれた。双方が同意し、その証拠として画指《かくし》が記された。

絹の所有者
馬の所有者、別将《べっしょう》の康思礼、三四歳
保証人、興胡、羅也那《らやな》、四〇歳
保証人、興胡、安達漢《あんたつかん》、四五歳
保証人、西州の百姓《ひゃくせい》、石早寒《せきそうかん》、五〇歳[58]

この契約文書に言及される人物はすべてソグド姓だが、同化の程度に差がある。二人のソグド人はトルファンの百姓(一般の人民)とされている。別の二人は興胡である。また、別将という身分から、売り手も同じく興胡だと考えられる。契約文書は、中華帝国に在留する者たちのために漢文で記されている。この文書が示す身分の違いは、六三九年に作成された現在知られている唯一のソグド語売買契約文書にも見られる。そこには、次のように明記されている。

この女奴隷文書は、すべての人々、〔すなわち〕旅にあるもの、定住しているもの[59]、王、大臣に対して、効力があり、説得力がある。この女奴隷文書を携え保持する者は(後略)。

旅をする胡人は漢人から見れば外国人である。彼らは通行許可を求めなければならず、また賦役を負うのではなく、取引に課せられる商税を支払った。漢文の契約文書の中で、彼らは定住しているソグド人をしばしば保証人や証人として使っている。彼らの商業活動について証言する文書は多い。たとえば、アスターナ墓地で発見された紙製の履物《はきもの》からは、訴訟の一部分を記すテキストが見つかっている。[60] この訴訟では曹禄山《そうろくさん》と曹畢娑《そうひっさ》という二人のソグド商人が、二七五疋の絹の反物《たんもの》をめぐって、李紹謹《りしょうきん》という都の漢人商人と対立している。訴訟は六六五年と六七三年の間にクチャで起こされている。二人のソグド商人は——彼らがソグド人であることは、禄山（ロフシャン、「光輝く」）というイラン語の名前によって確認される——天山山脈北麓のアルマリクとタリム盆地の間を、駱駝、驢馬、牛から成るキャラバンとともに移動していた。また、七三二年から七三三年の別の文書には、商人一人、作人二人、奴隷一人が率いる驢馬一〇頭と馬一頭から成る小さなキャラバンが示されている。成員はすべてソグド人で、トルファンを拠点とし、甘粛への入口（瓜州《かしゅう》、酒泉《しゅせん》）とクチャの間を行き来していた。[61] これらの商人がこの地域全体を駆け回っていることから、文献が残っていない地域（クチャ、ビシュバリク）にもソグド人が存在したことが証明される。さらに、トルファンにおける奢侈品《しゃしひん》の交易をソグド人がどれほど支配していたかを示す驚くべき文書がある。

称価銭徴収帳簿

それはアスターナ墓地から出土した文書（73 TAM 514: 2, 一一断片から成る）で、〔麹《きく》氏〕高昌国時代（中国に征服される前のトルファン、五〇二～六四〇年）に作成されたリストである。王室の「内蔵」の収入源として商業取引にかけられた税〔称価銭《しょうかせん》〕が、半月ごとに約一年間記録されている。おそらく六一〇年代か六二〇年代に作成された文書である。[62] 次に引用するのは、正月の前半部分である。[63]

正月一日から。曹迦鉢《そうかはつ》は銀二斤を何卑戸屈《かひしくつ》に売った。二人から二文徴収。同日、曹易《そうえき》（婆《ば》）□は銀二斤五両を康炎《こうえん》毘《ひ》に売った。二人から二文徴収。二日、翟陁頭《てきだとう》は金九両半を□顕祐《けんゆう》に売った。両人から……徴収。三日、何阿陵《かありょう》遮《しゃ》は銀五斤二両を安婆《あんば》□に売った。……五文……。同日、翟薩畔《てきさつはん》は香五七二斤と鍮石《ちゅうせき》三□を……に売った。……文……。五日、康夜虔《こうやけん》は、薬草一四四斤を寧祐憙《ねいゆうき》に売った。二人から……（徴収）。……は絹糸五〇斤と金一〇両を康莫毘多《こうまくひた》に売った。二人から七文半を徴収した。……五斤……。〔二人から〕七〇文徴収。八〔日〕、……。二人から四二文徴収。

合計一四七文徴収。

この文書はソグド人が交易をほぼ独占していたことを証言する。テキスト全体で合計三五件の売買が記されているが、そのうち、売り手と買い手の少なくとも一方がソグド人であるのは二九件、両方がソグド人であるのは一三件である。一方で、クチャ出身者（白姓）、トルファン出身者（車姓）、漢人（寧姓）、テュルク系の鉄勒《てつろく》（翟姓）の姓も見られる。言及されるソグド人の姓は、康、何、曹、安、史である。絹糸を除けば、取引されているのは、金、銀、香、鬱金根、鍮石、薬草、塩化アンモニウム、石蜜《せきみつ》（蔗糖《しょとう》）であり、典型的な西方の商品である。すべて高価な商品であり、大量に売買されている場合もある。ここで徴収された税は、価値の低い中国の銅銭ではなく、ササン朝の銀貨で支払われた。

この文書の重要性ははかり知れない。ソグド人が陸路の商業ルートを絶対的に支配していたことが歴史研究の誤解や幻想ではないことを、この文書は明白に示している。トルファンはソグディアナから一五〇〇キロメートル以上離れているにもかかわらず、奢侈品の交易を支配しているのはソグド人である。タリム盆地北部の大きなまちであるクチャの住人は二人しか言及されないが、クチャはトルファンとソグディアナの間に位置し、トルファンからは四〇〇キロメートルしか離れていない。しかし、この文書が重要な理由はそれだけではない。漢文史料に見られる康、安、米、曹、史、何という姓とソグド人との関係は歴史研究によって推測されているが、両者の関係が少なくともタリム盆地では実在したことを、この文書はとても具体的な事例によって示している。というのも、引用されたソグド人の大半は、ソグド語の名前を持つからである。不注意な漢人の書記によって損なわれている場合もあるが、[64] いくつかの名前はとりわけ明解である。たとえば、康婆《こうば》何《か》畔陁《はんだ》はソグド語のヴァギヴァンデ「神の僕」であり、莫至《まくし》はソグド語のマーフチュ、すなわちマーフ「月」にちなんだ名前である。

したがって、北道沿いに行われたソグド人の移住は社会的に多様であり、地理的に広範囲に及んでいる。すなわち、あらゆる社会階層が示され、すべての地域が関係している。おそらく商人は、このような集団の中の一つ、おそらく最も激しく移動する集団にすぎなかっただろう。彼らは頻繁にセミレチエから甘粛へ行き、行った先では、中国に定住して行政機関に登籍されているソグド商人に引き継いだ。ソグド商人は大規模交易を完全に独占したのである。

甘粛の共同体

甘粛では実務文書が発見されないため、この地域について利用できる主要な情報源は墓誌である。墓誌は実務文書よりも情報が乏しいが、それでも、この狭い回廊沿いに一定の間隔で並ぶ隊商都市において、最も重要な役割を果たしたのはソグド人であることを、十分に立証することができる。

というのも、四世紀の中国内地の危機から少し離れていた甘粛は、五世紀から数百年間、大規模で、なおかつ内部構造を備えたソグド人共同体を取り込んでいく。中国への入口という特別な位置にある甘粛は、中国内地に向かって前進するソグド人一族にとって、しばしば中継地点となった。一族は甘粛のまちに定住しているが、祖先はイラン語圏出身である、というソグド姓の人物は数えきれない。早くに甘粛に移住したインド・パルティア人一族の子孫と思われる人々もいれば、[65] まぎれもないソグド人の子孫もいたが、その後、人々はすべてソグド文化を受容した。ソグド人の移住の流れは他のイラン系民族の一族を圧倒するほどだった。

一つだけ例を挙げれば、六世紀半ばに外国商人の身分から北斉《ほくせい》（五五〇～五七七年）の大臣の地位に就いた安吐根《あんとこん》という人物がいる。『北史』によれば、[66] 彼の曽祖父は五世紀半ばにソグディアナ西部から甘粛に到着し（「安息胡人《あんそくこじん》」）、酒泉に定住した。

甘粛におけるソグド人の存在と古代のネットワークとの間には連続性がある。四世紀の危機の後、新たなソグド人移民の供給によって共同体は再生した。甘粛の中心である涼州のようなまちは、とても国際色豊かで、漢人、ソグド人、インド人が共存していた。天水《てんすい》ではソグド人の棺床が発見されている。[67] 共同体は甘粛からさらに前進して都に移動した。この点において、共同体は、後の時代に大きな役割を果たすことになる甘粛出身のある一族の例に従っているといえる。すなわち、唐の皇帝は、四〇〇年から四二一年まで敦煌を拠点に甘粛を支配した西涼《せいりょう》の王族の子孫を自称している。この一族は、北魏や隋の陰で目覚ましく栄達し、六一八年に権力を握ることになる。[68]

実務文書が欠如しているものの、甘粛においても、それより西の地域と同じ状況を確認することができる。甘粛では交易における役割をソグド人と漢人商人が分け合っていただろうが――実際には漢人商人についてはほとんど何も知られていない――、それでもソグド人の役割は敦煌やトルファンと同じくらい重要だったはずである。ソグド人の定住はきわめて古く、またテュルク人のステップ地域という新たな交易空間をソグド人が征服するのは、ここ甘粛からである。この点については以下で取り上げる。そして河西回廊は、西方の銀貨――ペーローズ王が貢ぎ物として納めた銀貨――が、少なくとも六世紀には確実に、合法的に流通した中国で唯一の地域である。[69]

3　中国内地におけるソグド人交易の広がり

ソグド人が東方へと移住を拡大する行程の最後は中国である。七世紀から八世紀の文学、説話、歴史物語は、系譜やエピソードの中でたびたび胡人の商人に言及する。これは中国の極東地方においても認められる。行商人、馬丁、軍人や官吏、軽業師や大商人など、ソグド人は大唐帝国時代の文献や図像に頻繁に登場する人物像である（図4-a・b・c）。

移住地としては、各王朝の都、テュルク世界や甘粛との境界にあたる北西部、黄河流域の肥沃な地帯であり中国の経済力の中心である北東部、さらに周縁部の四川を挙げることができる。大運河の終点であり、南部で最も豊かな揚州のように、南部のいくつかの大きなまちもソグド人を受け入れた[70]。また、揚子江を船で交易した安姓の商人のように、ソグド人かもしれない商人に関する孤立した言及が認められる[71]。しかし、全体的に見れば、ソグド商人の共同体を受け入れたのは中国北部である。南部は、とくに大きな港は、他の民族に委ねられていた。八世紀以降、南から海路でやってくるペルシア人とアラブ人は増加し、中国南部の沿岸部全域に共同体を築いた。唐の説話はこの二重の移住について伝える。すなわち、裕福な胡人の商人または裕福なペルシア商人――たいていは不思議な宝石か真珠を探し求めている――、そして使節として派遣され、市場の胡餅《こへい》売りに変装した王子が登場する物語が多数存在する[72]。

長安と洛陽

都である長安と洛陽では、宮廷が手本を示した。六五八年以降、中国の名目的支配下にあったソグディアナのまちが貢ぎ物として献上する贈り物を、宮廷は絶えず受け取っていた。中国の正史編纂者は、唐の宮廷を訪れたソグディアナのまちの使節と、彼らが持ってきた珍しいものを記録しているが、これらは、多くの場合、朝貢を装った宮廷との交易であると解釈される。フェルガナ、ホラズム、トハリスタンを除く狭義のソグディアナのまちから唐への外交的な贈り物だけでも、小人、楽師と舞人、馬、犬、ライオン、豹、鬱金、石蜜、サマルカンドの黄金桃、様々な薬草、絨毯、絹織物、藍、黒塩、宝石、水晶、カーネリアン、金、真鍮《しんちゅう》、駝鳥の卵の杯、宝飾品、鎖帷子《くさりかたびら》を挙げることができる。[73] これらの珍奇な贈り物は独特の図像を生んだ。それらは詩や絵によって表現され、そのような絵の何点かは今日に伝わっている。物品のリストは、厳密な意味での交易との関係に対し問題を提起する。これらの外交上の贈り物は、交易の重要な一形態として記述されることが多いが、贈り物の量はごくわずかだっただろうし、このような交換の唯一の目的は、宮廷との関係を維持し、交易を容易にすることにあっただろう。[74] したがって、この時点では外交の範囲内にある。しかしながら、漢文史料において外国からのこのような献上品がことさらに強調されるのは、より規模の大きな現象が起きていたことを反映している。外国からの定期的な献上品以外に、多くの調達ルートがあったからこそ、異国趣味が流行したのである。

　このような献上品への言及は、実際に起きた経済的事象の前兆にすぎない。実際には、北西地方の出身であることを自称し、北西からもたらされるものを自由に受け入れる唐王朝の一族の後に続いて、漢人の上流貴族内部に中央アジアの産物や技術者に対するとても大きな需要が生まれた。七世紀から八世紀に上流社会の女性たちは西方の衣服を身につけ、一方その伴侶はテュルク人の服装で狩りをしたり、[75] 中央アジアから伝わったゲームであるポロをしたりした。[76] 鹿皮のブーツをはき、袖口が広がりウエストを絞ったカフタンを着るのが流行した。そのような需要は墓葬芸術によっても確認される。多くの場合、貴族の墓の副葬品の中には、クチャ、サマルカンド、チャーチなど西方の国々の舞人、歌手、楽師を表す俑《よう》が含まれている。玄宗皇帝と楊貴妃は、二人が寵愛した将軍安禄山《あんろくさん》に胡旋舞《こせんぶ》（ソグドの旋回するダンス）を踊らせた。[77] 楊貴妃はそれを習得し、[78] 皇帝はクチャの羯鼓《かっこ》を演奏することができた。[79] サマルカンドとクチャの音楽は、公式の儀式の際に中国の音楽とともに演奏されたが、そのような場合には、毎回、異国趣味の商品を専門に扱う商人、西方の職人、技術者、芸術家に頼らなければならなかった。宮廷の生活様式から、多数の西方の職人が背後にいたことがうかがえる（図3）。

都にいたソグド人や、裕福な貴族の取り巻きだったソグド人について、詳しい情報はない。ソグド人がとても古くから都にいたことは、「古代書簡」Ⅱに洛陽のソグド人共同体が言及されることから知られる。六世紀には、ソグド人の新興富裕層は、豪華な墓の中に、彫刻、彩色、金で飾られた寝台とともに葬られた。長安ではこれまでに二例が知られている。[80] このようなソグド人の存在が、唐代の最盛期を準備したのだろう。流行を追う貴族が西方から来る珍しい商品を調達することができた場所は、城内の西市であったことが知られている。一〇〇ヘクタールの面積を占める西市は壁で囲まれ、碁盤目状のプランによって構成され、商人は専門に扱う商品ごとに集められた。ソグド人の高利貸しは、とても重要な役割を果たした。[81] すなわち、八世紀後半から九世紀初めにソグド人はそこで最も有力な金貸しになり、政府は漢人がソグド人から金を借りるのを制限するために措置を講じなければならなかった。[82] 長安にある五つのソグド人の祆祠のうち、三つは西市のすぐそばにあり、四つ目は東市に隣接している。[83] 全体的に見れば、長安の居住地が知られているソグド人の三分の二近くが、西市または東市のそばに住んでいた。[84] 上流階級の人々が住む地区に近い東市は、居酒屋や盛り場に囲まれていた。酒に酔った詩人や若い貴族は、そこで相手をしてくれる若い優美な胡人の女性を称賛している。李白（七〇一～七六一年、スイアーブ生まれ）は、次のように描写している。

琴《きん》は龍門の緑桐を奏で、
玉壺《ぎょっこ》の美酒　清きこと空《くう》の若《ごと》し。
絃を催し柱《ちゅう》を払って君と飲む、
朱の碧《みどり》を成すを看て顔始めて紅なり。
胡姫　貌《かんばせ》　花の如く、
壚《ろ》に当って春風に笑う。

春風に笑い　羅衣もて舞う、
君今酔わず　将に安《いずく》にか帰らんとする。(85)

都のあらゆる娯楽の分野に西方出身者が関与していたことを示す研究がいくつもある。その中には料理の分野も含まれ、六世紀以降に西方から伝わった調理法が知られている。たとえば、「西方風」羊肉はローストした胡椒味の羊肉である。(86)また西方出身の胡餅売りは、唐の説話で有名である。(87)宮廷が発信した流行から、中国文化は西方からの影響の大きな波を受けた。唐代に行われた新年のイルミネーションの多くは中央アジアのノールーズに由来し、(88)また中国の天文暦は今日までソグドの占星術の影響を受けている。(89)

しかし、このように多かれ少なかれ直接的に交易に関係のあるソグド人が、長安にいたソグド人のすべてであるなどということはなく、都にはソグド人の僧侶、神官、兵士、とりわけ外交官も住んでいた。その正確な人数は分からないが、七八五年から七八七年に都に住んでいた西方の外交官の総数は知られている。八世紀半ばに中央アジアへのルートが断絶してから三〇年が経過してもなお、四〇〇〇人の外交官が公的予算で扶養されていた。この事実は、国家の赤字を削減するために李泌《りひつ》が講じた措置の一環として引用されている。政府がこれらの亡命者を扶養するのをやめると、毎年、五〇万緡《びん》〔緡銭。銅銭を一〇〇〇枚単位でまとめたもの〕の節約になった。(90)この中には数百人のソグド人がいただろう。

洛陽でも、規模は小さいながら、状況は基本的に同じだったようである。ここでもソグド人の居住地は市場の近くに集中した。ソグド人の存在が一段と増大したのは、武后（在位六八四〜七〇四年）の治世に、都の洛陽が仏教と中央アジアの方を向いた時だった。また、とても興味深い寄進銘が、まちからそう遠くない龍門石窟の第一四一〇窟で発見されている。六八九年に、洛陽の香料組合（香行社）が寄進しているが、組合の代表者と書記、さらに成員のうちの三人がソグド姓を持つ[91]。これは偶然ではなく、「古代書簡」の麝香《じゃこう》からトルファンの称価銭徴収帳簿の香まで、ソグド人の交易において香料製品が占める割合を強く反映している。

中国周辺部

中国周辺部では、北部のすべての大きなまちにソグド人は存在し、とくに唐帝国の経済の心臓部である洛陽より下流の黄河の肥沃な平原や、その北の遊牧世界に通じるルート沿いに移住している[92]。これらの地域においては、多くの大小のまちにソグド姓の人々がいたことが証明されている。ソグド姓であっても漢化している可能性があるので、個人ではなく共同体の存在が言及されるまちに限定すれば、ソグド人の移住地として、開封《かいほう》、安陽(相州、「古代書簡」の鄴《ぎょう》)を挙げることができる。ギメ美術館が一部所蔵するソグド人の石棺床は安陽で発見された。

さらに、モンゴルに向かうルート沿いでは、北部最大のまちであり、唐がはじめに拠点とした太原《たいげん》(并州《へいしゅう》)[93]にソグド人は存在した[94]。ソグド人の墓が発見されている他[95]、その土地の葬送儀礼に仏教とゾロアスター教の融合を明示するテキストがある[96]。さらに、ソグド人に言及するテキストはとても多く、ここがソグド人の移住に最適な地域であると思われるほどである。おそらく、民族的に混合した人々が移住するという、この土地の古くからの伝統と、オルドスを越えて中央アジアへ至る直通ルートがそこに存在することが関係しているのだろう。

このような最大級のまちにソグド人が存在することは、三世紀から七世紀の中国の複雑な歴史の中で、これらのまちが都であったことによって説明される。しかし、より小さなまちへの移住は、交易に関連しているとはいえ、別の論理を反映しているだろう。黄河の沖積平野は唐代の絹の主要な生産地だった。おそらく商人は生産地の中心に近づき、都の漢人商人の仲介を避けようとしたのだろう。漢人の仲買人との間に対立関係が生じる可能性があったことについては、たとえば、曹禄山と曹畢娑という二人のソグド商人と李紹謹という都の漢人商人との訴訟の記録が証言している。[60]

北方では、おそらく状況は異なっていただろう。唐は辺境の軍事地帯に外国商人の共同体を移住させる政策を一貫して推進したようである。とくに朝陽《ちょうよう》（唐代の営州）はその例であり、中国北東の国境地帯である平盧《へいろ》の主要な防衛拠点であった。七一七年に営州のまちが再建された時、政府がイラン系商人（商胡）をそこに居住させたことが『旧唐書』に明記されている。[97] 全体的に見れば、政府はソグド人が中国領内に到達し、移動するのを容易にするために、ソグド人を漢人と同じ資格で戸籍に登録した可能性がある。[98] さらに、政府は、外国商人が市場で銀貨で支払うことを許可している。[99] ソグド人の交易が中国周辺部に広がり、都ではソグド人が交易のいくつかの側面を支配したのは、交易においては外国商人を前面に押し出すという、唐の決然とした政策の結果であるといえる。一般に、商業という職業に対する中国の知識階級のとても否定的なディスクールが終わり、一一世紀の宋（九六〇～一二七九年）の商人文化へと向かう変化が生まれたのは八世紀後半以降だと考えられているが、実際には、唐は権力に就いた当初から外国商人の効率的な働きを頼りにしていた。これに対して、一つ前の王朝である隋（五八一～六一八年）の姿勢は明らかに唐よりも保守的だった。活発な交易が存在したおかげで、このような遠隔地に軍隊を常駐させるのに必要な莫大な費用を、唐は軽減することができたのである。

四川とチベットのソグド人

ソグド商人の一族が漢人のエリート階級に同化するプロセスのうち、最もよく知られている例の一つは四川の成都（唐代の益州）で起きている。その結果として、何妥《かだ》と甥の何稠《かちゅう》は正史に記録されている。[100] 何妥の父親は商人で、おそらく六世紀の第Ⅱ四半期に四川に到着し、その後、建康（南京）で梁の王族の側近として迎えられた。東ローマに由来するとされる金糸で絹を織る技術に習熟していた何妥の父親は、相当な財産を蓄え、「西方の大商人」と呼ばれるまでになった。後継者になることを約束されたであろう長男は、「玉を斲《けず》るを善くした」。弟の何妥は都に送られて、名高い教育機関である国子学で学んだ。外国商人の息子は、儒教の知識を持つ人物として輝かしいキャリアを手に入れ、北朝に加わった。

何妥の甥で同じ一族の中で育った何稠は、まだ一〇代の頃に叔父に連れられて長安に移った。彼ははじめ、御飾下《ぎょしょくか》士《し》（朝廷の服飾を調製する技芸官）に就き、その後、宮廷に工芸品や芸術作品を提供する細作署の責任者になった。隋が興ると、太府丞《たいふじょう》（帝室技芸院の長官）に昇進した。その頃皇帝は、「金糸で織られた錦の衣服と、ペルシア帝国がきまって献上していた連珠円文で飾られた織物」を自身の工房で製造することを望んでいた。実用的な知識を持っていた何稠は、皇帝を満足させることができた。中国では長い間ガラスの製造が中止され、職人は西方起源の製造技術に関心を持たなくなっていたが、五九〇年代初め、何稠はガラスを製造する化学的手法を復活させて評判になった。[101] 大規模な事業（新しい都の建設、大運河の掘削など）を実施したことで有名な隋の第二代皇帝煬帝《ようだい》の治世（六〇四～六一八年）に、何稠は工部尚書に任命されたが、その後唐が興ると降格させられた。

他にもソグド人の共同体が成都に存在したことを証言する様々な情報がある。たとえば、そこにソグド人の祆祠が存在したことが確認されている。[102] さらに、成都の地域を指すソグド語の地名を我々は知っている可能性がある。一〇世紀末に書かれた『フドゥード・アル・アーラム *Hudūd al-ʿĀlam*』と、一一世紀半ばにガルディーズィー Gardīzī によって書かれた『ザイヌ・アル・アフバール *Zainu 'l-Akhbār*』という二つのペルシア語文献は、どちらもブハラの偉大な大臣ジャイハーニーが伝える一〇世紀初めの地理情報を再録するが、そこには、長安から南の揚子江まで、そして重要な商業都市バグシュールまで、複数の要塞基地から成る行程が記述されている。バグシュールは「塩水沼」を意味し、メルヴの近くに同じ地名が存在したことが証明されている。ところで、揚子江流域では成都の近くに大きな塩井が複数存在していた[103]。バグシュールと成都を同一視するのは突拍子もないことではない[104]。ジャイハーニーの資料ではよくあることだが、その情報はソグド人のものである可能性がある。

　四川で存在が確認されるソグド商人は、通常の甘粛のルートとは別のルートから中国に入っただろう。河西回廊を南に迂回するルートの一つは、チベットの領域を通るもので、コータンを出発し、ツァイダム盆地、ココノール湖(青海)、蘭州へと進み、長安、洛陽に、または直接四川につながっていた[105]。ソグド人から成ると推測される大キャラバンがこのルートを通ったことを示す例が、少なくとも一つは知られている。すなわち、六世紀に青海地域で、二四〇人の商胡と六〇〇頭の駱駝と騾馬が、漢人の急襲によって捕らえられている[106]。すでに、「古代書簡」Vは、敦煌とツァイダム盆地を隔てるアルトゥン山脈の中へ敦煌から派遣された使節に言及している[107]。ツァイダム盆地を通って鄯善に向かう交易路上にある都蘭《とらん》では、チベット人の墳墓が発見され、ササン朝の王宮の絹織物の断片——銘文(この場合はパフラヴィー)を持つティラーズという織物で、直接、宮廷工房に由来する——が見つかっている[108]。また、チベット語の「医者」という単語はソグド語に由来すると推測されている[109](bitsi<ソグド語のβyč, βyč の起源はインド語[110])。チベットに医学を導入した人物の中には、ソグド人が含まれていた可能性がある。

　ソグド人とチベット人が接触する地点は、他に二箇所存在した可能性がある。いくつかの宗教的、図像的影響は、コータンを通ってチベットの領土に広がった可能性がある。たとえば、チベットの偉大な英雄ペハル Pehar は、ファルンというソグドの神格に固有の特徴をすべて備え、その名前はコータン語(Phārra)を介して伝わっている[111]。もう一つの接触地点は、チベット帝国がはるか西方まで拡大したことと関係している。チベットは、八世紀前半に、インダス川上流をめぐって中国と争ったが、そこからさらに前進し、ソグディアナの南の境界であるパミールとトハリスタンにおいて、九世紀初めまで軍事行動を続けた[112]。本書第3章で、八世紀または九世紀にチベット語で書かれた仏教の説話を引用した。五〇〇人のソグド商人(Sog-dag)から成るキャラバンが山中で遭難し、インドに到着したら一人を犠牲として捧げる誓いをする話だが[113]、話の舞台はこの地域であると考えられる。

　幹線道路を中心に組織されたソグド人の交易空間は、サマルカンドから中国北部まで拡大した。ソグド人は先行する時代の古いネットワークを基盤とし、ソグディアナ本土だけでなく、セミレチエやタリム盆地に新たに築かれた集落においても活動力を発揮した。そのため、交易路は比類のない発展を遂げた。唐は商才に長けた人材を朝鮮との国境地域のような周辺部においても活用し、ソグド人は次第に中国北部の都市経済において重要な構成要素となった。しかし、この交易の地理的拡大と当該地域に対する支配の広がりを記述するだけでは、分析を尽くしたとは言えない。交易の拡大には共同体の構造が大きく関与している。

4　共同体の構造

　すでに引用した資料のいくつかは、ソグド人の共同体がとても早い時期に固有の組織を備えていたことを証言している。中国に定住したソグド人についてはっきりと言及する最も早い資料は二二七年のもので、そこには、甘粛の中心部にあたる涼州地域のソグド人の首長（月氏《げっし》・康居の胡侯）も言及される[114]。この言及が意味をなすのは、互いに無関係の商人がただ集団を形成していたのではなく、階級区分のある共同体として組織されていた場合に限られる。クシャーン帝国——月氏——の商人も同様だった。

　共同体の成員が記した文書がそのことを裏付ける。すなわち「古代書簡」IとIIIには、敦煌のソグド人共同体の実力者（'yps'r）と収税官（β'zkr'm）が言及される[115]。また、すでに引用したトルファン出土のソグド語女奴隷売買契約文書のテキストには、「この女奴隷文書は、すべての人々、〔すなわち〕旅にあるもの、定住しているもの、王、大臣に対して、効力があり、説得力がある」[59]、そして「この女奴隷文書は、書記長パトールの認可のもと、(中略)パトールの息子オクワンによって書かれた」と伝える。王と大臣が漢人であるのに対して、人々(ナーフ n'β)はトルファンのソグド人共同体を指すに違いない。ナーフは「共同体」を意味し、その範囲は家族集団から一つのまちの市民全体、さらには国民にまで及ぶ。[116] トルファンの共同体には、契約の有効性を保証する書記長もいたのである。

この他に、共同体の機能を明らかにすることができるソグド語のテキストはない。せいぜいできることといえば、中国のソグド人墓の図像が、共同体の成員によって集団で行われる儀式や葬式の宴、祝祭を強調していることを指摘するくらいである。墓が豪華であることは故人が共同体の中で重要な人物だったことを示し、それは墓誌によって確認される。[117]

共同体の構造に関する他の文書資料は、すべて漢文である。それらは、基本的に、中国の高級官吏の階級制の中に外国人共同体の責任者である薩宝《さっぽう》という官職が存在するという問題と関係している。

薩宝

この称号の正確な意味については議論がある。その主な理由は、唐の行政機関において薩宝が果たした宗教的役割だけを史料が伝えることにある。[118] 杜佑《とゆう》は『通典』(八〇一年完成、諸制度を通観したもの)の中で薩宝府について記述し、薩宝府の幹部は薩宝自身と祆教の首長(祆正《けんせい》)であるとする。薩宝府の職務は多岐にわたっていたらしく、公式の組織図には含まれない下級職員を別にして、三人の高級官吏が置かれている。すなわち、祆教の祈禱師(祓祝《ふっしゅく》、おそらくは祆祝《けんしゅく》)――祆正の補佐役で、祭式では司祭の役目を果たしたのだろう――、警備員(率《そつ》)、書記兼記録保管者(史)の三人である。[119] これらの称号の多くが宗教的性質を持つことから、薩宝は基本的に外来の宗教を管理する責任を負うという誤った結論が出されていた。しかし実際には、これらの官吏の権限は本来それよりはるかに大きかった。

中国の法制度に関する文献では、北斉時代(五五〇〜五七七年)に外国との交易を管轄する省と外務省の両方の機能を果たした組織(鴻臚寺《こうろじ》)の中に、薩甫《さつほ》(薩宝の別の表記)という役職が現れている。薩甫は、都に二人、帝国内の各州に一人ずつ置かれた。[120] 隋代になると、長安に居住する一人または複数の薩宝の他に、「帝国内の全行政区の二〇〇戸以上から成る胡人の(共同体の長にある)薩保」が記載されるが、後者の品階(視正九品)はかなり低く、三〇階の下から二番目である。[121] この組織は部分的に唐(六一八〜九〇七年)に継承された。

トルファン出土の実務文書の中に、薩宝に言及する文書は二点しか知られていない。一つ目の言及は、太陰暦の正月に宗教儀式を執行するために高昌国の政府が発行した一連の公式命令文書(五四九〜五五〇年)の中に現れる。[122] 薩宝(ここでは薩薄《さつぱく》と表記される)は、ある祭式の共同責任者として、世俗の漢人官吏とともにこの文書に登場する。ここでは薩宝の称号は特別な宗教的役割を前提とせず、官吏の一人にすぎない。二つ目の言及は、六一九年に作成された穀物の配布に関する一連の決定事項の中に現れる。[123] ここでは薩宝は、政府が放出した粟を商人の車不呂多《しゃふろた》のために配送する責任を負っている。薩宝は、その役割において商人社会と密接な関係を保っていた。北魏の制度を模倣した高昌国に薩宝の職が存在することから、北魏時代にすでにこの機能が存在していたと推測され、いくつかの墓誌にもとづく推定を裏付けることができる。[124]

したがって、中国政府は、自国の地にあるソグド人共同体の首長を高級官吏に任命していたのである。同じような例が他にないわけではない。ペルシア商人の証言によれば、中国南部のアラブ・ペルシア人共同体は九世紀に同じ制度のもとに置かれていた。

商人スライマーンは次のことを語った。商人たちの会同地ハーンフー(広東)には、一人のイスラーム教徒が住んでいる。中国の支配者は、その地方を目指して集まるイスラーム教徒たちの間［に起こる紛争解決のため］の判決権《フクム》をイスラーム教徒に委任しており（後略）[125]。

中国北部の胡人の共同体の場合も同様に、薩宝は共同体の成員の中から募集されたと考えられる。中国在住のソグド人一族の大半は、祖先が五、六世紀または七世紀に甘粛の薩宝だったと称している。すでに引用した李抱玉《りほうぎょく》の祖先は、六世紀に甘粛の中心部の武威で三代にわたって薩宝を務めている[126]。また、西安で新たに発見されたソグド人（史君）の墓では、武威の薩保という故人の称号がソグド語と漢語の両方で明記されている[127]。もっとも、ソグド語のサルタパオ sartapao であった一族の中には、称号になった薩宝という音写語の曖昧さに乗じて、過去に遡ってキャラバン・リーダーだった祖先を官吏にした者もいただろうが……[128]。

語源

薩宝という称号はソグド語の単語の音写である[129]。実際には薩宝という用語は二つの異なる経路で中国に入っている。インドではサールタヴァーハ sārthavāha は、キャラバン・リーダー、すなわちキャラバンを率いて安全に先導する人物を意味した。広義には商人のギルドの首長をも意味した[130]。この語は中央アジアの諸言語に伝わり、ソグド語にはバクトリア語を介して入った[131]。「古代書簡」Vの宛先はサルタパオである。「高貴なご主人様、キャラバン・リーダーのアスパンザート様へ 'D βγ[w] xwt'w s'rtp'w 'sp'nδ[']tw」。さらに、インド語のサルタヴァーハは薩薄という形で中国に入り、すでに引用したトルファン文書やとくに仏教文献に見られる[132]。薩薄はついには道を示す先導者（導師）である菩薩を意味するようになった[133]。しかし、いったん薩宝という職が高級官僚のシステムに組み込まれると、その称号は外国人共同体において多数を占めるソグド人の発音に従って薩宝に変更された。また、中国の歴史地理において「薩宝水」はザラフシャン川のことである。

このように、中国の行政機関は胡人の共同体の首長を自らの階級制の中に組み込んだ。一方、首長は、共同体の構造の中で「キャラバン・リーダー」を意味するサルタパオという称号を持ち、この点において商人の伝統を継承している。ナーフはそれぞれ一人のサルタパオの管轄下に置かれた。サルタパオは祭式の主宰もしくは監督も行い、共同体内部の階級制を掌握した。中国の行政組織のリストに示される職階は、ソグド語のテキストから得られる数少ない情報と一致する可能性がきわめて高い。すなわち、漢文文献の「祆正（祆教の首長）」と「祓祝（祈禱師）」が、「古代書簡」I（一〇行目）にすでに言及されるソグド人の神官であることに疑いの余地はない。[134] 実際に、ゾロアスター教の儀式にはゾート zōt（正神官）とラスピーグ raspīg（副神官）の二人の神官が必要である。[135] トルファン出土の契約文書の末尾に言及される書記は、おそらく漢人が史（書記兼記録保管者）という用語で言及するものと同じだろう。高級官吏の階級制は、胡人の共同体の組織をそのまま反映している。

薩宝は、共同体の政治的・行政的首長として、官吏のリストに含まれた。しかし、せいぜい大きな村と同じくらいの、少なければ二〇〇戸から成る胡人の共同体に、高級官吏の職階を持つ代表者がいるのはきわめて異例である。中国において首長が中央権力の代表者となる最小の行政単位は、通常は県である。郷《きょう》の首長、ましてや里や坊の首長は、その土地の有力者の中から選ばれ、高級官吏の職階を持つことはなかった。したがって、薩宝がそのような地位を得るはずがなかった。この優遇措置を説明することができるのは、彼らが外国人共同体の責任者であるという事実だけである。この措置は、成員の人数と釣り合わないほど共同体の経済力が大きかったことを証言している。

5　中国のソグド人共同体の変化

薩宝から従属する郷へ

ソグド人の共同体を丸ごと中国の政治機構に組み込み、共同体の内部組織には手をつけず、外国人の有力者に行政を委ねるという方法は、七世紀後半には消滅したようである。それまで墓誌に決して無視できないほど多く見られた薩宝が、それ以降見あたらなくなる。最後の薩宝は、筆者の知る限り、六四六年より前にその職に就いていた龍潤《りゅうじゅん》である。トルファンと敦煌では、中国の行政機関に組み込まれる薩宝型のソグド人共同体組織は八世紀には跡形もなく消え去り、別のシステムに変わった。多くのソグド人が従化郷と崇化郷《すうかきょう》という二つの郷に集まっているが、これらの郷は、関係する住民と中国の地方行政機関との合意によって生まれたと考えることができる。なぜなら従化も崇化も、「(中国に、すなわち中国帝国と中国文明に)加わる」ことを意味し、今で言う帰化の考えに相当するからである。これらの郷の住人は、完全に唐帝国の臣民であり、その地域に住む漢人と同じ義務を負い、同じ権利を持つ[136]。共同体を介して個人を管理する方法から、国家による直接介入へと移行したのである[137]。このような組織化は中国支配下の中央アジア地域に限られていたわけではない。なぜなら、都にも同じく崇化と呼ばれる坊があり、七四二年に没した米《べい》薩宝のようなソグド人が住んでいたからである[138]。

したがって、高級官吏であるサルタパオの管理下で自治を行う共同体のシステムは、地方レベルにおいては「加わる」郷に変わったのだろう。さらに、二〇〇戸の胡人の首長である薩宝は唐の法典から消えた。唯一中央の薩宝府は八世紀前半まで維持されるが、その機能は変化した可能性がある。というのも、イランの宗教は当時厳重に管理されていたし、後代の文献は薩宝の第一の職務としてその宗教的役割を記憶しているからである。薩宝府は共同体の行政管理から切り離されたというのが、八世紀の実態なのだろう。[139]

漢化の過程──名前、結婚

敦煌の従化郷については、その住人の漢化の過程を推定することが可能である。[140]というのも、姓だけでなく名前が（年齢とともに）登録されているため、この郷に住むソグド人のうち、ソグド語の名前を持つ住人の割合と漢語の名前を持つ住人の割合を推算することができるからである。従化郷に住むソグド人の半数以上がソグド語の名前を持っている（名前を特定することができる一九〇人中一〇〇人）。さらに名前を年齢別に調べてみると、漢化の過程はかなりの速さで一定して進んだことが判明する。六〇歳以上では、明らかにソグド語の名前が優勢である（一三人中一〇人）。その割合は一〇歳ごとに一定して減少し、最も若い年齢層では完全に逆転する。一七歳から二〇歳の住人には、ソグド語であることが明らかな名前を持つ者が一人もいない。もう一つの検証によって、この現象を説明することができる。すなわち、ソグド語の名前を持つ父親の大半が息子に漢語の名前をつけ（一四人中一一人）、漢語の名前を持つ父親の全員が息子に漢語の名前をつけている。したがって、たった一世代でソグド語の名前から漢語の名前に移行してしまうことも多かった可能性がある。しかし、兄弟にソグド語の名前と漢語の名前がつけられている場合もあり、その過程が二世代で進んでいる場合も少なくない。

幸運なことに、似たような過程を数少ないソグド語史料からたどることができる。それは漢人がソグド人に与えた「ソグド九姓」をソグド人が採用する過程である。[141]「古代書簡」やインダス川上流のソグド語銘文が示すように、ソグド人の人名には、出身地を示す姓がほとんど含まれない。ところが、すでに引用したトルファン出土ソグド語女奴隷売買契約文書では、驚くべきことに、すべての証人の出身地が明記されている。「マーイムルグ出身のチュザックの息子ティシュラート、サマルカンド出身のクワタウチの息子ナームザール、ヌーチカンス出身のカルズの息子ピサック、クシャーニヤ出身のナナイクッチの息子ニザート」。一〇〇年後の洛陽ではさらに一段階進み、チャトファーラートサラーンという名前のソグド人が父親の言語で経典を書写させ、その奥書に同じくソグド語で、彼がアン'ʼnの一族の出身であると記している〔Or. 8212/191〕。アンはブハラ出身者に与えられる「安」という姓の音写である。さらに、敦煌で書写された写本（Pelliot Sogdien 8）の奥書には、寄進者の名前が「康一族のチュラク xʼn kwtrʼy cwrʼkk」と記されている。

共同体内部の強い結束を人名以上に示唆するのは配偶者の選択である。人名が持つような明確な情報はこの分野にはないものの、五八〇年代から六五〇年代に中国内地で結婚したソグド人のうち、その妻が知られている二一組に関する研究がある。そのうち一九組の結婚は胡人の社会内部で行われた。例外は二組で、とりわけ一方は漢化したソグド人男性で、父親は北周（五七七〜五八一年）の官吏だった。もう一方はソグド人の妻に先立たれ、漢人女性と再婚したソグド人男性である[142]。しかしながら、このようなわずかな資料から得られた結果を一般化することはできない。名前に関する情報と結婚に関する情報を組み合わせることが可能な場合もあるが、残念ながら従化郷の場合には不可能である。

漢化の過程――薩宝から官吏へ

西方出身者が甘粛の薩宝になり、次に中国内地の官吏になるという、かなり直線的な経路をたどった例は少なくない。中央アジア出身の薩宝の周囲は、唐の行政機関やとくに軍が人員を調達する場になった。この現象を生み出した経済的理由を以下のように想定することができる。六四〇年代から中国の軍隊は中央アジアに進出し、国家は食糧、装備、給与を配給する流通経路を整備した。給与は織物、とくに絹織物で支払われたため、国家は膨大な量の絹の反物を西方に運搬した[143]。これによって、中央アジアと中国内地の間に点々と居住していたソグド人は、キャラバンによって生計を立てることができなくなった――輸送を確実にするために、八世紀に軍は再び民間のキャラバンを利用するようになったようではあるが[144]――。キャラバンを組んで生活していたソグド人一族にとって、行政機関の職が逃げ道になった可能性がある。一方、唐帝国は、新たに征服した西域との関係に精通した専門家を自らの陣営に喜んで迎え入れたはずである。[145] 同時に社会的理由を想定することもできる。すなわち、内部構造を備えたソグド人共同体の終焉を唐が宣告したことが、同化のプロセスを促進したのかもしれない。

このような例は多数あるが、洛陽で見つかった六四七年の康婆（五七三～六四七年）の墓誌を見てみよう。[146] 康婆は康国王（原文ママ）の末裔であるとされ、定州（河北）出身だと言われる。四九五年に北魏が洛陽に遷都すると、高祖父の羅も洛陽に定住した。曽祖父については何も伝えられない。祖父の陀は、北斉において相府常侍《しょうふじょうじ》に任じられた。父の和は隋代にまず定州の薩宝になり、次に奉御《ほうぎょ》の地位に昇格した。康婆は父の称号を受け継ぎ、莫大な財産を蓄え、唐が興ると大農の職に就いた。

もう一例、康元敬《こうげんけい》の墓誌を見てみよう。六七三年の墓誌で、同じく洛陽で発見されている。[147] パイケント（畢国《ひっこく》）出身のソグド人の子孫で、安陽（鄴）出身とされる。祖父は北魏の将軍で、その南侵に加わった。父は北斉の九州摩訶大薩宝になり、次に龍驤《りゅうじょう》将軍になった。元敬は台頭する唐に従い、処士になった。どちらの例においても、王朝の交代が外国人の社会的地位の上昇に有利に作用している。

これらの例は全く数量化することができない。知られているのは、個人か、せいぜい一族の場合である。全体として、七世紀には多くのイラン人が共同体から外へ出て、行政機関の職に就き、漢人社会に同化したようではあるが、この現象が先行する王朝よりも、とりわけ唐代に顕著だったかどうかは不明である。先行する時代と比べて、唐代の情報はあらゆる分野において豊富であるため、目盛りの大きさの差異が作用しているのかもしれない。さらに、同化しなかったソグド人、または行政機関の職に就くという方法では同化しなかったソグド人もいただろうが、中国内地のそのようなソグド人は完全に我々の目から逃れている。

最後に、これらの墓誌が示す社会的地位に関する情報は、信憑性という厄介な問題を含んでいる。というのも、たいていの場合、たった一つの墓誌が情報源であるため、他の情報と突き合わせることができない。祖先に与えられた称号は捏造された可能性があり、それをはっきりと示す例がいくつかある。安伽《あんか》(五一八〜五七九年)は甘粛の武威出身だが、その墓は長安で発見されている。安伽が文化的にソグド人だったことは、彼の棺床を飾る浮き彫りの図像から明らかである。(148) 彼の父は、冠軍将軍、眉州刺史《びしゅうしし》だったと言われるが、眉州ははるか南の四川に位置する州であり、北魏の統治が及んでいなかった地域である。したがって、これはおそらく架空の称号であり、せいぜい単に名目的な称号だったのだろう。実際、彼の妻も息子も武威出身である。安伽は、北周において、長安を構成する行政区の一つである同州《どうしゅう》の薩宝になり、後に大都督《だいととく》に昇進した。

このような例の他に、ソグド人共同体を管理するシステムが変化し、多くのソグド人が行政機関および軍事機関の階級制の中に言及されることは、唐代の中国北部のソグド人の存在を、共同体としてではなく、社会として分析すべきであることを示しているともいえるだろう。これらのソグド人の集団は、かなり流動的な社会的構造を形成していたのかもしれない。そのため、ソグド人同士の結婚を維持し、職人や商人といったソグド人の伝統的な生業を続けて、ほとんど同化しない一族が、同化の途上にある個人や一族、または数世代前から同化している個人や一族と関係を維持することが可能だったのだろう。連帯意識は保持されていたかもしれないし、されていなかったかもしれない。ソグド人は過去に遡って中国の称号を祖先に与えているとはいえ、自らが胡人であることを知っていたし、胡人であると自称していた。この新しい「構造」は、ソグド人の影響が衰退したことを意味しない。その反対である。なぜなら、それは、隔離された共同体の中からソグド人の影響が外へ出て行くことを可能にしたからである。

中国北部におけるソグド人の存在は、多様であり長期に及ぶが、七世紀の間に大きな変化を遂げた。二〇〇年にわたる継続的で大規模な移住によって、ソグド人共同体が数多く形成され、その成員は、テュルク人ほどではないにしても、かなりの規模で唐の帝国構想に組み込まれ、交易や行政に従事した。中国においてソグド商人のネットワークは、以前より社会的にはるかに多様なソグド人集団に支えられるようになった。西域の新たな領土や、敦煌、甘粛だけでなく、中国北部の大きなまちにもソグド人は多数存在し、交易、手工業、さらに軍事や外交といった様々な分野において、唐の黄金時代の原動力となった。それを終わらせるのは、このようなソグド人の一人であるロフシャンである。

第6章　構造

本書の真ん中に位置するが、続く章で提示されるいくつかの情報を先取りする本章の論点は重要である。序文で強調したように、ソグド人の遠距離交易の外形的な研究を十分かつ正当な歴史研究にするには、交易の発展の核となる社会的・経済的構造を分析することによって、できる限り研究を補強しなければならない。そのため、ここで筆者は、ソグド人の交易の内部構造——本国の社会および移住地の共同体の内部構造と、商人社会そのものの内部構造——を示唆する、ソグド語またはその他の言語に散在する情報を収集する。商人社会の内部構造は、小商人と大商人の社会的対立や、交易会社の家族的な構成に関する問題をともなう。また、取引の均衡、通貨、商法、小規模な交易と大規模な交易との連携といった経済的構造も議論される。最後に、先駆者であるソグド人が取り組まなければならなかった運搬と距離の問題に関連して、地理的構造についても論じる。

1　社会的構造

ソグド人の社会は、中世初期のアジア西部において最もよく知られている社会の一つである。多くの考古発掘によって城や農村、都市が発掘された結果、ソグディアナに関する研究状況は、たとえばイランに関する研究状況とは明らかに異なっている。イランのとくにササン朝時代のまちは、ほんの少ししか発掘されていない。さらにソグディアナの考古資料に文字資料を加えることができる。文字資料は断片的だが、出どころは多様で、イスラームによる征服以前の時代には漢文史料とソグド語史料、そして征服以降の時代にはアラビア語イスラーム史料がある。これらの史料がオーバーラップする部分を総合すれば、アラブによる征服前夜の全盛期にソグド人社会がどのように機能していたかを示す、いわば「理想型」のようなものを得ることができる。

商人階級の重要性

まず取りかかるべきことは、ソグディアナにおいて、そして祖国を離れたソグド人の共同体において、商人階級を識別することである。外部の証言はこの点について雄弁であり、そのうえ相互に符合する。

最も古い証言は漢文文献である。六三〇年に天山山脈北麓のソグド人集落を通過した玄奘《げんじょう》は、次のように記している。

　父子ともに利殖をはかっている。財産の多いものを貴しとなし、（中略）力田《ひゃくしょう》と逐利《しょうばいにん》が半ばしている。

そして、その先ではサマルカンドについて、

　諸国の貴重な産物がこの国にたくさんあつまる。[1]

唐の正史は基本的には玄奘の証言を繰り返すだけだが、天山山脈北麓のまちについて記述する際に、そこに胡人の商人が住んでいると明言し、またソグド人全般について以下のように伝える。

商業にたけ、利を好み、男は二十歳になると他国に出かけてゆき、利益のあるところならば、どこへでも赴かぬところはなかった。[2]

これらの証言は、ソグド人に向けられた他の外部からの視線によって裏付けられる。たとえば、アルメニアの地理学者であるシラクのアナニアは、彼の『地誌』に記している。[3]

ソグド人は、トルキスタンとアリアナの間に住む裕福で活動的な商人である。[4]

同時代の漢文史料との類似には驚かされる。この一五〇年後にアッバース朝カリフのマフディー(在位七七五〜七八五年)は、バグダードの彼の宮殿でトハリスタン出身の詩人バシュシャル[5]と議論している。

マフディーは私に尋ねた。
おまえはどの民族の出身か。
私は答えた。
大部分は騎士で、敵に対して冷酷な、トハリスタンの住人です。
彼は言った。
ソグド人の方が勇敢だと言われている。
私は答えた。
いいえ、ソグド人は商人です。

マフディーは私に反対しなかった。[6]

それぞれ無関係の三種類の史料が完全に一致すること、このこと自体が、一つの確実な歴史的事実を構成する。すなわち、遠く離れた観察者に強い印象を与えるほど大規模で構造化された大商人の階級が存在したという事実である。アラブによる征服の時代、征服者は商人を特別に優遇している。七二二年に、反乱を起こしたソグド人はイスラーム軍によってホジェンドで捕らえられたが、貴族と商人は二つの異なる階層として区別され、貴族だけが殺害された。[7]したがって、有力な商人階級がソグディアナに存在したことに疑いの余地はない。

このように、それぞれ無関係な証言の内容が一致することは、ソグド人による遠距離交易を対象とする本研究を正当化する主要な根拠の一つである。「古代書簡」Ⅱはネットワークの存在を証明し、ネットワークに対する歴史的分析を可能にする。同様に、アジアの両端の史料がこだまのように反響することが、商人階級の存在を示し、それが社会学的分析を行うことを正当化する。

ところで、外国人は——隣のトハリスタンの住人を含む——ソグド人社会において商人が大きな役割を果たしていることに注目しているが、ソグド人自身はどうだろうか。ソグド語の実務文書の主要な資料群であるムグ文書は、一九三三年にタジク共和国で発見された。八世紀のソグディアナに関係するこの資料群は、アラブに抵抗したソグド人の有力貴族の一人で、ペンジケントの領主であり、ソグディアナの王を自称したデーワーシュティーチュの文書群である。基本的にはアラブ人との戦いや彼が所有する農地の管理に関する手紙から成るが、契約文書(結婚、墓地の購入など)も何点か含まれる。「商人(フワーカル xw'kr)」という単語は、ホジェンドのまち(ソグドのウストルシャナとフェルガナの境界に位置する)でソグド人が包囲された事件に関連して、たった一度だけ現れる。[8]このA9文書は、デーワーシュティーチュ宛ての報告で、東方の政治状況と、ホジェンドの降伏が記されている。テキストは明解である。

知らせがあります。ホジェンドは終わりです。すべての住人がエミールを信じて出発しました。貴族も、商人も、職人も、すべて、一万四〇〇〇人が〔そのまちから〕退去しました。[9]

引用したテキストは、商人から成る社会階級の存在が、外部からの単なる印象ではないことを示している。[10]

商人の社会的地位

もう一つの情報源は図像である。ソグド人社会が自らに与えようとしていたイメージを、図像から把握することができる。情報量の豊富な壁画が、とくにペンジケントで多数発掘されているが、これらの壁画によって明らかになるのは、外部の証言が伝えるソグド人社会の実態と図像を通して主張される価値観との間に大きなずれがある、ということである。というのも、図像において中心的なのは商人ではなく貴族の文化であり、伝説の中の戦闘の場面や鎧をつけた騎士、酒宴の席でも長剣を携帯する人物が描かれている。宗教的図像と政治的図像（ペンジケントの城塞内に描かれたアラブ人によるサマルカンド包囲、世界の諸王という主題）とともに、貴族的図像が、洗練された文化（インドの説話やルスタムの英雄物語）と融合し、君臨している。そのため交易に関係するものは細部にしか見られない。ペンジケントのある壁画（第一六区第一〇室）を見ると、酒宴の席で貴族が必ず携帯する長剣の代わりに、黒い財布がベルトに結びつけられている。[11]考古学者は、酒宴に集まった人々の服装がひときわ豪華なことを指摘し（図5、図6）、この壁画が商人による酒宴を表していると解釈している。

宗教的な主題からも情報が得られる。ソグディアナの壁画やコインに最もよく表される神格の一柱《はしら》は、駱駝の頭部と前脚を表現した玉座に座る「駱駝の神」だが、[12]これがキャラバンの成員にとって財産の神であることについては意見が一致している[13]。

次のテキストは遅い時代のものだが、興味深い情報を与えてくれる。


ブハラにはカシュカサーンと呼ばれる一族がいた。尊敬されている集団で、権力と威厳を持ち、ブハラの住人からたいへん敬愛されていた。彼らはディフカーンではなく、外国出身者だった。しかしながら、それは良家の一族で裕福な商人だった[14]。


この情報は一〇世紀のものだが、八世紀初めの状況を伝え、商人の社会的地位をかなり正確に示していると思われる。すなわち、商人は社会の中で高い位置にいるが、貴族と同化していなかったことを示している。

商人の一族と貴族との違いは、ごくわずかしかないように見える時がある。残念ながら、このような研究が行われているのはペンジケントだけだが、このまちでは貴族が家を建てる時、職人や商店主に貸すために、独立した店舗をあらかじめ家の外壁に建設した[15]。ソグド人貴族は、ただ土地を所有して地代だけで生活する貴族ではなく、富と交易が集中する都市生活に密接に関与していた。一方、地方は富からも交易からも切り離されていたようである[16]。さて、ペンジケントで商人の家であると特定される住居は、たった一軒、商人による酒宴を表す壁画のある家だが、それは貴族の家と同じ特徴を示す。まちのバザールの一つがこの家の裏手にあったが、それはまちのプランに当初から組み込まれていた(**図6**)[17]。しかしながら、ザラフシャン川上流の奥まった所にあるペンジケントは、この地方で最も商業が盛んなまちというわけではなかった。したがって、社会についてのこの情報は、遠距離交易にあまり関係しなかった地域のものであることを指摘しておく。

セミレチエでも、ロプノール湖付近でも、ソグド人集落の起源は貴族にあった。これらの集落では商業は主たる目的でも、唯一の目的でもなく、当初の目的は確実に農業だった。ソグド人の貴族階級が、厳密な意味での商業の分野において、その地方の商業の発展に寄与したかどうか判断する材料はない。農業によって得られた富が貴族によってまちにもたらされ、それが商人に奢侈品の一大市場を生み出したことは確かだが、[18] さらに地代による収入が遠隔地交易の事業への出資にあてられたと想定することもできるだろう。同様に、貴族が自ら遠距離交易に乗り出していたかどうかも分からない。判断材料を供給する唯一のテキストは曖昧である。「古代書簡」Ⅱの一九〜二〇行目には、「サマルカンド出身の一〇〇人の自由人 100 ’’ztpyδrk sm’rkanδc」が言及される。ここで「自由人」と翻訳されている単語は、語源においては「貴族の息子」を意味する。確実ではないが、この単語はすでに本来の意味を失っていた可能性がある。また、この同じテキストは、「貴きご主人様、カーナックのナナイスヴァールの息子であるヴァルザック様」宛てである。カーナックは、称号としても、[19] 固有名詞としても使用されたようであり、[20] この場合には、それが称号として機能しているのか、部族名として機能しているのか、判断しがたい。現在の文書資料の状況では、ソグド人の貴族階級が商人の移住において果たした役割も、ソグディアナの社会階層における商人の地位も正確には分からない。

商人の活動範囲と社会階層

ソグド商人の大部分は明らかに小規模な商人で、三つか四つのまちを回り、数百キロメートルを移動した。六四八年にビシュバリク〔唐代の庭州〕出身の米巡職《べいじゅんしょく》は通行許可を申請している。本人は三一歳で、二人の奴隷〔一五歳の少年と一二歳の少女〕と八歳の鉄勒《てつろく》駱駝一頭と羊一五頭を連れて、トルファン〔唐代の西州〕の市場に行こうとしていた。[21] また、七三二年から七三三年に、トルファンに住むソグド人の石染典は、複数のまちを回るために中国の役所に旅券を申請し、トルファン、ハミ、敦煌の間を移動している。[22] すでに「古代書簡」の時代に、甘粛と楼蘭の往復を専門とする商人もいた。

しかし遠距離を移動する商人もいた。アルタイ山脈からビザンティウムまでの大旅行を企てたマニアクの例は後で詳しく考察するので、[23] ここでは、姑臧《こぞう》（武威）からサマルカンドへ手紙を書いたナナイヴァンダクの例に再度言及し、その例を曹姓の一族と長安出身の李姓の漢人商人が関係する訴訟の例と比較するにとどめる。後者の例では、活動範囲は天山山脈北麓に位置するイリ川渓谷のアルマリクから長安にまで及んでおり、一地方にとどまらないことは明白である。さらに、取引の対象となった二七五疋の絹織物は、ほぼ一五キログラムの純銀に相当するほど高額である。[24] また、トルファン文書は、時に、ソグディアナから直接やってきて取引に従事したソグド人に言及する。

咸亨四（六七三）年一二月一二日、西州の前庭府の隊正の杜《と》が、（欠損）一四疋の練絹《ねりぎぬ》を支払って、康国の興生胡《こうせいこ》の康烏破延《こううはえん》から一〇歳の黄毛の〔去勢〕駱駝一頭を買い[25]（後略）。

さらに、漢文文書にソグド語の署名がされている場合がある。[26] また、ソグド商人に言及するアラビア語テキストは、彼らが中国への長旅から帰ってきた商人であることを伝える。[27] ここで言う中国は、中国内地ではないとしても、少なくともトルファンを指すと理解しなければならない。ソグド人はトルファンを中国人のまち（チーナーンチカス）と呼んでいたからである。

七世紀から八世紀のソグド人の交易には複数の異なる社会階層が認められるが、問題はすべて階層の相互関係にある。「古代書簡」の時代以降、大商人がソグド人の交易会社を組織し、それを支配した可能性は非常に高いが、一方で、大商人が実務文書に出てくるような商人に対して厳密にどのような役割を果たしたかを推定するには資料が不足している。[28] 文書の大部分が記す規模の小さいソグド商人とは全く異なる、非常に規模の大きな商人がソグディアナに存在したことは、たった一点の文献によって証明される。七〇六（ヒジュラ暦八八）年にパイケントがアラブ軍に征服された時、一人の捕虜は五〇〇〇点の中国の練絹と引き換えに自分を釈放するように持ちかけている[29]。この囚人は「商人のまち」パイケントで抵抗運動を組織し、テュルク人に連絡をとって助けを求めた。彼は、商人たちが支配者であった共和制の国の主要な商人の一人で、中国との交易を専門としていたのだろう。

外部の史料にはこのようにはっきりと示されるものの、このテキストを除けば、最大規模のソグド商人は我々には知られてない。移動する商人の中には活動範囲がとても広く、時に大金を扱う商人もいたが、とくに目につくのはまちとまちの間を往復する小商人である。我々はソグド商人の社会階層の重要な部分を見逃しているに違いない[30]。

交易会社は家族を基盤としていたはずだ。ソグド人が交易を行う上で家族が果たした役割を示す証拠がいくつかある。「古代書簡」が家族関係を証明する他、インダス川上流のソグド語銘文に家族で移動するソグド人を想起させるものがある。すなわち、三世代にわたる家族五人や、父と息子、兄弟、そして父と二人の息子である[31]。また、ソグド人に西方への交易の道を開いたマニアクの場合には、息子が後を継いでいる。さらに、ソグド商人に言及する最も遅い時代の文書の一つは、ソグド・ウイグル人の家族による小さなネットワークが機能していたことを示している[32]。

最盛期に存在した可能性のあるソグド人の交易会社の構造、そしてとくに小商人と大商人との関係、さらに移住先の共同体の相互の関係を理解するには文書資料が不足している。そのため、ソグド人の交易の社会的構造についての検討は、かなり唐突に終わってしまう。

2　法律と政治の構造

ソグドの寡頭政治

ソグドの政治構造は東方世界ではかなり特殊で、多くの点で中世後期イタリアの商業都市国家を想起させる。ソグディアナが統一されることはなく、複数のソグド人都市国家がザラフシャン川流域とそれに隣接する川の流域を分け合っていた。サマルカンドは確かに中心的な政治勢力であり、小さなまちに対して主導権を握ることもあったし、[33] その王は「ソグディアナの王、サマルカンドの領主 sγwδy'nk MLK' sm'rkanδc MR'Y」の称号を帯びることになっていた。それぞれのまちには貴族階級が存在し、貴族の城が存在するため、ソグドの農村の周りにはとても多くの要塞が築かれ、要塞の周りへの人々の移住を促した。貴族は多くの収入を地代から得て、まちにも農村にも土地を所有した。

それぞれの国の王が享受していたのは、「同等の人々の中で一番」という地位にすぎなかった。少なくとも、いくらか資料が存在する七世紀末から八世紀初めには、王朝の原理はソグディアナでは全く優勢ではなかった。ペンジケントの領主は三人知られているが、父から子へ王位が継承された例はない。サマルカンドでは、父から子への継承が二回、人民による廃位が一回、選挙が二回行われたことが指摘されている。[34] また、ソグドの王が交易の分野に直接介入したことを示す例が、少なくとも一つある。何国《かこく》〔クシャーニーヤ〕の王は、六五〇年から六五五年の間に、西方へ派遣された中国の軍隊に穀物を供給することを中国に申し出ている。[35]

都市住民または共同体を意味するナーフは、ソグディアナにおいて市民権を持っていた。法律関係のテキストの中で、そのようなものとして言及される。まちが資産を賃貸しうるのは、ナーフの名においてである。ペンジケントではナーフの名において橋が賃貸され、一年分の収入として一五〇枚のドラクマ銀貨を前払いすることを条件に、橋の通行税の徴収が二人の人物に委託された。

ペンジケントの徴税官とナーフから、タルハーンとヴァギファルンへ。この通知を読んだら、チャーク橋の収入として毎年一五〇ドラクマを前もって与えなければならない。この通知を証拠として保管しなさい。パンチュの領主であるデーワーシュティーチュの一四年、フレーズニーチュ月に。粘土に封印が押された（後略）[36]。

法律の点から見れば、まちは王の決定を仰ぐことなく、正当な権利者としてふるまう法人のように見える。また、王が結んだ契約を見ると、王は他の人々と同じ規則に従うただの一個人のように見える[37]。いくつかの地域では、共同体の名においてコインが発行されることもあったようである[38]。

有力な商人階級の存在をソグドの政治構造と直接結びつけるテキストは一点もない。そのため証明はできないが、それでも両者が結びついていたと仮定するのはとても魅力的である。実際のところ、ソグド人社会の頂点は少数の支配者集団によって占められていたが、その社会的性質を正確に把握するのは困難である。少数の支配者集団は、農村に領地を所有する貴族であるディフカーンと商人一族との連合から成っていたと推測することができるだろう。いずれにせよ、ブハラでは、アラブによってまちが占領された時、カシュカサーンという商人一族が先頭に立ってイスラーム化に抵抗した[39]。同様に、アラビア語史料が「商人のまち」と呼ぶパイケントでは、領主の名前は全く言及されず、商人が共同で行動していたようである。また、次に見るようにトルファンの共同体のナーフは、高昌国（トルファン）の漢人の王と同列に言及される。

ソグドの法律

ソグド語の契約文書は全部で四点が知られ、それらによってソグド人社会の法律の特徴をある程度理解することができる。そのうちの三点はムグ山のペンジケント王の文書群の中から見つかったもので、七一〇年三月二五日の結婚契約文書、墓地の購入契約文書（七世紀最末期または八世紀初め）、製粉所の賃貸契約文書（七一〇年頃）である[40]。四点目はトルファン出土の女奴隷売買契約文書で、六三九年のものである。(41) この契約文書のテキストは、以下のとおりである。

　歳は、高昌の〔元号〕延寿、神なる大イルテベル王の一六年であった。豚の年で、漢語では五月、ソグド語ではクシュムサフィッチ（一二番目の月名）と呼ばれる月の二七日に。

　かくして高昌の市場で、人々の面前で、チャン姓のオタの息子である沙門ヤンシャンが、サマルカンド出身のトゥザックの息子であるワクシュヴィルトから、チュヤック姓の女でトルキスタン生まれのオパチという名の女奴隷を、とても純度の高い〔ササン朝〕ペルシア製の一二〇〔枚の〕ドラクマ〔銀貨〕で買った。

〔買い主〕沙門ヤンシャンは、この女奴隷オパチを以下のようなものとして購入することとする。〔売り主は〕買い戻しをせず、〔オパチの身には〕負債も財産もなく、〔第三者からは〕追奪されることなく、〔所有権をめぐって〕訴訟されることなく、子々孫々〔におよぶ〕永久財産として。それゆえに沙門ヤンシャン自身とその子々孫々は、彼女を好きなように打ったり、酷使したり、縛ったり、売りとばしたり、人質としたり、贈り物として与えるなり、何でもしたいようにしてもよい。まさしく父祖伝来の遺産や、自家の身内で生まれた固有の（?）女奴隷や、ドラクマ〔銀貨〕で買われた永代財産に〔対する〕ように。

　この女奴隷オパチについて、〔売り主〕ワクシュヴィルトは〔もはや〕関わりなく、すべての旧い〔権利〕から離れ、強制力を持たなくなった。この女奴隷文書は、王であれ、大臣であれ、すべての人々（ナーフ）に対して効力があり、権威がある。この女奴隷文書を携え保持する者は誰であれ、この女奴隷オパチを受領し、連行し、女奴隷として保持してかまわない。以上のような、女奴隷文書中に書かれたような条件で。

　そこに〔立会人として、以下の人々が〕いた。マーイムルグ（米国）出身のチュザックの息子ティシュラート、サマルカンド（康国）出身のクワタウチの息子ナームザール、ヌーチカンス（ヌッチケント＝笯《ど》赤建《せきけん》）出身のカルズの息子ピサック、クシャーニヤ（何国）出身のナナイクッチの息子ニザート。

この女奴隷文書は、書記長パトールの認可のもと、ワクシュヴィルトの依頼により、オパチの同意をもってパトールの息子オクワンによって書かれた。

高昌の書記長パトールの印記。

（裏面）

沙門ヤンシャンの女〔奴隷売買契約文書〕。


この文書は、その特徴からイランの伝統と中国の法律との中間に位置づけられる。イランの伝統はアケメネス朝の書記官から継承したもので、バビロニアの法律に遡る。契約文書の全体的な構成や定型表現にはイランの伝統が認められる。[42]しかし、この文書には中国特有の規定もいくつか含まれ、とくにオパチの同意の上であることに言及するのは中国の規定による。実際に中国では奴隷の売買は厳重に監視されていて、規定どおりに行わなければならなかった。そのため、ソグド人の共同体においても、トルファン王のもとでも、売買が実際に有効なものとなるように、ソグド語の契約文書の定型表現が修正されている。同様にペンジケントの橋の賃貸契約文書も、かなり複雑な法律上および商業上の定型表現がソグディアナで通用していたことを示している。

一方で、ソグディアナの法律の条文は知られていない。有名なサマルカンドの壁画に添えられた銘文が条文に言及することから、その存在は知られるが、今日には一点も伝わっていない。[43]より南の地域を見れば、シリア語文書にササン朝ペルシア帝国の商業規則のごく一部が保存され、交易の組織化が進んでいたことを証言している。ある詳細な判例集は、破産した場合の補償規定の中で、遠距離交易のリスク（難破、火事、拿捕《だほ》、略奪）を見越し、また、集団で商品を所有する仕組みや出資者が離脱する場合に取り分を分配する仕組みを構築したり、さらに、常に掛取引で商品を調達し、販売利益を返済にあてる商人に対して、利子の割合を定めたりしている。[44] このような規則がソグド人の間に存在したと推測することはできるが、証拠が不足している。

3　ソグド人の交易の経済的側面

コイン

グレコ・バクトリア王国時代に発行された一連のコインは五世紀まで使用されたが、[45] それ以降ソグディアナでは全く違うタイプのコインが発行された。ブハラ・オアシスでは、ササン朝のコイン——すなわちメルヴで発行されたバフラーム五世（在位四二〇〜四三八年）のコイン——をモデルとするブハル・フダーと呼ばれるコインが一三世紀まで使用され続けた。ブハル・フダーの発行がいつ始まったかを特定するのは難しい。五世紀末[46]または六世紀[47]という二つの年代が検討されている。サマルカンドの造幣も同様にイランの影響を受けているが、六世紀にはエフタルに敗れたペーローズ王が支払ったコインとその模造品が流通し、七世紀にはブハル・フダーと[48]中央に孔のあいた中国式のコインが流通した。

ササン朝のモデルが浸透した理由を、ペーローズ王の敗北後にササン朝が貢ぎ物として支払った大量のコインだけで説明することはできない。すなわち、一連のブハル・フダーの発行と、ササン朝が侵入した可能性のない地域にもブハル・フダーが広まっていることは、軍事面よりも経済面において深い影響が存在したことを証明している。ソグディアナが遊牧民に侵略された時代に、六〇〇年前から続いたこの地方のコインの独自性は中断され、代わりに隣国のイランと中国の貨幣システムに同調するようになった。七世紀には、複数のまちで中国貨幣の模造品が発行されるのと同時に、複数のまちでブハル・フダーが発行された。領主がコインの発行を独占していたわけではない。ペンジケントではナナ女神の名においてコインが発行されたが、それはまちの主要な神殿による発行を示唆している[49]。すでに言及したように、ナーフの名においてコインが発行されることもあった。

しかし、ソグディアナのコインの特徴の一つは維持された。なぜなら、新たに造られるようになったコインは急速にその価値の大半を失い[50]、その流通は、コインを発行した国家の内部において強制され、確立され、有効だったからである。コインにはカウンターマーク(コインに後から打刻される小さなしるし)があるが、それはコインの品質ではなく有効性を保証している[51]。遠距離交易を行うソグド商人は、コインが商人のポケットに入ったままソグディアナを離れてしまわないように、価値のないコインを持つ必要性を完全に意識していたことを明示するテキストがある。

コインは、私たちの間で商売に使えるように、誰も私たちからとらず、誰もまちの外へ持ち出さないようなものでなければならない[52]。

ササン朝のコインが王朝の威信を示すための手段であり、その価値が長い間ほぼ適正に維持されたのとは異なり、ソグドのコインは、政治力の弱い都市国家によって発行された、支払い用のジェトン(貨幣の代わりに使うメダルのようなもの)にすぎず、ソグディアナにおける経済的取引に使用することが唯一の目的だった。わずかしか発行されず、遠距離交易に果たした役割はとても小さかった。中国では発見されていない。

六世紀から七世紀にソグド人が遠距離交易においてコインを使ったとすれば、それはササン朝のドラクマ銀貨である。この点で大きな意味を持つのは、中国で発見されたササン朝の宝物の中で最も重要なウルグ・アルトの宝物である。それはササン朝のコインとアラブ・ササン朝式コイン九四七点から成り、そのうちの五六七点はホスロー二世(在位五九一～六二八年)のコイン、二八一点はホスロー二世形式のアラブ・ササン朝式コインである。その他に一三点の金の地金（インゴット）も含まれていた。ウルグ・アルトは、アライ渓谷の上流を通ってフェルガナとタリム盆地を結ぶ峠のちょうど出口にあたる。宝物は岩の裂け目に急いで隠されていたことから、七世紀に中央アジアから中国に向かっていた商人か亡命者がそれらを運搬していたと推定されている〔本書第5章注34参照〕。

六三九年にトルファンで女奴隷を売ったソグド人は、「とても純度の高い〔ササン朝〕ペルシア製のドラクマ〔銀貨〕」での支払いを要求している。また、ドラクマ銀貨は、カロンに渡し賃として払うオボロス銅貨を連想させるやり方で、死者の口の中に置かれることもあった[53]。

中国ではササン朝の銀貨は少ししか見つかっていないが、ソグド商人の交易と結びついて、広く流通していたことは間違いない。文字史料がそれを証言している。陸路でこれらの貨幣を運んでいたのは、ペルシア商人またはバクトリア商人――テキストに一度も、または滅多に引用されない――でなければ、ソグド商人である。

ササン朝のドラクマ銀貨は、単にそれが含む銀の重量のために普及したわけではない。それらは、中国において通貨としての役目を果たすこともあった[54]。たとえば、ササン朝のコインは六世紀末には河西回廊で正式に流通していた。広東、トンキンと並んで甘粛は、中国でササン朝のコインが流通した数少ない地域である[55]。唐代には都の市場でそれらが流通し、市場を管理する責任のある当局に難しい問題をつきつけた[56]。唐の課税規定の一節は興味深い情報を与えてくれる。すなわち、帝国内に定住する西方出身者は、最初の税を銀貨で支払い、二年経って初めて現物払いに移行しなければならなかった[57]。

ソグド人の遠距離交易は、固有の貨幣を持たなくても、全体として問題なく行われた。アジア全体で物々交換による交易が大規模に行われ、貴金属、絹、香辛料、香木といった世界的に需要の多い奢侈品がその対象になった。しかしながら、西方から見れば物々交換のように見えても、中国から見れば貨幣による交換だということを明らかにしておく必要がある。すなわち、中国ではソグド人の商品への支払いは絹の反物によって行われたが、絹は中国では通貨だった。

ソグド人の商品

中国へのルート上でソグド人が日々扱っていた商品について正確に知るために最も重要なテキストは、間違いなく前章で引用したトルファンの称価銭徴収帳簿である。断片的ではあるが数カ月分の取引が詳細に示されている。取引されている商品は、ソグド人の幅広い交易の枠組みに完璧におさまる。すなわち、金、銀、鍮石、塩化アンモニウム、鬱金根、絹糸、薬草、「石蜜」、香である。東から来ているのは絹だけで、他は漢人にとって典型的な西方の商品である。これらの商品は、ペルシア産の鍮石も含めて、すべて稀少で貴重なものである。[58] ソグド人が住むチャーチには大きな銀山があった。[59] 鬱金根(サフランか?)は生産が盛んな隣国トハリスタンから来ていたかもしれない。[60]

このリストに麝香を加えなければいけない。「古代書簡」の時代からソグド人は麝香の交易を行っていたし、一〇世紀初めのアブー・ザイドのテキストは、中国へ向かうソグド商人の積み荷としてなお麝香を挙げている(本書二九三頁参照)。

奴隷も追加しなければいけない。前述のトルファンで出土した唯一のソグド語売買契約文書は、トルキスタン生まれの若い女性が市場で売られたことを伝える。また、ソグド人の奴隷はトルファン出土文書に何度も言及される。中国の都では、とりわけ若い女性の給仕、楽師、歌手、舞人の輸入をソグド人は得意としていた。彼女たちが長安において流行の中心地を満足させたのである。

西方では絹の交易がソグド商人の事業の中で主要な地位を占めていたことを、ビザンツの文献が証言している。ソグド人の交易においてソグド製およびササン朝製の銀器の輸出が果たした役割も、考古発掘によって示されている。銀器はヴォルガ川上流の森林地帯との境界で、バルト海の琥珀《こはく》や、毛皮、奴隷と交換された。[61] 銀器は中国でも発見されている。

これらのリストから、ソグド人の交易は専門化されず多岐にわたっていたことが分かる。ソグド人は内陸アジアで価値のあるすべての商品の交易を行っていた。このようなきわめて多様な産物が、ある時代には、もっぱら絹と交換されたことは確かである。

ソグド人の交易における絹の地位

ソグド人の交易において絹は特殊な役割を果したが、それは中国では絹が通貨の地位にあったことと関係している。中国における貨幣の流通は、西方とは大きく異なるモデルに従っていた。それ自体に価値はなく、経済活動の要求を満たすには慢性的に不足していた金属製の貨幣の他に、絹の反物と穀物が、れっきとした通貨の役目を果たしていた(62)。

絹が西方に流入した原因は二つあり、一つは遊牧民に対する中国の外交政策にある。本書の第1章で言及したように、それが前二世紀に中央アジアに遠距離交易を生み出す原動力になった。もう一つの原因も商業とは関係がない。七世紀から八世紀前半に大量の絹が陸路で西方に流入したが、これほど大量に流入したのは漢代に続いてこれが二度目である。唐は西方への帝国の拡大に予算のかなりの部分を費やした。七五〇年頃には国家収入の五五パーセントを絹織物と麻織物が占め、穀物は三五パーセント、銅銭は九パーセントだった。八世紀前半には織物による収入の二〇パーセントが国家によって西域の支配に費やされた。すなわち毎年五〇〇万段《たん》以上の織物が費やされたのである(63)。

このような状況において、敦煌からスイアーブまで、すべてのまちに駐留する中国の兵士と役人のための給与と経費として、相当量の絹がタリム盆地に運ばれた。Pelliot chinois 3348v 2B 文書によれば、敦煌の駐留軍に属する、ある漢人の高級官僚の場合、七四五年の上半期に軍から支払われる穀物は一二〇石、すなわち八トン以上だったという。

それは銅銭に換算されて絹で支払われる。もしそれが銅銭で支払われたならば、たった一人の役人に対する支払いのために、軍は一六〇キログラムの銅銭を敦煌まで運ばなければならなかった。(64) この現象はソグド商人に二つの経済的影響をもたらした。一つは肯定的な影響である。すなわち、絹の運搬費は二分され、ソグド人は行程の後半だけ――タリム盆地からソグディアナまでと、その先――を負担すればすむようになった。行程の前半は中国が費用を負担したからである。それに対して、もう一つの結果は否定的である。中国の行政機関が都からタリム盆地まで絹を運搬する任務を負うようになると、最も古い移住地の一つである甘粛では、キャラバン交易に従事するソグド人社会は困難な時代を迎えたはずである。なぜなら主要商品の一つが彼らの手を逃れてしまったからである。中国の行政機関に組み込まれたソグド人の一族が、甘粛のサルタパオの社会の出身なのは偶然だろうか。

したがって、ソグド人の交易史において、東トルキスタンに安価な絹が大量に存在した時代と存在しなかった時代とを注意深く区別しなければならない。西方の商人が中国に移住し、そこで彼らのネットワークを築くことができたのは、漢帝国が数百年間にわたって安定していたからである。本書第2章〔四一頁〕で、中国から来る絹の商人に言及する三世紀後半のニヤ文書を引用したが、それが示すとおり、確かに三世紀から五世紀にも絹は流通していた。しかし、この時代の交易ははるかに困難な状況下で行われ、その状況が絹の値段を上昇させた。ニヤ文書のテキストが伝えるのは、まさに絹の不足である。(65) 四世紀の混乱がおさまると、ソグド人は彼らのネットワークを満足のいくように再構成することができたようである。なぜなら、コスマス・インディコプレウステースのテキストによれば、六世紀初めには相当量の絹が陸路で流通していたからである。このときの成功は純粋に交易によるものである。というのも、この時期には中国は中央アジアに及んでいなかったからである。突厥《とっけつ》帝国が誕生すると、大量の絹が市場に届いた。これは、五五〇年代以降、中国北部の国々が新興の遊牧勢力に支払った外交由来の絹である。六四〇年に唐がタリム盆地を征服すると、行政由来の絹に道が開かれる。ソグド人はすでに引用したありとあらゆる異国風の高価な商品を中国の軍隊に売り、引き換えに、給与として軍隊に支払われた絹を得た。この地域に対する唐の支配が完全に崩壊する七六〇年代まで、この状態は続いた。中国は中央アジアの領土における自らの影響力を確立するために、ソグド人を必要としていたのである。この時期の利益は莫大だっただろう。実際に、八世紀初めの絹の価格は、敦煌とサマルカンドの間でちょうど二倍になったことを示すことができる。[66] これは、商人間の交易でも、国家間の交易でもなく、中国の要求がソグド商人の要求と一致したことを示している。

七六〇年代以降、手に入るのは地方で生産された絹か、もしくは八四〇年まで唐がモンゴル高原のウイグルに支払った絹だけになる。この間に経済的にきわめて重要な現象が発生した。コスマス・インディコプレウステースの時代から九世紀までの間に、海上交易が、その規模においても、その価値においても、陸上交易を上回ったのである。中国との遠距離交易においてソグド人がこのような地位を保持することができたのは、五五〇年から七六〇年まで、交易品ではない大量の絹が中国の行政機関によって継続的に西域へ発送されたためだろう。しかし、七五五年以降は、テュルク・ソグド人の将軍である安禄山の反乱により、中国北部は戦火と流血の地と化し、その後はペルシア人の交易が優勢になる。

4　ソグド人とそのライバル

本研究はもっぱらソグド商人を対象とするが、引用するテキストにはソグド人以外の商人も言及される場合がある。これらの様々な共同体は、相互にどのように共存し、競合していたのだろうか。交易路全体においてソグド人と張り合うことができた民族もいれば、ある地域において、またはある特定の商品に対して、ソグド人の競争相手になった民族もいた。

タリム盆地の社会

二番手の商人として挙げられるのは、第一にコータン商人である。実際、彼らは商業的ニッチ（この場合は貴石）と地理的ニッチに恵まれた民族の好例である。コータンは、領土内で玉《ぎょく》が産出する一方、ガーネットとラピスラズリを産出するバダフシャンと中国の領土を結ぶルート上で最大のまちでもあった。そのため、ソグド人とならんでコータン人は、唐帝国において貴石を扱う有力な商人だった[67]。おそらく彼らはチベットにおける主要な商人でもあっただろう[68]。さらに、コータンの主たる市場は毛皮市場である[69]。したがって、古くから——遅くとも四世紀には——ソグド商人はコータンにいたが[70]、その存在はコータン人の遠距離交易の発展を少しも妨げなかったのである。ただし、コータン人の交易はソグド人の交易ほど大きくなかったかもしれない。二つの商人集団の関係を伝える文書は一点もないが[71]、もし両者の関係が対立したのなら、コータン人は、長い間独立を保持していた彼らのまちから、政治的手段によってソグド人を追い出しただろうと推測される。したがって、両者の間に協力関係が存在したことが想定される。ソグド人である可能性が高い米亮《べいりょう》という人物は、八世紀後半に長安でコータンの玉を売っている[72]。

北道では、ソグド人の優位はより鮮明で、他の商人の存在を証明する文書はほとんどない。たとえば、七世紀初めにトルファンで作成された称価銭徴収帳簿を見れば、クチャ人が関係する取引は二件、それに対してソグド人が関係する取引は二九件である。トカラ語の経済文書は、とりわけ農業や牧畜の分野に関係するものである[73]。サカ語で書かれた商業に関する契約文書も、カシュガルの東のマラルバシで数点発見されてはいる[74]。

しかし、最も驚くべきことは漢人商人の姿が認められないことである。彼らが史料に現れるのはきわめて稀である。すでに引用した訴訟の記録では、確かにソグド人の一族とある漢人商人が対立しているが、この文書は例外的である。唐王朝の前半期、すなわち七五五年以前の中国における商人の正確な役割は、ほとんど何も知られていない。領土の北東部の辺境地帯において経済活動や交易を活性化しようとした時、政府は西方商人（商胡）の力を借りている。漢人商人が文書にはっきりと出てくるようになるのは王朝の後半以降である。[75] 一方、外国商人は本拠地から切り離され、安禄山の反乱に強く結びつけられた。その結果、彼らの役割は後退する。長安で玉を売った米亮は、有力な漢人商人の命令に従っている。

西の隣人

バクトリア人はかつてソグド人の先達だったが、ソグド人の全盛期には精彩を欠く後継者しか残っていなかった。トハリスタン（バクトリア）の商人は漢文文献に時々引用されるが、彼らが個別に扱われるという事実が、逆に彼らの影響力の弱さを強調している。長安では良質のガラスの生産（と輸入？）が彼らの専門分野だったらしい。[76] バクトリア語文書は、タリム盆地ではほんのわずかしか見つかっていない。一方で、数人のバクトリア人が漢文文書に引用されている。トルファンでは八五〇人以上ものソグド姓の人名が知られているのに対して、トハラ人であることを示す吐《と》火羅《から》姓は全部合わせて二人しか知られていない（もし羅姓も加えれば二六人になるが、実際にトハラ人であるのはそのうちの一〇人前後である）。ソグド人と比べてはるかに少ない。

それでも、言及されるトハラ人の何人かは本書の主題にとって無関係ではない。このわずか一〇人ほどのうち少なくとも四人は、明らかに交易に関する文脈で登場する。とりわけ言及に値する文書は六八五年に発行された過所、すなわち中国の行政機関が発行する通行許可証である。それによれば、数人のトハラ人がソグド商人とともに移動している。トハラ人の一人、磨色多《ましきた》は三五歳で、男奴隷一人、女奴隷二人、駱駝二頭、驢馬五頭を連れて移動している。別のトハラ人の払延《ふつえん》 p^{h}ut jian（ソグド語で「仏陀の栄光」？）は三〇歳で、奴隷二人と驢馬三頭を連れている。彼らはソグド人の康尾義羅施《こうびぎらし》が率いる集団に属し、他に二人のソグド人も加わっている。誰も漢語を話さないので、トルファンを通過する権利を得るために、通訳の那你潘《なにはん》(または你那潘《になはん》)の助けを待たなければならなかった。かれらの保証人になったのは、その地域のまち、すなわちトルファン、ビシュバリク、ハミ(クムル)、カラシャール出身の五人の百《ひゃく》姓《せい》で、この地方に定住したキャラバンの成員である可能性が高く、そのうち四人はソグド姓である。一行は西から到着して東へ、都長安へ行こうとしていた。[77] トハラ人の羅也那《らやな》に言及する別の商業文書は、七三三年にトルファンで、あるソグド人(石染典)のために作成された馬の売買契約文書である。このトハラ人は、興胡(裕福な胡人)、すなわち商人であり、他のソグド人とともに売買契約の保証人になっている。[78] さらに、同じ年に発行された通行許可証には、あるソグド人の雇用人である羅伏解《らふくかい》が主人とともに登録されている。[79] これらのバクトリア商人は常にソグド人に加わっていて、あまりに自立しているようには見えない。

　バクトリアにはるかに近いギルギットでも、バクトリア語の銘文はたった一〇点ほどしか知られていない。また、トハリスタン北東部がテュルク人の支配下に置かれた六世紀から七世紀のコインには、ソグド語のカウンターマークが打刻されている。[80] これはソグド人がこの地域を経済的に支配したことを示唆するだろう。

　本書の後ろの方で詳しく検証するが、ホラズム人による遠距離交易は、西部ステップ地域には確実に存在したが、東方ではほとんど発展しなかった。[81] ホラズム人の交易は八世紀にはソグド人の交易路の中に包み込まれてしまう。八世紀半ばにホラズムの銀貨はソグド語の銘文を持つようになるが、銅貨の方はホラズム語のままである。この変化を説明する政治的理由はない。それを説明する唯一の方法は、ホラズムがソグド人の交易地帯、とくに経済圏に包括されたと考えることである。そう考えれば、遠距離交易のために用意された銀貨と、そうではない銅貨との違いを説明することができる。

強力なライバル——ペルシア人

ソグド人の勢力範囲全体において競争相手になりえたのは、ペルシア人とディアスポラのユダヤ人である。

ソグド商人とササン朝ペルシア帝国との外交関係についてはのちに詳しく検証する。[82] 確かにペルシア人は五世紀に海上の交易ネットワークを整備し、中国との交易は九世紀に全盛期を迎える。多くの考古資料といくつかのテキストが、彼らの交易の大きさと力強さを強調する。ソグド人の交易が飛躍するのと平行してペルシア人の交易も飛躍し、ソグド人の交易史の全期間を通して、ペルシア人のネットワークはソグド人のネットワークと対を成した。[83] 地政学的に見れば、当時の大国によって支持される商人階級がソグディアナの南西に誕生したことは、とくに陸路、すなわちソグド人の勢力範囲に重大な影響を与えずにはいなかった。

インダス川上流のソグド語銘文の中には、ササン朝の商人ともっと遠いシリアの商人の名前が現れる。[84] これは両者とソグド人の間に少なくとも協力関係が存在したことを証言し、ある程度は相互に協力していたと推測することができる。第3章で引用したコスマスのテキストは、六世紀前半にアジアに存在した二つのネットワークの勢力範囲を示すと同時に、両者が接触する地点をも示唆する。なぜなら中国の絹はソグディアナからペルシア帝国へ移動したからである。[85] 地理的に見ると、メルヴとブハラはこの接触に必要不可欠な二つの要衝である。メルヴでは複数の要素がソグディアナとの結びつきの強さを証言する。実際に、いくつものソグド語の陶片（オストラコン）がメルヴのササン朝時代の遺跡（エルク・カラ）で発見されている。また、五世紀から六世紀に建物が築かれた地区の、ある広い家のゴミ溜めの中から、ソグド語、バクトリア語、中世ペルシア語の練習のあとが見つかった。[86] 考古学者はそこに語学学校が存在したと推定し、メルヴと中央アジアとのつながりを示す証拠とみなすが、その推定は正しいだろう。一方で、メルヴではビザンツのコインも発見されている。また、十字架を作るための鋳型も発見されたが、それは、ネストリウス派が中央アジアに伝播する過程において、メルヴが中継地点だったことを示している。[87]

これらの考古学的証拠に加えて、ササン朝にとってメルヴが中央アジア方面に対する重要な要塞だったことを証言するテキストがある。造幣についてはすでに見たように、ササン朝のコインのモデルはメルヴからソグディアナに導入されている。

ペルシア商人とソグド商人が接触した重要な地点がメルヴにあったと考える理由がある。実は、それを裏付けるテキストがいくつかあり、それらはすでに引用した間接的証拠よりも優れているはずである。しかし、これらのテキストは七世紀末の出来事も報告するが、すべて早くとも一〇世紀に書かれたものである。そのため、それらは後の章で細部まで活用することにして、[88]ここでは、その中で最も重大な意味を持つテキストについて指摘しておきたい。一〇世紀初め、歴史家のタバリーは、彼が著した『諸使徒と諸王の歴史』の中で、六九九年にメルヴからブハラに対して行われた遠征の状況を詳細に述べ、当時ソグド人はメルヴの金融市場において主要な金貸しだったと伝えている。[89]しかし、そのような状況がいつから始まったのかを特定することはできない。反対に、イスラーム時代のテキストは、ソグディアナにペルシア人の交易が存在したことを証言している。[90]

筆者の知る限り、陸路で来たペルシア商人は漢文文献には言及されない。それに対して、あるアラビア語テキストは八世紀後半に中国を旅した東イランの商人について伝える。[91]したがって、ペルシア人は中国へ向かうソグド人のキャラバンに加わっていた可能性がある。八世紀半ばのあるテキストは、アラブ帝国からトルファンに来た商人について記している。[92]中国南部に多数のペルシア人やアラブ人が存在したことは、とくに八世紀以降はよく知られている。しかし、ササン朝崩壊後に中国の宮廷に押し寄せたペルシアの政治的亡命者の方が、陸路で来たペルシア商人よりも多かっただろう。

したがって、ペルシア人とソグド人との関係は相互の勢力範囲に従って機能し、両者の接触は限られた場所で行われていたようである。第7章で示すように、五六八年にソグド人がペルシア人の交易範囲に定着し、自分たちの利益になるように均衡を乱そうとした時、ササン朝の当局は彼らの要求を断固拒否して原状を回復した。八世紀前半にソグド人ネットワークの中核部分がペルシア人ネットワークと同じ政治圏内、すなわちイスラーム帝国に組み込まれるまで、この状態は有効だった。

ソグド人とラダニヤ

ユダヤ商人であるラダニヤは、確実に、中世初期のアジア西部の歴史研究において最も有名な大商人である。駅逓《えきてい》局長のイブン・フルダーズビフ（九世紀半ば）による『諸道と諸国の書』の一節が、ユダヤ商人の驚くべき行程、すなわちスペインから中国までの海上ルートと陸上ルートを記す唯一のテキストである[93]。陸上ルートの一つは、マグレブ、エジプト、バグダード、ファールス、インド、中国を経由する。我々に直接関係があるのは、それとは別のルートである。

時々彼らはローマの後ろのルートをとり、スラヴ人の国を通って、ハザール人の都ハムリジに向かうこともある。ジョルジャーン海（カスピ海）に船出し、そしてバルフに到着する。そこからトランスオクシアナに行き、トゴズゴル（ウイグル人）のウルト（ユルト）へ、そこから中国へと道を続ける[94]。

このテキストを裏付ける文書はとても少ない。中国におけるユダヤ人の存在を証明するのは、たった二点の孤立した断片である。一点は敦煌で発見された九世紀のヘブライ語の写本で[95]、もう一点はダンダン・ウィリクから出土した八世紀の、ソグド語まじりのユダヤ・ペルシア語文書の断片であり[96]、それらは知られている限り最も古い証拠である。前者は護符で、後者はコータン付近で発見された八世紀後半の手紙である。手紙の内容は、家畜の交易、おそらくは衣服と奴隷の交易にも関係し、いくつかの単語はソグド語のようである（「奴隷」や「ハープ」を意味する単語）。これらが中世初期の唯一の資料である。ソグド語文書には、アラブ侵略以前のトランスオクシアナ（アム川とシル川にはさまれた地域。本書二四一頁参照）にユダヤ人が存在したことを証明する文書はないが、『カンディヤ *Qandiyya*』というペルシア語のテキストは、イスラーム以前に中国からサマルカンドに来たユダヤ人が重要な役割を果たしたことを報告している。残念ながら、そのエピソードの年代は不明である。(97) ペルシアにおいては、遅くとも六世紀以降にはユダヤ人の墓地がメルヴに存在したし、(98) 大きなユダヤ人共同体がホラーサーン（アム川の南、イランの北東地域、本書二四〇頁参照）の複数のまちにあった（たとえばニーシャープールやバルフの近くのマイマナ）。(99) インド方面にユダヤ人が存在したことを証明するのは、数は少ないがインダス川の峠に刻まれた文字と、(100) とりわけビールーニーのテキストである。(101) そして、八世紀末以降は、コーカサスとクリミア半島の北に広がるステップ全体を支配したハザール帝国のまちに、多くのユダヤ人共同体が存在した。(102)

南方から来たこれらの様々な共同体が東西のネットワークに組織されることは、おそらくありえないことではないだろう。イブン・フルダーズビフのテキストは、にわかに信じがたい内容だが、おそらく九世紀半ばの歴史的実態を伝えている。(103) これに対して全体史の立場から解釈を与えることができるとすれば、それは、ラダニヤという名前がササン朝の都クテシフォンに隣接する地域の名前に由来する、という解釈である。(104) このことから、ラダニヤのネットワークは、ペルシア人の交易のダイナミズムをユダヤ人が倍増させたものであり、ラダニヤとは単にイラクに存在したディアスポラのネットワークの古い呼び名であると推論することができる。このような枠組みにおいて、もっとよく知られているササン朝のネットワークの実態とラダニヤを並べて考えれば、このユダヤ人ネットワークの実態を疑う理由はない。(105)

ソグド商人とラダニヤがどのような関係にあったかは不明である。ラダニヤのネットワークの名声は、ただイブン・フルダーズビフのテキストのみに依拠している。彼はイラクを中心とする勢力の駅逓局長という職務に就いていたため、ユダヤ商人について記すことができた。ソグド人については、これに相当するテキストがアラビア語・ペルシア語史料にないものの、ラダニヤのネットワークの大部分においてソグド人が優勢だったことは明白だろう。九世紀初めまではソグド人が陸路の遠距離交易を掌握していたが、その後、いくつかの地域ではユダヤ人ネットワークに取って代わられた可能性がある。一〇世紀から一一世紀に地中海とインド洋でユダヤ人ネットワークが優勢だったことが、カイロのゲニザ文書によって知られている[106]。また、ユダヤ商人の宗教的に中立な立場とハザール人がユダヤ教に改宗したことが、その後数世紀にわたってユダヤ人ネットワークに有利に働いた。

全体的に見て、中世初期のユーラシアは交易ネットワークが見事に張り巡らされた空間だった。交易ネットワークを一つに結びつけた従属関係、連結、インターフェイス、接合は、交易ネットワークが大陸全体を覆うことを可能にした。この網状組織の中で傑出していたのは、アジアでは、ソグド人、ペルシア人、そしておそらくシリア人、インド人のネットワークだった。しかし、これらの大規模な商人から成る集団は、地方の小商人から成る集団に支えられていた。大商人は大きなネットワークの接点を維持しなければならなかった。ソグド人にとって、それはメルヴ、長安の市場、クリミア、ヴォルガ川上流、モンゴリア北部だっただろう。

5　空間を制する

キャラバン交易

ソグド人は商人であるとともに運搬人でもあった。ソグド人の共同体における薩宝の役割、高級官吏の地位に就いた共同体の責任者を呼ぶのに漢人が薩宝という語を選んだという事実、そして「古代書簡」のテキストとトルファン出土の漢文文書、それらはすべて商品の運搬におけるソグド人の重要性を示している。中国の軍隊が北西・北東方面へと拡大する時、ソグド人はそれを補佐する重要な役割を果したようである。[107] しかし、ソグド人が実際にどのように運搬していたのか具体的なことはほとんど何も分かっていない。

中央アジアの交易に対して抱く古典的イメージは、駱駝による大規模な隊商を中心に編成されるキャラバン交易のイメージである。しかし、文書資料によって把握しうるその実態は、このイメージよりもはるかに複雑である。

この点においては、実務文書とそれ以外の文献との間に大きな対立が存在する。実務文書に引用されるのは、多くて四〇人、たいていの場合それよりもはるかに少ない数の人間と、驢馬、騾馬、馬から成る規模の小さいキャラバンである。一方、漢文またはアラビア語で書かれた、より文学的なテキストには、数百人の隊員から構成される大規模な駱駝のキャラバンが言及される。クチャ人から成るキャラバンの通行許可証は、七世紀半ばにクチャの北で日常的に見られた交通について格好の例を提供する。それは、クチャの北西六キロメートルの古い見張り塔の下部で、ペリオによって発見されたひとまとまりの木簡である。[108] アクスに向かう山中の隘路の出口にあったこの塔は、等間隔に置かれた見張り塔の一つで、そこからキャラバンの通行が監視されていた。キャラバンは、その内容(隊長の名前、隊員と駄獣(貨物運搬のための動物)の数、日付、出発した宿駅と到着する宿駅)を詳しく記した通行許可証を持って、ある宿駅から次の宿駅へ向かった。研究された通行許可証は六四一年から六四四年までのものである。いくつか例を挙げると、一つ目のキャラバンは男性二〇人、驢馬三頭、馬一頭から成り、二つ目は男性六人、女性一〇人、驢馬四頭から成り、三つ目は男性三二人と馬七頭の組み合わせである。小規模な地域内交易に関係するこれらのクチャ人の情報は、ソグド人について我々が知っている数少ない情報によって十分に裏付けられる。たとえば、七三二年から七三三年の石染典のキャラバンは四人のソグド人——雇用人一人、奴隷二人、石染典本人——と驢馬一〇頭によって構成され、七三三年に馬一頭がキャラバンに加えられている。[109]

とはいうものの、「古代書簡」には大きな集団で移動する人々が言及されているようである（「古代書簡」V、一三〜一四行目「多くのソグド人は出発する用意ができていましたが、彼らは出発することができませんでした」）。また、「古代書簡」IとⅢには敦煌から楼蘭に向かうキャラバンが言及されるが、それは孤立した女性の保護を保証することができるほど大きかったと思われる。[110]また、同時代の楼蘭出土文書は、三一九頭の駄獣から成るキャラバンが四三二六疋の絹の反物を運んだことを記している。[111]時代が下ると、いろいろな種類のテキストが数百人の商人から成るキャラバンに言及するようになる。すでに何度も引用したチベット語の仏教文献の場合、五〇〇人というソグド商人の数は客観的事実を証明するのではなく、説話のスタイルに従っているため、このテキストには触れずにおく。一方で、青海地方で漢人に捕らえられた二四〇人の商胡と六〇〇頭の駱駝から成るキャラバンや、[112]アラブ人旅行家のイブン・ファドラーンが九二一年にホラズムからヴォルガ川上流まで一緒に移動した巨大なキャラバン[113]を想起することができる。さらに、歴史家のタバリーは、七二二年に中国から集団で戻ってきたソグド商人について伝え、[114]またナルシャヒーも『ブハラ史』の中で中国から集団で戻ってきたソグド商人について伝えている。[115]

移動の主要な形態が二種類あったとしても、少しも不思議ではない。「キャラバン」という語の語源（フランス語の caravane＜ペルシア語の kārwān＜インド・ヨーロッパ語の ker-「軍隊」）も、インドでその制度に対してなされた初期の言及（サンスクリット語の sārtha-「部隊、軍隊」）も、軍の輸送隊や危険を回避するための集団での移動という考えを想起させる。ソグド商人は安全な地域では少人数または単独で移動したが、土地の性質（敦煌と南道の間の砂漠やツァイダム盆地）または政治状況（アラブ軍が駆け回っていた頃のソグディアナ、グッズ族の領土）が理由で通行が困難な地域では、集団を形成したと推測することができる。

あらゆる種類の駄獣が史料に言及される理由も、同様にプラグマティズム（実用主義）によって説明される。確かに駱駝は使用されていた。たとえば、「古代書簡」IとⅢを書いた敦煌のソグド人女性は、楼蘭に移動する場合には、キャラバンの後を追うことができるように、神官から駱駝一頭の提供を約束されている。[116] さらに、この砂漠地帯において駱駝が優れた駄獣だと主張する漢文文献がいくつもある。

且末《しょまつ》の西北に流沙が数百里ある。夏には熱風があり、旅行者にとって災いになる。このような風が吹くときには、ただ年老いた駱駝だけがこれを事前に知り、すぐに鳴いて、集まり、その口と鼻を砂の中に入れる。人々は常にこれを兆候とみなし、同じようにすぐに彼らの鼻と口を氈《せん》(フェルト)の中に入れる。その風はすばやく、一瞬で過ぎるが、もし防がなければ、死ぬ恐れがある。[117]

唐代の図像には、駱駝の背に乗って中国のまちに到着する西方出身者を表すものがたくさんある。これらの者の陶《とう》俑《よう》の一部は商人ではなく、楽師や中国に駱駝や馬を連れてきた人物を表すが(図4-c)、それでもやはり俑の多くは特徴的な服装をしたソグド商人か(図4-b)、荷鞍《にぐら》をつけ、中身の詰まった革袋を下げた駱駝の背に乗るソグド商人(図4-a)を表している。[118] 駱駝はソグディアナ北部で飼育されており、七五一年に唐がチャーチを急襲した時に駱駝を大量に捕らえている。[119] 一方で、半野生の二瘤《ふたこぶ》駱駝は今でもウズベキスタンのステップでふつうに見ることができる。[120] また、六七三年に、あるソグド人がトルファンで一〇歳の黄毛の駱駝を漢人に売っている。[121] 突厥の将軍トニュククは、ソグディアナを急襲した時に連れ帰った駱駝を自慢している。[121]

しかし、いかなる場合にも駱駝が唯一の運搬手段だったというわけではない。クチャ出土文書が記すキャラバンと、右で言及したトルファン文書は、馬、驢馬、騾馬の使用を示している。道幅が狭いインダス川上流などいくつかの地域では、駱駝の背に載せて運ぶことは不可能であり、通過できるのはヤクだけである。いずれにせよ、このような荒涼とした地域では大規模なキャラバンは十分な牧草を見つけることができない。インドへ向かう漢人の求法僧（法顕）の記憶に焼きついた「つるされた道」、すなわち崖の中腹に打った杭に踏み板を渡して作られた狭い道では、人が背負って運ばなければならなかった[122]。

ソグド人の倫理とキャラバンサライの精神

数百年間、大規模なキャラバン交易の支配者であり続けたソグド人は、このタイプの交易が抱える大きな問題の一つ、すなわち、まちの中で、そしてまちとまちの間で、毎日、宿泊地を確保するという問題を解決しなければならなかった。イスラーム世界が次第に発展させた解決方法は知られている。それは、キャラバンサライのネットワークを、イラン、テュルク、アラブ世界の主要な交易路沿いに張り巡らせるというものである。イスラームのキャラバンサライの起源は、東方の歴史的建造物の中で最も議論される問題の一つである。問題は未解決だが、多くの仮説が提出されている[123]。ササン朝ペルシア帝国における陸上交易の物質的な組織に関する資料がほとんどないことが、キャラバンサライの生成過程の復元を難しくしている[124]。ソグド人の交易を対象とする本研究においては、キャラバンサライの起源がソグド人にあるのか、もしくはソグド人の影響を受けているのか、という疑問が自ずと生じる。

ソグディアナで発見されたキャラバンサライ、またはそれと同じプラン（平面図）を持つ建物のうち、イスラーム以前の建物であることが確実な例は一つもない。たとえば、商人のまちパイケントの出口に建てられたリバート（小要塞）は、たとえそれがキャラバンサライとして機能したことが証明されているとしても、八世紀末より前のものではないし、さらにそれは地山の上に建てられていた[125]（図7‐a・b）。キジルクム砂漠では、サマルカンドとシル川下流のデルタ地帯の間でキャラバンの停留地点が発掘され、その結果、八世紀から九世紀に変わる頃に、単純な野営地から堅固な材料で造られた施設に変化したことが示された[126]。それに対して、チャーチの南のカンカでは、カラハン朝のキャラバンサライの下で、同じプランを持つソグド時代の可能性のある建物の痕跡を発掘者は見つけたようで、それをキャラバンサライであると仮定している。[127] しかし、発掘が少ししか進んでいないため、これらの情報を確実なものとみなすことはできない。現在のところ、イスラーム以前のソグディアナにおけるキャラバンサライについて、考古学は何も教えてくれない。[128] 言語学の見地から指摘すべきことは、ソグド語で「宿屋」や「旅館」を意味し、キャラバンサライの概念と関連づけることのできる唯一の単語は、漢語からの借用語だということである（tym＜漢語「店《テン》」）。[129] そのため、この制度はソグディアナのものではないし、中国の宿屋とキャラバンサライを関連づけるものもない。ヴェッサンタラ・ジャータカを翻訳したソグド人は、王家の施しによって城門付近に設置された旅行者のための宿泊所というインドの考えを翻訳しようとしたが、必要な単語がないために、pwny'nkt'k（功徳の家）という半分ソグド語で半分インド語の単語を作り出さなければならなかった。[130]

以上のことから、ソグドのキャラバンサライは存在しない。しかし、逆説的になるが、キャラバンサライというイスラームの制度は、東イラン、より限定的にいえばソグドに起源があるように見える。イブン・ハウカルは、この地域では旅行者をどのように受け入れるかについて長い一節を割いている。

トランスオクシアナ全体において、領地や農地を自由に使うことのできる人で、昼夜この慣例を実践しようと努めない人はいない。これはまさに彼らの間で競争の対象であり、それによって財産を失ったり、破産したりしてしまう。しかし、ふつう人々は競って蓄財し、自分たちの資産をひけらかし、財産を増やすのに苦心惨憺する。ソグドで私自身、ある住居の痕跡を目にした。その入口は、梁によって閉ざされていて、[131] この扉は一〇〇年またはそれ以上の間、閉ざされたことがなく、ここを通る人は誰でもそこに身を寄せることができたのは明らかだと思われた。不意に何の用意もなく、この住居が一〇〇人、二〇〇人、またはそれ以上の人と、駄獣、召使いによって使用されることもあった。彼らは動物の飼い葉と自分たちの食料、さらに自分たちの毛布を使わずにすむほど十分な量の寝具を見つけた。（中略）イスラームの国々では、富裕な人々の大部分は、自身の個人的な楽しみのためだけに出費することを付け足しておこう。（中略）反対に、トランスオクシアナの住人は彼らの財産を宿泊所（リバータート）の建設や道路の修理にあてたり、聖戦を継続するためのワクフに指定したり、慈善事業や石橋の建造に費やした。それを免れようとする不真面目な人は稀にしかいない。人々が集まる場所、人々が頻繁に利用する給水場、人口の多い村落には、宿泊する旅行者が押し寄せても十分な広さの宿泊所が必ずある。[132]

ここには、キャラバンサライの考えそのものが正確に記述されている。その考えはトランスオクシアナに特有の倫理、すなわち、おそらくはイスラーム以前のソグドの文化に根ざしていた。とはいうものの、イブン・ハウカルはリバータートの建築形態については明らかにしないので、考古資料から確認されることは依然として完全に有効である。イスラームのキャラバンサライは、おそらく九世紀または一〇世紀に、このイスラーム以前の倫理を新しい建築形態、すなわちイスラームの正方形の小要塞の形態（リバート）に適応させることによって生まれたのだろう。イスラーム勢力は、九世紀の間に、それらをちょうど異教徒と接する境界地帯に巡らせた。

これより前の時代については、必要以上に広い中庭を持つソグドの城がルート沿いの受け入れ施設として機能していたという意見が、旧ソ連の研究者によって提案されている。筆者にはもっともな考えだと思われる。このような事例はとくにザアミンで調査されている。ザアミンは、ソグド人の主要な交易ルートがチャーチへ向かうルートとフェルガナへ向かうルートに分岐する地点である。一辺が一〇〇メートルもある大きな城壁は――発見された土器によって七世紀に造られたと推定される――イブン・ハウカルのテキストと合致する。[133] 筆者の考えでは、城主の生活様式を強調するイブン・ハウカルのテキストは、前述の城の中庭が受け入れ施設として機能していたという意見を完全に裏付ける。慈善事業や旅行者の受け入れといった、これ見よがしの気前の良さは、全くのところ、ソグド文化を支配していた貴族の生活様式が商業の分野において実践された結果である。客を広間に迎えて、歓待するソグド人貴族の配慮は、すでにペンジケントにおいて指摘されている。[134] 広間は客をもてなすことを唯一の目的として用意され、見事に装飾され、貴族の住居の面積のかなりの部分を占めていた。隠れている倫理は同じである。すなわち貴族は人目を引き、自宅に受け入れることを自身の義務としていた。そのため、ソグディアナにとてもたくさん存在した城の中庭を商人とキャラバンが使用することによって、経済的必要性と貴族の生活様式は見事に両立したのである。

城とキャラバンサライとの間に建築上のつながりがないことは確実である。建築上のつながりがあるように推測されることがあるが[135]、両者の間にあるのは機能上のつながりであり、旅行者の宿泊場所という機能が継承されたのである。ソグド人は自分たちの土地にキャラバンサライを必要としなかった。社会的規範がかなり強かったために、貴族階級の文化の中に交易を組み込むことができたからである。

それに対して、人口の少ない地域ではキャラバンはテントを使用した。セミレチエとモンゴル高原北部を結ぶルートはたいへん古く、商人も歴代のテュルク帝国に仕える役人も頻繁に往来した。このルート上に存在したテュルクの駅逓について論じるテキストがあるが、それは配達人や旅行者が宿泊するためにステップに設置されたテントにはっきりと言及している。[136] 堅固な材料で造られる建物は用意されなかった。さらに、九二一年にイブン・ファドラーンが加わった使節団は、その前の数百年間、多くのソグド商人とホラズム商人が往来したように、ウスト・ユルト台地を通過し、ヴォルガ川上流のブルガール王国に達したが、使節団が通ったルート上に連続してキャラバンサライが設置されたのは、一四世紀になってからである[137](**地図8**)。

より広い地域を見ても、ソグド人が交易のために彼らの空間を整備することはほとんどなかった。とくに驚かされるのは次に挙げる例である。サマルカンドの北、ウストルシャナとチャーチの間に広がる「飢えのステップ」は乾燥のせいで大きな障害となっていた。そのため旅行者はトルキスタン山脈の北麓に沿ってザアミンまで進み、そこからできるだけ早くフェルガナかシル川に到着し、その後、天山山脈の西麓からチャーチに到着した。しかし、サマルカンドとタシュケントを直線で結ぶ、より直接的な行程を想定することができたはずである。九世紀になると貯水池が一列に設置され、その結果、移動にかかる日数を二日短縮することができた[138]。ただし、それはイスラーム時代のことであり、整備された場所の下は地山であることを考古学は示している[139]。したがって、ソグド人の交易は、ネットワークの往来がきわめて頻繁な区間にさえも、必要な整備を行わなかったのである。一つ目の例を補強する例がもう一つある。メルヴとブハラの間を結ぶルートは、イランと取引をするには必ず経由しなければならないルートであり、またアッバース朝時代にはイスラーム世界で重要な幹線道路の一つになる。そのルート沿いは整備されている場所が少なくないが、多くの場合、早くても九世紀のものである。ただいくつかの井戸だけが――代替ルートがないため不可欠である――それより古い時代のものである[140]。

ソグド人の交易の内的な特徴を資料から抽出し、それらを検討してみると、ソグド人の交易は八世紀には時代遅れだったのではないかという疑問がわいてくる。商業上の必要性に応じて空間を組織する行為の欠如は、この点においてとりわけ際立っている。また、ソグディアナにおいて確認される交易組織の形態、すなわち一族という形態の単純さにも言及する必要があるだろう。それは南のササン朝の法律が証言する複雑さとは対照的である。しかし史料が不足している状況でこのように対比するのは危険である。少なくとも橋の賃貸契約文書は、入念に作り出された法律用語がソグディアナに存在したことを証言している。また、ソグド人は自らの土地においてはキャラバン交易の問題に答えを出すことができた。しかしながら、実際には、五五〇年から七五〇年までの二〇〇年間、大量の絹が中国によって西方に運ばれたことが費用面でもたらした予想外の幸運によって、ソグド人の交易は黄金時代を迎えたと推測することができる。それは、もっぱら商業に根ざした交易というよりも、政治に根ざした交易だった。

Ⅲ　交易と外交

（五五〇〜七五〇年）

導入

ソグド人の移住地は、サマルカンドからセミレチエまで、そして天山山脈からロプノール湖まで、さらに甘粛《かんしゅく》から中国内地の大都市まで点々と続き、ソグド商人は、オアシス、山脈、砂漠から成るこの空間の全体において、境界を接する遊牧世界と常に関わりを持っていた。ソグド人ネットワークの中央幹線道路は、実際にはステップの遊牧民との南北のつながりによって倍増され、延長される。遊牧帝国におけるソグド人の役割が明確に示されるようになるのは、突厥可汗国《とっけつカガンこく》の時代である。六世紀に突厥のもとで中国からビザンツまでの空間が統合された時、この新興の征服者が自らの帝国を政治的、宗教的、とくに経済的に管理するために必要なものを提供するのに、ソグド人は、明らかに、最も適切な場所を占めていた。いくつかの鍵となるテキストによって、ソグド人が突厥の政治的影響力を交易のために利用したことが分かる。また、中国北西部の境界地域にテュルク・ソグド人社会が形成され、中国の経済史において重要な役割を果たした。そして、安禄山《あんろくさん》による大規模な反乱が起こると、この社会は強力な政治勢力を形成するに至った。第7章では、このテュルク・ソグド人社会の中で政治と交易との間に結ばれた関係について検討する。ソグド人ネットワークは、地理的に最大規模に達し、ビザンツまで到達するが、それはステップ地域を経由している。それゆえ、ソグド人の交易が西部ステップに拡大した要因はテュルク・ソグド人社会にある、ということになる。この点について第8章で考察する。

第7章　テュルク・ソグド人社会

中国人にとってソグド人は、テュルク人が住むステップ地域における代表的な商人だった。ソグド人は遊牧民の助言者という役割を果たし、六世紀半ばから八世紀半ばまでモンゴル高原からステップ地域を支配した一連の突厥可汗国の経済活動、政治活動に関与した（**地図6**）。この移住は、どのような状況において行われたのか。ソグド人は、チャーチから甘粛に至るまで、言い換えれば定住地域と遊牧地域が接触する地帯に沿って存在したため、いくつもの仮説が想定される。ソグド人はソグディアナからステップ世界へ入っていったという仮説は最も広まっているし、直感的には最も論理的である。しかしながら、ソグド人とテュルク人の最初の接触は、おそらく、そのはるか東方で起こり、ソグド人がテュルク系民族の中に足を踏み入れたのは、甘粛の交易拠点からであることを示すことができる。テュルク人とソグド人との文化的融合は六世紀から一〇世紀まで確認されるが、それには先行する長い歴史があった。その歴史について検討することで、ソグド人がテュルク人のもとで交易を独占していたことを説明することができる。

1　テュルク・ソグド人社会の誕生

突厥可汗国

突厥可汗国は、五四〇年代末に、遊牧世界の流動的状況から突如現れた。(1) 阿史那《あしな》氏出身のブミン可汗〔土門《どもん》〕は、当時ステップ地域を支配していた柔然《じゅうぜん》を支持していたが、五五二年に反乱を起こして柔然を滅ぼした。彼の二番目の後継者であるムカン可汗（在位五五三～五七二年）は中国北方のステップ全域を征服した。一方、彼の叔父のイステミ可汗（ビザンツ史料のジザブロス、在位五五二～五七五年または五七六年）は西部ステップ地域を掌握し、五六〇年にはササン朝の支配者であるホスロー一世と合意のもとでエフタルを破り、ソグディアナを奪い取った。五七〇年代末、西突厥はクリミア半島までステップ全域を支配した。

続く五〇年間はより混乱している。西突厥は五八三年から政治的に独立し、両可汗国の対立が表面化した。一方では中国が、他方では従属していた複数の部族がそれにつけ込んだ。イステミの息子のタルドゥ可汗（在位五七六～六〇三年）は、七世紀初めに短期間ではあるが全体を再統合した。東突厥可汗国は、隋と続く唐の圧力によって崩壊し、六三〇年以後消滅した。西方は反乱が起きても比較的安定した状態にあったが、六三〇年以降、可汗国はいくつかの部族連合に解体され、オン・オク〔十姓〕が中央アジアを、ブルガールがその西を支配した。六五九年以降、中央アジアは名目的に中国の支配下に置かれる。ハザールがアルタイ山脈から移住し、六七〇年代以降コーカサスの北のステップを占領した。東方では突厥第二可汗国が、クトゥルグ可汗（在位六八二～六九一年）、その息子のカパガン可汗（在位六九一～七一六年）、ビルゲ可汗（在位七一六～七三四年）のもとで形成されるが、七四四年以降ウイグル可汗国にその地位を譲る。西方ではトゥルギシュが七一五年から七四〇年まで優勢だったが、アラブ軍に対してソグディアナを失い、その後中国に対して自らの独立を失った。七五五年に中国が失墜すると、カルルクがセミレチエに侵出した。西部ステップ地域では、八世紀から一〇世紀にハザールが、東はホラズムに及ぶ地域で支配的な勢力となり、また、ユダヤ教に改宗した。(2) ハザール帝国は東ヨーロッパの遠距離交易の中継地点の役割を果たした。(3)

五六〇年に突厥の軍隊がエフタルを破り、ソグディアナを征服すると、ソグド人とテュルク人との間に真の融合が生まれた。多くの例がそのことを証言している。たとえば、七世紀末のペンジケントの王の一人であるチャキン・チュル・ビルゲはテュルク人である。後継者であるデーワーシュティーチュは、名前はイラン語だが、『ニーシャープール史』に詳しく記された家系を信用すればテュルク人の子孫である。[4] さらに、現存する唯一のソグド語結婚契約文書では、テュルク人の男性とソグド人貴族の女性が婚姻関係を結んでいる。[5] ソグド人の移住地やチャーチでは、他の地域よりも融合が顕著である。クラースナヤ・レーチカの墓地では、テュルク人の慣習に従って夫婦と複数の馬が合葬された墓が見つかっている。こうした融合は図像にも明白に認められる。すなわち、クイルク・トベ〔ケデル〕出土の木彫の人物像は、テュルク式の服飾と髪型で、モンゴロイドの特徴を持つ。[6] また、有名なアフラシアブ（旧サマルカンド）の壁画では、現在は失われている王または神格の足下にテュルク人兵士が車座になり、一方、中国の使節やソグド人貴族は行列を成している。他にも例は多数あるだろう。ソグドの都市の中心地や農村部ではイラン語が話されていたが、人里離れた地域は、たとえ文化的にはソグド人の支配下にあったとしても（テュルク人の支配下にあったトハリスタンで発行されたコインのカウンターマークはソグド語である）[7]、民族的にはテュルク人の要素が大きくなり始めていた（たとえば、チャーチの山間部、トハリスタン、セミレチエ）。六世紀から七世紀にかけて、少なくとも支配階層には、まさしく混合した文明の形成が認められる。

ソグド人が突厥可汗国にもたらしたものは重要である。最も重要なのは間違いなく文字である。というのも、ソグド文字は、次第にテュルク語の音韻に合うように改定され、八世紀初めの短期間、エリートの間で外国人を嫌う愛国主義的反応が起こり、ルーン文字の使用が主張された時を除いて、突厥と次のウイグルの歴史を通して一貫してテュルク語を記すために使用されたからである。[8] 現在でも見られるモンゴル文字と満州文字は、ソグド文字の遠い子孫である。さらに、突厥可汗国の初期のテキストは、六世紀の第Ⅳ四半期にはソグド語で作成された。たとえば、突厥可汗国において知られている最も古いブグト碑文はソグド語である。[9] 突厥可汗国の最初期に『周書』は「彼らの文字は胡の文字に似ている」と記している。[10] ソグド語は突厥の書記官の言語だった。五六八年に突厥の使節がコンスタンティノープルを訪れた時には、「スキタイの文字」で書簡が作成され、ソグド人の使節マニアクによって運ばれた。[11] この「スキタイの文字」はソグド文字だと考えるべきである。

ソグド人は文字とともに仏教をもたらした。テュルク人の仏教は最古層ではソグドと中国の影響を受けている。[12] ブグト碑文は初期の君主の頃から仏教が可汗国に存在したことを示している。[13] また、コンスタンティノープルに派遣された突厥の使節マニアクは仏教にちなんだ名前であるが、[14] 彼の家族はジザブロスの宮廷に入り込んでいたと思われる。なぜなら、彼の息子は宮廷内で育ち、突厥の二度目の使節団の中で二番目の職階を若くして得ているからである。これらのことは、すべて、このソグド人一族が、突厥可汗国が誕生して間もない時期に、すでに突厥の階級制度の枠組みにしっかりと組み込まれ、その中で世襲の職階や称号を持っていたことを示している。

若い突厥可汗国の政治活動において、ソグド人が支配的役割を果たしたことを示す例は、他にもある。しかも、そのような例は可汗国の西側に限定されない。[15] 七世紀初めに裴矩《はいく》という名臣は、中国の皇帝に次のように明言している。

突厥人はもともと淳樸《じゅんぼく》で離間し易い。ただ、そのうちに群胡がおり、みな悪賢くて、突厥人をそそのかせ（後略）[16]。

さらに、他の漢文文献は、六三〇年に東突厥可汗国が瓦解した原因がソグド人や他の胡人にあるとみなしている。

頡利《けつり》は〔また〕いつもいろいろの胡人〔ソグドなど西域人〕に〔政治などを〕まかせて、同族のものを遠ざけていた。胡人は貪欲で、無定見な性格のものが多い。そのため法令はいよいよ多くなるし、戦争は毎年あり、国民は苦しみ、〔支配下の〕諸部族は二心《ふたごころ》を抱きはじめていた。[17]

突厥可汗国に仕えたソグド人の高官の名前が何人も知られている。また、六世紀末に可汗の漢人の妻の愛人だった安遂迦《あんすいか》に言及することができる。文献では彼は「胡人」〔イラン語を話す西方出身者〕と呼ばれている。[18] このような胡人の大部分がソグド人だったことは、ソグド語が書記官の言語として使用されたことや古代テュルク語に対するソグド語の影響によって裏付けられる。

しかし、突厥可汗国におけるソグド人の役割は帝国の上層部にとどまらない。ソグド人は、モンゴリアを中心とした東突厥可汗国の内部に多数居住しており、「胡部」という集団が可汗国の他の部族と同列に言及される。[19] ソグド人共同体は、おそらく中国のはるか北西の、突厥可汗国の中心に存在しただろう。しかし知られているのは共同体の名前だけである。[20]

ソグド人は、行政、軍事、外交の分野に多数存在したが、ふつうの商人としても存在した。前章で述べたとおり、突厥帝国はソグド人が拡大していった地域の一つであり、セミレチエのソグド人集落を起点にして突厥可汗国の西側に、そしてトルファンと甘粛を起点にしてその東側に広がった。

行商人と征服者

中国の正史が初めて突厥に言及する部分は、即座にテュルク・ソグド人の交易に関する問題の核心へと我々を導く。

〔突厥は〕はじめて長城付近に来て繒《きぬ》・絮《まわた》を買い、中国と交渉を持つことを願った。〔西魏の〕大統十一（五四五）年、〔のちの北周の〕太祖は酒泉《しゅせん》〔郡〕の胡人の安諾槃陁《あんだくはんだ》[21]をその国に使者としてつかわした。その国ではみな、「いま大国の使者が来た。わが国もこれからさかんになるだろう」と言って喜んだ。〔大統〕十二（五四六）年になり、土門はついに使者をつかわして、かの地の産物を献上した。[22]

諾槃陀は、当時の漢語ではナクバンダと発音された(23)。彼がソグド人であることに疑問の余地はない。安という姓がソグド人であることを示唆するが、まだこの時代にはメルヴの住人またはインド・パルティア人の可能性もある。しかし、諾槃陀という漢字音写によってソグド人であることが証明される。なぜなら、そこにアナーヒターヴァンダというソグド語の名前を認めることができるからである。この名前は「アナーヒターの僕《しもべ》」を意味し、ソグド人の名前として存在することが確認されている(24)。また、酒泉は甘粛に位置し、「古代書簡」Ⅱの五行目にはアルマートサーチユが酒泉に住んでいたと記されている。このように、歴史書が突厥に言及する最初のテキストにソグド人と絹の交易の両方が言及されるのである。

これには先行する話がある。遊牧民の部族が対立していた五世紀の話である。ビシュバリクを拠点とした高車《こうしゃ》の可汗は、四九〇年に、北魏の宮廷と協定を結び、共通の敵である柔然――当時のステップの支配者――に対抗しようとした。その時、可汗は胡人の商人を利用した。

太和十四(四九〇)年に、阿伏至羅《あふくしら》はソグド人商人の越者《えっしゃ》を遣わして京師《けいし》にやって来させ(25)(後略)。

越者もまたワートチュ Wātč「小さい風」というソグド語の名前の音写である(26)。したがって、ソグド人とテュルク人との協力関係は最初から存在していたのである。絹の交易がテュルク人に漢人との接触を後押しし、次にソグド人が使者の役割を果たした。突厥の最有力氏族である阿史那氏の出自をもとに、このような早い時代の接触を部分的に説明することができる。

突厥の先祖は、平涼の雑胡である。姓は阿史那氏である。後魏の太武帝《たいぶてい》（在位四二三〜四五二年）が沮渠《そきょ》氏を滅ぼしたとき（四三九年）、阿史那は五百家をひきいて茹茹《じょじょ》（柔然）のところへ逃げ、代々、金山（アルタイ山）に居て鉄工かじを特技とした。(27)

平涼は甘粛と長安の間にあり、そのうえ、初期の突厥可汗の名前は、どれもテュルク語ではないことが知られている。(28) 突厥可汗の一族は、中国北西部の境界地帯の混成した社会の出身、すなわち、数世紀来、原住民、匈奴《きょうど》、イラン人、インド人、漢人が混在していた地帯の出身だった。『隋書』は「雑胡」について他には何も伝えない。このような状況の中で早くからソグド人がテュルク人のもとで果たしていた役割を理解すべきである。

この情報は、ソグド人と突厥が接触する発端を理解する上できわめて重要である。両者の接触が生じたのは、ソグド人がセミレチエに集落を築くよりも、また突厥がソグディアナを征服するよりも、はるかに前であることを示すからである。ソグド商人がステップ地域に存在するようになるのは、突厥が覇権を握る前であると考えられ、遅くとも五世紀に遡る。突厥は、ソグド人の拠点である甘粛を起点としてソグド人と遊牧民が以前から結んでいた関係を継承したにすぎない。そして、当初からこのつながりは交易と関係していた。

言い換えれば、次のような仮説を立てることができる。すなわち、六世紀から八世紀に起きたソグド人と突厥との融合は、それよりはるか前の時代の遊牧民とソグド人との関係がただ更新されたにすぎず、突厥については多くの文字史料によって明らかにされているが、それ以前の遊牧民についてはその痕跡だけが史料に残されているという仮説である。遅くとも五世紀以降には、交易が両者の融合に大きな役割を果たしたのは確かである。康居《こうきょ》の時代にすでにそのような状況にあった可能性を筆者は肯定的に検討したいと思う。そうすれば、なぜ、プトレマイオスが、コメドのルート〔ワフシュ川上流を東に向かうルート〕よりもはるか北に位置する地域（および、とくにタリム盆地の北の山系）について十分な知識を持っていたのかを説明することができるだろう。その場合には、「古代書簡」に記録されている交易と平行して、ソグド人の交易は、部分的にステップ地域へ、おそらく中国の絹を所有していた匈奴の方面へと向かっていた可能性を考慮する必要があるだろう。しかし、ステップ地域の交易に関係する史料が皆無であるため、この可能性は仮説の域を出ない。[29] いずれにせよ、五世紀と六世紀の資料に立ち返れば、ソグド人が甘粛を拠点としてステップの交易空間を支配したことは既成事実である。数は少ないが、それを裏付ける考古学的証拠がある。

内モンゴルのフフホトの近くで、ビザンツとササン朝の銀杯を運んでいた商人の遺体が、埋葬されずに放置された状態で発見された。[30] レオ一世(在位四五七〜四七四年)の金貨が発見されたことから、この商人がアジアの内陸部を移動したのは五世紀後半だったと推定することができる。ソグド人であることを完全に証明するものはないが、装備や商品が西方のものであることや、彼が通過したであろう甘粛には、右で述べたようにソグド人がいたことを考慮すれば、ソグド人であると考えられる。この事例が興味深いのは、荷物が残されていることから、この商人は単独で移動し、強盗に遭うことなく一人で死んだことが証明される点である。したがって、行商人ではあったが高価な商品を運んでいたのである。この男は、ステップ地域のソグド商人とはこうだっただろうと考えられる、まさに典型的な例である。年代の上限を示す資料しかないものの、彼が移動したのはおそらく早い時代であり、文献によって特定される歴史的枠組みに合うだろう。フフホトの付近では、カワード〔一世〕とホスロー一世の治世(カワード一世の治世四一一年＝五二五年、ホスロー一世の治世一四年と四一年＝五四五年と五七二年)に発行されたササン朝のコインも発見されているが、それらは突厥時代の初期に埋められたのだろう。[31] さらに東の、現在の北京の南西一五〇キロメートルに位置する定県では、四八一年に造営された仏塔の奉納物に四一点のササン朝コインが含まれていた。内訳はヤズデギルド二世(在位四三八〜四五七年)のコインが四点、ペーローズ(在位四五七年、四五九〜四八四年)のコインが三七点で、最も遅いコインは奉納物が埋められる九年前に発行されている。[32] テュルク人が借用した数多くのソグド語の語彙の中には、借金を意味する語

(borč<ソグド語 pwrc)やコインを意味する語(ウイグル語 stir<ソグド語 styr)が含まれるが、これは偶然だろうか[33]。

ソグド人が天山山脈の北方と東方において交易を行う領域を獲得しえたのは、高級品を扱う行商人と、遊牧民に関する深い知識による。遊牧民に精通していたソグド人は、外交ルートで遊牧民に接近するのに不可欠な存在になった。より南のチベット高原の遊牧民に対しても、中国は同様にソグド人を使った[34]。突厥可汗国の誕生は、それまで目立たなかったソグド人の存在を、突如、政治の舞台へと押し出した。

これ以降の時代については、テュルク語の実務文書や考古資料が欠如しているため、ソグド人の交易がテュルク系民族に及ぼした影響を細部まで理解することはできない。突厥可汗国のはるか北のバイカル湖付近でソグド人の移住地の考古遺構が発見されたと信じられているが、もっと遅いウイグル時代のものである可能性が高い[35]。

しかし、中国で最近知られるようになった図像は、ソグド・テュルク人による交易の歴史的実態を示している。最近では葬具の浮き彫りがいくつも発見されている[36]。ソグド人の墓から出土したこれらの浮き彫りは、中国におけるソグド人社会の活動を表現している。いくつもの石板に遊牧民との交易の場面が示され、またソグド人の使節としての役割も示されている[37](**図2-a・b、図3**)。

突厥が交易を重視する政策をとったことを証言する複数の資料がある。七世紀前半の高昌国《こうしょうこく》(トルファン)には、交易を監視し、課税する突厥の役人がいた[38]。また、八世紀にビルゲ可汗は彼の碑文の中でテュルク人への訓辞として次のように記している。

突厥の絹とソグド人の交易

ウチュケンの森に住んで、キャラバンや輸送隊を派遣していれば、なんの不幸も起こらないだろう[39]。

しかし、このような中・小規模の伝統的な交易が主要な交易というわけではなかった。中国と突厥との間で行われたはるかに規模の大きい取引に介入する能力をソグド人は持っていた。突厥と中国との交易は、遊牧民と定住民との長い交渉史の一環をなすものである。[40] 経済活動は様々に変化する政治状況と密接に関係している。ソグド人の交易拡大のあらゆる側面を理解するには、軍事的な力関係を背景とした経済的交換について考察することが最も重要であり、二つの時期に区分して考えなければならない。第一期は、五五〇年から五八〇年まで、突厥可汗国が統一国家として整備されていく時期にあたる。第二期は、経済関係が安定し、ソグド人が果たす役割が進化する時期にあたる。

突厥可汗国内部のソグド人が交易をも支配していたことを示すテキストがある。それは、メナンドロス・プロテクトルの『歴史』の一部で、コンスタンティノープルに派遣されたマニアクの使節団に関する、すでに言及した話である。[41] この著作は一〇世紀に編纂された書物の中に断片的に残されていて、とくに我々にとって重要な部分は、*Excerpta de Legationibus* の中に残されている。メナンドロスについてはほとんど何も知られていない。わずかに知られているのは、彼が不良少年だったこと、生活のためにアガシアスの『歴史』の続きを書こうとして、『歴史』の執筆を始めたことである。その後は外交の分野に進んだのだろう。彼の『歴史』がカバーするのは、おそらく五五七年から五八二年までである。断片一〇のテキストを引用する。

テュルク人の勢力が増大した時、かつてはエフタル人に従属していたが現在はテュルク人に従属しているソグド人は、ペルシアに使節団を派遣し、ソグド人がペルシアを旅行し、生絹《せいけん》をメディア人に売る権利を得ることができるように要求してほしい、と王に依頼した。ジザブロスは承諾してソグド人の使節を派遣した。マニアクが使節団を率いた。[42]

このエピソードが西側にもたらした影響については次章で分析することにして、まずはこの使節団を突厥の側から理解しなければならない。ムカン可汗の治世とその後一五年間、突厥は中国北部の支配権をめぐる北周と北斉との争いに介入した。突厥は頻繁に同盟相手を変える政策によって莫大な富を得た。すなわち、北周と北斉は、突厥が中立を保ち、場合によっては敵対する王朝に対して挙兵するという保証を得るために、各々が毎年一〇万段の絹を突厥に支払ったのである。[43] 両王朝は、国庫を空にして突厥の寵愛と軍事的支援を得ようとした。マニアクと彼のとりまきのソグド人は、ペルシア帝国へ(それが失敗すると、次はビザンツ帝国へ)絹を売りさばくことを可汗に提案するが、それはちょうどこの頃中国から大量に支払われた絹だった。可汗国内部のソグド人が突厥の君主に提案したのは、実際には、中国から運ばれた莫大な量の絹の反物のうち、使いきれない余りを活用し、中国を脅迫して得た利益を二倍にすることだったのである。この膨大な量の絹の引き渡しは――端数を持たないこの数字を鵜呑みにするべきではないが――隋がそれを終わらせるまで約三〇年間続いた。[44] 先行する章において検証した古典的なソグド人の交易の枠内で、メナンドロスのテキストを理解すべきではない。ソグド人の商業的・政治的エリート集団が突厥の階級制に組み込まれたこと、そして突厥の軍事力によってソグド人が中国の絹を入手できたことをふまえて、このテキストを理解しなければならない。西方におけるソグド人ネットワークの発展はもっぱら、こうして突厥の絹を手に入れたことと、中央アジアの北までただで届けられたこの絹がソグド人の軍事的・商業的エリート集団にもたらした桁外れに大きな経済的利益から生まれたのである。

七世紀に突厥可汗国が敵対する二つの派閥に分裂すると、中国の絹の西方への流通をテュルク・ソグド人社会に保証していたそれまでの状況は変化した。この時代については関係するビザンツ文献がないため、連鎖のもう一方の端で何が起きたかを理解することができない。中国からの貢ぎ物は続いたが、可汗の地位を主張する複数の人物に分配されたため、以前よりも分散した。西突厥も彼らの取り分を受け取った。しかし、ソグド人はこの間に他の利益の源を見出す能力を持っていた。

2 オルドスの馬

軍事力と毛皮の取引に加えて――六四二年に西突厥の首長の一人は豹皮三万八〇〇〇枚を宮廷に送っている[45]――突厥が行ったもう一つの大規模な交易は馬の交易である。それは帝国の建国当初から存在し、五五三年には五万頭の馬が西魏に送られている。[46] 六世紀から八世紀まで中国は突厥から軍馬を入手した。六世紀には中国の弱体化により馬の交易は突厥に莫大な富をもたらしたが、その後七世紀から八世紀には中国と突厥との間で通常の形態で取引が行われた。唐は先行する隋にはなかった大規模な騎兵隊を創設し、そのための馬を突厥から調達した。[47] 唐王朝が誕生した六一八年には五〇〇〇頭だった馬が、七世紀半ばには七〇万頭を超えた。[48] たとえば、タルドゥシュは六四三年に、他の家畜とともに五万頭の馬を唐に送っている。[49]

しかし、正史が記録する公式の交易とは別に、中・小規模の交易も続けられた。とりわけ馬の交易で名を馳せたオルドス地域は、黄河が大きく湾曲する部分にあたり、長城以南で唯一、草原が広がるステップ地域である。

史一族――薩宝、通訳、馬の飼育人

固原《こげん》は唐代には原州と呼ばれ、甘粛から平原を通って――渭水《いすい》の峡谷と蘭州を迂回して――都に入るルート上に位置する。背後に長城の一部があり安全な場所であるため、唐の軍馬を育成する牧場の大部分は固原周辺に集中していた。一九八二年から一九八七年まで中国の考古学者によって二つの家系に属するソグド人一族の墓が七基発掘された。これら中央アジア出身の一族の墓は、科学的発掘調査によって、中国に移住したソグド人一族の歴史を復元すること

を可能にした最初で、現在のところ唯一の例である(50)。

一族の一人、史射勿《ししゃぶつ》の墓誌によって祖先の名前と職業が知られる。一族は西方の出身で、曽祖父の妙尼《みょうに》と祖父の波《は》波《は》匿《とく》は二人とも「出身国の役人（並仕本国）」であり、どちらも薩宝《さっぽう》だった。父の認愁《にんしゅう》は浮き沈みの激しい人生を送ったことが知られるが、彼の職業は明記されていない。史射勿本人は隋に仕え、軍職を全うし、六一〇年に没した。息子の史訶耽《しかたん》は唐の宮廷の通訳官を務めた。彼は唐朝に仕えたことが知られる最初の人物である。原州に隠棲した後、六六九年に八六歳で没した。史訶耽の甥の史鉄棒《してつぼう》は、原州付近の官営牧場の職務（牧監）に就き、六六六年に没した。この一族と親戚関係にある別の史姓の家系に属すると推測される史道徳《しどうとく》も同じ場所に埋葬されていた。彼は史鉄棒と同じ職務に従事し、六七八年に没した。史道徳の伯父の史索巌《しさくがん》の墓誌も見つかっている。彼ははじめ宮廷で、後に原州で軍職に就いた。史索巌の妻は安姓、史訶耽の妻は康姓であることが知られている。これらの一族に属する人物の名前は他にも多数知られているが、彼らの墓は発見されていない。墓はすべて盗掘されていたが、かなりの考古資料を提供した。とくに、死者の口には、ササン朝のコイン、ビザンツのコインの模造品が置かれていた。また、パフラヴィー銘文のある印章が史訶耽の墓で発見されている。

史はサマルカンドの南、現在のシャフリ・サブズにあたるケシュというまちの漢語名であり、そのうえ、史射勿の墓誌は一族が西方の出身であることに言及している。彼らの名前は、漢語ではない名前の音写である（射勿の当時の発音は žia^{h}-mut で、ソグド語の名前として存在が確認されるジマト Žimat にあたる）。史射勿の次の世代以降は、ほとんどの場合、漢人の名前を持つが、長子である史訶耽とその息子の史護羅《しごら》は、五世、六世でも依然として漢人の名前ではないようである。また五世であっても、婚姻はソグド人社会内部で行われている(51)。たとえば、史妙尼の玄孫《やしゃご》の史訶耽は康姓の女性を妻としている。さらに、出土したコインや印章によって西方の宗教や交易との接触が維持されていたことが証明され、それは六世の史鉄棒にもあてはまる。キャラバン・リーダーという祖先の職業も、宮廷の公式の通訳という子孫の職業も、ソグド人社会への帰属をはっきりと示している。我々はソグド人一族が中国社会に同化する過程を目の当たりにしているのである。これは、交易によって豊かになった西方出身者が、商人の出であることへの公然のタブーにもかかわらず、宮廷の官僚集団の一員になり、同時に本来のアイデンティティーをとても長い間持ち続けた典型的な例である。「古代書簡」の証言を補強するために、また甘粛の薩宝に関連して、李抱玉《りほうぎょく》一族の例をすでに何度か引用したが、史一族の例はそれにとても正確に対応している。ただし、節度使の一族が必要不可欠と信じていた、祖先を伝説化するための美辞麗句から、史一族は解放されている。中央アジア出身の薩宝の社会は、唐の行政機関やとくに軍部が人員をリクルートするための、いわば生簀《いけす》の一つだった。しかし、それでもなお、一族の数人が軍の牧場の責任者という地位に就いていたことや、彼らがオルドス南部に移住したことは、史一族も、すでに言及した突厥と中国との接点に位置することを示している。彼らは中国に仕えるソグド人一族であり、突厥可汗国のソグド人一族と対をなすように見える。しかし、商人集団と軍人集団、テュルク化したソグド人と漢化したソグド人を全く相容れないものとして対比させてはいけない。なぜなら、史一族の例が示すとおり、少なくとも七世紀の状況はとても流動的であり、これらの集団はすべて、全体として、一つの同じ集団、すなわち、中国において漢人とテュルク人との関係が地理的にも社会的にもちょうどオーバーラップする場所に属していると思われるからである。

六胡州

七世紀から八世紀まで、三方を黄河に囲まれた一帯の、南は史一族が移住した固原まで、北は横山《おうざん》と霊武《れいぶ》までの地域を、漢人は胡苑《こえん》と呼んだ。多くのソグド・テュルク人一族がそこにまとまって移住し、六七九年に中国の行政機関によって「六胡州《ろっこしゅう》」として編成された[52]。

この移住の起源は、六三〇年以降、突厥可汗国からソグド人の有力者が多数投降したことに求められるべきである。

たとえば、六三〇年に康蘇密《こうそみつ》(<ソグド語*Sumit(用例は確認されていない)<中期インド語 Sumitta)は、突厥のもとに亡命した隋の最後の皇族を連れて唐に投降し、オルドスの北安州都督《ほくあんしゅうととく》に任命された。同じ年に安胐汗《あんひかん》は五〇〇〇人とともに降伏し、維州刺史《いしゅうしし》に任命された。この地域の政治史、行政史は複雑で、その帰属は中国と突厥の間を行ったり来たりした。ソグド姓を持つ人物は長期間にわたって現れる。たとえば、七二一年に六胡州が反乱を起こした時、首長はすべてソグド姓であり(康待賓《こうたいひん》、安慕容《あんぼよう》、何黒奴《かこくど》、石神奴《せきしんど》、康鉄頭《こうてつとう》)、いくつかの名前はソグド語によって解釈することができる(とくに神奴は、ヴァギヴァンデ「神の僕《しもべ》」の翻訳である)。これらのソグド人の間ではテュルク化と漢化が進んでいたが、本来のアイデンティティーは保持されていた。反乱を鎮圧し、彼らを服従させる任務を負ったのは、中国の軍隊で職に就いていたソグド人だった。一方で漢文文献はこの地域に住む胡人とそれ以外の民族とをしばしば対比させ[53]、とくにテュルク語文献は同じ地域を「六州のソグド人 alty čub sogdak」という名前で示している[54]。これは八世紀に胡人とソグド人とを見事に結びつける例である。

馬の飼育とその交易が、これらのソグド人をオルドスへ移住させた理由である。六胡州にあたる地域の自然の豊かさ、すなわち広大な牧草地が、唯一、唐の軍隊に乗用動物を供給することができた。たとえば、七一四年に宮廷は六胡州から馬を大量に買うことを試みている[55]。また、七二七年には、馬を供給するために市場のシステム(互市《ごし》)がオルドスに整備された[56]。毎年開かれる巨大な市場で、馬は数十万疋の絹と交換で取引された[57]。テュルク・ソグド人が馬の交易を支配していたことは、図像にも表現されている。ソグド風の服装をして、駱駝や馬に乗り、都に到着する人物を表す唐代の俑《よう》の多くは、商人を表現していると解釈されているが、実際のところ、オルドスから来たソグド人の馬丁を表している場合もある。オルドスに近い唐の都では、とても見慣れた姿だったに違いない(図4-c)。

もとは遊牧民だったテュルク・ソグド人の移住と固原の史氏のように純粋なソグド人の移住との間に、根本的な違いはない。どちらの場合にも、中国と突厥との間で最も利益をもたらす取引の中心に身を置くことが重要だった。しかし、馬の交易に従事しているソグド人の例は他にもある。たとえば、七二八年のトルファン文書は、米真陀《べいしんだ》というソグド人が河西の市場で軍のために馬を買う任務〔河西市馬使〕に就いていたことを示している。[58] 前の章で引用したトルファン出土売買契約文書の多くは、一頭または数頭の駄獣を売買の対象としている。一方、社会の対極では、太宗《たいそう》(在位六二六〜六四九年)が、唐王朝を打ち立てるのに戦場で大いに貢献した六頭の駿馬《しゅんめ》を讃えて、石像を彫らせ、詩をうたわせている。これらの馬はチェルパードゥ Cherpādh(四足獣)というソグド語の名前を持つ。[59] 八世紀半ばに、玄宗がフェルガナから受け取った六頭の馬も、同じ名前で呼ばれている。

3　安禄山からウイグルへ

安禄山の反乱は、中国北部においてテュルク・ソグド人社会の影響力がいかに大きかったかを明らかにする。

反乱の歴史

安禄山は七〇三年にソグド人の父とテュルク人の母の間に生まれた。[60] 父の安延偃《あんえんえん》は突厥の軍隊に属するソグド人の将軍であり、母は突厥の有力氏族である阿史徳《あしとく》氏の出身である。禄山はソグド語のロフシャン——光り輝く者——の音写で、中国に住む同じ名前のソグド人が他にも知られている。一族は、おそらく、七一六年にキョル・テギンが権力を握った後で中国に亡命している。安禄山は叔父の安波注《あんはちゅう》の養子になり、中国北東部の軍事都市の市場で働き、そこで交易の通訳を務めたとされる。彼が実際に通訳だったかどうかは重要ではなく、[61] 境界地域の市場の通訳という職業が、漢人にとって典型的なソグド人の職業だったことそれ自体が興味深い。いくつもの史料が、やはり安禄山の言語能力を強調している。その後、契丹《きったん》との戦いで軍人として名を挙げ、七四二年についに朝鮮と契丹との境界に位置する平盧《へいろ》の節度使になった[62]。そして、朝政を独裁した李林甫《りりんぽ》の庇護を受けて出世した。李林甫は、自身の名声を弱める可能性のある漢人貴族よりも異民族の将軍を優遇した[63]。安禄山は、後に彼の名前で呼ばれる反乱を企むまでに、中国北東部のすべての軍隊を掌握した。これらの軍隊は安禄山の死後も長い間彼を崇拝し続けた[64]。

安禄山は天宝一四(七五五)載一一月に反乱を起こし、天宝一五(七五六)載六月に都長安を占拠した。至徳二(七五七)年正月に息子の安慶緒《あんけいちょ》が安禄山を暗殺し、反乱を引き継いだ。官軍は霊武を拠点とし、ウイグルの助けを借りて、九月に長安を、一〇月に洛陽を奪取した。しかし、洛陽は乾元二(七五九)年九月に史思明《ししめい》によって再び占拠される。史思明は安禄山の将軍で、安慶緒を殺害した後で自らが皇帝であると宣言した。反乱が最終的に鎮圧されたのは宝応二(七六三)年正月だった。七年間に及ぶ反乱は唐朝下の中国に甚大な被害を与えた。唐は国家を再び中央集権化することができず、地方の節度使が自治を獲得した。とくに、最も遠く離れたタリム盆地とトルキスタンは完全に失われた。この地域に駐屯していた中国の軍隊が反逆者との戦いのために呼び戻された結果、それまで唐王朝が所有していた領土は分割され、南部をチベットが、北部をウイグルが領有した。

テュルク・ソグド人社会と帝国の秩序

安禄山の反乱によって確認されるのは、中国北部においてテュルク化が進んだ職業軍人が、都の政治の舞台に入り込んでいたことである。彼らを率いる将軍も多くは雑種胡人、すなわちイラン系男性とテュルク系女性またはテュルク系男性とイラン系女性との婚姻によって生まれた胡人だった。安禄山とその一族の他に、とくに彼の主要な後継者である史思明を例として挙げることができる[65]。

ソグド人の存在は商業の分野においても明らかになる。安禄山と史思明が育った営州(現在の朝陽)は、朝鮮と境界を接する非常に不安定な地域に置かれた中国の重要な防衛拠点である。さらに、すでに引用したとおり、七一七年にこのまちが再建された時、中国政府が西方の商人(商胡)をそこに移住させたことを示す明白な証拠がある[66]。安禄山がこの地域にいたのは偶然ではない[67]。

つまり、ソグド人は八世紀前半に中国北部の境界地域にあったすべての市場に存在したのである。というのも、ソグド人がそのような役割を果たした唯一の民族であると考えることはできないにしても、帯状に延びるステップの南方でこれほど活発な民族は他にいなかったからである。

この反乱の経済的背景は、職業軍人のそれであり、いかなる場合においても蜂起した農民の経済的背景ではないことが強調されている。しかし、ソグド人が果たしたであろう商業上の役割はこれまで注目されてこなかった。反乱はイラン系民族とテュルク系民族の混成した社会に端を発し、きわめて特殊な軍事的・商業的背景があった。

安禄山の反乱において軍人集団が孤立していなかったことを証明することができる。実際に、テキストは中国北部全体において軍人集団がソグド商人の集団と接触していたことを示している。軍人集団は北東部にとどまっていたのではなく、反乱を準備するためにソグド商人のネットワークを利用している。核心をつくテキストは、一連の出来事の約五〇年後に編纂された『安禄山事迹』の一部である。

安禄山はひそかに唐の各地でソグド商人に交易をおこなわせたので、毎年、全国各地からたくさんのめずらしいモノが范陽《はんよう》に集まってきた。ソグド商人がやってくるたびに、安禄山は胡服をきておごそかな牀《ベッド》に座り、香をたいてめずらしい宝物を並べ、百胡を左右にはべらせた。群胡はその下で輪になって礼拝し、幸福をたまわるよう「天」に祈った。安禄山は祭祀の生けにえをたくさん並べ、巫たちは鼓を打って歌い舞い、日が暮れてから散じるありさまであった。安禄山は、多くのソグド商人に唐の各地でひそかに羅《うすぎぬ》や帛《きぬ》、および緋色や紫色の朝服、官人《やくにん》の身分を示す魚符《ぎょふ》をいれる金色や銀色の飾り絲《ひも》の袋、官人が腰におびるベルトなどをつくって商わせたが、それは百万という数であった。まさに反逆の資財にせんとするもので、すでに八、九年もの長きにわたっておこなわれていた。(68)

したがって、この反乱は、軍事都市だけでなく、北東のソグド商人の集団とも関係していたのである。このテキストによって、とても重要な事実を明らかにすることができる。すなわち、ソグド・テュルク人の軍人集団とソグド人の商人集団とのつながりは断たれていなかったのであり、安禄山のエピソードは、雑種胡人と呼ばれた集団の間に正真正銘の連帯が存在したことを示している。二つ目のテキストは、安禄山が有力な節度使の哥舒翰《かじょかん》を味方につけようとした試みを伝えている。彼は、安禄山と同じ雑種胡人だが、コータン・テュルク人である。

このとき(七五三年二月)、〔安〕禄山は、急に〔哥舒〕翰に次の言葉を向けた。「私の父は胡人で、私の母はテュルク人だった。あなたの父はテュルク人で、あなたの母は胡人だった。〔私の一族は〕あなたの一族と完全に同じである。どうして、互いに友情の気持ちを持たないでいられようか。(69)

このことから、安禄山は資金を集めるために商人のネットワークを頼みとしていたのと同様に、中国において少数派である胡人の連帯感をも当てにしていたことは明らかである。実際に、安禄山が掌握していなかった地域においても、蜂起の企てや反逆者への支援が存在したことを示す手がかりがある。たとえば、七五六年に六胡州のソグド人は陝西《せんせい》を掌握しようと試みている。その翌年に安禄山の息子が洛陽から逃れたときには、オルドスの六胡州の胡人が彼に随行している。一方で、七五七年には安門物《あんもんぶつ》の命令で涼州で反乱が起きたことが知られている。(70)

他にも興味深い資料がある。安禄山の軍にはチャーカル(拓羯《たくかつ》)というソグド語の称号を持つ兵士がいた。七五五年から七五六年に反乱軍が前進した時のある出来事について、『新唐書』は次のように記している。官軍の将軍の封常《ふうじょう》清《せい》は「勇敢な騎兵を派遣しこれを阻止した。騎兵は拓羯を一〇〇〇人殺害した」[71]。翌年、反乱軍の支配は黄河の南に拡大し、反乱軍の部隊は体制支持派の張巡《ちょうじゅん》が守る睢陽《すいよう》のまちを包囲した。その時に、「甲冑に身を包んだ大酋長がいて、拓羯という一〇〇〇の騎兵を率い、旗指物《はたさしもの》と幟《のぼり》を掲げて、馬に乗って城壁の前に進み、巡を挑発した」[72]。

最後に挙げるのは、右に述べた考えを見事に裏付ける資料である。安禄山の二人目の後継者であり、彼の右腕だった史思明の墓が最近になって発見され、それによって史思明は自分が中国皇帝であると同時にソグド人貴族であると宣言したことが示された。彼の「昭武《しょうぶ》皇帝」すなわち「ジャムーク(宝石)皇帝」という称号は、中国皇帝の称号にソグドの王族の称号を結びつけた、混成した称号である[73]。

したがって、安禄山と彼に従った将軍らによる反乱は、完全に、明確な文化的同一性を基盤としていた。中国北部には内部構造を備えたソグド・テュルク人社会が確かに存在していた。トルファンのソグド人、甘粛の薩宝、馬を飼育するオルドスのソグド人、都にいる大小の商人、そして有力な将軍も、自分たちが共通の社会、すなわち中国北部の胡人の社会に帰属していることを自覚していたのである。

ウイグルの支援を得た唐の勢力は、西部の情勢を掌握し続けた。安禄山は最も強力だった時にも、その支配は国全体の三分の一にしか及んでいない。ソグド人の共同体がとても多く存在した西部が安禄山の手中に入ることはなく、また、彼がその地域を征服しようとすることもほとんどなかった[74]。一方、タリム盆地から呼び戻した部隊とともに皇太子〔後の粛宗《しゅくそう》〕が領土の奪還を準備したのは霊武だった。そのうえ、皇帝の亡命先を決めざるをえない時に、甘粛の涼の末裔を自称する唐の家系の西方との古い関係がはっきりと言及されている[75]。唐の背景が遊牧民であることは、しばしば強調される。たとえば、太宗は自らが天《てん》可《カ》汗《ガン》であると宣言し、漢人と遊牧民が対等な関係にあるような帝国を統治することを夢見ていた。そして、唐が頼みの綱としていた部隊もまた十分にテュルク化していた[76]。

漢人の反発は容赦のないものだった。官軍の部隊が前進してまちを奪還すると、部隊はそこで安禄山が頼みの綱としていた胡人を虐殺するように命じた。とくに北京ではそのようなことが起こった。

〔高《こう》〕鞠仁《きくじん》は、城内で胡人を殺した者には十分な褒美を与えるように命令した。その結果、羯胡《かっこ》は完全に皆殺しにされた。幼い子どもは空中に投げられ槍の鉤の部分で受けとめられた。鼻が大きく胡人に似ているために、間違って殺される者がきわめて多かった[77]。

より広く見れば、唐詩にはっきりと映し出されるように、エリート集団の態度は完全に逆転し、多くは外国人びいきから外国人嫌いになった[78]。

このように胡人に対する見方が変化した結果、反乱以降の唐の後半期には、中国に住むソグド人の同化の過程に変化が生まれた。

同化と隠蔽

胡人は自身の出自を覆い隠すようになる。これが主要な現象であり、あらゆる階層において、様々な形態で認められるが、いくつかの段階を経て起きている。反乱が起こる前から、ソグド人の一族は、西方出身であることを隠しはしないが、最後の手段として、まさに家系を粉飾し、中国最初の皇帝の息子で西方に亡命した架空の人物に、彼らの祖先を結びつけていた。これは、インドで老子が広めた教えから仏教が派生したとみなす同時代の手法と全く同じやり方である。しかし、いったん反乱が起こると、そうすることのねらいは全く違うものになる。ソグド姓を根拠として、不当にまたは正当に反逆者と結びつけられる危険性は高かった。国家の高官の地位にあった胡人でも、ただ密告を根拠に虐殺された。安禄山の従兄弟《いとこ》のように、唐王朝への忠誠を貫いたにもかかわらず、殺された者もいた。[79] 同じ運命をたどることのないように愛国主義の徹底に躍起になる者もいた。抱玉の一族が安姓から李姓に変わったのは七五六年である。理由は明白で、安禄山と「同じ姓」または「共通の祖先」を持つことは恥だからである。この措置は四代前まで遡って効力を発揮し、その結果、たとえば祖先の安興貴《あんこうき》も李姓に変わっている。

権力の中枢部に近いところにいた人々のように改姓することのできないソグド人は、反乱以降、敏感になった北西地域から遠く離れた、中国の他の地域に自らの姓を関連づけることに苦心するようになる。たとえば、反乱後は、会稽《かい》出身だと自称するソグド人の例が何人も知られている。唐代の会稽《けい》は中国南部のまちで、かつて文化が発展した地として知られていた。しかし、会稽は河西回廊の西端に位置し、敦煌に近い地域の、ほとんど忘れられた古名でもあった。当時の地名は常楽《じょうらく》で、安禄山の祖先の出身地とも言われる。ソグド人は、常楽よりも会稽の出身だと自称することで、二つの場所が同じ名前であることに乗じて、自らが西方出身だということを隠蔽しようとした。

たとえば、安禄山の反乱の後で作成された康希銑《こうきせん》の神道碑は、彼の祖先が古代の周王朝（前一一一一～前七七一年）の創始者である武王に遡る康一族と関係があるという。[80] 希銑の祖先は漢と西晋に仕え、その後、北部を離れて南京に都を置いた東晋の建国者（在位、後三一七～三二三年）とともに「川（長江）を渡った」。そして、さらに南の会稽の地域にある山陰《さんいん》に定住したという。テキストは故人がソグド人であるとは一言もいわず、一つよりは二つの方が有効だと考えて、故人のために、古代中国との結びつきとはるか南方への移住という二つの予防線を張った。

もう一つ、河北の節度使の何弘敬《かこうけい》（八〇五～八六五年）の例を挙げる。彼は父の後を継いで節度使になった。[81] 母は康姓であり、自身は武威の安姓の女性と結婚していることから、何弘敬が実際にソグド人であり、自らの出自を記憶していたことは間違いない。しかしながら、彼は墓誌において懸命に出自を隠そうとし、父の出身地が、七世紀に六胡州の存在したオルドス地域であることは認めるが、弘敬自身は南京の南西の盧江《ろこう》の人だと主張している。九世紀半ばに、この一族は懸命に出自を隠しながら、ソグド人社会での婚姻を続けている。

しかし、一族に疑いようのない職歴がある場合には、反対の例も認められる。たとえば、何文哲《かぶんてつ》（七六四〜八三〇年）は、長安付近で発見された彼の墓誌によれば、「何国王の丕《ひ》の五代目の子孫」であり、祖先は七世紀半ばに王族の人質として中国に送られたと明言している。彼は康姓の姉妹を前後して妻とするなど、反乱前に、中国に移住したソグド人に見られたすべての古典的な特徴をなお示している。しかし、彼の父の游仙《ゆうせん》は「逆臣である悪党の禄山」に対抗して唐を助け、七六二年には「宝応元従功臣」の称号を受け、「霊州大都督府長史」に任命されている。これは、反乱中に霊州に亡命した皇太子――後の粛宗――を游仙が支援した結果であると考えられるだろう[82]。

このような隠蔽行為がもたらす結果は観察者である歴史研究者にとって重大である。なぜならソグド人は史料から急速に姿を消すからである。八世紀以降、中国北部のソグド人社会がどのような運命をたどったかを示す情報は極端に少ない。ソグド人の一族は自分たちにかけられた嫌疑のために、同化のペースを早めざるをえなかったと考えるのが妥当である[83]。

ウイグルの改宗とエリート集団の融合

安禄山の反乱は鎮圧されたが、それと引き換えに、中国北部はウイグルの厳重な監視下に置かれた。駐留部隊の帰還とチベットによる侵略の結果、領土は甘粛以東に縮小した。中国がとることのできた対外政策は、中心部まで侵入されたために今や国境からとても近くなってしまった長安が奪われることのないように、チベットとウイグルの反目を利用するくらいだった。反乱が失敗に終わり、その後チベットが侵略したことは、かつての唐帝国のソグド商人の集団に深刻な打撃を与えた。政府は、少なくともはじめの頃は、外国人嫌いの反応を助長している。このような状況において、ソグド人が仲介してウイグル人をマニ教に改宗させることは、一か八かの企てのように見える。しかしやってみる価値はあった。追いつめられて、強力な庇護者を必要とした集団が見せた最後の奮起である。

三言語で記されたカラバルガスン碑文は、九世紀の第Ⅰ四半期にウイグル可汗の命令により作成された。どの可汗の命令によるかについては意見が分かれている。[84] 保存状態の良い漢文テキストと比べて、ソグド語版とテュルク語版ははるかに断片的である。[85] テキストには、とくに、七六二年または七六三年に可汗が洛陽でマニ教に改宗したことが伝えられる。[86] ソグド人とマニ教との関係はきわめて強く、マニ教が中国に住む胡人の公式の宗教とみなされることもあった。[87] 仏教は全体として移住したソグド人の共同体にのみ普及したのに対して、マニ教はネストリウス派と同様に、遅くとも五世紀または六世紀にはソグディアナに根付き、その後移住したソグド人のすべての共同体に広まった。そのようなソグド人マニ教徒が、彼らの同宗者や同国人のために、中国北部の主要な軍事勢力の庇護を得たのである。その結果、中国は始まりかけていた外国人を排斥する政策を直ちに中止した。それ以降ウイグルは、中国において胡人の庇護者の役目を果たすが、ウイグルの影響力が八四〇年に消滅すると、再び迫害が始まった。

中国北部のテュルク・ソグド人がウイグルの庇護下に身を置くことで、どのような利益が得られたかはとてもよく理解できるが、一方で、可汗がテュルク・ソグド人の側に立ったのはどのような理由によるのだろうか。ここで引き合いに出すことができるのは、ソグド人の交易の長い歴史である。中央アジアの舞台において、当時、ウイグルは比較的新しい勢力だった。その祖先は古いが、[88] ウイグルは、二〇〇年の歴史で初めて、七四四年に、東部ステップ地域で突厥に代わることに成功した。支配が安定すると、次にやるべきことは、自らの新しい勢力を組織するにあたり、模範とするモデルを見つけることだった。唯一利用できる文化モデルは、監視の負担が重すぎる中国のモデルを除けば、筆者がすでに強調したとおり、かつての突厥の宮廷だけでなく、遊牧民と南の定住地域とが接触する地域全体に定着していたソグドのモデルだった。

したがって、可汗の改宗は、ウイグル人エリート集団と移住したソグド人エリート集団の融合という、はるかに大きな動きの第一段階にすぎない。そして、この融合は宗教の枠組みにとどまらなかった。ウイグル人はソグド人移民の宗教を採用しただけでなく、突厥第一可汗国と同様にソグド人の文字を採用し、また語彙と都市モデルの大部分を採用した[89]。ウイグルに対するソグド人の影響は、突厥に対する影響よりも一段と大きい。

この融合は順調に進んだわけではなかった。突厥第二可汗国においてもそうだったが、宮廷にはテュルク人の伝統を好み、外国人の関与を嫌う集団が存在した。七七九年と七八九年の間に、この分派は頓莫賀《とんばくが》達干《タルカン》のもとで権力を握り、前の可汗の牟羽《ぼうう》可汗《カガン》と多数の九姓胡《きゅうせいこ》、すなわちソグド人を殺害した。

> しかも、日ごろから廻紇《ウイグル》に従属していた九姓胡は中国侵略の有利な点を述べたてて廻紇〔可汗〕の心を誘惑した。そこで可汗は、国を挙げて南下してわが国の喪につけこもうと計った。その宰相の頓莫賀達干はこれを諫めて、〔中略〕と言った。しかし、可汗はこの諫めを聴きいれなかった。頓莫賀達干は人心〔が南征を欲していないこと〕につけこんで、可汗を撃って殺し、それとともに、可汗の側近者や、可汗を誘惑した九姓胡など二千人あまりを殺した[90]。

しかしその後、ソグド人とマニ教は形勢を回復し、その状況は八四〇年にキルギスの攻撃によって東ウイグル可汗国が消滅するまで続いた[91]。ソグド人は、ウイグル帝国と唐帝国が馬と絹を交換する大規模な交易において不可欠な存在だった[92]。

ソグド人の交易は、それが最も拡大した時には、かなり特殊な政治史と不可分の関係にある。阿史那氏からウイグルまで、連続するテュルク帝国の誕生と発展により、中国との辺境地帯においてソグド人とテュルク系民族の同化はますます顕著になる。このテュルク・ソグド人社会は、中国と隣国の遊牧民とを結ぶすべての交易、そして政治活動においても、鍵となる役割を果たしている。交易と政治は完全に別個のものではなく、ソグド人の遠距離交易に不可欠な商人勢力がテュルク・ソグド人社会に含まれていたことは間違いない。このような社会は数百年にわたって形成されたが、安禄山の反乱は、間違いなく、その頂点を示すと同時に急速な失墜の始まりを示す。ウイグル可汗がマニ教に改宗したおかげでその失墜を遅らせることができた。しかし、テュルク・ソグド人社会は、東方におけるソグド人の遠距離交易に貢献しただけではなく、その交易の西方における飛躍的発展をも可能にしたのである。

第8章　使節と商人——西方への道

本書の第1章で筆者は、中央アジアの遠距離交易は中国の外交戦略から生まれた可能性が高いことを示した。当時、中国のような国家だけが、長い距離を克服する、または克服しようとする物質的手段——とくに財政面と軍事面——と、文化的手段——エリート集団の形成と外交の実践——を備えていた。中央アジアの商人は後からそれを引き継いだにすぎず、商人による活動はそれまでの外交上の交流を基盤として発展したのである。さて、これと同じようなプロセスが六世紀に進展し、それが、中央アジアと消費の中心地との間に広がるもう一つの巨大な空白地帯——西部ステップ地域——を埋めることになる。ビザンツの歴史家メナンドロス・プロテクトルは、突厥可汗国のもとでソグド人が交易のために自らの能力をどのように活用することができたかを伝えてくれる。中央アジアの西に位置する、このもう一方のソグド人の交易については、まず、外交と遠距離交易との相互関係の中で検証しなければならない。次に、もっぱら商業主導で交易が行われる形態——ソグド人の交易が躍進する時に見られる形態——について検証する。

1　ソグド人と突厥とササン朝の市場

ササン朝は六世紀——五世紀末と七世紀の惨事の狭間——に最盛期を迎える。ササン朝内部に有力な商人階級が存在したため、遊牧民の中央アジアへの大規模な侵略が終わった時には、ペルシア商人がソグド人の真のライバルになっていた。ササン朝ペルシア帝国の中心に移住しようとするソグド人の政治的試みが、具体的にどのように進んだかを示すテキストがある。そこからソグド人の交易のイランへの拡大について貴重な情報が得られる。

ササン朝の商業政策

ソグド人とササン朝との商業上の関係は主に、すでに引用したビザンツの歴史家メナンドロス・プロテクトルのテキストによって知られる。断片一〇[1]は、ソグド人の交易史にとって比類のない重要な資料である。ソグド商人がペルシアで絹を販売できるように突厥に支援を要請した後[2]、話は以下のように続く。

> ペルシア人の王のもとに到着したとき、彼らは、絹について、それを自由に売る許可を彼らに与えるように要求した。ペルシア人の王は――この要求は王をひどく不快にした――その時から、これらの者がペルシア領内へ自由に立ち入ることのないように、回答を翌日に延ばし、そして回答を延ばし続けた。しばらく引き延ばした後、ソグド人が執拗に回答を要求したので、ホスローはこの問題を話し合うために会議を招集した。カトゥルフというエフタル人は（中略）ペルシア人の王に次のように助言した。すなわち、王が不当だとみなされることなく、テュルク人のところから来た生絹を王が使いたくないことが明らかになるように、絹を返さずに、公正な値段でそれを買い、使節の目の前でそれを燃やすように助言した。そうして、絹は燃やされ、ソグド人は起きたことをとても不満に思いながら帰国した。（中略）ソグド人の首長であるマニアクは、この機会を利用してジザブロスに助言した。テュルク人にとって、ローマ人との友好を大事にし、売るための生絹を彼らに送るほうが良い、なぜならローマ人は他のどんな民族よりも多くそれを使うからである、と[3]。

交易と政治が重なり合う場面におけるソグド人の活動を示す、これほど明瞭で包括的な描写は、漢文史料の中にさえ見つけるのは難しい。ソグド人は突厥の覇権を拠り所とし、ササン朝ペルシア帝国の中心に入り込んで交易をしようとしている。ソグド人はアジアの大陸規模で商業戦略を立てる能力を持っていたのである。

ここで対象になっている製品は絹であり、陸路でペルシアに到着する絹の積み荷に言及するコスマス・インディコプレウステースの情報に完全に一致する。ササン朝当局の反応は激しいが、深読みしすぎてはいけない。実際に、ササン朝とソグド人との貿易戦争、真の経済封鎖の証拠をここに認めようとする意見がある。[4] その理由は以下のとおりである。「ちょうど同じ五六八年にササン朝はイエメンを占領することで海路を確実に掌握し、ビザンツ帝国を完全に経済封鎖し、首尾よく物価を上昇させた。その結果、メナンドロスのテキストの、右で検討した部分の続きが説明するように、ソグド人はカスピ海を北に迂回することを試みた」。しかし、この分析はとても粗い編年に立脚している。実際には、イエメンを掌握したのは中央アジアでの出来事よりも後のことである。このエピソードに関係する主要なビザンツ史料であるビザンティウムのテオファネスのテキストは、中央アジアへ向かったビザンツ使節団に対する対抗措置として、ペルシアはアラビア半島南部を征服したのであり、その逆ではないことを示している。テオファネスはまずこの使節団について述べ、次にペルシアによるアラビア半島の征服へ次のように話をつないでいる。「このことが、ホスローに……を決心させた」[5]。次に彼はビザンツが支援した五七一年のアルメニアの反乱について述べている。これらすべての出来事が引き金になって五七二年に戦争が勃発した。[6] したがって、メナンドロスのテキストをすべての交易路の封鎖によって説明することはできないだろう。なぜなら、コスマスのテキストが証言するように、陸路についていえば、このような経済封鎖による一番の犠牲者は他でもないササン朝ペルシア帝国自身だからである。確かにビザンツとイランによる貿易戦争は古くから存在する。パルティア国時代のことではあるが、商人の活動を掌握しようとする断固とした政策がイラン側に存在したことを漢文文献が証言している。[7] 多くのビザンツ文献が、六世紀にペルシアによる独占状態から逃れるためにビザンティウムがとった試みについて証言している。しかし、この戦争の原因はしばしばササン朝ではなくビザンツにあったように見える。ビザンティウムで絹の値段が上昇したのはユスティニアヌスの危険な術策による結果だろう[8]。それに対して、イランの国家は、ギリシア人への絹の販売を自国の商人に独占させるために、この交易が脅かされるようなことがあれば、あらゆる手を尽くしたに違いない。これがイエメンでの反撃が意味するところである。

メナンドロスのテキストを精査すれば、この分析を裏付けることができる。ペルシアの王は「その時から、これらの者がペルシア領内へ自由に立ち入ること」を嫌った、とメナンドロスは記している。この表現は、ササン朝の商業政策について我々が知っていることと正確に一致する。

ビザンツとササン朝が結んだ条約はすべて、交易を行う場所を国境付近に特定しようと試みている。それは関税のためだが、同時に戦略上の理由もあった。商人は使者であり、使節であり、スパイでもある[9]。そのため商人の移動を制限および管理し、帝国の中心に入り込ませないようにしなければならない[10]。ビザンツとササン朝がこの条約を何度も締結し直していることは、この政策の失敗を証言している。プロコピオスは、偽の商人たちが帝国の中心であるクテシフォンの宮廷まで到達し、ビザンツのためにスパイ活動をしていたことに言及している[11]。シリア商人やギリシア商人はメソポタミアにいたし、インド人もそこに定住していたことが知られている。ペルシアの王が拒絶したのは、突厥に従属するソグド人に帝国全体に到達する権利を与えることだった。より南で、メッカのアブー・スフヤーン――ムハンマドと対立したことで有名――が示唆するのは、これと同じ政策のようである。七世紀初めにイラクへ向かう途中で、彼は次のように明言している。

このルートは、我々が近づくのを許可しない独裁的な王のもとに向かう場合は、我々は危険な状態にあり、彼の国は我々にとって交易の場所ではない。[12]

最後に、外交政策の文脈ではあるが、イブン・フルダーズビフの一節を引用する。

キスラー〔ホスロー〕の宮廷への通行は外国人には自由ではなかった。待機場所が五箇所あった。（中略）テュルク人の国から来た者の待機場所はホルワーンだった。[13]

このように、相互に関係のない複数の史料が示す内容はほぼ一致している。それは、国境付近の大都市で交易を行う許可を出すという方法によって国境を管理する、より正確にいえば、国境での交易を管理するという、ササン朝ペルシア帝国の政策である。帝国には有力な商人階級が存在したのだから、ペルシアの王がソグド商人とシリア商人、またはソグド商人とギリシア商人との直接的接触を拒絶するのは当然のことである。直接的接触はペルシアの仲介商人が覇権を失うことを意味し、王の臣民を陸上交易から締め出すことを意味する。国内に商人階級が存在する必要性を認識している王にとって、ペルシア人が独占的に交易する地域を確保することで商人階級を優遇することは、正常な商業政策以外の何ものでもない。したがって、この政策はペルシア商人を支援するササン朝の海上政策と完全に軌を一にする。東方に対しては、両者を隔てる距離と砂漠だけが王にとって防衛手段となった。ソグド人はメルヴにとどまらなければならなかったか、そうではなかったとしても、ホルワーンへと向かう、古来の王の道以外のルートをたどることはほぼ不可能だっただろう。

王は次に絹をどうすべきか評議会で決めなければならなかった。先に引用したエピソードの、とくに「テュルク人のところから来た生絹を王が使いたくないことが明らかになるように」という部分に、突厥の支配下にある国々との交易の全面的禁止を読み取るべきだろうか。むしろ、話はここから交易の領域を離れて大きな政治の領域に移ったように思われる。ペルシア帝国の反応を引き出したのは、ペルシア人とソグド人との関係ではなく、ソグド人の主人であるテュルク人との関係だったのである。テキストの後の方に、突厥が派遣した二度目の使節団について記されている。

この新たな使節団が到着すると、王はペルシア人高官やカトゥルフと話し合った後で、スキタイ人は信頼できないから、テュルク人と友好関係を築くことはペルシア人の利益に反するという決断を下した。⑭

したがって、すでに言及した商業的理由の上に二つ目の理由が重ねられる。すなわち、突厥とペルシアとの関係が著しく冷えきったことによる政治的理由である。ペルシア人の交易を保護するために、西の国境でソグド人に絹を売らせてはいけないが、それを取り上げてホスロー一世の宮廷で使用してもいけない。なぜなら、絹は新たな敵である突厥の豊かさと力強さの象徴そのものだからである。実際に、突厥の生糸は、突厥の勝利の結果、中国から支払われた貢ぎ物に直結する。生糸は、突厥の勝利の産物であり、その象徴である。したがって、ペルシアの宮廷は突厥と共同でエフタルに対して勝利を収めたのち、あらゆる手段を用いて突厥の拡大を抑えることを決めた。手はじめに、略奪が開戦理由になることを避けながら、突厥の拡大を最も象徴的に示す産物の使用を尊大な態度で拒否したのである。⑮

このような対応は、政治的に見れば十分理にかなっているが、経済的に見ると、それはソグド人が帝国の東側で取引を続けることができた場合にのみ理解できる。六世紀前半にはササン朝ペルシア帝国は、供給をもっぱら陸上ルートに依存していた。⑯ 六世紀後半にコスマス・インディコプレウステースの議論がもはや通用しないといえるほど、海上ルートが十分に発展していたことを示すものはない。そのため、ササン朝ペルシア帝国にとって経済的接触を一切断つなどということは問題外である。そのようなことをすれば、もう絹が十分に供給されなくなる恐れがある。ソグド・テュルク人の一撃は帝国の経済の中心に衝撃を与えた。それは失敗に終わるが、一方でこの試みはソグド商人がホラーサーンへ続くルート上にかなり多く存在し、その存在は西方への拡大を企てることができるほど大きかったことを証明する。

この時の失敗の影響はあまり長くは続かなかったことを付け加えておく。このような劇的な措置を引き起こした政治的理由はすぐに消えたのである。すなわち、五七六年のヴァレンティヌスの使節団以降、ササン朝と突厥が友好政策をとったことを他でもないメナンドロスが証言している⑰。しかしながら、突厥との関係が改善しても、ササン朝の西部に大勢のソグド人が存在するようになったとは思わない。ササン朝時代については、実際のところ、資料がないため断定することはできないが、君主の保護下にある商人階級の存在は、競争相手にきわめて大きな自由を与えることと矛盾する。一方で、東イランに、少なくともメルヴに、ソグド人が存在した可能性を排除することはできない⑱。いずれにしても六世紀初めには、エフタルがメルヴにもサマルカンドにも存在した可能性が高く、エフタルの存在はソグド人のメルヴへの移住を政治的に可能にしただろう⑲。

経緯

メナンドロスのテキストが証言するのは政治的性格の強いエピソードである。このエピソードが持つ経済的意味を理解するには、より長いスパンで検討しなければならない。

中央アジアをイランやメソポタミアと結ぶホラーサーンのルートは古くから存在する。アケメネス朝時代の王の道は、アッバース朝下においてもなおイスラーム世界東部の主要な幹線道路だった。このルート上に交易が存在したことは、前三〇〇〇年頃には確認されるようである。[20] 後一世紀から二世紀に最初のピークを迎えるが、その後中国とローマ帝国における政治的混乱が原因で衰退した。五世紀には人の往来が多かったことを他の資料が示している。ここでミティリーニのザカリアスの著作とされる『教会史』の一節に注目したい。四八四年にササン朝の王ペーローズがエフタルに敗北した事件に関する部分である。[21]

フンはペルシア人が守っていた門から飛び出して、この山岳地域からペルシア人の領域に侵入した。ペーローズはおびえて、軍隊を集め、彼らと戦うために前進した。このように装備して国を侵略する理由を王が聞くと、彼らは言った。「ペルシア人の王国が我々に貢ぎ物として差し出すものは、我々異民族には十分ではない。（中略）そしてローマ人の王は、もし我々がおまえたちペルシア人との同盟を断てば、二倍の貢ぎ物を我々に差し出すことを王の使節たちに約束させた」。（中略）そしてフンの有力者四〇〇人が集まった。彼らは、エウスタスというアパメアの商人とともにいた。利口な男で、彼の助言により彼らは導かれた。（中略）しかし、商人エウスタスは、たとえ人数がはるかに少なくてもおびえないようにとフンを励ました。[22]

ソグド・テュルク人とビザンツの間で使節団が往来した六世紀の最後の三〇年間よりもかなり早い時期に、ビザンティウムと中央アジアのエフタルが接触していたことを、このテキストは示している。同盟関係を覆すことは、なにもユスティヌス二世、突厥、ソグド人の発明ではなく、アジア西部の外交政策に古くからある特徴である。[23]

さらに、どちらの場合にも商人が同じような役割を果たしている。なぜなら、エウスタスもマニアクも、それぞれの出来事の真のリーダーだと思われるからである。エフタルのもとにいたとされるビザンツの使節たちは、おそらくエウスタスを使節の一人とみなしていただろう。彼はそのようにふるまっている。[24] しかし、ペーローズが死んだ四八四年からマニアクの使節団派遣までの間に主導権は反対陣営に移り、シリア商人の代わりにソグド人が主導者の役割を果たすようになった。

したがって、はるかに広い枠組みにおいて、すなわち政治史と経済史の両方の枠組みにおいて、メナンドロスのテキストを検討すべきである。政治史はとても短い期間で起こる変動の連続から成るのに対して[25]、経済史は、最も混乱した期間(四世紀の最後の三〇年間と五世紀の最後の三〇年間か?)を除いて絶えず使用された交易ルートの歴史である。シリア商人は一世紀にも五世紀にも交易ルートを使用している。その後、ソグド人が彼らの後を継いだ。すでにエフタルのもとで政治的同盟関係を覆すことにより、中央アジアの商人は一定期間イランに入り込むことができていたのである。メナンドロスのテキストは、エフタルが突厥に敗北した直後に接触が再開されたこと——失敗に終わるが——を伝えるにすぎない。

2　ビザンティウムに近づく

メナンドロスのテキスト

メナンドロスのテキストは、ソグド商人と突厥の政治勢力が共同でビザンツ帝国に近づこうとした時に、両者がどのような関係にあったかを検討するのにも適している。ここに引用する最初の一節は、すでに検討した一節に続く部分である。交易のためにペルシア人のもとに派遣されたマニアクの使節団が失敗に終わった後で何が起きたかを伝える。

ソグド人の首長であるマニアクは、この機会を利用してジザブロスに助言した。テュルク人にとって、ローマ人との友好を大事にし、売るための生絹を彼らに送るほうが良い、なぜならローマ人は他のどんな民族よりも多くそれを使うからである、と。マニアクは自身が突厥の使者にぜひとも同行したいと言い、さらに、こうしてローマ人とテュルク人は友人になるだろうと言った。ジザブロスはこの提案に同意し、マニアク他数名を使者としてローマ皇帝のもとに派遣した。彼らは挨拶の言葉と高価な生糸の贈り物、手紙を持っていった。この手紙を持ってマニアクは出発した。彼はいくつもの道を通って旅をし、いくつもの国々を通過した。雲に届くほど高い山の上や、平原と森、沼地と川を越えて。次に彼はコーカサスを通過して、ついにビザンティウムに到着した。[26]

マニアクはユスティヌス二世によって迎えられた後、ビザンツの使節であるゼマルコスをともなって再び出発する。彼らが突厥の宮廷に着くと交渉が行われ、その外交に関する部分だけが伝わっている。続いてテキストは以下のように伝える。

その後、ジザブロスはゼマルコスとその仲間を招集して、ローマ人への友好をあらためて確認し、彼らが帰還するように送り返した。最初の使者であるマニアクは死んだので、ジザブロスは彼らとともに他の使者を派遣した。マニアクの後継者の名前はタグマで、タルカンという高位の職に就いていた。そうして、彼はジザブロスによって使者としてローマ人のもとに派遣された。そして死んだマニアクの息子も彼とともに派遣された。彼はとても若かったが、父親の地位が与えられ、タルカンのタグマのすぐ下の二番目の職階に就いた。私の考えでは、この少年が父から高位を受け継いだのは、マニアクがジザブロスにとても好意的で献身的だったからである。（中略）使節がローマ人のもとから来て、テュルク人の使節団とともにビザンティウムに帰るという知らせがテュルク人の土地から隣の部族の間に広まると、これらの部族の首長はローマ帝国を見るために配下の者数名を派遣する許可をジザブロスに求めた。ジザブロスは認めたが、その他の部族の首長たちも要求すると、ホリアタイ人〔ホラズム人〕の首長の要求以外はすべて拒否した。ローマ人はオエク川の向こうでそれを出迎え、長い旅の後で、彼らは並外れて大きく広い湖に到着した(27)。

ゼマルコスの帰路の冒険譚が続き、彼とともに大量の絹が運ばれていたことを偶然にも知ることができる(彼は自分を待ち伏せしているペルシアの軍隊を、実際には通らない道におびきよせるために絹を餌として使用した)(28)。これらの交渉が成功し、絹の輸送が首尾よく行われたことを、全く別のテキストによって直接的に裏付けることができる。すなわち、五七一年にアルメニアで大規模な反乱が起きた時に、コンスタンティノープルへ向かう使節団の一員だったヴァルダム・マミコニアンが大量の絹糸を運んだことを、ただ一人トゥールのグレゴリウスが明言している。この絹はコーカサス山脈を経由して行われた絹の交易の成果である(29)。

メナンドロスの断片一九は、ビザンツ帝国と突厥可汗国の外交関係が五七五年から五七六年にどのように変化したかを記述する。

ティベリウス二世の治世の二年、すでに引用したホスローとの交渉の直前に、ローマ人は別の使節団をテュルク人のもとに派遣した。団長は皇帝軍の衛兵であるヴァレンティヌスだった。この任務が与えられると、彼は従者の他に一〇六人のテュルク人とともに出発した。その頃には、様々な機会に様々な部族から派遣されたテュルク人が長期間ビザンティウムに滞在していた。使節としてビザンティウムに来たアナンカストによってそこに連れてこられた者もいれば、エウティキウスとともに都に来た者もその中にいた。他の外国人居留者は先の出来事の時にヴァレンティヌス自身とともに来た。なぜなら、彼は使者として二回テュルク人のもとに行ったからである。

他の者はヘロディアンやキリキアのパウルとともに来た。これらすべての使節団から、テュルク人と呼ばれる民族の一〇六人のスキタイ人がビザンティウムに集められ、ヴァレンティヌスは都を出発する時に全員を一緒に連れて行った。商人の高速船に乗り、シノペと東方の対岸にあるケルソンを経由して旅をした[30]。

ジザブロスの死後、突厥とビザンツとの政治的関係は明らかに悪化した。とくに突厥はクリミア半島を実際に脅かし、またバルカン半島を言葉によって脅かした[31]。事実関係と政治的な流れはとても明白である。突厥は同盟を覆してペルシアに味方したのである。外交の世界の不確実性のために、ソグド人がもくろんだスケールの大きな関係は築かれなかった。少し前に彼らがペルシアにおいて失敗した時と同じである。しかし、この政治的な流れを通して、ソグド商人の活動について一つの情報が得られる。

マニアクの一族は、筆者が前章で定義したソグド・テュルク人社会に属している。この事実によって、ビザンティウムの入口まで前進した突厥の交易目的の外交とソグド・テュルク人社会の支配階級とを結びつけることができる（ソグド・テュルク人社会の支配階級の中国における役割はすでに見た）。また、この事実によって、ソグド人の交易が、単に危険を厭わない個人の自主的な活動の集まりによって成り立っていたのではなく、社会的に統合された構造を備えていたことが示される。このような構造が交易を最大限に発展させたのである。

交易事業に対するソグド人の戦略の明晰さには驚くばかりである。数千キロメートルも離れた所から、ギリシア帝国が西方の主要な消費地であり、また、そこまで運搬するに値する唯一の商品が絹であると判断する能力をマニアクは持っていた。中国から突厥帝国への支払いが始まって間もない時期に、マニアクは莫大な余剰分を大陸の反対側の端まで運ぶことを早くも提案したのである。

ソグド人、突厥、ビザンツの間の外交交渉はこの期間に集中的に行われたが、この後の時代についてはほとんど情報がない。ソグド人による商業外交が失敗に終わったように見えるとすれば、それは、ビザンツと突厥との外交交渉がその後どのように展開したかを記す文字資料が不足しているからだということを、とくに強調しなければならない。両国の外交交渉は中断することなく行われたはずである。ソグド人の前に現れたビザンティウムへ続く二本の道が、マニアクの試みの後も長い間、ソグド人によって使われたことを示すことができる。

コーカサスの問題

ササン朝ペルシア帝国を迂回してビザンツ帝国へ到達するには、西コーカサスを通る方法とクリミア半島を通る方法がある(**地図8**)。メナンドロスのテキストによれば、マニアクの最初の使節団は西コーカサスを経由し、ゼマルコスの使節団も帰路はこの道を通っている。メナンドロスのテキストは、中央アジアとコーカサスとの間に存在した可能性のある商業的関係について検討することを促す。

単純に地理的な推測から、研究者は考古学的情報やアルメニア語、グルジア(ジョージア)語の文献の中に中央アジアの商人が通過した証拠を見出そうとしてきたが、モシュチェヴァヤ・バルカの墓地の発見によってこの推測が支持された。標高一〇〇〇メートル、クバン川左岸の支流である大ラバ川の上流で発見されたこの遺跡は、西コーカサスの重要な峠の一つであるツェゲルケル峠を通過するルート上に位置する。このルートをまっすぐ南に下れば、スフミや黒海方面に至る[32]。山岳気候のおかげで、とくに絹織物が良好な状態で遺跡から発見されている[33]。

織物の生産地の問題は別にして、その遺跡で発見されたものの中には中国で生産されたものが認められることから、モシュチェヴァヤ・バルカにおける中央アジアの要素はさらに強調される。すなわち、紙に書かれた漢文の会計報告の一部、張り子などの材料として二次利用された漢文文書の断片、仏典の一部、仏教絵画の断片である[34]。

これらの絹または紙の断片は、それらを運んできた商人の民族性を伝えてはくれない。しかし、コーカサスの西の峠までそれらを運んだのはビザンツやコーカサスの商人ではなく、中央アジアの商人であることを、はっきりと示すテキストがある。コーカサスの史料は比較的多いが、たいていの場合、交易には触れない。わずかな言及は、概して黒海における交易か[35]、ササン朝滅亡以前にコーカサス南部で行われた東西交易[36]に関係する。しかしながら、他の著者とは違い、シラクのアナニアは[37]、彼の著作とされる七世紀の『地誌』の中で経済と交易の情報に関心を示している。この著者がよく知っていた地域、とくにステップ地域、コーカサス、イランについての情報は七世紀のものである。アラブ人に関する部分は加筆された可能性があるが、それも八世紀末より遅い情報ではない[38]。シラクのアナニアは、彼が記す国々で手に入る高価な物品を伝える[39]。『地誌』には二種類の異本があり、一方は以下のとおりである。

スキタイには山々と乾燥して水のない平原がある。そこには五つの国があり、そのうちの一つはソグディアナ、すなわちサガスタンとサケーである。この二つの国には裕福で、勤勉で、商売の得意な一五の民族がいて、トルキスタンからイマエウス山の近くのアリアナの間にいる。これら一五の民族のうち（中略）ホラズム人は北東〔に住む〕商人〔である〕[40]。

要約された異本では、

ソグド人は、トルキスタンとアリアナの間に住む裕福で活動的な商人である[41]。

とりわけ注目されるのは、このテキストにソグド商人とホラズム商人が言及されることである。コーカサスのすぐ北に住む人々には交易に関する注釈が全くないことと比較すれば、なおさらである。アルメニアの北や北東においてアナニアが知っていた商人は、ソグド商人とホラズム商人だけだった。ソグド人とホラズム人をはっきりと区別するのは不可能であることに注意しなければならない。モシュチェヴァヤ・バルカの絹の運搬に関係している可能性はどちらにも等しく存在する。

もう一つのテキストは厄介な問題を提起するかもしれない。バラーズリー（八九二年没）は、ササン朝の偉大な王ホスロー一世（在位五三一〜五七九年）による建設事業について記している。

彼はジュルザーン地方に、スグダビールというまちを建て、ソグド人とペルシア人の集団を居住させ、まちを要塞化した[42]。

このテキストを、ソグド人の軍事的役割について知られていることやロプノール湖の集落と比較したい誘惑にかられる。しかし、おそらくバラーズリーはこの土地のグルジア語名であるサ・ゴデブ・エリ Sa-godeb-eli「哀悼の場所」を誤解し、彼が知っているソグディアナの名前を民間語源によってそこに見出そうとしたのだろう[43]。コーカサスと並んでビザンツ帝国へと通じるもう一方の主要交通路であるクリミア半島は、もっぱらソグド人のものである。

クリミア半島のソグダイア

メナンドロスのテキストとコーカサスで発見された遺物は、ソグド人の交易がビザンツの市場に向けて拡大したことを示す利用可能な史料のすべてではない。この観点ではまだ使用されたことのないビザンツのテキストをコーパスに加えることができる。

クリミア半島は、古代にも中世にもステップ地域を経由して行われる交易の到達点であり、突厥帝国の西端にあたる。六世紀半ば、司教のヨルダネスは、「ケルソナ、金儲けをしようと躍起になっている商人がアジアの品々を取り寄せる所」と言って、見事にこの往来を想起させる。[44] 九世紀以降の長い間、ソグダイアというまち（現在のスダク）はこの交易を組織する上で第一級の役割を果たした。マルコ・ポーロの叔父と父親はソグダイアを彼らの拠点としていた。この交易都市の名前はソグディアナの名前と驚くほど似ている。ソグダイアの建設とソグド人の交易との間につながりはあるのだろうか。

このまちの起源については、二〇世紀初めから文献学者によって多くの研究が行われている。また、現在も行われている考古発掘によって、そのまちのことがよりいっそう明らかにされつつある。[45] ソグドの文明の重要性やその交易の規模がまだ知られていない時代に出された答えは、おおむね否定的だった。ソグディアナからの距離は他の説明原理が求められる理由として十分すぎた。ソグダイアをスグダ *suγda という語根（用例は確認されていない）と結びつけて、イラン語の、最終的にはアラン語の名詞をそこに認めることが主張された。[46] この語源は可能なように見えるが、[47] それが何を意味するのか（神聖なまち？　まちの何が神聖なのか？）、さらに、ソグダイアという地名がとても遅い時代にしか現れないという事実に直面する。七世紀以前のクリミア半島はビザンツ史料によってかなりよく知られているため、ソグダイアという名前は史料中に存在しないと認めざるをえない。考古学的にも七世紀以前のものは何もない。[48] したがってソグド仮説を再検討する必要があるだろう。

中世の東西両教会の伝承にキリストの使徒と弟子のリストが存在する。リストには使徒と弟子の遍歴と受難が短く言及されるが、なかでも使徒アンデレは黒海沿岸地方を通過している。最も古いリストは五世紀に遡り、すべての写本はリストをキプロスのエピファニオスのものとする。[49] このテキストの異本のうち最も早いものは、[50] 黒海沿岸地域でアンデレが改宗させた民族の中にスキタイ人、ソグド人、サカ族の名を挙げる。[51] プトレマイオスの『地理学』にもとづいて東方世界が分配され、バルトロマイにインド人、トマスにパルティア人、メディア人、ヒルカニア人、キルマニア人、マルギアナ人、バクトリア人、アンデレにスキタイ人、ソグド人、サカ族が分配された。このような考え方は、カエサレアのエウセビオスがオリゲネスから借用した『教会史』(第三巻、第一節)の中ですでに芽生えている。この最初のリストは六世紀または七世紀に改訂された。より正確にいえば、その時代に合うように更新され、言及されていた三つの民族のうちスキタイ人とソグド人は残されるが、サカ族はグルジア人に代わる。[52] サカ族がグルジア人に置き換えられたことから——グルジア人は古代の名前(イベリア人)ではなく中世の名前で示されている——時代に合うようにリストが更新されたことが知られる。サカ族はもはや何も想起させないため、同時代の重要な民族であるグルジア人に置き換えられたのである。このような状況において、なぜスキタイ人とソグド人は残されたのか。「スキタイ人」の名前が残されたのはいたって当然のことである。なぜなら、この用語はビザンツの文献では北方遊牧民を指すのに使用され、いわば北方遊牧民を指す普通名詞のようなものだからである。それに対してソグド人への言及が残されたのは驚くべきことである。テキストが更新されたにもかかわらずソグド人が言及される理由は、中央アジアの正真正銘のソグド人との接触にあるとしか考えられない。このような接触が実際にあったことは史料によって完璧に証明されている。すなわち、五六八年のマニアクの使節団が端緒となって派遣された一連の使節団である。

アンデレが説教をした民族と場所のリストは黒海周辺に限られる。ソグド人は二番目の異本のリストに言及される唯一の遠方の民族である。世界の分配という当初の考え方はその後放棄される。しかし、ここでもメナンドロスのテキストが答えの一部を与えてくれる。すなわち、ゼマルコスの使節団は突厥の首長たちと合流するためにクリミア半島を通過していることから、クリミア半島はテュルク・ソグド人社会への入口にあたる場所であると考えられる。これによってリストにソグド人が存在する理由を十分に説明することができるだろう。

テキストの変遷だけでは中央アジアのソグド人とソグダイアの間につながりがあったことを示すことはできないだ

ろう。しかし、キリストの使徒と弟子のリストの伝承は、九世紀にカリストラトスの修道院のエピファニオスという修道士によって継承された。彼は明らかにこのリストを引用し[53]、そして、何よりも重要なのは、使徒の行程を現地でたどろうとしたことである。彼が八三〇年に著した『聖アンデレ伝』に、この行程は次のように記述されている。

大セバストポリに到着し、彼らは神の言葉を教えた。アンデレはこの場所にシモンを残し、自らは弟子たちとともにズィキアに出発した。弟子たちを残し、彼は上方の「スグダイ」人のもとへ行った。穏やかで、説得しやすい人々で、彼らは神の言葉を喜んで受け入れた[54]。

地理的位置が黒海沿岸のケルチ（ボスポラス）海峡の近くであることは今や明確であり、エピファニオスのとても豊富な情報から「スグダイ」人は十分に実在の民族のように見える。最初のリストからスキタイ人も消えて、ソグド人だけが残されている[55]。

そして、この長いテキストの伝承の第四段階は、カリストラトスのエピファニオスのテキストをもとに、ビザンツの頌辞《しょうじ》作家であるパフラゴニアのニケタス（九世紀）が聖アンデレと彼の旅について記した賛辞（*Laudatio*）によって達成された。そこには、上方スグディアと呼ばれる国に今は誰も住んでいないと明言されている[56]。この最後のテキストでは、スグディアは民族名から地名に変化している。この資料を含むテキストの伝承は、それらが継続しているという事実によって、「ソグダイア」という地名と黒海沿岸に住むソグド人の存在を結びつけることを可能にする。カリストラトスのエピファニオスのテキストからニケタスのテキストへの変化は、そのことを十分に示している。他の民族とは異なり、ソグド人は九世紀のテキストにも依然として登場するのである。

したがって問題の所在は変化した。すなわち、ただ一つの史料に由来し、新しい歴史的実態に応じて正しく更新されるテキストの長い伝承を調べることによって、問題は地名の考察にとどまらず、民族名にも及ぶことを筆者は示した。さらに、その民族名を中央アジアのソグド人と結びつけるテキスト以外に、その民族名を説明するテキストは存在しないことも示した。

他に「スグド人」に言及する文献がある。この文献の著者「哲学者コンスタンティノス」は宗教界では聖キュリロス(キリル)として知られ、南スラヴ人にキリスト教を伝道した人物である。八六一年にコンスタンティノスはクリミア半島を経由してハザールのもとへ使節団を導いていることから、彼のテキストの材料はこの使節団から得られた可能性がある。聖典を土着の言語に翻訳することに関して、ヴェネツィアの司教に異議を申し立てた有名な討論の中で彼は次のように明言する。

あなたはたった三つの言語だけを定めて、他のすべての民族や部族に、目が見えないまま、耳が聞こえないままでいるように命令して恥ずかしくないのか。あなたは〔こうして〕、神を、〔そう〕することができない手足の不自由な者、または、〔それを〕欲しないねたみ深い者にするのか。私たちは、文字を持ち、それぞれ固有の言語で神を称賛する民族をたくさん知っている。アルメニア人、ペルシア人、アブハズ人、イベリア人、スグド人、ゴート人、アヴァール人、テュルス人、ハザール人、アラブ人、エジプト人、シリア人、他にも多数いる。(57)

『コンスタンティノス伝』のスグド人が、この場合にもまたソグド人であることを証明するのは、かなり簡単である。確かに、「スグド人」の特徴は文字を持ち、自身の言語で神に祈りを捧げていることだけである。「スグド人」も「テュルス人」も黒海沿岸の住人で、キリスト教徒となり、自身の言語で宗教儀礼を行っているとされている。(58) 興味深いことに、他のテキストには「スグド人」も「テュルス人」も言及されない。一方で、キリスト教が八世紀にソグディアナにしっかりと根付いていたことは確実である。それを示す考古学的証拠も、テキストによる証拠もある。さらに、キリスト教文献が実際にソグド語に翻訳されたことは、敦煌やソグディアナで発見された資料によって証明されている。そのうえ、ソグド人はキリスト教をテュルク人に伝えた。ここでいう「テュルス人」とは実際にはテュルク人のことである。そしてネストリウス派キリスト教はソグド人のネットワークによって東方に伝播した[59]。以上のことから、『コンスタンティノス伝』がソグド人に言及していることは間違いない。しかし、『コンスタンティノス伝』は、ソグド人が黒海付近に存在した証拠にはならない。なぜなら、コンスタンティノスが引用しているキリスト教徒のスグド人とテュルス人を中央アジアに求めることもできるからである。コンスタンティノスがハザールの宮廷で布教した時に、彼らについて聞いただけなのかもしれない。ハザールの商業上のつながりを考慮すれば、それは驚くべきことではない。また、彼はスグド人とテュルス人を、キリスト教に改宗し、文字を書くことができ、自身の言語で宗教儀礼を行う民族として、ペルシア人やアラブ人と同等に言及している。したがって、全く知られていない文字のシステムや宗教儀礼の言語を考え出さなくても、『コンスタンティノス伝』のテキストは完璧に説明されるのである。逆に、九世紀末のテキストの中でもなおソグド人が本来の名前で知られていたことが示される。この議論はソグド人仮説をいっそう強固なものとする。

とはいうものの、ソグダイアとソグド人が完全に偶然の一致であるという仮説も理論上は可能である。しかしながら、最後に挙げる資料はその可能性をさらに弱めることになる。実際に、タマン半島の先端でソグド語が記された陶片が一点発見されているのである[60]。そこは、使徒アンデレが上方のソグド人の領土からボスポラス（ケルチ）海峡を通過する時に歩き回った地域にあたる。発見されたのは容器の持ち手の部分で、š'βnwšk（シャーフノーシャク「不死を信じる者」）というソグド人の所有者の名前が刻まれていた。このように容器に所有者の名前を記す例はソグディアナではよく知られている[61]（**図１-c**）。発見されたものは、価値があって人から人へ渡るような奢侈品《しゃしひん》でも輸出品でもない。

一方で、ソグド人を表す中国の俑は、旅行用の水筒をベルトからぶら下げている。おそらく、この名前の人物がタマン半島を通過したのだろう。古文書学によって、銘文を八世紀後半または九世紀のものと推定することができる。この発見は、文献が示唆する内容を全く別の方法で補強し、年代的にも地理的にも文献と一体をなす。黒海沿岸にソグド人が存在したという仮説の他に、これらすべての資料を解釈する方法はない。

前七世紀から前四世紀まで、ソグド文明は複数の大きなまちと有力な貴族階級を有する一つの地域の文明であり、アレクサンドロス大王の時代の歴史家や、それを引き継ぐギリシア・ラテンの歴史家によってよく知られていた。また、最初の聖者伝作者が北方民族の改宗という大きな役割を聖アンデレに与えようとした時、ソグド人の名前は、プトレマイオスに従って、必然的にスキタイ人とサカ族の名前とともに挙げられた。このソグド人への最初の言及は、アケメネス朝とそれ以前の時代の、ソグドの最初の繁栄が遠くまで及んだ結果である。しかし、地中海世界から切り離された後、五世紀からソグド文明は二度目の大きな飛躍を経験する。ソグド・テュルク使節団がギリシア世界と中央アジアとの関係、そして再び輝きを取り戻したソグド文明との関係を修復したのはまさにこの時だった。この関係が復活したのは、聖者伝作者にとって、聖アンデレが改宗させた民族の伝統的なリストに同時代的意義を与えるのにちょうどよい時だった。リストに列挙される民族とは、改宗させることで使徒の栄光が増大するような民族だった。当時の状況に合わせてリストが変更されてもソグド人は残ったが、それは、もはやプトレマイオスの伝統とは関係がなく、当時のソグド人の威光によるものである。一方でサカ族とスキタイ人はリストから消え、いくつかの段階を経て忘れられた。洗練された文明を持つソグド人は、優秀で名声のある信者となった。この伝説には九世紀に再び手が加えられ、その後の発展、とくにソグド人の移住地が存在したことをしっかり記憶するように変化した。ビザンツ人が高く評価した「アジアの商品」の中で最も高価な商品を運んでくる民族の名前から、その場所がソグダイアと呼ばれたのはもっともなことである。カリストラトスのエピファニオスは、その住人を「説得しやすい」人々であると特徴づけている。もしそれがただの作り話であるとすれば、聖者伝には逆効果である。このような特徴は、政治と交易のためにゾロアスター教徒、仏教徒、ネストリウス派キリスト教徒、マニ教徒、イスラーム教徒に次々と変わるソグド人の宗教的順応性について我々が知っていることと、偶然にも見事に一致する。

したがって、ソグド人は黒海北岸に長期にわたって移住していたのである。これはソグド人の交易史にとって重要な情報ではあるが、歴史的に見れば少しも驚くべきことではない。なぜなら、同じくらい遠く離れた地域にソグド人が存在したことが知られているからである。メナンドロスのテキストがすでに証言しているように、黒海とその近くにあるビザンツの豊かな市場にはソグド商人を引きつけるすべてのものがあった。コンスタンティノープルの倉庫の印章とビザンツの税務官の印章がソグダイアの遺跡で発見されている。それによって、遅くとも七世紀末にはまちが建設されたことが確認され、また、そのまちの商業的性質が証明される[62]。

メナンドロスが言及する企てとソグダイアの初期の考古遺物との間には時間的な隔たりが存在するが、この地域にソグド人が継続的に存在したと推測してみたくなる。ソグダイアとソグド人の間につながりが発見されたことにより、メナンドロスが記述する、全体としては実りのなかった企て――コンスタンティノープルの「テュルク人と呼ばれるスキタイ人」全員の追放に終わった――が、少なくとも再開されたことが判明する。交易を厳格に管理するというビザンツ国に特徴的な政策のもとで、おそらく商業的および政治的理由によってソグド商人は帝国から追い出されたものの、突厥、次にハザールの領土の最も西の端に、国境の変化に合わせて移住したと推測される。七世紀末に国境が定まり、クリミア半島の南部はそのままビザンツの支配下に置かれたが、北部はハザールの支配下に入った。その時にソグド人が定住したのは、まさにビザンツとの国境のすぐ北にある重要な港町だった[63]。ソグダイアは、ステップ地域の反対側の端にあたるオルドス付近でソグド・テュルク人と漢人が出会う市場のように、国境地帯に位置する市場だった。ソグド人は、突厥領内、次にハザール領内の交易が可能な範囲に定住したのであり、ビザンツ帝国領内で絹の交易に対する厳重な管理下に置かれることはなかった。

3　ハザール帝国における交易

七世紀後半、コーカサス山脈とヴォルガ川の間の西突厥帝国の故地にハザール可汗国が成立する（地図8）。この地域は、クリミア半島またはコーカサスの峠を経由してビザンツ帝国へ向かう二本の交通路の上手にあたる。ハザール可汗国は八世紀に拡大し、略奪を繰り返して豊かになり、コーカサスでアラブ軍と衝突した。九世紀から一〇世紀に、ハザール帝国はまさしく国際交易の要衝となる。ビザンツ帝国へと向かったホラズム商人とソグド商人は、どのルートを通ったとしても、以前と同じようにこの地域を横断したはずである。したがって、ハザールの社会内部に中央アジアに由来する交易が存在したと推測することができる。これからそれを証明しなければならない。

銀製品（銀器、銀貨）の流通に関する検討

ハザール帝国の北のヴォルガ川とウラル山脈の間のカマ川流域は、古くから高価な毛皮を大量に輸出する地域だが、この地域ではイランまたはビザンツに由来する銀製の盤、壺、水差しの埋蔵場所が集中して見つかっている。東方の銀製品が七世紀から八世紀に、この地域において耐久性のある商品の中で最も威信のあるものだったことは確かである。数多くの銀製品の発見によってこの二五年間で研究が進んだおかげで、ウラル山脈西方の森林地帯で発見された銀器を生産地ごとに集計することが可能である(64)。

中央アジアまたはイランで八世紀末までに製作された高価な金銀器が、ウラル山脈の西に位置する森林地帯で合計八二点発見されている。そのうち三六点がササン朝製、二三点がソグド製、一〇点がホラズム製、八点がテュルク製

またはソグド・テュルク製、二点がトハリスタン製、二点がアフガニスタン製または北西インド製、一点がカーブリスタン製である。したがって、四六点の金銀器が中央アジアの交易地帯に由来する。そのうえ、ササン朝製の金銀器三六点のうち五点にはソグド語かホラズム語の銘文があり、ソグド商人かホラズム商人が所有していたことを示している。結局のところ、中央アジアの商人を介していないのは、おそらく八二点のうち三一点だけであり、それに対して五一点は、移動中のある時点で、ソグド人またはホラズム人によって売買されている。

調査の範囲を七〇〇年までに製作された金銀器に限定すれば、結果は以下のとおりである。四一点のうち、二七点がササン朝製、六点がホラズム製、四点がソグド製、二点がアフガニスタンまたは北西インドに由来し、二点がトハリスタン製である。二七点のササン朝製の器のうち五点は中央アジアの言語の銘文を持つ。つまり、二二点に対して一九点が確実に中央アジアの商人の店を通過している。八世紀になると、その割合は四分の三(九点に対して三二点)以上になる。

銀器を検討するだけで、ロシア北東部の森林地帯を目的地とした交易に、中央アジアの商人が大きく関わっていたことが示される。七〇〇年より前に製作され、カマ川流域で発見された東方の金銀器の少なくとも四五パーセントは、中央アジアの商人を経由している。さらに、八世紀の器では、この割合は七五パーセントまで上がる(図8-b・c)。

高価な商品がさらに遠くまで運ばれることもあった。スウェーデンの海岸沿いの島の一つで、中世初期に交易の一大中心地だったヘルゴエ島の住居址《あと》から小型の仏像が発見された。考古学的状況は少し混乱しているが、近くで発見されたアラブのコインは七四二年から八三三年に発行されたものである。当初は東トルキスタンの五世紀の仏像として発表されたが、様式的には七世紀のカシュミールのモデルにはるかに近い[65]。この仏像が八世紀か九世紀初めに中央アジアを通過したと断定することはできないが、それが最も可能性の高い行程であると思われる。

銀貨はカマ川流域で発見されるもう一つの考古学的追跡子(トレーサー)である。最近の研究では、ササン朝のコインと中央アジアで製作されたその模倣コインを明確に区別することができる。大半が中央アジア製であるという結論に至った銀製品の分類作業を貨幣学の分野において繰り返すことで、カマ川流域で発見された銀貨をより有効に活用することができる[66]。その結果は有益である。七一点のササン朝製または中央アジア製のコインのうち[67]、六点がホラズム製、四点がササン朝のドラクマ銀貨を模倣したブハラのコイン、九点がおそらくササン朝のドラクマ銀貨を模倣した中央アジアのコインであり、そのうえ、ササン朝のドラクマ銀貨一点にはブハラのタムガのカウンターマークが刻印されている。ということは、少なくとも二〇点、すなわち二八パーセントは、中央アジアで造られたか(ホラズム製のコイン、ササン朝のコインの模倣)、中央アジアを通過したか(ブハラのカウンターマーク)、どちらにせよ中央アジアから到達している。他のコインがどの道のりをたどったのかは不明だが、コーカサスの北を通過したという証拠はない。ササン朝からとても近いにもかかわらず、コーカサスの北でササン朝のコインが発見されるのはきわめて稀である[68]。コインの刻印は、ササン朝のコインの多くが帝国の経済的中心地から到達したことを示し、それ以外の特定の地域からとびぬけて多く到達しているわけではないことを示す[69]。それに対して、ソグディアナではササン朝のコインが多数発見されている。それらはとくに、四八四年にペーローズ王がエフタルに敗北した後で支払った貢ぎ物と関係している。そして、ペーローズのコインはカマ川流域で発見されたコイン全体のかなりの割合を占める(一〇点と模倣貨四点)[70]。

カマ川流域で出土したホラズムとソグドのコインは質があまり良くなく[71]、比較的発見数が少なく(中央アジアにおいても)[72]、ササン朝のコインに紛れているが、それらは交易の方向を証言している。別の場所で発見されたホラズムのコインもコーパスに加えることができるだろう[73]。

発見されたコインの多くは孔があけられていて、装身具として機能していたことが分かる。コインと銀器は遠距離交易の対象になっていた。これらの品物に刻まれた銘文は商人によるものである。カマ川の地域では銀はおそらく外見的な富のしるしか、宗教的なしるしだった。交易の流れを生み出す需要が存在していたはずである。そうでなければ、ヨーロッパロシアの北東地域にこれほど銀製品が集中したことを説明することができない。それらは小規模な物々交換によってここまでたどり着いたのではない。もちろん、中央アジアの商人がカマ川まで行っていたかどうかは検討できない。その可能性もないことはないが、中央アジアと毛皮の産地を結ぶルートのどこかで、北方の他の民族が中央アジアの商人と交替した可能性もある。それでも、発見されたコインと金銀器は、この交易に中央アジアの商人が関与していたことを示している。

彼らは何と引き換えにこれらの銀器とコインを輸出したのだろうか。この地域は九世紀から一〇世紀には、毛皮、蜂蜜、琥珀《こはく》、奴隷を輸出する地域としてイスラーム文献に記述される。それ以前も状況は同じだったと推測される。少なくとも毛皮については明白な資料がある。すなわち、『後漢書』によれば、これらの地域は二世紀にすでに毛皮を貢ぎ物として供出している。

厳国《げんこく》は奄蔡《えんさい》の北にあり、康居に属す。鼠の皮を産出し、それを税として康居に納める。[74]

これらの産物の中で琥珀だけが中央アジアに(わずかではあるが)残されている。最近の分析によって、この時代にはソグディアナとホラズムはもっぱらバルト海の琥珀の流通圏内に含まれていたことが明らかになっている。[75] 琥珀はソグド人によって売買されていただろう。たとえば、サマルカンド、ペンジケント第二神殿の宝物、さらに奈良の正倉院の宝物にも琥珀は認められ、[76] どれも八世紀のものである。アジアの東部地域との接触をソグド人が広く支配していたことを考慮すれば、日本への琥珀の伝播をソグド人に帰することができる。小さな板状の琥珀も発見されていることから、中央アジアで琥珀が加工された可能性もある。[77]

ハザール帝国において

ハザール帝国領内では高価な金属器が集中して発見されることが少ないため、資料を統計的に利用するのは難しい。ここでは、ハザール帝国領内の六箇所(ダゲスタン、グロズニイ、アゾフ、リマロフカ、パヴロフカ、ペレシェピノ)で発見された宝物のうち四箇所の宝物は、その一部またはすべてが中央アジア製であるか、もしくは中央アジアの商人を経由していることを指摘するにとどめる。たとえば、アゾフ(ドン川の河口)の宝物には八世紀のソグド製の水差しが含まれている。ダゲスタンでは七世紀のホラズム製の銀碗が、また、アゾフ海の北約一〇〇キロメートルに位置するリマロフカではソグド語銘文を持つササン朝製の銀の壺が発見されている。[78] さらに、ペレシェピノで発見されたブルガール人の王クヴラトの墓にはササン朝製の金器、七世紀のソグド・テュルク製の盤、シャープール二世を表しソグド語銘文のある皿が納められていた。このことは、中央アジアの交易の影響力を裏付ける。なぜなら、これらの遺物や銘文の存在を、コーカサスにおけるハザールの略奪行為によって説明することはできないからである。

発掘によって見つかった他の遺物は、九世紀初めに中央アジアとハザール帝国が交易によって結ばれていたことを証言する。サルケルでは、ハザールが要塞を築いた初期(八三〇年頃)の層から、紙の断片——当時はサマルカンドで作られていた——とソグド製の七世紀のチェスの駒が発見された。そこではジェティ・アサル(シル川のデルタ地帯)の土器も発見されている。[79] ドン川流域のデヴィッァの宝物は八三八年(最も遅いコインの発行年)よりも少し後に埋められたが、その中には、サマルカンドや広くトランスオクシアナで発行されたコインが、とても高い割合で含まれていた。八三〇年以降に発行された最も遅い時代のコインについて見れば、全体の九〇パーセントをイラン東部と中央アジアのコインが占める。[80] これは、北のカマ川流域で発見されたコイン——コーカサスの向こうのイラクとのつながりを証言する——とは著しく異なる。[81]

残念なことに、ヴォルガ川とコーカサス山脈との間に位置するハザール帝国の中心部に関する情報は分散しているが、この広大な空間が交易の面では外国商人によって掌握されていたことは確実である。筆者は別の論文で、ハザール自身が遠距離交易を行ったとする仮説をハザールに関する利用可能な文献をもとに退けられることを示した[82]。右で示したルートをたどれば、中央アジアの商人はハザール帝国の中心部もその周辺部も経由することになる。ハザールは大規模な外国商人を領内に保有し、その一方で自らは拡大政策をとり、ビザンツとササン朝の領土を略奪し、帝国の北方の民族を服従させることによって、巨万の富を手にした。これらの外国商人は遠距離交易に従事する第一級の商人であり、おそらくハザールが手に入れた財を彼らの交易の枠組みにおいて東方や北方の珍しい商品と交換する役目を負っていたのだろう。

このような解釈を裏付ける手がかりを、二つのビザンツ製銀器が与えてくれる。一つはブハラで使われたソグド文字の銘文を持つ六世紀の銀盤で、もう一つはホラズム語の銘文を持つ七世紀の銀盤である[83]。銘文から判断すれば、金属器はビザンツから中央アジアを経由してカマ川に達したと解釈するのがふつうだが、むしろカスピ海に面したステップにソグド商人とホラズム商人が存在したと考えるべきである。このように仮定すれば、この遺物がふつうでは考えにくい遠回りをしたと想定しなくてもすむ。さらに、同じような銘文を持つササン朝の銀器も、ハザール帝国領内のソグド人またはホラズム人の手元にあった可能性がある。

このような状況の始まりは、おそらく、筆者が前の章で引用した突厥可汗国における役割分担に求められるだろう。メナンドロス・プロテクトルが五六八年の出来事として引用したソグド人による西方との遠距離交易は、突厥可汗国の崩壊後も継続して行われた。当時、ソグディアナとホラズムは遊牧民と定住民が接触し融合する地域だった。その傾向は、両者の対立が顕著なコーカサスよりもはるかに強かった。東西交易は、商人が、突厥、次にハザールのもとに長期にわたって定住することを促した。ソグド商人とホラズム商人は、ソグディアナから来た銀製品や、ササン朝崩壊後に競争相手になったアラブ人から購入した銀製品を、カマ川の毛皮やその他の産物と交換するのに、最も有利な場所を占めていたのである。

4　ホラズム人とソグド人

これまで筆者はホラズム人とソグド人を明確に区別してこなかった。中央アジアの民族の中で両者は、西部ステップ地域の交易を支配することができた二つの民族である。さらに、西に位置するホラズム人の方が、地理的に優位な立場にある。

ホラズム人による遠距離交易

ホラズム人がステップ地域を通って遠距離交易を行っていたことは確実である。すでに引用したシラクのアナニアのテキスト（本書二一三頁）が、それを証言している。彼がまずはじめに言及するのはソグド人ではなくホラズム商人である。メナンドロスが記すように、五六八年に最初の使節団がコンスタンティノープルに戻る時、ビザンツの使節とソグド人への同行が許されたのは、ホリアタイ人——ホラズム人——の王だけだった。[84] 使節団は往路も復路もホラズムを通過している。このとき政治的な後ろ盾を得て原動力の役割を果たしたソグド人と、実りの多い交易に加わるためにこの状況を利用したホラズム人との間には協力関係があったと思われる。八世紀にハザールとホラズムが国境を接するようになると、両者はとても頻繁に接触するようになり、ホラズム人は次第にハザール帝国において重大な役割を果たすようになる。この点に関する基本史料であるマスウーディーは、七世紀または八世紀にアルシヤ人が、混乱のために、どのようにホラズム周辺を離れ、ハザール人の王に仕えるようになったかを記述している。彼らはハザール王のエリート集団を形成し、大臣を輩出した。[85] アム川（オクサス川）のデルタ地帯にあたるホラズムの中心部からアラル海を西に迂回して、ハザールのステップ地域へと導くウスト・ユルト台地のルートは、後にキャラバンサライのネットワークを支えるようになる[86]。

『新唐書』はホラズムについて次のように述べる。

火尋《かじん》は、貨利習弥《かりしゅうみ》とも過利《かり》ともいい、烏滸水《うこすい》（オクサス川）の北にある。東南六百里に戉地《ぼち》があり、西南は波斯《はし》と境を接し、西北は突厥の曷薩《かっさつ》（ハザール）と境を接している。康居の小王、奥鞬城《おうけんじょう》の故地である。治所は急多颲遮《きゅうたくしゃ》城であった。もろもろの胡人は車と牛しか有さず、商人はこの牛車に乗って諸国に商売に行く。天宝十（七五一）載、王の稍施芬《しょうしふん》は使者を派遣して朝貢し、黒塩を献上した[87]。

しかし、漢人は、ホラズム人が牛車を使うこと以外、ホラズムとその交易[88]についてほとんど何も知らなかった。ホラズム人の交易は西部ステップ地域では盛んだっただろうが、東方ではソグド人の交易に匹敵するようなネットワークを持つことはなかった。

ソグド人の交易圏内へ

いくつかの資料は、さらに一歩進んで、遅くとも八世紀以降、ホラズムがソグド人の交易圏内に入ったと推測することを可能にする。

最も明白な手がかりはコインである。シャーワシュファン（右に引用した『新唐書』に稍施芬の名前で七五一年に言及される）の治世から八世紀後半まで、ホラズムのコインにはホラズム語とソグド語が併記される[89]。八世紀末になると、さらにアラビア語が加わって、三言語が併記されることもある[90]。ソグド語銘文は銀貨にしかなく[91]、同じ王の銅貨にはない。このことから、二言語が併記されたコインは、もっぱら大規模な取引、とりわけ国際交易を目的として製造されたと考えられる。他方、ソグド文字が採用された理由を政治的に説明することはできない。コインの銘文はそれがどの民族の商人に向けられたコインであるかを示しているのであり、八世紀半ばから少なくとも半世紀間、ソグド人はホラズムの国際交易を支配したのである。[92]

キリスト教は八世紀にホラズムに根付いた。トク・カラの近くのミズダフカンで発見された七世紀末または八世紀前半の納骨器には十字架が刻まれている。[93] ホラズムのキリスト教の起源はソグド人に求められる。ヴェネツィアの聖キュリロスは、キリスト教の宗教儀礼を自身の言語で行っている民族の長いリストの中でソグド人に言及するが、ホラズム人には言及しない。他方、メルキト派は、ホラズムで一四世紀まで宗教儀礼を行う言語としてソグド語を使用し、「ソルダイン」という名前を保持したことが知られている。[94] 最後に、中央アジアにおけるキリスト教教会の布教の中心が、八世紀にはソグディアナに置かれたことを指摘しておく。メルキト派の総主教の座は、七六二年もしくは七六六年以降タシュケントに置かれ、ネストリウス派の大主教の座は遅くとも七二八年にはサマルカンドに置かれた。[95] したがって、キリスト教の文献は、ホラズムに対するソグド人の影響力が増大したことを裏付ける一つの独立した資料といえる。

以上のことから、突厥可汗国内部のソグド人社会の勢力が、西部ステップ地域への道をソグド商人に開いたことが確認される。しかし、この最初の段階をすぐに飛び越えて、ソグド人は広大な交易ネットワークをその地域に配備した。その証拠は、ソグダイアの建設、シラクのアナニアの『地誌』にソグド人が言及されること、さらに、ソグド製の銀器またはソグド人の手を介した銀器が北方の森林で発見されることである。この地域で重大な役割を果したただろう唯一のライバルは、ホラズム人である。彼らはアナニアにも『新唐書』にも引用される。しかし、最初に外交において手柄を挙げたソグド人は、ライバルに対する地理的ハンディキャップを克服し、ライバルを従属的立場に置くことができた。その結果、ソグド人は優位に立ち、突厥と中国の富に接触できるという特権的立場によってその優位性を強化し、さらに、その優位性によって、八世紀には必然的にホラズムをソグド人の交易圏内に取り込むに至った。ソグド人の交易において西の支線は最も遅く確立されただろう。それが最盛期を迎えたのは、ソグディアナがイスラームの軍隊に服従して半世紀が経過した頃だった。

Ⅳ

ネットワークの分断

（七〇〇～一〇〇〇年）

導　入

ソグド人の遠距離交易の政治的側面は、その交易に単なる奢侈品の交易とは別の次元の役割を与えた。しかし、この政治的側面は交易を強化すると同時に脆さの源でもあった。八世紀前半の数十年間、アラブによる中央アジア征服、チベットとウイグルの拡大、中国の後退によって軍事的均衡が崩れた。そして、新しい時代が幕を開けるが、それはソグド商人には悲惨な時代である。そして、我々が利用する文書にも悲惨な時代である。七六〇年以前であれば、中国、イスラーム世界、そしてソグディアナに由来する多数の資料を利用できるが、七六〇年から一五〇年近くの間、情報は極端に少なくなる。一〇世紀になると情報は再び豊富になるが、特定の地域に限られる。そのため、イスラーム化した西トルキスタンについて分かることを、東方の主要な史料群である敦煌文書やトルファン文書と比較するのは困難である。

以下の分析は、このような資料状況において行われる。第9章では、まずアラビア語・ペルシア語史料を利用して八世紀について考察し、続く九世紀にソグディアナがイスラーム帝国の経済的・社会的ネットワークに組み込まれたかどうか検討する。第10章は、文書が途絶える九世紀が明けて一〇世紀に、ソグディアナとそこにかつて存在した商業帝国との間につながりが維持されているかどうか、そしてソグド人の交易とサーマーン朝の交易との間に関連性があるかどうか考察する。

第9章　イスラーム世界のソグド人

イスラームの到来は筆者の分析の基盤を根底から覆す。ソグド人社会は、八世紀から九世紀に、あらゆる分野において重大な変化を被る。この変動を説明するのに利用可能なアラビア語イスラーム史料は、きわめて豊富に存在する。しかし、これまでに利用した漢文史料や実務文書が、とりわけソグド人が拡大した地域に由来するのに対して、新たな史料は数こそ多いが、イラン、すなわちソグド人の交易が希薄なことを筆者が示した地域に由来する。視点は地理的にも質的にも完全に変化する。

これらの史料のうち最も重要なのは、タバリー（八三九〜九二三年）による『諸使徒と諸王の歴史』である。九一五年までの全時代を世界史として要約するこの著作は、イスラームの出現と拡大だけでなく、イスラーム以前のイランの歴史にとっても主要な歴史資料となっている。[1] タバリーは、中央アジアについては完全にマダーイニー（七五二〜八四〇年?）に依拠している。マダーイニーには八世紀前半のホラーサーン征服と歴代のホラーサーン総督に関する著作が複数あるが、すべて失われている。他にも興味深い情報を提供する著者がいる。とりわけ、タバリーの『諸使徒と諸王の歴史』のバルアミーによるペルシア語の翻案は、[2] イランと中央アジアについてアラビア語テキストから失われた細部を伝える場合がある。もう一つ重要なアラブの征服記として、バラーズリーの『諸国征服史』を引用しなければならない。バラーズリー（八九二年、ヒジュラ暦二七九年没）を除けば、これらの著者はすべて一〇世紀に活躍している。これは独立した伝承を提供している。[3] ただし、経済史に関する資料、より正確にいえばソグド人の交易史に関する資料は比較的乏しい。

実際、八世紀半ば以降のイスラーム時代の資料は、たとえば、七世紀から八世紀の中国領トルキスタンの資料よりもはるかに少ない(4)。さらに八世紀後半と九世紀は文書資料が途絶える時期であり、その大きな空白を埋めることはきわめて困難である。征服の時代が過ぎると、中央アジアに対する興味が失われ、主要な歴史書には政治的変化だけが大雑把に記されるようになる。九世紀に、初期の地理学者たち(イブン・フルダーズビフとヤクービー)が歴史書の内容を補うが、それは部分的な補足でしかない。このような史料の不足に直面するものの、ホラーサーンとトランスオクシアナは、アッバース朝の成立と革命において軍事的役割を果たしたために、これまでの歴史研究によって十分に取り上げられている。しかし、その地域の経済状況については、きわめて簡潔な記述しかなされていない。ましてや交易の分野については全く手つかずの状態であり、何らかの成果が得られるかどうかも分からない。このような状況では、特定の民族が交易に対して果たした役割を研究するのは容易なことではない。それゆえ、あらゆる手段を用いなければならない。

研究方針のいくつかは、筆者のこれまでの分析と軌を一にする。すなわち、侵略とそれが引き起こした混乱は、ソグド人の交易が順調に機能するのを妨げた可能性があり、征服が招いた経済的混乱の度合いを推定するために、征服記の内容を検討する必要がある。その一方で、ソグディアナが巨大な帝国に組み込まれたことで、ソグド人の交易路がイラクに向かって延長された可能性についても、当然のことながら考察しなければならない。

しかし、アラビア語イスラーム史料の特殊性と、初期の交易の分野における当該史料の著しい不足により、他の角度からアプローチすることを検討せざるをえない。都市社会の歴史は、確実に、アラビア語イスラーム史料が最も得意とする分野の一つであり、都市の反乱やエリート集団の構成を分析することで、都市社会の歴史を理解することができる。筆者が第6章で示したとおり、ソグド人の都市社会において商人は大きな役割を果たしている。ソグド人の都市社会は、商人という社会的集団を構成するとともに、商人にとって重要な市場をも構成する。そのため、筆者は、ソグド商人が属した社会に関係する情報を得るという間接的な手段をとることを試みる。なぜならソグド商人に直接アプローチすることは筆者には不可能だからである。地方史と呼ばれるひとまとまりの史料を利用すれば、都市のエリート集団の問題に取りかかることができる。このような混成したジャンルのテキストに含まれるのは、一〇世紀にナルシャヒーが著した『ブハラ史』[5]のように都市史と呼ばれるものに近いテキストと、「歴史」という書名の陰に隠れているが、対象となるまち（たとえばサマルカンドやニーシャープール）で暮らした、またはそこを頻繁に訪れた宗教的エリートの伝記を集めたテキストである。後者は一一世紀以降の様々な時代に作成された。[6]

1　八世紀の混乱

段階と経過

アラブのベドウィンの軍隊が、ササン朝ペルシア帝国とビザンツ帝国を突然攻撃した。その頃、両帝国はともに数十年にわたる断続的な戦いによって疲弊していた。カーディスィーヤの戦い（六三七年）と、次のニハーワンドの戦い（六四二年）の後、ササン朝最後の君主ヤズデギルド三世（在位六三二～六五一年）は、イラン東部の国境地帯から抵抗軍を率いることを余儀なくされたが、軍事活動を一元化することはできなかった。六五一年にヤズデギルド三世がメルヴ付近で死亡すると、抵抗軍は瓦解した。

その後イランではアラブ軍の指導者らに権力が細分化され、地方分権の時代に入るが、ダマスカスを拠点としたウマイヤ朝は何とかしてこの状況を制圧しようとした。アラブ人が最初にソグディアナに侵入したのは六五四年と推測されるが、[7]アラブ人の総督が部隊とともにトランスオクシアナで越冬したのは六八一年で、それ以前は略奪を目的とした小規模の急襲が何度か行われただけだった。カリフの領土を引き裂く混乱によって、ソグディアナの征服は三〇年遅れたのである。ササン朝の王位をねらう者たちが、この機に乗じて再び東イランに進出しようとしたが、ほとんど成功しなかった。

七〇五年から七一五年に、クタイバ・ブン・ムスリムによって、ソグディアナ、ホラズム、さらにチャーチ、フェルガナまでもが征服される。サマルカンドは七一二年に策略によって占領される。ソグド人貴族はテュルク系の突騎《とっき》施《し》(トゥルギシュ)と同盟を結んで反撃し、アラブ人からこの地域全体を奪い、オクサス川(アム川)を越えてバクトリアに攻め込むほどだった。アラブの総督たちがこの反撃を抑え、占領を確実なものにするのに、さらに三〇年を要した。最終的に、ウマイヤ朝最後の総督ナスル・ブン・サイヤールのもとで、戦線はサマルカンドとウストルシャナの間に固定され、それより北の地方は名目的に帰順した。

メルヴから始まったアッバース朝革命は、七五〇年に新王朝を誕生させ、多くのイラン人を権力の座に就けたが、トランスオクシアナにはあまり関係がなかった。しかしながら、革命の主要なダーイー(教宣者)であるアブー・ムスリムは、その後、反抗的な貴族の一部を虐殺してソグディアナにおける彼の影響力を強固にし、サマルカンドの都城の高台に総督府の宮殿を建設した[8]。七五五年に始まる安禄山の反乱により、中国はその後一〇〇〇年にわたって中央アジアから姿を消し、テュルク人、ソグド人、アラブ軍が対峙することになった。中国が後退した原因として七五一年に中国とアラブの間で起こったタラス川の戦いを挙げる一般書が多いが、この戦いは決してそのような役割を果たしていない。手痛い敗北を喫したとしても、中国は二年後にこの地域に戻っている。反乱が多発したことが証言するように、ホラーサーン北部でもソグディアナ南部(ケシュ、ブハラ)でもイスラーム化が進んだ。このシーア派ともゾロアスター教ともつかない諸教混淆の反乱は、八世紀の後半に広がった。

八〇六年にサマルカンドで起きたラーフィー・ブン・ライスの反乱は、当初は税制に対する反乱だったが、ソグディアナ全体に及び、マアムーンはメルヴを拠点にどうにか反乱を鎮圧することができた。この反乱は、ソグディアナのイスラーム帝国への同化がきわめてゆっくりと進んだことを証言する。ハールーン・ラシードの息子であるマアムーンがバグダードで弟に対して自身の地位を承認させた後、ソグド人貴族は彼の軍隊を支える重要な部分を形成した。しかし、すぐにテュルク人がこの役割を果たすようになった。テュルク人が奴隷として購入された前線地域は、次第に北に後退し、最終的にはチャーチとフェルガナにまで及んだ。

ニーシャープールに半独立政府を建てたターヒル朝のもとで、テルメズ地域の小さな貴族集団だったサーマーン家は、八一九年にサマルカンドを支配し、ひそかに発展しつつあった。そして、イスマーイール・ブン・アフマドの強烈な個性により、サーマーン朝は実際に八七四年に完全に独立した。彼は八九二年にブハラに遷都し、東イラン全体とトランスオクシアナを掌握した。サーマーン朝の黄金時代である一〇世紀前半、この地域がイスラーム世界の中で最も繁栄していたのは確実である。少なくとも、この地域を巡ったアラブ人地理学者による称賛が、それを示唆する。しかし、一〇世紀後半には、徐々に君主の衛兵であるテュルク人が王朝の争いに介入するようになり、困難な時代を迎え、九九九年にサーマーン朝はカラハン朝に敗れる。一〇世紀には、イスラーム化の大きな動きがサーマーン朝の国境の向こう側にいたテュルク系民族の方に進む。天山山脈の南北に帝国を築いたカラハン朝は、その動きを代表する王朝である。(9)

以上、アラブの征服以降にソグディアナで起きた政治的変遷の主な特徴を、とても大まかに示した。これらの問題点はどれも、歴史研究においてとても長い議論の対象になっている。筆者の主たる興味は経済的変遷にあるため、ここでそれらの議論を引用することはしない。(10)

地理的用語もアラブの征服が進むにつれて変化する。ホラーサーンは狭義ではオクサス川の手前〔南側〕、かつてのササン朝帝国の北東地域に相当するが、イスラーム時代になると、広義ではオクサス川の向こう〔北側〕のイスラーム化した地域全体を含む場合がある。この場合にはソグディアナとホラズムも含まれる。イスラーム史料では、オクサス川の向こうのイスラーム化した地域は、トランスオクシアナ(マー・ワラー・アン＝ナフル「川向こうの地」)と呼ばれる。この用語は、かつての狭義のソグディアナ(ザラフシャン川中流域とカシュカ・ダリア流域)だけでなく、その北の地域(ウストルシャナ、チャーチ、フェルガナ、セミレチエ)と、かつてのバクトリア北部(ヒッサール山脈と南のオクサス川との間)までも包含する。したがって、バクトリア北部、ホラズム、フェルガナを除けば、マー・ワラー・アン＝ナフルというアラビア語の用語は、玄奘《げんじょう》が窣利《そつり》と呼んだ広義のソグディアナ、すなわちイッシク・クル湖からケシュまでの地域とかなりよく一致する。逆に、ソグディアナの意味は、アラビア語史料では、次第にサマルカンドの西に位置する農耕地域に限られるようになる(**地図4**)。

様々な征服記は経済史にとって適切な史料ではない[11]。しかしながら、そこから交易に関する情報をいくつか拾い集め、次に、それらを主にソ連時代にこの地域で行われた考古調査による重要な成果と比較することは可能である。利用可能な史料が持つ政治的・軍事的性格を考慮すれば、二つの主要なテーマを取り上げることができる。まずはじめに、略奪が実際にソグドの経済に与えたインパクトについて、次に、このような不安定な状況において商人が果たした政治的役割について取り上げる。

征服と経済史と交易

征服時のいくつかのエピソードは、ソグドのまち——サマルカンド、パイケント、ケシュ、ペンジケント——を舞台にしている。賠償金を支払って略奪を回避したまちもあれば、回避できなかったまちもある。これらのエピソードは、いずれも、ソグドのまちの繁栄のために交易が果たした役割を確かめる機会を与えてくれる。

アラブによる略奪は、少なくとも略奪者にとっては、重要な経済的要因を示した。ソグディアナのまちの繁栄が征服者に衝撃を与えたのは明らかである。七〇六(ヒジュラ暦八八)年にパイケントが征服された時、ある捕虜は五〇〇〇枚の中国の絹と引き換えに自身を買い戻すことを申し出たが、その値段を一〇〇万ディルハムと見積もっている。絹一枚が二〇〇ディルハムというのは法外な値段で、錦の服の二倍の価格である。[12] もっともクタイバは彼を処刑させたのだが。また、まちの中で見つかった金銀器を融解したところ、五万（または一五万）ミスカル、すなわち二二〇キログラムもしくは六六〇キログラムの貴金属が得られた。[13] 歴史家は以下のような結論を導いている。

彼らはパイケントで多くのものを手に入れた。パイケントでは〔戦利品が〕イスラーム教徒たちの手に落ちた。ホラーサーンでは一度もそのようなものを手に入れることがなかった。[14]

このテキストにはいくつかの注釈が必要である。まず、ソグドのまちがホラーサーンのまちよりもはるかに豊かだったことをこのテキストが証言している、とみなすべきではない。なぜなら、市民がアラブの駐留部隊を虐殺したパイケントでは、占領時に徹底的な略奪が行われたのに対して、多くの場合、平和条約を結ぶことのできたホラーサーンの大都市では、このような略奪は起こらなかったからである。一方で、パイケントの占領に参加したアラブ人部隊は、それまでカリフの領内で起きた内紛に小規模に関与するばかりで、まちを占領したことがなかった。また、クタイバが七一五年に反乱を起こし、自らの部隊を道連れにしようとした時、彼は部隊をソグディアナの襲撃に駆り立てる前に、彼らに自分たちの貧しさを思い出させている。[15] 一方、ソグディアナについて見れば、このテキストは、中規模で農業がほとんど行われていないパイケントが大いに繁栄していたことをはっきりと証言している。アラビア語・ペルシア語史料が強調するように、このまちの繁栄は純粋に交易によるものである。それならば、この略奪はソグドの経済にとってどのような意味を持っていたのだろうか。ナルシャヒーの以下の記述は答えらしきものを与える。

〔クタイバ・ブン・ムスリムは〕七〇六（ヒジュラ暦八八）年に、トハリスタンの征服を終えてオクサス川を渡った。パイケントの住人はそれを聞いてパイケントを要塞化した。（まちは占領されるが、クタイバの出発後に市民は反乱を起こす。クタイバは再度まちを占領し、破壊する。）パイケントの人々は商人だった。彼らの大部分は中国やそれ以外の所へ出発していた。彼らが戻ってきた時、子ども、妻、両親を探し出し、アラブ人に身代金を支払った。彼らはパイケントを元どおりに再建した。パイケントのように放棄されて、徹底的に破壊されたまちが、これほどすばやく住人の手によって再建されたことはない。⑯

さらに、ソグディアナの南の境界で起きた戦争は、利益をもたらす取引の機会をソグディアナの住人に与えただろう。すでに見たように、ササン朝の工房で作られた銀の器や水差しがウラル山脈の西麓で発見されているが、その一部にはソグド語の銘文があり、そして、どれもが中央アジアの工房で作られたものとともに見つかっている。このことから、ササン朝の崩壊に乗じて、ソグド人はアラブの略奪者から戦利品の一部、とくにきわめて価値のあるこれらの製品を買い取ったものと思われる。ソグド商人がペルシア人貴族を保護するようなことはなかった。たとえば、クタイバは、ササン朝最後の王ヤズデギルド三世の孫娘を、ソグディアナで、おそらくパイケント占領時に購入し、イラクに送っている。彼女はその後カリフのワリード一世（在位七〇五～七一五年）の妻の一人になり、⑰ワリード二世（在位七四四年）の母になった。⑱

この点において、パイケントの略奪に関するテキストは興味深い。タバリーはイスラーム教徒が急に豊かになったことについて注釈し、次のように明言している。

彼らは武器と馬を買った。彼らには乗用の動物が支給された。彼らは美しい装備と道具を競い合い、武器を高い値段で購入した。拍車に七〇〔ディルハム〕という値がつくほどだった[19]。

ここには、勝利軍とともに移動する市場で急激なインフレーションが起きたことが言及されているが、それはこの地域の住民が少なくとも金銭の一部を失わなかったことを示している。一九三九年に北緯六〇度のオビ川中流で発見されたすばらしい出来栄えのセンムルヴの頭部を引き合いに出すことができるだろう。重さ二キログラムもあるこの銀製のセンムルヴの頭部は、八世紀初めにソグドで作られたが、ソグディアナの神殿が略奪された時、その中にあった像が解体され、アラブ軍の戦利品となった。その後ソグド人に売られ、ソグド人が北方へ売ったのである[20]（図8-a）。

ソグドのまちは、数回の略奪を除けば、ほとんどの場合、投降と貢ぎ物に関する金銭的条件を定めた降伏条約を結ぶことができた。七一二年のサマルカンドの降伏条約のテキストは、イブン・アーサム・クーフィーによって原文のまま伝えられている。八世紀のこの著者のことはほとんど知られていないが、情報に通じた人物である。また、降伏条約のペルシア語訳がバルアミーによって残されている[21]。それらによれば、二〇〇万ディルハムを即座に支払い[22]、年齢が高すぎず、低すぎない奴隷三〇〇〇人を引き渡すことを条件に、降伏が認められた。年貢は二〇万ディルハムに定められた。次に条約に示される変換レートは興味深い。奴隷一人は二〇〇ディルハム、大きな服（おそらく錦の）は一〇〇ディルハム[23]、小さな服は六〇ディルハム、絹[24]（または細長い切れ[25]）一枚は二八ディルハムに相当する。そして一ミスカルの金（四・四グラム）は二〇ディルハムに相当する。これらの数字はいくつもの情報を与えてくれる。絹の値段に関する情報によれば、七五〇年頃の敦煌では生絹《せいけん》一疋は銅銭四六〇枚に相当し[26]、銀貨一枚は銅銭三二枚に相当する。単純に計算すれば、敦煌で生絹一疋は銀貨一四・三枚に相当する。一方で、降伏条約に引用される絹一枚というのは、実際には、横幅より縦の長さの方がはるかに長い、中国の絹一疋のことだろう[27]。絹の値段は、敦煌とサマルカンドの間で二倍になり、一四ディルハムから二八ディルハムに変わっている。すでに引用したパイケントのとても裕福な人物は五〇〇〇疋の絹——一四万ディルハム——を持っていた。サマルカンドが即座に支払わなければならない金額の一四分の一を、彼一人が持っていたことになる。サマルカンドのソグド人にとって、この金額を集めるのはさほど難しくなかったことがうかがえる。

このエピソードによれば、ソグド経済は完全に中国の経済圏に含まれ、高額な支払いには絹が主要な役割を果たしている。大量の絹が入手可能だったことは、タバリーが伝える他のエピソードが証言している。たとえば、テュルク(トゥルギシュ)の将軍クールスールは、ソグディアナで軍事行動を起こした時(七三八〜七三九年、ヒジュラ暦一二一年)、彼の部隊に絹で支払いをしているし[28]、七五一〜七五二(ヒジュラ暦一三四)年にケシュが略奪された時にも、主要な戦利品は絹だった[29]。

パイケントがすぐに復興したことと、要求された貢ぎ物が比較的少なかったことを、ペンジケントの考古資料と比較しなければならない。征服の時代にペンジケントがたどった運命は、三種類の資料を結びつけることで明らかにされている。ソグド人貴族がアラブ人に抵抗した時に、ペンジケントの支配者であるデーワーシュティーチュがどのような役割を果たしたかについては、征服記によって以前からよく知られていた[30]。その後、ムグ文書——デーワーシュティーチュの文書群——が発見されたことで、七一〇年代のペンジケントとその周辺の外交・政治・経済活動に関する情報が増大した[31]。さらに、ペンジケント遺跡の発掘——中央アジアで最も進んでいて、最も継続的に行われている——は、その情報をムグ文書のテキストと照合することを可能にしている。

サマルカンドの貴族の一部はペンジケントに避難して、デーワーシュティーチュの政治活動を支持したため、デーワーシュティーチュは七二一年から七二二年までソグディアナの王を自称した。この時に人口が流入し、まちの中に、全体が貴族の住宅から成る区画が建設された。七二二年に支配者が死ぬと、ペンジケントはアラブ人によって破壊された[32]。その後一五年ほどの間、つまり七四〇年頃まで、まちが放棄されたことが考古調査によって証明されている。

七四〇年頃には改修や再建のための大がかりな作業が行われ、〔イスラームから見て〕異教の装飾を豪華に施した伝統的な広間を持つ大きな家が再建された。宮殿の一つは再建されたが、壁面に予定されていた装飾が施されることはなかった。全体として、貴族様式の家の戸数の割合は四二パーセントから二四パーセントに低下している。[33] すなわち、七四〇年以降このまちで再開された社会生活の規模は大きかったが、以前よりは縮小した。それからほどなく七六〇年代から七七〇年代には、豪華な広間や大きな住居は放棄されて、はるかに社会階層の低い人々がそこに住むようになった。[34] 以上のことから、まちの再建はすぐにではなく、おそらく政治状況が落ち着いてから行われたと考えられる。ペンジケントの再建を、七四〇年代の出来事やホラーサーンのめざましい繁栄と結びつけなければならない。すべての年代記作家が強調するように、ナスル・ブン・サイヤールの巧みな統治のもとでホラーサーンは大いに繁栄した。[35] 特筆すべきは、この総督がソグド人が要求する条件をすべて受け入れて、和平を結ぶことに成功したことである。[36] そして、このような状況がペンジケントの再建を可能にしたことは容易に想像がつく。いずれにせよ、ペンジケントの再建はとてもゆっくりと行われ、長くは続かなかった。ペンジケントとパイケントとを比較することで、この事実を解釈してみたい。一方は、すべての軍隊が通過する道筋に位置するが、ナルシャヒーが明確に伝えるように、交易による収入のおかげですばやく再建された。他方は、渓谷の中に孤立していて、農業は盛んだが、大規模な交易とは関係がない。このオアシスの貴族は、再建に必要な資金を集めるのに一世代の期間を必要とした。そして、七六〇年代に彼らはまちを離れた。

ペンジケントとパイケントが略奪後にたどった相反する運命によって、ソグディアナの経済における交易の重要性を強調することができる。征服に関する資料から明らかになるソグド人の交易は、漢文史料から得られるそのイメージと一致する。さらに、アラビア語イスラーム史料の記録は、商人それ自体について詳しい情報を与えてくれる。

アラブ軍に出資するソグド人?

ササン朝の国家基盤が崩壊した結果、しばらくの間、イスラームのきわめて緩やかな支配のもとで地方の分断が進んだ。すでに筆者はササン朝の保護貿易政策について強調したが、その影響を回避できるという点で、このような状況はソグド商人に有利に働いただろう。しかし、軍事行動は逆に交易活動に歯止めをかけただろう。この点について詳細に検討する手段はほとんどないが、征服記によって当時の状況を大まかに知ることができる。征服記の記述から、ササン朝期に中央アジアの重要な要塞であったメルヴに、多くのソグド人が移住していたことがうかがえる。

アラブによる征服活動が行われている現場において、ソグド人が果たした役割を示す、とても重要なテキストがある。タバリーは『諸使徒と諸王の歴史』の中で、六九九年にメルヴからブハラに向けて行われた遠征の状況を詳しく述べている。

> アブドゥルマリク（在位六八五～七〇五年）の時代のホラーサーン総督ウマイヤ・ブン・アブダラーは、トランスオクシアナへの遠征をブカイルに任せた。（中略）彼は再び準備をし、馬と武器に大金を使い、ソグド人とその商人に借金をした。（中略）アターブ・リクワー・グダーニーは、ブカイルに同行するために借金をした。彼が出発しなかったので、債権者たちは彼を捕まえて投獄した。ブカイルが彼の借金を肩代わりしたので、釈放された。[37]

七世紀末、ソグド人はメルヴのまちで有力な金貸しだったのである。ソグド人は、遠征を率いる将軍の副官を、借金を理由に投獄することさえできたようである。彼らは将軍の副官に出資し、戦利品によって返済させるつもりでいた。結局、アターブ・リクワーは遠征に出発しないで契約を破ったので、ソグド人は彼を投獄した。これはソグド商人が出資者としての役割を果たしていたことを証言する数少ないテキストの一つだが、それは同時に、ソグディアナに向けて派遣される軍事行動を――確かに採算は合うだろうが――ソグド人が促したことを示している。メルヴのソグド人は、ブハラではなくサマルカンド出身だった可能性がある。なぜなら、二つのまちの住人が敵対していたことを示す例が他にも存在するからである。

このエピソードにもとづいて、七世紀と八世紀の変わり目にソグディアナの南で起きた出来事を、完全に商業との関係で解釈することが提案されている。[38] すなわち、メルヴのソグド商人は税率を理由にソグディアナへの征服に出資した可能性がある、というものである。[39] つまり彼らの目的は、商業税を一〇パーセント――敵の領土(dār al-ḥarb)出身の商人にかかる割合――から、五パーセント――征服された領土の商人が支払う割合――に変えることだった、と。このように解釈するには、アラブ勢力の境界地域に対する実行支配の程度を、少し楽観的に判断する必要があるとはいえ、その可能性はきわめて高い。しかし、テキストにはそれを裏付ける手がかりはない。

ソグド人がササン朝の崩壊以前からメルヴにしっかりと根を下ろしていた、と断言することもできない。ササン朝の最後の支配者の死からブカイルの遠征まで五〇年が経過しており、その間にソグド人が大挙して移住するのは十分可能だっただろう。しかしながら、メルヴにはソグド人以外の共同体も多く存在していたにもかかわらず、ソグド人の立場は支配的のように見える。このことは、ソグド人がもっと早い時期に移住していたことを支持する。[40]

フザー家の庇護民であるサービト・ブン・クトバとフライス・ブン・クトバの兄弟が起こした事件が、タバリーに引用されているが、この兄弟は七世紀末にメルヴのソグド人共同体の首長だったと解釈されている。[41] 実際に、この兄弟はソグド人の王族のもとに入り込み、彼らを味方につける一方、[42] メルヴのアラブ人のもとに入り込み、彼らから重大な軍事的責任を託されてもいた。[43] 彼らは交易による利益を得ていたのかもしれない。タバリーによれば、サービトは次のように言っている。「私たちの／私たちに商人たちはバルフから来る」[44]。

しかし、Inna linā tujjārān kharajū min Balkh というアラビア語の表現はとても曖昧で、そこから厳密な結論を引き出すのは不可能に近い(45)。そのうえ、この兄弟がソグド人であり、メルヴの共同体の首長であることを示す証拠はない(46)。反対に、彼らの親族は何度もテキストに引用されるが、彼らの名前はアラビア語である。もし彼らがまだアラブ軍もイスラーム化も到達していないソグディアナから来たとすれば、これは厄介な問題を提起するだろう。また、この兄弟が反乱を起こした時、彼らの財産を差し押さえ、彼らの一族を拘束したのはメルヴの総督だった。したがって、彼らの財産はソグディアナではなくホラーサーンにあり、一族はオクサス川の向こうに退却していなかったのである。彼らがその地域の貴族と対等な関係を維持していたことや、軍事的役割を担っていたことは、彼らが商人ではなく貴族の出身だったと考えさせる。

バグダードで大臣を輩出したバルマク家はよく知られているが、この兄弟は、バルマク家と同じように征服者に仕え、彼らに認められる能力を持っていたホラーサーンの貴族集団の一例といえるだろう。サービトの死後、将軍としてアラブ人に仕えた彼の従兄弟は、仇を討つためにテルメズのアラブ人全員を処刑し、イラン人は生かしておいた(47)。

ソグド商人の政治的役割

これらの資料は分散しているものの、ソグド人社会、とくに商人集団の中に、アラブ人を支持する集団が存在したのだろうか、という問いを投げかける。すでに提出されている仮説によれば(48)、ソグド人の政治的態度が変わりやすい原因は、中国との交易を専門にする商人とメルヴと交易する商人との対立にある。ソグディアナに対するアラブの軍事行動に、メルヴのソグド人の金貸しが出資していることを想起すれば、これは確かに魅力的な考えである。しかし、この考えを実証するには、いくつものテキストを検討しなければならない。

タバリーの一節は、七一九〜七二〇(ヒジュラ暦一〇一)年という早い時期に、アラブ人との関係が友好的であることをサマルカンドの住人がどれほど強く訴えたかを記すが、それはアラブ人を支持する集団の存在を示している可能性がある。この頃、敬虔なカリフとして知られるウマル二世(在位七一七～七二〇年)は、サマルカンドの人々('ahl Samarqand)の代表団の要請を受けて、裏切りによってなされたサマルカンド征服の余波を解決しようとした。というのも、調印された条約に反してクタイバはまちを去ることを拒否し、住人をまちから追い出したからである。カリフの命令に従うべく、総督は、アラブ人をまちから追放し、ソグド人が自らの住居を再び所有すべきであること、それには両者が公正な戦いを再開するのが条件であることを裁判官に決定させた。すなわち、どちらが勝利するかによって、新たに条約が結ばれるか、それともサマルカンドは武力で占領されたまちであると宣言されるかが決まることになった。ソグディアナの人々は[49]衝突の危険性よりも現状維持を選び、その選択を正当化するために、アラブ人とソグド人が友好関係にあることを主張したのである。この出来事は、社会的枠組みよりもむしろ政治的枠組みにおいて理解されるべきである。武力によって占領されたとみなされれば、サマルカンドは、パイケントが迎えた運命、そしてペンジケントがやがて迎えることになる運命をたどる危険性がある。それに対して、条約によって占領されたまちは、武力で占領されたまちよりも保護される。リスクを高めるという総督の計略にかかったソグド人は、慌てて譲歩し、単純な言い訳をして急場をしのごうとした。ソグド人がアラブ人に対して友好的態度をとり、彼らを信用する方を選び、もう一方を選ばなかったという事実は、それ自体としては興味深いが、その前にウマル二世に告訴しているのだから、この事実を解釈しすぎるべきではない。考えられる唯一の対立は、サマルカンドから追放されると同時にすべてを失った都市住人から成る急進派と、勢力均衡や起こりうる結末をより強く意識していた穏健派――おそらくは田園地区(al-Sughd)に資産を持ち、この事件による損失が少なかった貴族――との対立である。ここに、アラブ人を支持する集団を想定することはできない。そのような集団は都市部には存在しなかっただろう。すなわち、親中国派と親アラブ派という対立する二つの商人集団がソグディアナに存在した証拠を、そこに認めることはできない[50]。

それから一世代が経過し、アッバース朝革命の直後に、ブハラはアブー・ムスリムに対して反旗を翻した[51]。ナルシヤヒーは、第四代カリフのアリーの子孫を支持する反乱の状況を描き出している。この反乱はブハラ人の支持を得たが、アブー・ムスリムの部隊、ブハル・フダー〔ブハラ王〕、周辺の貴族から成る同盟軍によって鎮圧された。都市住民と農村に住む貴族との対立は明白だが、反乱の根底にあった争点をつかむのは難しく、様々な解釈が提出されている。いずれにしても、この反乱はウマイヤ朝を支持する革命ではない。なぜなら反乱の首謀者であるシャリーク・ブン・シャイフ・マフリーは、ウマイヤ朝とアッバース朝の両方を人間にとって不要な病気にたとえているからである[52]。アラブ人とブハラのソグド人との間で融合が生まれたのは明らかだが、とくに交易の要素を抜き出すことはできない。

結局のところ、商人の特別な役割を浮き彫りにするエピソードとして引用することができるのは二つだけである。アラブ軍がフェルガナに逃げたソグド人を捕らえて虐殺した時、彼らは注意深く商人を生かしておいた[53]。タバリーは、商人が中国の産品の交易によって得ていた莫大な富に言及するが、言及する理由として二つの解釈が可能である。アラブ人兵士が商人から手に入れることを期待した身代金のためか、もしくは、もっと政治的な理由で、商人を保護するアラブの政策を思い起こさせるためか、判断に迷うところである。しかし、どちらにせよ、そこにはアラブ人を支持する商人集団は存在せず、商人を支持するアラブ人集団が存在するだけである[54]。二つ目はナルシャヒーが伝えるエピソードである。クタイバ・ブン・ムスリムは、ブハラを占領した時に住人の半分をまちから追い出した。その中にはカシュカサーン家の一族も含まれていた。ナルシャヒーは以下のように解説している。

ブハラにはカシュカサーンと呼ばれる一族がいた。尊敬されている集団で、権力と威厳を持ち、ブハラの住人からたいへん敬愛されていた。彼らはディフカーン〔地主貴族〕ではなく、外国出身者だった。しかしながら、それは良家の一族で裕福な商人だった。クタイバが彼らの家と財産を分割するように要求した時、彼らはすべての家と財産をアラブ人に与え、まちの外に七〇〇戸の別荘を建てた[55]。

エピソードの続きから判断して、この大商人の集団とイスラーム勢力との間にあからさまな敵意が存在したことに疑いの余地はほとんどない。すなわち、この大商人の住居がブハラにおける異教の中心地として長い間存在し続けたことから、イスラームに改宗した人々に対して彼らが憎悪を抱いていたことは明らかである。改宗者たちは彼らの別荘の門を戦利品として奪い取り、大モスクの中に置いた。ナルシャヒーの時代にもこの門は存在したが、それを装飾する絵画の顔の部分は削り取られていた[56]。

ソグディアナ本土の――ただしメルヴとの交易に格好の位置にあるブハラの――ある商人一族の政治的態度をはっきりと示す、このたった一つのエピソードから導き出すことができるのは、アラブ・イスラーム勢力に対する激しい敵意が長い間存続したということである。メルヴのソグド人を支持する者は、ソグディアナ本土にはほとんどいなかったようである[57]。

征服に関する資料の中では特定可能な政治的役割を果たしていないものの、活動的で裕福な商人は、ソグドのまちの繁栄に大いに貢献している。商人の活動と農業の発展が重なり合って、八世紀前半のソグディアナは中央アジアで最も豊かな地方だっただろう。しかし、漢文史料と同様にアラビア語史料も、遠距離交易に従事する商人に関する情報を与えてくれない。サービト・ブン・クトバとフライスの兄弟も遠距離を移動する商人ではない。しかし、少なくとも先に引用したパイケントのとても裕福な商人の例は、そのような遠距離交易に従事する商人の存在を示している。

2　イスラーム圏における中央アジア商人

ササン朝の敗北とアラブの侵略は、イランの君主による保護貿易政策の障害を部分的に取り除いた。七世紀後半以降、ソグド人はこの状況を利用して交易の路線を南へ進めることができただろう。とくに、ソグディアナがアラブ帝国の中に組み込まれれば、もはや境界の問題は発生しない。したがって、アム川の南でソグド人が言及されるようになることが予想される。

アム川の南のソグド人

ソグディアナ出身の人物が資料に登場することはあるが、それが他の資料には登場しない人物への短い言及である場合には注意を要する。なぜなら、征服後にソグディアナで生まれたか、もしくは育ったために、スグディー(ソグド出身の)という地理・民族に由来する姓(ニスバ)を持つアラブ人やペルシア人を、厳密な意味でのソグド人と区別するのは不可能なことが多いからである。さらに、ニスバを利用して関係する人物の出身地を決定しようとすると、いくつもの制約に直面する。その人物がソグディアナで生まれた非ソグド系移民である可能性の他に、重要なのは、出身地に応じてニスバが与えられるのではなく――そのケースが最も多いが――その人物の生涯を特徴づける事実によってニスバが与えられる場合がある、ということである。たとえば、遠くまで旅行した人物は、帰国後、生まれたままで、旅行で訪れた地域のニスバで呼ばれることがある。そのため、エジプトの資料に登場するスグディーという人物は、必ずしもソグド人ではなく、ソグディアナを旅行した人物の可能性もある[58]。

とても早い時代のあるエピソードは、唯一、ササン朝帝国の瓦解に乗じてイラクと交易した正真正銘のソグド人について伝える。すなわち、サムアーニーのテキストは、あるソグド商人がきわめて迅速に活動の方向を西に変えたことを示す。サムアーニーは『キターブ・アルアンサーブ *Kitāb al-Ansāb*』というニスバに関する本の中で、アズラクヤーニーという名前について以下のように記している。

このニスバは、アズラクヤーンというブハラに住むゾロアスター教徒(majūsī)の名前に由来する。彼は、中国との交易のためにブハラを離れ、バスラに行った商人である。

それから彼は第四代カリフのアリーに会い、アリーによって改宗する。[59] そのため、このエピソードの年代はアリーが死んだ六六一年より前ということになる。預言者の娘婿への言及は、この証言の信憑性に疑いを抱かせる。一族は、早い時期の、そして名誉ある改宗を後になってでっちあげた可能性がある。しかし、これが作り話だとしても、祖先を七世紀にイラクに出発した商人に仕立て上げるのは、荒唐無稽なことではなかったのだから、このテキストを完全に無視することはできない。

他にも、七世紀の形成途中のアラブ・イスラーム帝国の中心部にソグド人が存在したことを示す例がある。多くの例は、軍事に関わる職業——漢文史料に言及されるソグド人のもう一つの特性——と結びついている。史料は、すべて一致して、ブハラの射手の大集団がバスラに移住したことを記述する。[60] ブハラは初期に何度も包囲されるが、ある時、アラブ人総督によって射手が捕らえられ、バスラに強制移送されたのである。

図像が示すとおり、[61] 七一二年にサマルカンドが包囲された時に、ソグド人は初めて大型兵器を見たようだが、テキストの中で彼らが石弓《いしゆみ》や他の投石機の専門家のように見えることが何度もある。たとえば、八一三(ヒジュラ暦一九七)年にバグダードが包囲された時、あるサマルカンド人はひときわ武功を挙げ、最後には彼の犠牲になった住人たちによって磔刑に処された。[62] 七四五〜七四六(ヒジュラ暦一二八)年にアッバース朝革命と連動して起きた戦いで、あるブハラ人は早くもメルヴで投石機を動かす任務についている。[63]

他にも、アッバース朝革命の時にソグド人がメルヴにいたことが知られている。最後に、まとまりのない個々の言及を列挙しておく。たとえば、八世紀の偉大な神学者、法学者であり、イスラームの四大法学派の一つハナフィー学派の創始者であるアブー・ハニーファの取り巻きの中に認められる[64]。また、かつてメルヴの総督だった人物の取り巻きの中にも認められる。この人物はソグド人貴族を捕虜にしてメディナに連れ帰ったが、農業奴隷の身分に追いやられたソグド人貴族は反乱を起こし、彼を殺害した後で自殺している[65]。しかし、これらの言及に、商業の面から解釈できることは何もない[66]。

タバリーによれば、あるソグド人が七五一〜七五二（ヒジュラ暦一三四）年にオマーンに立ち寄り、そこで軍事的助言を与えている。何のためにこのような荒涼とした地方に行ったのかは不明だが[67]、この地域で生産される真珠は多くの商人を引き寄せた。ソグドの奢侈品に占める宝石と真珠の重要性を考慮すれば、彼が真珠を扱う商人だったとしても少しも驚くことはない。ここで想起しなければならないのは、パイケントの商人に関するナルシャヒーのテキストだろう。

　パイケントの人々はみな商人だった。彼らは中国や海と交易し、とても裕福になった[68]。

これがもしインド洋のことを言っているのであれば、ササン朝による統制が消滅したのに乗じて、海上交易においてソグド商人の影響力が強まった可能性を検討することができるだろう。オマーンにいたとされるソグド人は、この枠組みに入るかもしれない。

ここで、ソグド商人が九世紀にイラクにいたことを示す、ただ一つのテキストによる伝承を引用する必要がある。スライマンという商人が著したとも言われる『中国とインドの諸情報』の続きが一〇世紀初め（九一六年頃？）にアブー・ザイドによって著され、その中に、あるホラーサーン出身の人物が商品を持って自国からイラクに出発し、そこから中国に向けて船出した例が挙げられている。(69) マスウーディーも同じ話を伝え、このホラーサーンの人物がサマルカンド出身であると明言している。

トランスオクシアナのまち、サマルカンド出身の商人が、高価な商品を持って自国を出て、イラクに到着した。その地方の〔産物〕一式を持って、そこからバスラへ下った。そこからオマーンに向けて船出した。その後、海路、ケダーへ行った。（中略）そして、この商人は、中国の船に乗ってケダーから広東のまちへ行った。(70)

アブー・ザイドとマスウーディーが伝えるこのエピソードは、明らかに、広東が略奪され、外国人共同体で虐殺が起きた八七八年よりも前のことである。(71)

実際にササン朝による障害はなくなり、形成途中のイスラーム帝国において、それが地域保護貿易政策に変わることはなかったようである。しかし、複数のソグド商人の存在を証言する資料があるとしても、この証言から読み取れるのは、ソグド商人がメルヴより先のイラクへのルート沿いにわずかに存在したということであり、それ以上ではない。一方で、ソグド人のメルヴへの移住は減少しなかった。七四五年から七四六年の混乱した時期に、メルヴに、ブハル・フダーの宮殿とソグド人街、ブハラ人地区が存在したことが知られている。(72)

以上の研究成果に促され、他の手がかり、とくに、中央アジアがメソポタミアにつながる重要なルートの反対の端に位置するバグダードの地名を調べることにする。

バグダードの中央アジア商人

七六二年にマンスール（在位七五四〜七七五年、ヒジュラ暦一三六〜一五八年）によって建設されたバグダードのまちは、その地区、通り、構造が、アラビア語文献に数えきれないほど言及されるため、比較的よく知られている。一方で、ホラーサーンの軍隊は、アッバース朝の勝利に貢献したことから、バグダードへ移住することになった[73]。ソグド人についてはどうだろうか。筆者の知る限り、たった一つのテキストがソグド人の存在に言及し、その存在は交易と関係があると推測することができる。ヤクービーは八八九年に『国々の書』の中で以下のように記す。

シリア門の市場は、かなり大きな市場の集まりで、あらゆる種類の物品と商品を小売りしている。それは、左右に枝分かれして広がり、人通りが多く、大通り、通り、中庭を備えていた。市場は巨大な大通りに広がり、長い通りがそれを横切っていた。通りの名前は、その両側に住む人々の民族名による。ハルブ・ブン・アブドゥ・アラー・バルヒーの街区まで、いたるところでそのようになっていた。現在、これより広く、大きく、通りや市場が整備された街区はバグダードにはない。ここの住人は、バルフ、メルヴ、フッタル、ブハラ、アスビーシャーブ、イシュターハンジュ、カーブル・シャー、ホラズムの出身者だった。地域ごとの集団には軍人または文民の首長がいた[74]。

これより後で、「スグド人に委譲された土地とハルファーシュ・スグディーの家[75]」が言及される。ヤクービーの描写は七八六年の状況と一致するが[76]、この地区は七六二年から存在している。当初はマンスールがホラーサーンの軍人に与えた土地によって全体が形成された。ヤクービーの記述は、明らかに、このような軍人の移住が、広義のホラーサーン全体、とくにソグディアナ（ブハラ、イスフィージャーブ（アスビーシャーブ）、イシュティーハーン（イシュターハンジュ））の商人の移住[77]に道を開いたことを示している。ここには、西はブハラから北東はチャーチまで、伝統的な意味でのソグディアナ全域が示されている。イシュティーハーンが発展したのは、七一二年にクタイバ・ブン・ムスリムの裏切り行為によってサマルカンドが奪い取られ、住人が追い出された後、まちの指導者たちが代わりの都としてイシュティーハーンを選んだからである。ここで興味深いのは、商人の移住において、ソグドの中規模のまちがメルヴのようなホラーサーンの大都市と同列に扱われている点である。

ハティーブ・バグダーディーは[78]、一一世紀半ばに『バグダード史のための地形に関する手引き』を著したが[79]、ソグド人には一切言及しない。ヤクービーより遅い時代のテキストは、バグダードにおけるソグド商人の存在について何の情報も与えない。それに対して、ホラーサーンの他のまちの商人がバグダードにいたことは十分に証明されている。ソグド人については、軍人の存在だけが、とくにマアムーンの時代（在位八一一～八三三年、ヒジュラ暦一九五～二一八年）以降よく知られている。そのうえヤクービーは、ソグド以外のホラーサーンのまちの商人とソグドの軍人がともにバグダードとサマラにいたと伝えるが、それと同時に、ソグドの軍人の存在が商業とは無関係だっただけでなく、むしろ商業とは両立しなかったことを強調している[81]。

3　転換期となる九世紀

社会的断絶——貴族集団

アラブによる征服はとても漸進的だったので、ソグド人社会を急激に変化させることはなかった。ソグドの伝統的なエリート層は九世紀初めまで影響力を維持し、反乱を続けた。ソグド人の貴族階級による軍事活動の絶頂期は、マアムーンとその後継者のムウタスィム（在位八三三～八四二年、ヒジュラ暦二一八～二二七年）の時代だろう。メルヴに滞在したマアムーンがカリフに就任すると、ソグドのエリート軍人集団は、バグダードにおいて軍隊の基盤の重要な部分を形成したが、それはソグドのチャーカルという、君主個人に仕える高貴な護衛をモデルにしている[82]。八三五年から八三七(ヒジュラ暦二二〇〜二二三)年にバーバクに対する大規模な遠征が行われた時、カリフの部隊の総司令官はウストルシャナの王位継承者アフシーンだった。部下の一人はブハラの君主の後継者であるブハル・フダーで、彼がトランスオクシアナの部隊を指揮した。[83] サマルカンドでは九世紀初めの短い間、ソグド王グーラクの子孫が総督になっている。ヤクービーによれば、サマラではソグド人はテュルク人とハザール人のそばに移住した。[84] その一〇〇年後、イスタフリーとイブン・ハウカルは、兵隊はたいていテュルク人であるが、士官はソグド人であることを強調している。[85] アフシーンの例から判断して、イスラーム化は依然としてとても表面的である。すなわち、アフシーンの死後、イラクの彼の宮殿で偶像や異教の書物が見つかっている。[86] この輝かしい時代の直後、つまり九世紀後半は、ディフカーン——中央アジアの大小の地主貴族——が社会的に衰退する時期である。自らの勢力を維持できた一族はわずかだったが、サーマーン家の場合は自らの勢力を拡大することができた。サーマーン家は、イラン人貴族としてというよりも——彼らはきわめて平凡な貴族でしかなかった——むしろトランスオクシアナにおけるカリフの代理人として勢力を拡大した。この時代を生き延びた由緒ある一族として引用することができるのは、一三世紀までソグディアナとバクトリアの境界で有力だったチャガーニヤーンの君主にほぼ限定される。[87] マアムーンのもとで有力だった他の一族は、バグダードやサマラへの移動にエネルギーを使い果たしてしまったようである。ムウタスィムは明らかにこのような一族よりもトランスオクシアナで購入したテュルク人奴隷を好み、アフシーンを処刑(または餓死)させた。[88] ウストルシャナの王朝は八九三年に途絶えた。[89] ブハル・フダーとブハラの貴族は八七四年に権力を失い、[90] その数年後に領土を失った。[91] 九世紀から一〇世紀に変わる頃には、ソグド人の旧来の貴族集団は機能を停止したか、もしくは停止する寸前だった。ペルシア語では、ディフカーンは、それまでとは違って「農民、耕作者」という意味を持つようになる。

新たな宗教的エリート集団の形成

資料に見られるもう一つの社会集団は宗教的エリート集団だが、最初から、非イスラームのエリート集団は除外しなければならない。というのも、イスラーム以前のソグドの聖職者についても、征服後の彼らの運命についても、ほとんど何も知られていないからである。[92] しかし、ソグディアナにおけるイスラームのエリート集団の形成は、それだけで興味深い事実である。集団が形成されていくリズムによって社会の変遷を垣間見ることができるからである。資料には地域内のものと地域外のものがある。東イランの地理的特徴——通行可能なルートの数を制限する大砂漠ダシュテ・カヴィルの存在——と、敬虔な信者はメッカに巡礼しなければならないという事実から、ソグディアナのイスラームのエリート集団はみなニーシャープールのまちを通過して、イスラーム帝国のメソポタミアとアラブの中心に向かった。ニーシャープールについては、ムハンマド・ブン・アブダラーフ・ハーキム・ニサーブーリー・ブン・バイー(一〇一四年没)による大著『ニーシャープール史』に由来する、題名の異なる写本が三点存在する。[93] これは、ニーシャープールに居住するか、もしくはただそこを通過することで、そのまちの名を高めた敬虔な信者の名前を記した膨大なリストである。かつてのソグディアナにあたる地域のイスラームのエリート集団が、メッカかバグダードに行ったのなら、リストに名前があるはずで、そのため、これらの写本を統計的に精査することが検討された。そして、そのような研究はすでに部分的に行われている。[94] 資料の量が増えてニーシャープールについて検証できるようになるのは、八世紀の最後の三〇年から一〇世紀前半までである。ナサフィー〔ナサフ出身の〕、ブハーリー〔ブハラ出身の〕、サマルカンディー〔サマルカンド出身の〕といったニスバを利用して、生の資料からソグド人を見つけなければならない。

八一五年から八八三(ヒジュラ暦二〇〇～二七〇)年に死亡した人々、すなわち、八世紀の最後の三〇年間と九世紀前半に教育を受けた人々について見れば、[95] サマルカンドのニスバは少ない(一〇九例中三例、ブハラは八例)。この時期にはサマルカンドよりもブハラの方がイスラームのネットワークに組み込まれていたように見えるが、これは、おそらく八世紀前半から行われて、成果を挙げた政治的協力と関係があるだろう。次の期間は、九世紀半ばの三〇年間に教育を受けたエリート集団に相当するが、そこではサマルカンドは四例を数える（九五例中。比較のために挙げれば、メルヴは二七例、ブハラは五例、テルメズは四例、チャーチは四例である）。メルヴと比べてトランスオクシアナのどのまちも、通行の頻度は低いレベルにある。次に急激な変化が生じる。当初は平均以下のレベルだったブハラは、同化の勢いを増していく。それを証明するのが、九世紀の最後の三〇年間に教育を受けたエリート集団の人数である（遠距離旅行者五一人中、サマルカンドは一人だけ。それに対して、ブハラ七人、チャーチ三人、ウストルシャナ一人、ザンム一人）。ブハラは一〇世紀前半に多数のエリート集団を育成する（筆者がニスバを調査した約二五〇人の宗教者のうち、ブハラ出身者は一二人であるのに対して、サマルカンドの住人は一人もいない）。サマルカンドは、この時代に、イスラーム教徒から成る新たなエリート集団の舞台で頭角を現すことはなかった。[96]

このように資料を精査することによって、重要な事実を証明することができる。すなわち、一〇世紀のサマルカンドは、イスラームの宗教的エリート集団の社会に十分には組み込まれていなかったという事実である。このような社会的遅れは、イスラームの新しい枠組みに適合する能力の欠如と、イランの他のまちではその頃に確立していた新たな宗教的エリート集団を生み出す能力の欠如によって、かなり長い期間をかけて生じたはずである。[97]『ニーシャープール史』の資料によって、旧来のソグド人社会がその最も重要な砦において終焉を迎えたことと、転換の難しさを示すことができる。この点においては、ブハラの変遷はホラーサーンのまちの変遷にはるかに近い。ここで想起しなければならないのは、ソグドの歴史においてブハラは新しいまちだということである。長い間沼地だったザラフシャン川下流域にブハラが建設されたのは、五世紀になってからである。ブハラでソグド人の都市社会が解体され、それがすぐにイスラームのモデルに取って代わったことは、おそらく、ブハラの歴史においてソグドの遺産がそれほど重要ではなかったことの反映でもあるだろう。サマルカンドでは、そうではなかった。

サマルカンド出身者として知られる人物の伝記を簡単に調べてみると、この総括を裏付けることができる。『キターブ・アル・カンド・フィー・ズィクル・ウラマー・サマルカンド *Kitāb al-Qand fī dhikr 'ulamā' Samarqand*』には、そのような伝記が残されている。とても遅い時代に『ニーシャープール史』とは違うやり方で編成されたこのテキストは、『ニーシャープール史』のテキストよりも利用するのが難しい。その理由として、テキストが未完成であること、さらに歴史的情報がきわめて乏しいことが挙げられる。年代が記されることはほとんどなく、とくに我々に関係のある時代はその傾向が強い。また、基本的にテキストは、伝承経路と預言者の言葉〔ハディース〕によって構成されている。とても包括的に見れば――統計的で徹底的な分析によってこの考えを裏付けるべきであるが、筆者は行っていない――言及される古い時代の人物はサマルカンド出身ではないし、サマルカンドで教育も受けていないようである。どうやら郷土愛にかられて、また分量を増やすために、サマルカンドとはきわめて希薄な関係しかない人物も何人か含まれている。ナサフィー、ブハーリー、バルヒー〔バルフ出身の〕といったニスバが支配的で、これらの名前がサマルカンディーに変わるのは偶然の幸運でしかない。一〇世紀に、サマルカンドは、実在しないイスラームの歴史をでっちあげるために、預言者の従兄弟で、メルヴで死亡したクサム・ブン・アッバースの伝説を持つようになる[98]。クサムの墓がイスラーム以前の信仰の場所に築かれ、彼への信仰はイスラーム以前の信仰の特徴をいくらか受け継いだ。彼の墓は、現在でもサマルカンドで最も神聖なモニュメント〔シャーヒ・ズィンダ廟〕である。

ソグド文化

ソグド文化は九世紀に危機的状況を迎える。一〇世紀にサーマーン朝の宮廷で新しいペルシア文化とペルシア語が形成される。この状況はソグド文化の継承を促進したのではないかと考えられるが、実際にはソグドの遺産はかなり限られているようである。たとえば、語彙の分野にはソグドの遺産はほとんど見られず、ソグド語の語彙は少ししかペルシア語に入らなかった[99]。借用語が認められる語彙は、どちらかといえば、中国においてソグド人が得意としたもう一つの分野である快楽、しかも肉欲の快楽に関係するものである。「欲望」を意味する rēž（ペルシア語とソグド語は同じ形）、「快楽」を意味する rabūkhe（ソグド語の arpūx に由来する）、「移り気な」を意味する ēfude（「不貞の」を意味するソグド語の āyaßdē に由来するだろう）。そのうえ、これらの単語のいくつかはペルシア語では滅多に使用されない。

エリート集団がいつ頃からソグド語を話さなくなったかは、ある程度見当がつく。実際に、ムカッダシーがトランスオクシアナの言語を分析して、興味深い証言をしている。

フワーラズム（ホラズム）の言語は理解することができない。ブハーラー（ブハラ）の人々の言語には繰り返しがある。（中略）これはダリヤ darriya 語で、最も洗練され、威信のある方言である。（中略）その語は dar に由来する。それが宮殿で話されていた言語だからである。（中略）アル・スグドの言語は特別であり、ブハーラーの農村の言語に近い。ブハーラーの田舎の言語はとても多様だが、相互に理解できる。尊敬すべきイマームのムハンマド・ブン・ファズルがかなり頻繁にそれを話すのを聞いたことがある。[100]

一〇世紀の最後の三〇年間には、二言語を併用するソグド語話者が社会の上層部に残っていた。しかし実際のところ、とても少数だっただろう。おそらく、都市部でソグド語を話す最後の世代は一〇世紀の最初の三〇年間に生まれたと考えるべきだろう。[101] もちろん、農村社会ではソグド語は数百年間は保持されたはずであり、系統的にソグド語にとても近いヤグノブ語は、今日もタジキスタンの渓谷で話されている（かなり衰退し、ヤグノブ語しか話さない人はいないのだが）。さらに、ペンジケントの壁画とタジク人の農耕の儀式にはとても密接なつながりが存在する。[102] 農村社会ではソグド文化は維持されたのである。しかし、エリート集団の文化は、ソグド固有の内容よりも東イランに共通の内容（ルスタム、アレクサンドロス、……）に後退したように思われる。宗教的図像はかつての宗教の最も華々しい特徴であり、最もよく知られている特徴であるが、無論、完全に消滅した。ナルシャヒーが九四三年に、イスラームの精神をほとんど持たない『ブハラ史』を文字に残したのは、偶然ではなかったのかもしれない。厳密な意味でのソグドの時代のブハラに関する知識が、当時消えつつあり、最後の証人がいなくなる前に記憶を保存する必要があったのかもしれない。

イスラームの征服は、ソグド人の交易を充実させ、発展させる可能性があったが、結局のところ、それはソグディアナにとって好機にはならなかった。ソグド人は七六〇年代にバグダードに移住したが、そこから、後にソグド商人が都において何らかの形で優位に立ったという結論を導き出すことはできない。それとは正反対に、ソグド人はバグダードに至るルート上でイラン人の同業者の後塵を拝したように見える。そして、九世紀になると、マアムーンの事件以降、ソグド人の存在は軍事的レベルに限定されるようである。ブハラはイスラームのエリート集団の世界に華々しく取り込まれていったが、サマルカンドでは、九世紀後半に固有のエリート集団が衰退したが、新たなエリート集団の形成は困難だった。ソグド人の都市社会の地理的・社会的均衡は急速に変化し、メルヴやニーシャープールといった東イランのモデルに歩調を合わせ、ソグド固有の特徴を放棄した。資料の欠如により商人階級の健康状態を直接診断することはできないが、全体的な変遷から推測されるのは、商人階級は無傷ではいられなかったし、彼らの市場には悪影響が及び——貴族階級の衰弱——さらに彼らの交易路や取引の収支にも悪影響が及んだはずだ、ということである。この仮説を一〇世紀の多くの資料によって検証することができる。

第10章　断絶と同化

このような社会変動に直面して、ソグド人の遠距離交易はどうなるのか。文書資料は九世紀にいったん少なくなるが、その後再び豊富になる。八世紀の情報を伝えるアラビア語イスラーム文献が交易そのものを話題にするのは稀であるのに対して、九世紀末から一一世紀初めのアラビア語・ペルシア語の地理書[1]は、トランスオクシアナの交易ルートと交易品について完璧な概観を提示してくれる。ただ、残念なことに、商人の正確な出自が明示されるのは稀である。これらの文献を一つひとつ照らし合わせると、本書において検討する最も遅い時代の遠距離交易について、その量は不明だが、その内容をある程度イメージすることができる。これらは使い古された資料ではあるが、特定の民族による交易史を記すために使われたことはない。そのため、筆者はこれらの文献をもう一度見直すことにした[2]。最後に、これも重要なことだが、サーマーン朝のコインは一〇世紀に東方で一定の役割を担った。そのため、考古学と貨幣学を組み合わせることで、交易のルートと収支についてきわめて貴重な情報が得られる。

さて、これらの文献と考古学は、トランスオクシアナに巨大な交易が存在したことをはっきりと示している。それはイスラーム世界において最もよく知られている交易の一つである。一〇世紀の間、サーマーン朝の商人は数十万枚もの銀貨を北西に向けて輸出している。このサーマーン朝の商人は、単にイスラーム化したソグド商人なのだろうか。あるいはまた、この巨大な交易の特徴として、イスラーム以前のソグド人の時代から直接受け継いだ遺産を認めることはできないのだろうか。

同時に、文献によって、東方とのつながり、すなわちタリム盆地や、とりわけソグド人の移住地とのつながりを概観することもできる。しかし、東西のつながりの重要性を論証するには、文献が含む内容を東トルキスタンの情報と照らし合わせなければならない。東トルキスタンの情報には、敦煌に残された実務文書[3]が含む経済的情報や、ウイグル帝国[4]とチベット帝国[5]の拡大に関係する政治的情報、そして宗教的情報もある。東トルキスタンには長い間、西方出身者から成る共同体がいくつも存在し、そのような共同体に由来する文献が二〇世紀初めの科学的探検によって発見されている。それらが証言する接触について解釈する必要がある。

1　ソグド人の西方への交易の終わり

一〇世紀の西方への交易

ホラズム商人とソグド商人が優位を占めた八世紀が過ぎると、続く九世紀は、明らかに、ヴォルガ川流域と中央アジアとのつながりを示す考古学的証拠が最も少ない時代である。ハザールとアラブとの戦いが終わると、七七〇年から徐々に、とくに九世紀には、コーカサスがステップ地域とイスラーム世界とを結ぶ重要な交通路となる。イスラーム世界で発行されたコインが、毛皮の産地で、埋蔵された状態で発見されるが、それらはすべて、中央アジアではなく中近東のコインの流通を示す。それは、とりわけ、発見されたコインの大部分をイラク、アフリカ北部、ジバールのコインが占めることによって証明される。[6]新たに遺物が公表されて、このような見通しが将来的に修正される可能性はあるが、現在利用可能な資料から得られる結論は、八〇〇年代から八七〇年代にはコーカサスを通るルートが優勢だったという[7]ことである。[8]

交易の量に関する情報がある。コーカサスを通過する交易は八世紀末に細々と始まり、八六〇年代までは増大し、その後衰退した。[9]この時代のディルハム銀貨は中近東から来ている。九世紀末に交易は再開されるが、[10]それは中央アジアを起源とする交易で、九四〇年代から九五〇年代に絶頂期を迎え、その後衰退し、一〇一五年頃、終わりを迎えた。(11) 一〇世紀の交易量は、九世紀の中近東からの交易の二倍または三倍にのぼる。全体として、ロシアと北欧の各地の宝物の中から発見された銀貨はおそらく一〇〇万枚を超えるが、それは、これらの取引に投入されたであろう圧倒的な数のコインの一部にすぎない。

九世紀末にヴォルガ川流域と中央アジアとの関係が回復したことを示す最初の兆候は、一つはヴォルガ・ブルガール人のイスラームへの改宗である。イスラームは九世紀末に彼らのもとに根付いた。実際に、九一二年にイブン・ルスタは、少し古い史料をもとに、ヴォルガ・ブルガール人がイスラームに改宗したことを初めて伝える。(12) このイスラームは中央アジアに由来する。イブン・ファドラーンは、九二一年にヴォルガ・ブルガール人のもとに派遣された使節に同行し、ブハラとヴォルガ川の間を往復した自身の旅行について詳細に記述している。イブン・ファドラーンの証言によれば、礼拝への呼びかけ（アザーン）は、中央アジアに広まっていたハナフィー派の形態に従って行われていた。彼はイラクで優勢だったシャーフィイー派のしきたりを強制しようとしたが、成功しなかったという。(13) このことから、イスラームが彼らのもとに伝わったのは、コーカサス経由ではなく、中央アジア経由だったことが知られる。

九一〇年にサーマーン朝はバグダードのカリフに大量の毛皮を贈っている。(14) また、イブン・ファドラーンは、冬の終わりにホラズムを出発してブルガール人の国へ向かう巨大なキャラバンに同行している。他のアラブ人の旅行者や地理学者は、ホラズムを通過してイスラーム世界の各地に輸出された森林地帯の産物のリストを与えてくれる。ムカッダシーは九八五〜九八六年に以下のリストを与える。

フワーリズム（ホラズム）から〔イスラームの他の地域へ〕輸出されるのは、黒貂《くろてん》・リス・オコジョ・貂・イイズナ・狐・ビーバー・色の違う野兎の毛皮、山羊の皮、蠟《ろう》、矢、ポプラの木、縁なし帽、アイシングラス、魚の牙、海《かい》狸香《りこう》、黄色の琥珀《こはく》、kîmukht(?)、蜂蜜、ヘーゼルナッツ、ハヤブサ、剣、鎧、khalanj の木、スラヴ人奴隷、羊、牛である。これらはすべてブルガールからフワーリズムに来る(15)。

そしてイブン・ハウカルは、ホラズム人について以下のように明言する。

住人の財産はテュルク人との交易と牧畜から来ている。スラヴ人やハザール人の国とその周辺地域の奴隷、そしてテュルク人奴隷、フェネックギツネ・黒貂・狐・ムナジロテンの毛皮や他の皮が到達するのは彼らのところである。これらの商品は彼らのもとで保管され、奴隷たちはそこに宿泊する。商人はビーバーの皮と他の毛皮を入手するために、ゴグとマゴグの国に入り込む(16)。

ソグド人からホラズム人へ

一〇世紀に北西方向への交易がこれまでにない規模で再開されるが、このルート沿いでこれまでに言及された商人はホラズム人だけである。すなわち、ソグド人の北西方向への交易が最後のきらめきを見せた九世紀の最初の三〇年間から九世紀末までの間に、ホラズム人はソグド人に代わってこの交易ルートを掌握したのである。この交替は、ソグド人が衰退した九世紀半ばに起きたのだろう。ソグド人の衰退によって生じた空白地帯が、地理的に最も恵まれた民族の手に渡ったのである。

イスタフリーのテキストは重要な情報を与えてくれる。イスタフリーは、九一〇年から九三〇年までに集めた資料から、イスラーム東部の地理に関して最も充実した著作を残した。それは遅くとも九三三年には作成されている。九六九年にトランスオクシアナを訪れたイブン・ハウカルは、イスタフリーの著作に西部の情報を補足したいと考えて、東部に関する章の大部分はイスタフリーの著作を一字一句違えずに再録している[17]。イスタフリーとそれを写したイブン・ハウカルは、次のように明言する。

ホラーサーンの住民の中で、いたるところに移住し、とても頻繁に旅行するのは彼ら（ホラズムの住人）である。ホラーサーンのまちでホラズム出身者が多く住んでいないまちはほとんどない。彼らの言語は特殊な方言で、ホラーサーンのどの言語もそれと似ていない。住人は短いチュニックを着て、縁なし帽をかぶる。帽子に巻くものは昔ながらの型紙で作られる。ホラーサーン人によれば彼らの性格は風変わりである[18]。

アラブの地理学者は、数世紀の間ソグド商人の特徴だったものを、今や帽子に至るまで、すべてホラズム人の特徴とみなしている。筆者は、ソグド商人と中国とのつながりを示すテキストを除けば、征服の時代以降のアラビア語イスラーム文献中に、もっぱらソグド商人に関係する記述を見つけるのに苦労したが、このテキストは、西方への交通路において長い間ソグド人を補佐していたと思われる人々に、ソグド人の特徴を与えている。このテキストが意味する内容は、毛皮だけを扱う交易をはるかに越えているように思われる。

イスタフリーのこのテキストは、イスラームの地理書の中で唯一、商人の出自について、いくつか詳しい説明を与えてくれる。しかし、このテキストから、ホラズム人が、ホラーサーンとトランスオクシアナのすべての交易を掌握していたと推論すべきだろうか。ホラズム人は、サーマーン帝国の中で最も華々しい交易を支配していただろう。それは、貨幣学と文献とを組み合わせて考察することによって、最も明らかにされている交易でもある。この交易を掌握したことにより、彼らは右に挙げた産物のホラーサーンへの流通の一部を確保することができた。そのために、イスタフリーは、奇妙な身なりをして理解不能な言葉を話すがイスラーム教徒である、これらの外国人の存在を記録したのである。そうはいっても、地理学者がたびたび言及する商人、とくにトランスオクシアナの商人のことを忘れてはいけない。ホラズム人が特定されるのに対して、これらの商人の民族性が特定されないことを理由に、後者が存在しなかったと結論付けることはできない。ホラズム人は最も移動する、最も異国風な民族であったにすぎず[19]、それに対してもう一方の商人の民族性は、いうまでもないほど明白だったのである。

西方交易と経済的均衡

ホラズムのルートの躍進と九世紀末にソグディアナで起きた社会変動は、権力と富の再分配を促した。筆者は、貴族のエリート集団および宗教的エリート集団の変遷、そして文化の変遷によって、九世紀後半がトランスオクシアナの社会的・文化的変遷の転機であることを示そうとした。ソグディアナが、マー・ワラー・アン＝ナフル、すなわちイスラーム世界の川向こうの地になるのは、この時である。ブハラはサマルカンドよりも迅速かつ容易にイスラーム世界の一部になった。この文化的・社会的変化は、すぐに政治の領域に影響を与えた。すなわち、サーマーン朝は、八九二年に公式にサマルカンドからブハラに遷都した。サーマーン朝（九世紀初めからトランスオクシアナに根を下ろしてはいたのだが）の真の創始者であり、王朝の象徴であるイスマーイールという人物のもとで、この地域の均衡は根本的な変化を遂げていた。

ソグドの都市構造を支えてきた中規模のまちのいくつかは、すでに八世紀に衰退していた。漢文史料は、マーイムルグ、カブーダン、ハルガンカトをそれぞれ一つの小国として伝えるが、一〇世紀のアラビア語の記述では、もはや農村部の一地区にすぎない。しかし、さらに大規模で急激な変化が起きたのは九世紀で、ザラフシャン川の流域全体に影響が及んだ。ブハラの都市は、その頃、急激な成長を遂げていた[20]。サマルカンドは完全に衰退したわけではなく、全体的に見れば面積は拡大したが、後退する時期もあった[21]。アラブによる征服を建造物によって顕示するために、まちの高台に宮殿がいくつも建設されたが、その後、八世紀末にサマルカンドは困難な局面を迎えたようである。豊かなソグド人の屋敷に代わって平凡な建造物が建てられたことが、それを証言している。イスラーム以前から八世紀末まで、アフラシアブの丘の南部に住む人は少なかったが、九世紀に都市化が進んだ。まちは回復し、陶工の区画はすべて南部の第三防壁の外側に置かれた。一〇世紀になってもサマルカンドがトランスオクシアナで最大の人口を抱えるまちだったとしても、[22]もはや最も活力のあるまちではなかった。

サーマーン朝のサマルカンドの総督らは、最初の機会を利用して、サマルカンドの西に移住した。カリフが八七五年まで彼らにブハラの指揮権を与えなかったこともあり、遷都には数年を要した。彼らがブハラからホラーサーン東部全体を支配した結果、メルヴからその資産とエリート集団が奪われた。[23]何よりも重要なのは、サーマーン朝は遷都によって最も将来性のある地域の中心を占めるようになったということである。イスマーイールとフサイン・ブン・ターヒル(ターヒル朝の最後の代表者で、メルヴとホラズムから何度もブハラを占領しようとした)によるブハラをめぐる攻防は、そのことを雄弁に物語っている。[24]サーマーン朝が都を置いたのは、メルヴとサマルカンドを結ぶ旧来のルートと、ホラズム、ブハラ、ニーシャープールを結ぶ新しい交易路が交差する場所だった。

貨幣学の分野においても、サーマーン朝が遠距離交易を促す政策に意欲的だったことが明らかにされている。イスマーイールはブハラへの遷都の直後に、質の良いディルハム銀貨を大量に発行することを決定する。このような良質のコインが中央アジアでは輸出品だったことが、ナルシャヒーとムカッダシーの記述から知られる。すなわち、九世紀初めのブハラの人々は、ソグドのコインのようにそれ自体には価値のないコインを必要としていた。[25]イスマーイールは、威信のある銀貨を用いるササン朝の慣例を採用し、チャーチの鉱山を最大限活用することによって必要な銀を供給した。[26]これによる直接的な結果は、北西方向への銀の流出である。ここでもサーマーン朝が確立した経済的慣例は新しいものであり、ソグドの慣習ではない。[27]

とはいうものの、ホラズムの交通路が躍進し、都が遷った後も、サマルカンドが依然としてトランスオクシアナの経済において最も重要なまちだったことが、この慣例によって明らかになる。なぜなら、銀貨は当初、サマルカンドと銀山でのみ造られ、後になってブハラの造幣所が加わるからである。九三三年以前に書かれたイスタフリーとイブン・ハウカルのテキスト（後者は九六九年の著作、全体的に東方についてはイスタフリーのテキストを写している）を比較すると、興味深いことが分かる。すなわち、イスタフリーがトランスオクシアナには造幣所が二つしかないと記している箇所に、イブン・ハウカルはブハラの造幣所を加えているのである(28)。ロシアで発見された宝物の中に、ブハラで発行されたコインが現れるのは九四〇年代以降であり、その枚数も、チャーチ、サマルカンドに次ぐ三番目の位置に甘んじている(29)。

サマルカンドの経済的優勢は一〇世紀初めにも依然として顕著だが、その後減退する。ブハラの造幣所の出現がその最初の兆候であり、その他の兆候がイブン・ハウカルのテキストによって提示される。まず、イスタフリーはサマルカンドについて以下のように記す。

それはトランスオクシアナの倉庫であり、商人が集まる地点である。トランスオクシアナの産物の大部分はサマルカンドを通り、それからすべての地域に散らばっていく(30)。

一方、イブン・ハウカルはこのテキストを写すものの、二つ目の文を引用しない。続いて、両者とも、サマルカンドの繁栄の一部は過去のものになったことを強調する。

住人の性質は優れている。かつて、彼らは騎士道の美徳を誇示し、いかなる出費にも尻込みせず、ホラーサーンの他の大部分の住人よりも経済活動に従事した。その結果、財産の量は減ってしまった。[31]

ブハラが飛躍を遂げてもなお、古い都はおそらく優位に立っていただろう。しかし、この地域の経済的均衡において、ソグディアナ東部が相対的に衰退しつつあることは否定できない。こうした全体的な枠組みの中で、トランスオクシアナの交易に関する地理学者の記述を理解しなければならない。経済的・地理的重心が西へ移りつつあったのである。サーマーン朝の交易において最も重要な都市はブハラだった。そして、その交易は質の良い銀貨を基盤とし、主に北西方向に向かって行われた。これらの特徴はすべて、サーマーン朝の交易が明らかに八世紀のソグド商人の交易とは異なることを示している。

2　トランスオクシアナにおける商業経済

地理学者による記述

複数の文献から、トランスオクシアナの交易の地理的分布と輸出品について、かなり明確な理解を得ることができる（**地図4**）。

トランスオクシアナの交易に関する地理学者の情報を比較するのは厄介な作業である。これらのテキストは相互に借用されているため、誰が何を見たのか知るのは難しい。なぜなら、この分野の創始者の著作は残っていないか（バルヒー、ジャイハーニーによる）、もしくは要約された形でしか残っていないからである（イブン・フルダーズビフ、イスタフリーによる）。たとえば、著者不明の『フドゥード・アル・アーラム』にしか見られないオリジナルの記述は、実際にはイスタフリーの著作から失われた一節だったかもしれない。そして、その一節はイスタフリーがバルヒーまたはジャイハーニーから借用したものかもしれない。さらに、バルヒーとジャイハーニーがイブン・フルダーズビフの完全なテキストに依拠していた可能性もある。したがって、その情報は、鎖の一方の端では九八二年のものだが、もう一方の端では八四六年のものということになる。

『フドゥード・アル・アーラム』(以下、『フドゥード』)のサマルカンドに関する記述は、このような困難を浮き彫りにする。

サマルカンドは広大で、繁栄していて、とても快適なまちである。世界中の商人が、ここに滞在する。(中略)サマルカンドにはニグーシャークと呼ばれるマニ教僧院がある。サマルカンドは紙と麻綱を生産し、紙は世界中に輸出される。(32)

世界中の商人がサマルカンドに集まることなど、いくつかの情報はイスタフリーからの借用だが(33)、マニ教僧院など、他の情報は一〇世紀後半のものである。

地理書の系統は二種類に大別される。両者を照らし合わせて検証することによって、トランスオクシアナの商業経済について大まかに描写することができる。一つ目は、バルヒー(散逸)―イスタフリー(不完全)―イブン・ハウカル―『フドゥード』の系統であり、二つ目はムカッダシーの系統である。彼もバルヒーに依拠しているが、自身の観察によってそのテキストを大幅に補足し、トランスオクシアナとホラーサーンの産物について、かなり詳細なリストを残している。

バルヒー―イスタフリー―イブン・ハウカル―『フドゥード』の系統によれば、ブハラとその周辺地域の主要な輸出品は、綿織物と羊毛の絨毯のようである。(34) イブン・ハウカルは、イスタフリーよりも詳しいリストを残している。

挙げる。

『フドゥード』は毛織物と硝石《しょうせき》に言及する。[35] イブン・ハウカルは、ブハラにある多くの市場の一つとして奴隷市場を

城壁の外側に市場が連続して広がっている。毎月決まった期間に開かれる市があり、それに買い手が殺到する。そこで売られるのは、家畜、織物、奴隷、あらゆる種類の真鍮製品と銅製品、壺、人々がふだん使う様々な家庭用品である。ブハラとその周辺で加工される様々な製品が、イラクやその他の地方に輸出される。ブハラと呼ばれる織物――太い糸でしっかりと織られた重い綿織物で、アラブ人はそれをとても高く評価する――、また、絨毯、室内を飾るための本当に美しい羊毛の壁掛け、クッション、ミフラーブが表された祈禱用の絨毯などである。[36]

彼はタワーウィースの市にも言及する。ケシュについては塩と騾馬を挙げ、それらはホラーサーン全体に輸出されるという。サマルカンド近郊のウィザールは、軽くてとても質の良い綿織物の一大生産地であり、ホラーサーンの高官は誰もがそれを着用する。一方、サマルカンドについて、イブン・ハウカルは奴隷交易には言及するが、紙については何も伝えない（それに対して、トランスオクシアナへの賛辞の中で紙を引用している）。[37]『フドゥード』は麻綱とともに紙がサマルカンド製であると明言している。[38] ウストルシャナについては、ブッタム山脈の塩化アンモニウムが言及され、それは世界中に輸出されるという。マルスマンダの鉄製の道具は、大きな市場で売買の対象になっていて、遠く離れたイラクでも目にするほどである。[39] フェルガナは、様々な鉱石（金、銀、水銀……）や、硫酸、塩化アンモニウム、エストラゴン（その種を輸出する）を産出する。チャーチについては、『フドゥード』もイブン・ハウカルも、大勢の商人が集まる一大商業地だと認めるが、交換される産物については明言しない。[40] トランスオクシアナに関する段落で最初に言及される麝香《じゃこう》は、少なくともその一部は、チャーチを経由して到着したと推測することができる。なぜなら、トラ

ンスオクシアナが供給する商品の中にキルギスの麝香が認められるからである。また毛皮も通過している。毛皮はチャーチの北と東にいたテュルク人の産物として頻繁に言及される[41]。

一方、ムカッダシーは商品と物品の長いリストをとても整然と伝える。

> ブハラからは美しい服、乾燥させたナツメヤシの実、絨毯、宿屋の床に敷く絨毯、銅色の燭台、タペストリー、牢獄で編まれた馬の腹帯、アシュムーナイン〔で生産されるタイプの〕織物、羊の脂と皮、バルサム。カルミーニヤからはスカーフ。ダブーシヤとウィザールからはウィザーリヤの織物、それは無地の織物で、バグダードの貴族が「ホラーサーンの絹の錦」と呼ぶのを聞いたことがある。ラビンジャンからは赤いフェルト製の冬用ショール、乾燥させたナツメヤシの実、銀と鉛の合金で作られた丸い杯、皮、麻綱、硫黄。（中略）サマルカンドから輸出されるのは、銀色の服とサマルカンディーと呼ばれる服、銅製の大きな平鍋、首の長い上質の瓶《へい》、樽、拍車、馬銜《はみ》、馬具一式。ジーザクからは上質のフェルトとフェルト製のカフタン（長袖・丈長の前あきの服）。ビナーカスからはトルキスタンの服。シャーシュ（チャーチ）からは、kaymakht から作られた上等な鞍、矢筒、樽、テュルク人から買って染めた皮、ショール、乾燥させたナツメヤシの実、革の外套、綿の種、素晴らしい弓、二級品の針、そして綿とはさみがテュルク人に売られる。サマルカンドからは絹の錦がテュルク人に売られる。他にも、mumarjal という名前の赤い織物、Shinz、たくさんの絹と絹で作られた衣服、クルミ、ヘーゼルナッツ（中略）。フェルガナとイスフィージャーブからは、テュルク人のところから来た奴隷、白い衣服、重兵器、剣、銅、鉄。タラーズ（タラス）からは山羊の皮。シルジーからは銀。トルキスタンからは馬と騾馬が輸出される[42]。

彼は少し先で、フェルガナとその西隣のイラク Ilaq の鉱山に言及している。これらの長いリストが興味深いのは、それらを照らし合わせて検証することで、オアシス内部の交易、より広い地域内の交易、そして遠距離交易といった様々なレベルの交易について、かなり明確な考えを持つことができるからである。考古学は与えられた情報のいくつかを裏付ける。たとえば、ガラスはサマルカンドの一〇世紀の層から多数出土する。他には、ウズベキスタンにおいて現在も見られるものがある（ブハラのメロンなど）。右で挙げた物品の大部分が、地域内での交易、すなわちトランスオクシアナ、チャーチ、ホラーサーンにおける交易に含まれる。大部分の織物と手工業品、そして、おそらく塩化アンモニウムを除く鉱物はとりわけそうである。ムカッダシーが言及するサマルカンドの絹は、明らかに北方のテュルク人との交易を決済するために使われている。ただし、この地方で絹が作られたかどうかは不明である。トランスオクシアナの代表的な産品は綿織物であり、オクサス川の向こうにはメルヴやニーシャープールの絹に相当するものがないからである。この地域の産品の中には西アジアのイラク Iraq まで発送されるものもあり、イラクの市場に供給されたに違いないが、文献はそのプロセスを伝えない。実際に遠距離交易の領域に入る産品は、織物と奴隷を除けば数少ない。そのことは、以下に示すとおり、これらの文献をイラクの作家が残した著作と比較することで十分に示すことができる。

ソグドの産品の流通

中央アジアから遠く離れた所で作成されたアラビア語・ペルシア語史料の中にも、ソグドの特産品とみなされる物がいくつかある。

最初に言及すべき最も明白な特産品は紙である。タラス河畔の戦い（七五一年）で捕虜になった中国人が、サマルカンドで製紙法の秘密を伝授したとされる。実際には、ササン朝ペルシアでも紙は知られていたが、そこでは珍しいものだった。[43] アラビア語・ペルシア語史料は紙をサマルカンドの代表的な産品とみなしている。たとえば、ジャーヒズの作とされる文献には、[44] 九世紀にバグダードで手に入れることのできる奢侈品の詳細なリストが示され、その中にはサマルカンドの紙も言及される。[45] 一〇世紀にはイスラーム世界全体で、パピルスに代わって紙が使われるようになる。[46] しかし、そこにサマルカンドの職人の功績を認めるべきだとしても、商人もソグド人だったことを保証するものは何もない。その可能性はあるが、テキストが完全に不足しているため、断言することはできない。

もう一つ別の物から、より説得力のある結論を導き出すことができる。麝香はカリフの宮廷で大いに使用された商品である。ヤクービーの著作はその情報が九世紀のものであるため、とりわけ興味深いのだが、彼は麝香を主成分とした香水の作り方をいくつか提供し、麝香の産地、種類による品質の違いについて詳しく説明する。

麝香の最高級品はチベットのものである。次がソグドの麝香で、その次が中国の麝香である(次に彼は中国の麝香が運ばれる海路について述べる)。ソグドの麝香は、ホラーサーンの商人がチベットで買ったものである。ホラーサーンまで人の背で運ばれ、そこから世界の様々な地点に輸出される。[47]

「古代書簡」の時代から、麝香はソグド人の交易品の一つである。ソグディアナに麝香鹿は生息しないのに、麝香の種類の一つがソグドの名前を持つほど、ソグド人はこの手の商売において重要な位置を保持していた。この事実は、おそらく、ソグド人が市場で麝香を販売したことを示すだろう。また、イブン・ハウカルが麝香に言及することは、この交易が一〇世紀においても依然としてソグディアナ経由で続いていたことを示している。一方、アブー・ザイドのテキストは、中国へのルート上ではあるが、ソグド商人と彼が持つ麝香の入った袋に言及している。[48] サマルカンドはその後も長い間麝香の交易を支配し続けた。一二世紀になっても、トゥデラのベンヤミンは、ソグディアナから麝香の国チベットへ続くルートに言及する。[49] 麝香は重さと値段の割合が破格に良いため、長距離の運搬に最も適している。産地に近いトルファンでは、麝香一グラムは金一・七グラムに相当した。バグダードでの値段はもっと高かったはずである。

三つ目の交易は、ソグド商人の存在を明らかにすることができる。ヤクービーは、次のように記す。

これはジャーファル・フシュシャキーが私にした報告である。「ムウタスィムは、マアムーンの治世に、テュルク人を買うために、私をサマルカンドのヌー・イブン・アサドのもとに派遣した。私は毎年かなりの数のテュルク人を彼のもとに連れて行き、マアムーンの治世にはすでに約三〇〇〇人の小姓《こしょう》が集まっていた。カリフの地位が彼のものになってからも、彼はこの新兵の募集を頑なに継続した(50)」。

その後のイスラーム史にとってたいへん重要なこの新兵の補充は、当初は奴隷を扱うサマルカンドの商人のもとで行われていた(51)。ガズナ朝の建国者であり、一一世紀に東イランを支配し、インド北部を征服したセブクテギンが自ら著したとされる『パンド・ナーメ *Pand-nāme*』は、彼の出自についていくつかの情報を与えてくれる。セブクテギンはイッシク・クル湖の近くのバルスハーンで生まれた。テュルク系のトゥフシー族によってさらわれ、子どものときに奴隷を扱うチャーチの商人に売られた。それから彼はソグディアナ南部の大都市ナサフで小姓（グラーム）になる教育を受け(52)、その後アルプテギンに仕え、ガズナ朝において権力の座に就いたという。奴隷交易に関する情報を含む史料が不足しているため、セブクテギンの例は、アッバース朝、サーマーン朝、ガズナ朝の君主に仕えた多くのテュルク人兵士がたどった運命を示す一例として有用である。彼らは子どもの頃にさらわれて、セミレチエやチャーチのソグド・テュルク人のまちや村に移住した商人に売られた。結果として、この例から、奴隷交易がおそらくソグド人の最後の活動の一つだったことを強調することもできる。

奴隷交易は、トランスオクシアナの経済活動において重要な役割を果たしただろう。それは一〇世紀を通して続いた。イブン・ハウカルはとくに次のように強調する。

奴隷はその地域(トランスオクシアナ)の周りにいるテュルク人の中から募集される。住人は自身が必要とするより多くの奴隷を所有し、他の地域に奴隷を輸出する。これらは東方で見つけられる奴隷の中で最良の奴隷で、最も敏捷で、最も美しく、そして最も高価でもある。(53)

しかし、ムカッダシーはサーマーン朝の関税に関する情報を伝え、次のように明言する。

そこの関税は軽い。しかし、ジャイフーン川(アム川)沿いでは奴隷に対する関税は重い。主人の許可なしに男奴隷(グラーム)を渡らせることはできない。許可証があれば関税を七〇から一〇〇(ディルハム)とることができる。女奴隷についても同様で、もしそれがテュルク人で、許可証がない場合、関税は一人につき二〇から三〇ディルハム徴収される。駱駝は一頭につき二ディルハムである。(54)

したがって、サーマーン朝は奴隷交易を厳しく管理しただけでなく、そこから多くの収入を得ていたことが分かる。サマルカンドはこの市場を支配し続けている。

サマルカンドはトランスオクシアナの奴隷が集中する地点であり、トランスオクシアナの最高の奴隷はサマルカンドで教育を受けたものである。(55)

サマルカンドは、ソグドの古い文化をより長い間保持したために、文化的・政治的優位を失い、さらに新しいエリート集団からの評判も失ったが、古い文化が維持されたことは、奴隷の教育という点では、逆に、まちにとって好都合だったらしい。兵士になるか、宮廷を楽しませたり喜ばせたりすることになる若い奴隷が受ける教育は、おそらく、往時のソグディアナの貴族や戦士の洗練された文化にとても近かっただろう。言い換えれば、テュルク人奴隷がフィクフ〔イスラーム法学〕の優秀な専門家になることは期待されなかったが、アフシーンの長所を継承することや、ソグド語からペルシア語に借用された数少ない語彙が示唆するような、若干いかがわしい長所を継承することが期待された。

結局、地理学者による記述は豊富だが、ホラズム人の交易品を除けば、ソグド人が広範囲において交易の対象としていた商品は少ししかない。ムカッダシーのリストはバグダードから見たものだが、そこにあった品物は徐々に減り、ほとんどなくなってしまった。リストに残ったいくつかの物品については、ソグド人自身がバグダードや帝国内の他のまちで転売していたことを確認することができる。ソグド人には新しい市場を複数準備する能力があっただろう。しかし証拠となる文献が不足している。

絹を引用する唯一の言及によれば、絹はテュルク人との取引を決済するために使用されている。絹はもはや中国からではなく、西から来る。今や交換される物品は、ソグド人の時代と比べて限られた地域から来ている。奴隷はテュルク人が住むヒンターラント（後背地域）が、麝香はコータンが、ソグド人にそれらを供給するのに十分だった。それでは東方のソグド人共同体とのつながりはどうなっただろうか。

これらの産品、とくに麝香と奴隷が繰り返し言及されることから、ソグドのかつてのヒンターラントの一部が一〇世紀にもなお存在していたことが証明される。したがって、八世紀の壊滅的状況の後、いくつかのつながりは復活したのである。

3　ヒンターラントであるトルキスタン

ソグド人の交易、ウイグル人の交易

第5章で筆者はソグド人の交易の主要な幹線道路を定義したが、七六〇年代以降、そのような幹線道路の大部分はチベットとウイグルの直接的または間接的支配を受けた。長安とタリム盆地との間の地域はチベットの支配下に入り、タリム盆地は――時代によってはセミレチエも――より流動的ではあったが、ウイグルの支配下に入った。中国北部のソグド人社会は、七六三年以降、ウイグル帝国に身を投じたとはいえ、この突然の政治的分裂はソグド人の交易史において一大事とみなすべきである。なぜなら、チベットによる略奪が原因で、古くからの、道筋の定まった甘粛の幹線道路が放棄され、はるかに長いウイグルのルートが利用されるようになったことを、複数の資料が示すからである。

先行する時代の唐の経済を大まかに説明するなら、それは、中国北部の穀物と絹の余剰分を中央集権化が著しい国家のために再分配することを中心とした経済であり、経済活動の主たる行為者である中央集権国家は、軍事的に北西方向へと拡大し、外国商人が重要な役割を担うことができるようになっていた。しかし、八世紀後半の五〇年間にこの概略の各々の事項はすべて逆になった。国家は、北西部の入植地だけでなく、中国北部のとても広い地域に対する

支配権を完全に失った。とくに絹の三大生産地である河北、山東、河南に対する支配権を失い、その地域は一切貢ぎ物を納めなくなった。唯一南部は支配下にとどまり、経済活動においてそれまでにない地位を手に入れ、同時にペルシア人による海上交易をも手に入れた。絹と銅銭が持っていた通貨としての機能は衰え、南部の民間の金属加工業者が鋳造する銀貨に変わった。漢人商人は、社会的な価値基準の変化に乗じてその役割を拡大し、次第に認められるようになり、一一世紀には宋の商業文化が生まれるに至った。[56] その結果、ソグド人の交易の収支を二〇〇年間支えてきた基盤は完全に覆された。

七六〇年代以降、甘粛とタリム盆地南部、すなわち主要な交易路の大部分で、中国の駐屯部隊は次々とチベットの手に落ちた。七五六年から七八六年までの三〇年間、宮廷は天山山脈に残った最後の駐屯部隊の運命を全く知らずにいる。[57] 敦煌の経済は数年で再び物々交換による経済に戻ったし、契約文書からコインは姿を消した。[58] ソグド式の商業経済にとって、八世紀後半はとても困難な時代だっただろう。このような状況では遠距離交易の後退は著しく、少なくとも一世代か二世代分は後退したと推測することができる。

このような状況をふまえて、ソグド人の交易とウイグルの政策との間に結ばれた関係を理解しなければならない。いくつものテキストがこの関係の重要性を証明する。

これより以前から、回紇《かいこつ》(ウイグル)が中国に来たときには、かれらは、つねに九姓胡を一行のなかにまじえ、これまで京師《けいし》に留まる者は千人に達し、商売を営み、財貨を積んで、莫大な資産をふやしていた。[59]

七八〇年に帰国しようとしたウイグルの役人たちのキャラバンは、ウイグル人、ソグド人(九姓胡)、そして彼らの妾になった漢人女性が乗るための数千頭の駄獣(駱駝と馬)で構成された。さらに一〇万疋以上の絹の反物が運ばれるはずだった。[60] 中国のある役人は彼らを虐殺することを提案し、次のように明言する。

回紇は、がんらい強いのではありません。これを助ける者は九〔姓〕胡のみです。[61]

一方で、この時期もそれ以降も、中国に滞在したウイグル帝国の高官や大使の多くはソグド姓である。[62] 八〇七年以降は多くのマニ教徒が大使の役目を果たし、長安でもっぱら商売をしていた。[63] したがって、ソグド人は、かつて突厥《とっけつ》第一可汗国《カガンこく》で果たした役割を、ウイグル帝国においても担っていたのである。[64] ところで、ウイグルは突厥の時代よりもさらに多くの貢ぎ物を絹で受け取った。この絹は、同盟を撤回すると脅された中国が、非常に多くの馬を高値で(馬一頭につき二八疋から四〇疋の絹、かつては二五疋だった[65])買い取る際に支払ったものである。[66] 中国の国家機関が崩壊していたにもかかわらず、馬の交易によって相当量の絹がウイグルの都に運ばれた。テキストは先行する時代のように体系的ではないが、ウイグルは何十年にもわたって、数千頭の馬を繰り返し中国の都に連れてきた。平均的な馬の値段は絹織物三八疋だった。[67] 平均すると、唐は毎年ウイグルから七五〇〇頭の馬を生絹三〇万疋で買い取ったことになる。皇帝は馬の購入を減らして財政の流出を食い止めようと必死に試みたが、ほとんどの場合失敗に終わっている。漢文史料はこれをまぎれもない恐喝とみなし、それを嘆く声であふれている。[68]

したがって、本書の主題にとって重要なのは、政治的混乱により断絶した旧来の関係が、馬の交易で得られた絹によって修復されたかどうかである。というのも、五六八年に起きた出来事にならって、ソグド人がカラバルガスンと天山山脈の北側を往来して、この絹をソグディアナまたはその先へ再分配することが可能になったと予想することができるからである。絹の量はかつての量に完全に匹敵する、というよりもむしろ上回っている。

このような膨大な量の経済的交換によって、東方に移住したソグド人は、遠距離交易において重要な地位を取り戻すことができただろうと推測してみたくなる。しかし、交易に関する文書によって、実際に西方で絹が再分配されたことを裏付けることも、ウイグル帝国とソグディアナとのつながりを分析することもできない。利用できるのは、外交的または軍事的性格の文献だけである。もはや漢人の著者は西方で起きていることをほとんど何も知らないし、アラブ人の著者は八世紀後半の中央アジアについてほとんど何も伝えない。さらに、たくさんの絹が手元にあったとしても、八世紀末より前にソグド人が彼らの交易路を復元することができたとは考えにくい。というのも、七八〇年から七九〇年までウイグルにおけるソグド人の影響力が一時中断したからである[69]。次の一〇年間にソグド人が交易に復帰したとしても、この期間はチベットとウイグルがタリム盆地北部のオアシスの支配をめぐって大規模な戦闘を行った期間と重なる。チベットとウイグルとの戦いはトルファンとクチャの地域でとくに激しく行われ、最終的にはウイグルの優勢に転じたようである[70]。

九世紀――政治的接触

九世紀になると状況が変化する。東方とソグディアナとの接触が回復したことを複数のテキストが証言する。それらは外交または宗教に関係するもので、交易に関係するものはない。

タンツェに近いラダックに位置する岩場で、ネストリウス派キリスト教の十字架の線刻とともにソグド語の銘文がまとまって発見された。一番長い銘文はとりわけ興味深い。なぜならその書体は九世紀または一〇世紀のもので、二一〇年という年代が銘文に含まれているからである。このテキストは今でもその読みと解釈に重大な問題を提起している[71]。確実なのは以下の要素だけである。

二一〇年に（中略）サマルカンド出身者（中略）ノーシュ・ファルン（中略）チベット可汗への使者

紀年は明らかにされていないが、ヤズデギルド三世の紀年かもしれない。そうであれば西暦八四一〜八四二年ということになる。この方式で年代を記すソグド語銘文は、とくに現在のキルギスにおいていくつも知られている。もう一つの可能性はイスラーム化したソグディアナで当時使われていたヒジュラ暦で、そうであれば西暦八二五〜八二六年ということになる。

同じ岩場には、一人の仏教徒と一人のマニ教徒の名前、マニ教徒、キリスト教徒またはイスラーム教徒による銘文——pr βγy n'm という定型表現(bismilla に正確に対応するソグド語の表現であるが、キリスト教の定型表現でもある)[72]を含む——、ネストリウス派キリスト教の十字架が見られる。

さらに、この岩場の位置から判断して、その使者(数人の可能性もある)は西から到着して、チベット中部に向かって進んだと推測することができる。なぜなら、銘文はギルギットへ続く長い渓谷の端に位置するからである。このルートは、一〇世紀のイスラームの地理書に見られるチベットへのルートに一致する。

これらの資料について様々な解釈が提案されている。多くは、チベット可汗のもとへ向かうウイグル可汗の使節をそこに認めることを主張する。しかし歴史学から見れば、この仮説は受け入れがたい。八四一〜八四二年にはウイグル可汗はもはや存在しないし、ウイグル可汗国がキルギスによって瓦解する前に支援をとりつけるために使者が出発したとしても、チベットとウイグルは甘粛において接していたのだから、これほど遠回りのルートをとることはなかっただろう。いくつもの手がかりが、逆方向の、サマルカンドから来た外交使節であることを示唆する。使節の一人がサマルカンド出身者であることと使節がとったルートから、出発地は西方であると考えられる。その場合にはヒジュラ暦で年代が記されている可能性がある。同じ時期に、たとえばウストルシャナやチャーチ、フェルガナではイスラーム以前の中央アジアの宗教が存続していた。同じ頃にアフシーンに対して起こされた訴訟が想起される。仏教はセミレチエで一〇世紀まで存続する。[73]

したがって、サマルカンドまたはそのすぐ北の地域のソグド人が、九世紀の第II四半期にチベット可汗のもとに使節として派遣されたと考えられる。同時代に東西を結んだ使節の例がもう一つあり、こちらの方がよく知られている。それは、八二一年(?)にタミーム・ブン・バフルがウイグルの都カラバルガスンに連れて行った使節団の話である。[74]この使節が派遣された政治的理由はほとんど明らかにされていないが、少なくともこの話から、接触があったこと、当時ウイグルは、チャーチ周辺に至るまで、天山山脈の北のステップ全体を支配していたこと、そして、とくにその地域に駅逓《えきてい》と郵便のシステムを整備していたことが理解される。[75]

九世紀の第I四半期にウイグル可汗国が中央アジア西部にまで影響力を及ぼしていたことを示す証拠は、他にいくつもある。同じ八二一年にウイグルの軍隊はサマルカンドまで数日行程のウストルシャナに駐屯していた。[76]その一三年前にラーフィー・ブン・ライスによる大規模な反乱によってホラズムとトハリスタンの一部を含むトランスオクシアナ全体が荒廃した時、[77]ウイグルはラーフィーに部隊を提供した同盟国の一つとして言及される。[78]同じ年に、弟に対して反乱を起こしたマアムーンは、ウイグル可汗のもとに亡命することを計画している。[79]

ウイグルが西方に強い影響を及ぼしていたこの時代は、可汗国におけるソグド人の影響力が最も大きかった時代でもある。ウイグルの使節の中でマニ教徒が果たした役割がそれを証明している。さらにこの時代は、アブー・ムスリムのもとでソグド人のエリート集団が処刑されてから半世紀が経ち、ソグド人が独立に向けて最後の動乱を起こす時代でもある。これら三つの現象に関係性があることを示す明白な証拠は何もない。しかし、東方ではウイグルがチベットに対して勝利し、一方カリフの領土では内乱が起きたことから、ソグド人のエリート集団は、ソグディアナが東トルキスタンの方を向いていた黄金時代の再来を信じたのではないかと推測したくなる。もし関係があったとして、そこに経済的な結びつきがあったのだろうか。他の複数の手がかりによって——とても間接的ではあるが——政治的接触だけが回復したことを示すことができる。

旅行者と宗教者

それを示すためには、再び、アラブ人やペルシア人の著作の相互関係を検討する複雑な研究に没頭しなければならない。今回対象とするのは中国に関する様々な記述である。

歴史研究において、以下のような見方をしばしば目にする。すなわち、交易による接触が継続していたおかげで、アラブ人やペルシア人の地理学者は東トルキスタンについてかなり正確に理解することができたという見方である。しかし、実際には、イスラーム世界の境界を越えた地域について記述しているのはわずか四人であり――イブン・フルダーズビフ、『フドゥード』の著者〔不明〕、マルヴァズィー、一一世紀のガルディーズィー――、それも部分的な記述である。イブン・フルダーズビフは、タミーム・ブン・バフルの使節団から、ウイグル人とキマク人に関する情報を得ている。(80) 一方、『フドゥード』、マルヴァズィーとガルディーズィーは、主に、一〇世紀初めにジャイハーニーが旅行者の話をもとに著したが後に失われた著作から情報を得ている。(81) マルヴァズィーとガルディーズィーは、一〇二七年にガズナ朝のマフムードの宮廷を訪れた契丹《きったん》の使節団の証言をもとに、ジャイハーニーのテキストを補足している。(82)

したがって、九世紀と一〇世紀初めについては、イブン・フルダーズビフの著作――タミーム・ブン・バフルの情報に限られる――とジャイハーニーの失われた著作しか知られていない。ジャイハーニーが旅行者から情報を得ていることから、一〇世紀初めには接触が存在していたこと、すなわち八世紀の壊滅的状況の後で接触が回復したことが証明される。関係が回復した時代を推定しようとするなら、ウイグル帝国が拡大する九世紀初めが最もふさわしいだろうが、さらに議論を進めることができる。ジャイハーニーから抜粋したテキストの中には、甘粛とタリム盆地のまちの政治や交易の状態について説明する箇所がある。この記述に見られるマニ教やチベット人の役割から判断して、それは八四〇年以降のことではありえない。また、この説明は、タミーム・ブン・バフルの話から引き出されたものではない。彼は中国についてほとんど何も知らなかったからである。したがって、ジャイハーニーは他では全く知られていない、交易に由来する史料を使用したことになる。なぜなら、その説明は商業について詳細に言及しているし、九世紀前半のことであると推測されるからである。[83] 交易の年代をこれ以上明確にすることはできないが、交易による接触が回復したという仮説は証明される。

この点に関して他の文書群を利用することができる。たとえば、八世紀と九世紀のトルファンのマニ教教会史については、その細部がいくつか知られている。二〇世紀初めに発見されたマニ教文書は、マニ教共同体の構造と活動について理解するための糸口となる。利用可能なこれらの文書は、西方との関係が九世紀まで維持されたことを示している。

とくにマニ教徒によって書かれた二通の手紙の断片はその一例である。[84] 手紙には「シリア人」に対する非難や、マニ教教会内部で八世紀前半から八八〇年頃まで続いたミフル派とミクラース派の分裂が言及されている。そのことから、これらの手紙がおそらく九世紀のものであり、西方の「シリア」の、より正確にいえばバビロニアのマニ教共同体とのつながりがこの時期にも存在したことが明らかになる。

その他にマニ文字で書かれた二点の詩の断片がトルファンで発見されている。中世ペルシア語にとても近いペルシア語で書かれたこれらの断片は、西イランからもたらされたもので、おそらく九世紀末または一〇世紀のものである。なぜならアラビア語の単語がいくつか含まれているからである。[85]

ナディームの『フィフリスト *Fihrist*』は、一〇世紀のバグダードで手に入れることができた著作の目録だが、彼はマニ教徒に関連する次のようなエピソードに言及している。

約五〇〇人の同教徒がサマルカンドに集まったが、その動きが発覚した時、ホラーサーンの支配者（サーマーン朝の君主）は彼等を殺そうとした。その時、中国の王――私は多分それはトグズグズの君主であったと思う――が彼に使者を送って、「我が国には、貴殿の国内にいる我が教徒（即ちマニ教徒）よりも多くのイスラム教徒がいる」と言わせた。そしてまた彼（トグズグズ王）はホラーサーンの支配者に対して（次のように）断言させた：もし彼（ホラーサーンの支配者）が彼等（マニ教徒）の中の一人でも殺したなら、彼（中国の王）は自分のところにいる（イスラム教徒の）全員を虐殺し、そのモスクを破壊し、全国のイスラム教徒の間に監視員を任命・派遣して、彼等を殺させる、と。そこでホラーサーンの支配者は彼等（マニ教徒）を許し、彼等からはただ人頭税を取り立てるだけにした。[86]

このエピソードの年代は記されていないが、テキストの数行前に、一〇世紀初めのムクタディルによる迫害やホラーサーンの支配者――おそらくはサーマーン朝の人物――が言及されることから、それと同時代の出来事であると考えることができるだろう。また『フドゥード』は、マニ教の僧院が一〇世紀末にもなおサマルカンドに存在したことを伝える。

ネストリウス派に関係のある利用可能な資料はわずかしかないが、それらは西方とタリム盆地の共同体との間に一〇世紀まで宗教的な関係が維持されていたことを示す。トルファンに近いブライクの修道院址《あと》で発見されたキリスト教文書の断片の中に、シリア語とペルシア語の二言語併記の詩篇集が含まれていた。この他、ペルシア語だがシリア文字で書かれた薬理学に関する断片がトユクの修道院で発見されている。[87] マニ教の場合と同様に、ペルシア語テキストは存在するものの少数であることは、一〇世紀の最初の数十年間が、西方との接触があった最後の時代であることを示している。

メソポタミアのネストリウス派教会に由来する文書の中に、一〇世紀のより早い時期にこの地域と接触があったことを示す痕跡は認められない[88]。在外の大主教は四年に一度、カトリコスのもとを訪れる義務があったが、パトリアクのテオドシウス一世（在位八五三〜八五八年）はその義務を免除し、その後は六年に一度、手紙を送ればよいことになった。このことが影響しているのかもしれない[89]。一〇世紀末（九八七年）にカトリコスは、それまで断絶していた中国の共同体との関係を修復しようと修道士を派遣した。しかし彼らは海路をとったため、タリム盆地の共同体の運命については何も知ることができない[90]。

より遅い時代にも西方――しかも最も西のビザンツ帝国――との接触が維持されていたことを示そうと、あるテキストが引き合いに出されることがある[91]。それはトルファン（ブライク）で発見され、シリア語の手紙とみなされているテキストである[92]。ビザンツの高位聖職者宛てのこの手紙は、一〇世紀または一一世紀のビザンツ帝国で用いられたシリア語の公式な手紙の古典的な書式に従っている。したがって、これは関係が維持されていたことを示す驚くべき証拠となるかもしれない。ところが、より注意深く観察すると、この手紙の差出人の名前はシリア語で具体的な名前を記さず「誰それより」のように表記され、手紙の裏側には格言が書写されている。そのため、この手紙は一度も発送されたことがなく、手紙の手本として作成されたものであることが分かる。実際には、この手紙は格言の例文を含む文例集の一部分である。中世にはしばしば認められるように、実際に書かれた手紙が定型表現を集めた本の中に書き写されることがあった。したがって、ビザンツとトルファンの間で手紙のやりとりがあったと考える理由はないのである。手紙や文章の手本を含むシリア語の本の輸入ということであれば、一〇世紀初めに十分に想定することができる。

右で引用した『フィフリスト』の一節は、九世紀初めではなく、まさに一〇世紀初めに関係するが、東トルキスタンのモスクとイスラーム教徒について報告している。この時代、東方のこれほど遠く離れた所でイスラームが布教された例が少なくとも一つはある。それは神秘主義者のハッラージュによる布教である。ハッラージュの遍歴を彼の息子が手短に要約して、次のように明言している。

彼は出発し、そして私は彼がしたことを知った。彼はインドに、それからホラーサーンに行った。ホラーサーンに行ったのは二回目だった。マー・ワラー・アン＝ナフルに、トルキスタンに、そしてマー・シーンまで入り込んだ。この地域の人々を神のもとに招き、彼らのために書物を著したが、それらは私には伝わらなかった。[93]

この旅は八九八年前後のこととされる。トルキスタンはバーラーサーグーンの地域(セミレチエ)を、マー・シーンはビシュバリクの地域を指す[94]。

以上のとおり、宗教関係の文書資料から、一〇世紀初めまで接触が維持されていた証拠を得ることができる。

ジャイハーニーをめぐって——一〇世紀

他のアラビア語イスラーム文献にも同様の証拠を示すものがあるが、そのうちのいくつかは交易に関係する。第9章で見たように、アブー・ザイドとマスウーディーは、イラクとオマーンを経由して、そこから海路で中国に行ったサマルカンドの住人の例を引用している。続くテキストは、彼に損害を与えた役人に対する訴訟を皇帝に受理してもらうために、この商人が中国の都まで行くのを少しもためらわなかったことを伝えている。この逸話に登場するのがサマルカンドの商人であるのは偶然ではないかもしれない。おそらく彼は一族の経歴ゆえに中国の慣習や訴訟の方法に完全に通じていたのだろう。

アブー・ザイドは同様にサマルカンドの住人が登場する別のエピソードを伝える。ただし、こちらの方は陸路で来ている。

さて、ホラーサーン――その隣接地は中国地方である――について言うならば、そこ（中国地方）とソグド（スグド）との間にあるのは二ヵ月間の行程であるが、実際のところ、そこは水も河川《ワーディー》もなく、またその近くに人の居住地域もないような踏み入ることの困難な砂漠と間断なく続く流砂地帯になっている。したがって、そうしたこと（条件）が他ならぬ、ホラーサーンの人々による彼ら（中国人）の町への攻撃を防いでいる理由となっている。（中略）かつて、われわれは中国に〔陸路で〕踏み入ったことのある一人の人物と会見したことがある。その人の語るところによると、〔旅の途中で〕彼は皮袋に入れた麝香を背負って運ぶ一人の男に出会ったという。その男は、サマルカンドを出ると、徒歩で中国の町々を一つひとつ横切って、ついにはハーンフー（広東）に達した。そこは、他ならぬスィーラーフを出た〔海上〕商人たちが集まる場所である。[95]

一方、マスウーディーは九三〇年代に次のように伝える。

ホラーサーンから中国までの距離は、今話したルートをとれば歩いて約四〇日である。耕作された地域と無人の地域を交互に通る。地面は柔らかく砂に覆われている。もう一つ、駄獣が通ることのできるルートがある。約四カ月かかるが、旅行者はそこでは複数のテュルク人部族の保護下にある。私はバルフでその見識と知性によって知られる立派な老人に会った。彼は何度も中国に旅をしたことがあるが、一度も海路をとったことがなかった。また私は、ソグディアナから塩化アンモニウムの山々を通ってチベットと中国に行った人たちとホラーサーンで知り合った。[96]

したがって、ソグド人による行商は、一〇世紀初めにもなお存在していたのである。「古代書簡」Ⅱにも示されるように、麝香は軽くて高価で、行商には最も適した産物だった。

海路で中国に来たイスラーム商人の目に、陸路で旅をするソグド商人は珍しい姿に映っただろう。マスウーディーが証言者の年齢の高さを強調するのは、よくあるように、証言の客観性を保証する手段にすぎないかもしれないが[97]、中国へ向かうこのような大がかりな旅行が遠い昔のものになりつつあることを示す手段だった可能性もあるだろう。今や海上交易が標準的で、陸路の方が例外的になった。コスマスが伝える香料を扱う商人の時代から、状況はまさしく逆転した。

一〇世紀から一一世紀に中国に向かう陸上ルートに関して、イスラーム世界が知識を形成する段階は二段階しか認められない。一〇世紀初めにジャイハーニーが集めた情報だけが部分的に交易に関係し、契丹使節が登場するまで、彼の情報が後の時代の著作によって補足されることはない。一〇世紀に遠距離交易が存在したという考えを支持するために、イスラームの著者の地理に関する知識を引き合いに出すのは単純に誤りである。右で引用したマスウーディーの一節を含むいくつかのテキストは、一〇世紀初め、まさにジャイハーニーが商人の証言を集めていた時代に、中国まで旅をした商人が存在したことを証明する。しかし、それ以降の時代については、イスラームの地理書から何も引き出すことができない。そして、アブー・ドゥラフの一つ目のリサーラ（報告書）など、いくつかの著作は文学のジャンルに属するファンタジーである[98]。

それに対して、一〇世紀初めに関しては、実際にはジャイハーニーから派生した情報が最も重要であり、そこにはソグド人が引用され、ソグド語の地名が使われている。『フドゥード』はウイグルの領土について次のように記す。

ベク・テギンの村はソグド人に属する五つの村から構成される。そこには、キリスト教徒（タルサーヤーン）、ゾロアスター教徒（ガブラカーン）と異教徒（?）（サービヤーン）が暮らしている。[99]

テキストのこの部分より前の方で、コーチョー（高昌）は、チーナーンチカスというソグド語の名前（「中国人のまち」）で呼ばれている。同様に、ビシュバリクはパンジーカスというソグド語の名前（「五つのまち」）で示される。[100] これより少し先のトゥフシー人の地域（バルハシ湖とイッシク・クル湖の間）に関する部分で、ビーグリーリグの地名には次のように注釈がなされている。

ビーグリーリグ、大きな村、ソグド語でS.m.k.nāと呼ばれる。[101]

他にも多くの例を挙げることができるだろう。[102] ジャイハーニーのテキストとそれに依拠するテキストは、テュルク語の地名が広く浸透した、遅い時代のソグド語の地理書がどのようなものだったのか、かなり正確なイメージを与えてくれる。天山山脈の西端やタリム盆地のような遠く離れた共同体と〔ソグディアナと〕の間の接触は、一〇世紀の第I四半期まで維持され、しかも、そこではソグドの文化が保持されていた。

ジャイハーニーが使用した様々な史料についてより深く掘り下げて分析することにより、とても重要な現象を浮き彫りにすることができる。ジャイハーニーから派生したテキストが伝えるビシュバリクとトルファン（コーチョー）のウイグル王国に関する情報は正確であり、一〇世紀初めのものであることが確認される。それに対して、甘粛に関する資料は混乱していて、九世紀の最初の三〇年間にすでに指摘されていたことと、ジャイハーニーの時代に指摘されたことが混在している。たとえば、『フドゥード』は、チベットと中国が今なお権力争いをしていると伝えるが、実際には、ウイグルがこの二つの競争相手を押しのけてから一〇世紀初頭までには、かなりの期間が経過している。[103] 逆に、マルヴァズィーは、宋の西の都である洛陽に言及し、マルヴァズィーとジャイハーニーはY.njūrと記している。洛陽は九〇七年から九二三年まで雍州《ようしゅう》と呼ばれていたことが知られているから、この情報は一〇世紀初めのものである〔訳者あとがき参照〕。言い換えれば、コーチョーのソグド人社会は、次の行程である河西回廊とのインターフェイスという伝統的な役割を、もはや部分的にしか果たしていなかったのである。ジャイハーニーが質問したサマルカンドの商人たちは、彼らの知識を更新する能力が十分にはなかった。ジャイハーニーは中国についての証言を一つしか引用することができず、[104] 残りはイブン・フルダーズビフに依拠している。そのうえマスウーディーは同じ証人を使っている可能性がある。というのも、不思議なことに、「その見識と知性によって知られる立派な老人」は、マルヴァズィーとジャイハーニーの「聡明な人物」を想起させるからである。この人物はマスウーディーが彼に質問した時〔九三〇年代〕には何歳か年をとっていただろう。一〇世紀の最初の三〇年間に中国との接触は今にも断絶しそうな状況にあり、ソグド人の交易は、その中核部分であることを筆者が論証した部分だけが生き残っていた。

考古学的トレーサー

発掘成果によって、この変遷を完全に裏付けることができる。本研究において何度も強調したとおり、考古遺物を利用して遠距離交易の存在を示すことができるのは稀である。しかし、中国陶器は特徴的であり、中国磁器はよりいっそう特徴的であるため、それらが貴重なトレーサー〔追跡子〕となり、中国との交易を考古学的に検討することができる。数多くの研究のおかげで、交易路に沿って中国陶磁器の伝播を総括することが可能である。サマルカンドの発掘が示すのは、一〇世紀半ば以前は、たった一点の磁器の破片さえも存在しないことである。[105]
海上ルート沿いの地域の状況は、サマルカンドとはかなり異なっている。ササン朝の末期に、オマーン沿岸部のスハールに、中国の炻器《せっき》〔陶器と磁器の中間の焼物〕の甕《かめ》が輸入されている。[106] より広く見れば、アッバース朝時代に中近東の沿岸部の重要な拠点には中国磁器が広まっていたことを、数千点の破片が証言している。[107]

また、少なくとも一〇世紀については、反対方向のトレーサーであるサーマーン朝のコインも利用できる。北西方向に向かうサーマーン朝のルート（ブハラ—ホラズム—ヴォルガ川）とソグド人のかつてのルート（サマルカンド—セミレチエ—甘粛）とは著しい相違を示し、サーマーン朝のコインは現在の中国領内では全く見つかっていない。コインが発掘によって発見されることもなければ、[108] ウイグル語文書やとくに敦煌の実務文書に言及されることもない。タリム盆地の東側（敦煌—トルファン—甘粛西部）では物々交換が行われ、取引の決済に主に使用されたのは、未加工のまたは赤く染めた毛織物か、[109] 綿織物だった。敦煌では八世紀の最後の三〇年から一〇世紀初めまで、漢文文書が記す契約は穀物によって行われ、[110] その後は毛織物と絹織物による契約に変わる。[111]

したがって、現在利用可能な資料は、すべて一致して次のような状況を示している。ソグド人の交易は八世紀後半に甚大な危機を迎えた。その後、ウイグル帝国の莫大な富は、帝国の拡大と結びついて、九世紀初めにソグディアナとの接触を復活させることを可能にした。その頃には、外交的・宗教的・商業的関係が存在したことが証明される。しかし、八四〇年にウイグル帝国とそこを舞台にした大規模な馬の交易が終焉を迎えたことで、それは比較的短い一時的な好転で終わった。復活した交易の影響力は正確には不明である。少なくとも九三〇年頃までは、商業的・宗教的接触が存在したとしても、おそらく経済的な意味はもはやほとんどなく、九三〇年代または九四〇年代以降になると接触はさらに減少した。確実な接触を示すいくつかの痕跡——主にトルファン出土の近世ペルシア語テキスト——から、この時期以降も天山山脈東部との間に経済的な意味を持つ接触が継続したと言うことはできない。[112] イスラーム商人も仏教僧侶も訪れるコータンのようなまちだけが、なお接触地点として機能し続けたかもしれない。カラハン朝がガズナ朝に麝香と絹を供給することができたのは、おそらく一〇〇六年にカラハン朝がコータンを占領したからだろう。[113] 一〇二七年に契丹が、イスラーム化した中央アジアの支配者であるガズナ朝のマフムードに交易を提案したところ、彼はこれほど遠く離れた地域との交易を想定することができると知って驚愕している。

接触が実際に回復するのは一一世紀後半になってからである。一〇七六〜一〇七七年にバグダードで『テュルク語辞典』を著したマフムード・カーシュガリーは東カラハン朝の出身であり、父親の出身地バルスハーンは、イッシク・クル湖の東端に位置し、タリム盆地東部と接触していた最果てのまちである。[114] カーシュガリーは、アジア東部の優れた地図を示した最初の人物であるとともに、タリム盆地の東西を結ぶキャラバンが多数存在することに再び言及した最初の人物でもある。[115]

4 同化の問題

ソグド人の影響力が次第に弱まるにつれて、商人、兵士、農民、聖職者が本国から離れた共同体へ安定して流入することがなくなった。第9章で示したとおり、ソグド人の文化は一〇世紀にその故郷から消えつつあり、一方、本土を離れたソグド人は移住先の住民に徐々に融合しつつあった。これらのプロセスが同時に進行したことから、一〇世紀に新たな統合が生まれる状況において、ソグド人の文化の同化、とくにその商業の部分の同化がどのようなものであったかという問題が提起される。

ソグド人と漢人とウイグル人

本土との関係をめぐる問題を検討するためにすでに引用したテキストは、ソグド人がテュルク系民族と漢民族に徐々に融合し、埋没していったことを証言している。すでに指摘したとおり、そのプロセスはソグド人の移住とほぼ同時に始まり、ソグド人が漢人とテュルク人の両方の特徴を取り入れたことを示している。

移住の波が押し寄せるたびに、移民たちはその土地の社会に次第に同化したと推測することができる。そしていったん移住のプロセスが停止すると、ソグディアナからの人的・文化的供給と同化との均衡が崩れ、同化が決定的になる。ソグド人の交易が優勢だった八世紀には、ソグド人の社会的に多様な移住を構成するすべての要素が共存し、その土地の社会に同化しながらも、ソグディアナからの供給によって繰り返し補強された。移住者の供給が同化の勢いに追いつかなくなるのは、安禄山の反乱に続き、オルホン川流域のウイグル可汗国が崩壊してからである。

八四〇年にオルホン川流域のウイグル可汗国が瓦解すると、中国内地では外国人嫌いの風潮が支配的になり、社会的にソグド人とみなされる人々は生き延びるのが難しくなった[116]。さらに、八世紀以降ペルシア語を話すイスラーム教徒が海路で流入するようになると、外国人共同体の民族的・宗教的概観は一変した。しかしながら、遅い時代の文献には、ソグド商人に固有の信仰が一一世紀の中国に存在したことを証明するものがある。とりわけ開封《かいほう》では、周囲の仏教に吸収されながらも、祆《けんきょう》教信仰が一〇九三年にもなお存在していた。そのことは、一二世紀初めの絵画に関する著作の中に記されている。董逌《とうゆう》はこの信仰に関係する図像について伝え、それをマヘシュヴァラ（シヴァ）と同一視している。これは、ソグドの図像表現ではシヴァを手本として造形される大気の神ウェーシュパルカルである[117]。しかし、この信仰の信者が完全に漢人ではなかったかどうか知ることは難しい。

一方、敦煌には、その地域に居住するソグド人に関する文書資料が大量に残されている。移住の現象は全く見られないものの、ソグド人社会は崩壊することなく、一〇世紀まで存続していることに驚かされる。ここまで漢化の影響が及ぶと、下の名前を基準として十分に使うことはできないが、それに対して、婚姻関係や、どのような文書や活動分野にソグド姓が集中しているかを検討することは有益である。たとえば、従化郷《じゅうかきょう》のソグド人の一部は、敦煌の仏教僧院の保護下に置かれたようである。実際、敦煌のいくつかの僧院に半ば隷属していた数戸の家族が八一八年から八二三年に行った賦役の記録簿があり、ほとんどは農民だが職人もいて、そのうちの数人はソグド出身者であることを示している。また、ソグド人は同族同士の婚姻を続けていたようである。[118]この他に、ソグド人が下層階級の住人の中に含まれていたことを示す遅い時代の例もある。たとえば、九七三年に記されたある組合の回覧板は、その成員たちに年末の宴会を曹氏の酒店で行うことを知らせている。一五人の成員のうち、首長とその補佐役を含む三分の一は安姓もしくは曹姓である。[119]

また、ソグド姓を持つ人物が行政機関に任用された例が、かなりたくさんある。チベット支配期（七八七〜八四八年）には、チベット領内の行政機関の役人と仏教僧侶の中にソグド姓の人物が見られる。もう少し後になると、確実に、使節の中でソグド出身者が占める割合が著しく高くなる。八七四年から八七九年頃に中国に派遣された使節団の成員を見てみると、公使二人は漢人の姓であるが、幹部の役人の四人はソグド人である。[120]コータンやトルファンでもソグド人一族が使節の役目を果たした痕跡や、ソグド語が媒介言語として使用された例が認められる。[121]最後に、敦煌の蔵経洞〔第一七窟〕に保管されていたソグド語の世俗文書の一つは、八八四年前後に書かれた手紙で、ある領主がキリスト教の聖職者宛てに甘州における外交関係の最近の変化を知らせている。[122]

地理的に見れば、ソグド人があらゆるランクの役人として常楽《じょうらく》に集中していたことが、敦煌文書によって認められる。常楽は安禄山の先祖の故郷である会稽《かいけい》に他ならず、筆者が強調したとおり、中国内地の多数のソグド人はそこの出身であることを隠そうとした。写本が我々に与える情報量が少ないことを考慮すれば、ソグド人が一つの地域に集中していることは、この時代にも連帯意識の高まりによる組織的な移住が存在したことを想起させる。この仮説は、蔵経洞で発見されたソグド語文書の中の一点によって裏付けられる。それは毛織物に関する会計報告で、その地域、とくにČanglay——漢文文献の常楽——において活動した一人のソグド商人について示している。[123]
したがって、このソグド人社会は敦煌の社会に完全に組み込まれながらも、部分的には依然として結束していた。

この状況を伝える最後の証言は、ソグド人の祆祠《けんし》に言及する文書に認められる。中国の行政機関は、酒や、おそらくは行列のときに持って歩く絵を描くための紙といった物資を、祆祠に定期的に供給している[124]。そうすることで、儀式の管理者という伝統的な役割を行政機関が担い、ソグド人の儀式は、他の多くの完全に中国的な儀式と同等に扱われている。

ソグド人とウイグル人

テュルク系民族の分野では、ソグド人とウイグル人との密接な関係がしばしば強調されている。筆者は、両者の関係の政治的・経済的起源を示した。この点について完全な研究を行うには、ソグド語とウイグル語の語彙の対応について綿密に検討し、敦煌の宗教文書[125]とウイグル語の実務文書が提供する資料を網羅的に使用する必要があるが、それは本書の目的ではない。ウイグルに関する参考文献はとても多いが、もはや我々には関係しない[126]。というのも、ソグド人のネットワークのうち、中国から天山山脈の東までの部分はウイグルの地域内ネットワークに変わったからである。ウイグルのネットワークはそれ自体が研究対象となりうる歴史的事象ではあるが[127]、ここで重要なのは、それがソグド人の社会と交易の基盤の上に築かれたことを示すことである。

この点に関して、とても明確な例を引用することができる。敦煌で発見された交易に関係する数少ないウイグル語文書の一つは、おそらく一〇世紀にウイグル商人によって記された手紙である[128]。この商人が交易について指示を求めている通信相手はソグド人であり、同じ一族の成員である。敦煌のウイグル語文書のコーパスに言及される交渉相手や商人には、ソグド語で解釈可能な名前を持つ者が何人もいる[129]。より広く見れば、一〇世紀から一一世紀に中国の複数の王朝の宮廷に派遣されたウイグルの使節は、かなりの割合でソグド人の姓を持つ。すなわち、九〇七年から九六〇年の間(五代の時代)に中国に出発したウイグル使節五三人のうち、一四人はソグド人の姓、一六人はテュルク人の姓、一九人は漢人の姓を持つ[130]。テュルク化したソグド人の子孫は、甘粛の国際関係においてとても重要な位置を保持し、それはソグド文化の実態が消滅した後も変わらなかった。ソグド人は外交上の仲介者としての役割——突厥第一可汗国の頃からすでに彼らの役割だった——を最後まで果たしたのである。

テュルク化のプロセスは、家族を基盤とし、異民族間の婚姻によって進んだ。それは言語学の研究によってよく知られている。ネストリウス派のソグド語テキストのいくつかは、テュルク語で考えることに次第に慣れていったバイリンガルの書記によって書かれたに違いない[131]。ひとまとまりの実務文書は、それらのテキストに混在する二つの言語の融合の度合いを強調するために、それらを校訂した研究者によって「テュルク・ソグド語文書」と呼ばれている[132]。これらの文書群には手紙と商売についての報告が含まれるが、それらはウイグル語で書かれた同じ内容の文書と何ら違いがない。ウイグル語のテキストでは、書き手がテュルク語で書かれたという商品の注文に言及することがあるが、これには重要な意味がある。すなわち、もう一方の言語〔ソグド語〕の場合もあることを証言するからである[133]。

東方の移住地では、小規模ではあるが中国との交易が継続して行われた。しかし、イスラーム化したソグド人社会との接触は消滅し、一一世紀まで回復しなかった。

アルグ地域

ソグド人のもう一つの大きな移住地であるタラーズ〔タラス〕とイッシク・クル湖の間のセミレチエの運命は全く異なっている。イスラーム化したトランスオクシアナのすぐ近くに位置するセミレチエは、その地域と政治的・宗教的運命をともにする。

政治的に見れば、サーマーン朝の北端のイスフィージャーブより北に位置するこの地域は、テュルク部族とサーマーン朝との緩衝地帯にあたる。さらに、この地域がブハラに納める貢ぎ物は象徴的なものでしかなかった[134]。一方、南のサーマーン朝の君主は、遊牧民からの奇襲を防ぐために、定住民の土地を越えて急襲を繰り返し、信仰の戦士(ガーズィー)の移住を促すだけだった。[135] 東方との政治的なつながりは、おそらく一〇世紀初めに消滅した。『フドゥード』はここでもジャイハーニーに依拠し、バルスハーン――イッシク・クル湖東端のキャラバンが出発するまち――をウイグルがねらっていることに言及している。[136] それと同時に、複数のテュルク部族がイスラームに改宗し、交易のためにサーマーン朝の支配が及ぶ場所の近くに居住している。宗教の面では、セミレチエは初めて征服以外の方法でイスラームが広まった地域である。一方では商人が、他方では遍歴する説教者――ほとんど知られていないが、ハッラージュが一つのモデルを与える――が、とても原始的で、シーア派の影響を強く受けたイスラームをこの地域に広めた。しかしながら、後にカラハン朝がトランスオクシアナを征服した時に宣言したのは、正統なスンナ派である。これには都市のエリート集団を味方につける意図があったのだろう。いつ頃セミレチエから仏教が消滅したのかは知られていない。いくつかの寺院は九世紀、おそらく一〇世紀初めにも使用されていただろう。[137] 教会がモスクに改修されたという言及は複数あるが、[138] ネストリウス派はイスラームと平行して発展し、[139] 少なくとも一四世紀までは活発だったことを多くの墓石が証明している。[140] 経済的な見地から言えば、定住地域であるトランスオクシアナとの関係は食糧生産経済――穀物と家畜の交換――においても、工芸品においても、著しく発展した。筆者はすでに主要な交易である奴隷交易に言及した。[141] しかし、両者のつながりは多様化し、コインの領域にも及んでいる。実際に、サーマーン朝の銅貨(ファルス)がバーラーサーグーンで発見されている。それらはすべて、中国式に正方形の孔が真ん中にあいていて、その地域と中国との古くからの関係を示す最後の証拠といえる。[142] 陶器の生産においてソグディアナとの関係が八世紀末から九世紀末に衰えたとはいえ、一〇世紀には回復する。[143] そして都市化のプロセスはさらに活発化し、[144] アラタウ山脈北麓の伝統的なソグド人の移住地帯から東と北東へ、バルハシ湖の方向に広がった。

このように、イスラーム文化圏の中で消滅しかけているソグディアナとの交流が保持されている状況において、ソグド人共同体の同化の問題を検討するには、同化のリズムと間隔を本土と比較する他に方法がない。複数の文献によって、たまたま発見された銘文や考古資料を裏付けることができ、それらを照らし合わせて考察することで、言語面での同化の状況を明確に理解することができる。

マフムード・カーシュガリーは、セミレチエに住むソグド人の同化について貴重な情報を伝える。とくに次のように記す。

方言の中で最も優雅なのは、一つの言語しか知らず、ペルシア人と交わらず、ふだんは他の地域に居住しない人々のものである。二つの言語を使い、まちの住人と交わる人々は、発音するときに早口で分かりにくい話し方(rikka)をする。たとえば、ソグダークとカンチャーク、アルグの人々である。(中略)バーラーサーグーンの住人はソグド語とテュルク語を話す。ティラーズ(タラス)の人々とマディーナト・バイダー(イスフィージャーブ)の人々も同じである。イスフィージャーブからバーラーサーグーンまで広がるアルグ地域全体の人々の言葉には、早口で分かりにくい話し方がある。(145)

さらに、

ソグダーク SUT'DA'Q:バーラーサーグーンの住人。ブハラとサマルカンドの間のソグドの出身だが、彼らの衣服や礼儀はテュルク人と同じである。(146)

したがって、ソグド語は一一世紀半ばのセミレチエにおいて生きている言語だったが、二言語併用という、衰退しつつある言語には避けられない状態がすでにいたるところで起きていた[147]。

そのような状態は銘文や考古学的証拠によっても示される。ソグド人のキャラバンの隊員がギルギットに残したように、その末裔は、キルギスのアラタウ山脈（テレク・サイ、クラン・サイ）の南側の、タラス川の右岸に流れ込む複数の支流が削り取った峡谷に文字を刻んだ。銘文はソグド語で、後期の時代の草書体のソグド文字に近いが、記された名前はテュルク語である。わずかではあるが、ササン朝最後の皇帝ヤズデギルド三世の紀年を持つ銘文が含まれている。年代幅は一〇世紀初めから一一世紀初めまでで、最も遅いのは一〇二六年二月または三月のものである。その他に、後期の時代のソグド文字で書かれたソグド語の銘文を持つ陶器がいくつかあり、おそらくは一一世紀のものである[148]。

マフムード・カーシュガリーがこれらの情報を集めた二〇〇年後、ルイ九世によってモンケ・ハンの宮廷に派遣されたフランシスコ会修道士のウィリアム・ルブルックは、カラコルムに向かってステップ地帯を旅し、一二五三年一一月一八日から三〇日までカイラクに滞在している。

> 私たちは、そこにカイラクという名前の大きなまちを見つけた。そこには市場があり、多くの商人が頻繁に行き来している。（中略）この地域は長い間オルガヌムと呼ばれていた。そこには固有の言語と固有の文字があったが、現在では完全にトルクメン人によって支配されている。この地域のネストリウス派キリスト教徒が礼拝式を執り行い、本を書くのもこの言語だった[149]。

カイラクはペルシア人の著者が言うところのカヤーリグで[150]、かつてカルルクの都だった。バルハシ湖の東南東の[151]ソグド人が多数存在した地域[152]に位置する。ペリオは豊富な学識を結集して、このオルガヌムという地名を、ホラズムのかつての都ウルゲンチと結びつけようとした[153]。おそらく正解はそこではなく、マフムード・カーシュガリーの著作の中にあり、オルガヌムはアルグ地域のことだろう。カーシュガリーによれば、アルグはちょうどカイラクの南に位置し、ウィリアム・ルブルックは直前にアルグを通過している。この地域から消滅したが、かつてはネストリウス派が宗教儀礼を行った言語というのは、ペリオが提案するホラズム語よりもむしろ、テュルク語の方言によって地位を奪われたソグド語だろう。セミレチエのネストリウス派の墓誌にソグド語の用語が多数存在することが、それを裏付ける[154]。一方、ホラズム語がこの地域で使用されたことは証明されていない。そのうえ、ホラズムのネストリウス派キリスト教徒はソグド語を使用したので、ネストリウス派が宗教儀礼を行う言語としてホラズム語が使用されたことも証明されない。したがって、カーシュガリーの時代にソグド人の住人の同化は決定的になったが、一三世紀にもなおソグド人についての記憶は保持されていたのである。サーマーン帝国の北で、異なった政治的・文化的状況に置かれたアルグの地域は、ソグド・テュルク人の砦、交易のためにテュルク人奴隷を育成する場所、そしてカラハン朝揺籃《ようらん》の地として存続した。

結局のところ、ソグド語は驚くほど長い間生きながらえた。ジャイハーニーが最後のソグド商人から情報を得た後も、長い期間、おそらく一二世紀まで彼らの言語はアルグ地域で生き延びた。そして、宗教儀礼を行う言語としては、もしかすると一三世紀初めまで生き延びたかもしれない。同化のプロセスは本土の方がはるかに早く進行した。

筆者が収集した様々な資料から得られる総括は以下のとおりである。すべての情報は、ソグド人の本土と移住地とのつながり、とりわけ天山山脈の東に位置するウイグル領内の移住地とのつながりが九三〇年頃まで存続したことを示している。中国におけるソグド人の策略が失敗に終わり、トップの安禄山が失脚したにもかかわらず、ソグド人は八世紀後半から九世紀初めまでウイグルの交易を広く支配し、毎年、貢ぎ物として納められる中国の絹によって利益を得ていた。さらに、ウイグルのステップとソグディアナ本土との接触が九世紀の最初の三〇年間に回復した可能性がある。しかし、海上ルートの驚異的な飛躍とかつての交易地帯の中心部で続いた戦争は、彼らの地位を脅かした。八〇〇年から八四〇年までの交易の規模は、安禄山の反乱より前の時代と比べればごくわずかで、その後さらに縮小しただろう。中国からの貢ぎ物の支払いが停止すると、ソグド人の東方の移住地は、交易の対象をその土地の産物に限定し、麝香と奴隷がおそらく支配的な役割を果たしただろう。その後、絹はもっぱら海を通るか、またはイランで生産された。続く過渡期には、ソグディアナの交易は、困難を伴いながらも再び進み出し、ブハラの場合はホラズムのルートの方へ、サマルカンドの場合は北東のテュルク語圏のステップ地域へと向かった。一〇世紀の最初の三〇年間もなお、ジャイハーニーは、商人のおかげでタリム盆地とトルキスタンに精通し、ソグド語とテュルク語で地名を併記している。アブー・ザイドのテキストは、同じ時期に中国において古典的なソグド商人を登場させているし、マスウーディーは同じ時期にそのような商人と出会っている。また、ウイグル可汗は同宗者の利益のために介入することができ、自らの領内にいる多数のイスラーム教徒に言及している。最後に、近世ペルシア語のテキストはわずかしか残存していないものの、中国領トルキスタンまで到達している。しかし、これらの接触が何らかの経済的重要性を持っていたかどうかは確かではない。いずれにせよ、接触はすぐに中断した。

サマルカンドのヒンターラントは、一〇世紀から一一世紀の史料がイメージを与えるように、基本的にはタリム盆地の西部地域(コータンまで)と天山山脈西部のテュルク人の地域(ヤグマ、カルルク、トゥフシー……)によって構成された。九世紀初めからイスラーム経済にとって重要になる奴隷交易は、麝香とともに、ソグド人の過去の多様な交易から唯一残ったものであり、奴隷と麝香はソグド人の交易史全体を通して存在したことが証明される。チャーチとフェルガナで付近のテュルク部族出身者が奴隷として購入されたが、これらのテュルク部族の連合体が後にカラハン朝を形成する。交易空間は縮小した。中心から離れた移住地は九三〇年代以降見捨てられ、同化したのに対して、ソグディアナの近くに位置した共同体は、イスラーム化したソグディアナの特徴を遅れて取り入れた。ソグド人の遠距離交易は消滅した。

結　論

本研究の成果を以下のようにまとめることができるだろう。ソグド人による遠距離交易の年代、地理的な広がり、経済的・文化的重要性は以前よりも明らかになり、地域内交易から遠距離交易への移行を、一歩一歩、かなり正確にたどることができるようになった。前二世紀以前のソグド人の交易について論じることができるのは、遠距離交易ではなく、地域内交易についてである。その後三〇〇年間、中国の絹は、はじめは外交的な贈り物として、次にインド商人とバクトリア商人が輸入する交易品として、商品の需要と循環を生み出し、その結果、経済活動が活発化した。おそらくバクトリア人を介して以前はもっぱら南方に広まっていたラピスラズリが黒海の北に現れるのが確認されるが、この現象はソグド人の交易が少し規模を拡大して誕生したことを示すのかもしれない。ソグド人は彼らの先達であるバクトリア人の後に続いてインドと中央アジアの間で商売をし、その共同体がクシャーン帝国やタリム盆地、甘粛、中国の各王朝の都に徐々に形成されていく。四世紀から五世紀に起きた侵略と戦争は、インド・中国間の交易に被害を与え、とくにバクトリアを荒廃させ、その結果、ソグド人は自由に行動できるようになった。ソグディアナは中央アジアにおいて人口と消費が集中する場所となり、五世紀から六世紀にはソグド商人は交易ルートを自分たちに有利なように変更した。この時代にソグド人の交易のエネルギーは最大に達した。しかし次の時代は衰退期ではない。思いもよらぬ幸運の結果、交易が拡大する経済的条件が根本的に変化した。思いもよらぬ幸運とは、第一に中国から突厥帝国に貢ぎ物が支払われたことで、ソグド商人は貢ぎ物の絹を確実に掌握した。第二の幸運は中国が中央アジアに軍事的に拡大したことで、その結果、タリム盆地において支配的な地位を占めていたソグド商人は莫大な利益を得ることになった。すなわち、ソグド人は中国の軍隊と役人に奢侈品を供給し、その代価として絹を得ることができたのである。ササン朝の保護政策によって南方での活動が阻止されると、ソグド人は、はじめは突厥、次にハザールの政治的保護を得て、より遠くビザンツへと販路を開拓する能力を持っていた。したがって、この時代のソグド人の交易の拡大には、最適な政治的条件が整ったことと、テュルク・ソグド人社会が突厥第一・第二可汗国と中国において交易の主導権を掌握し続けたことが密接に関係している。そのため、まず、ササン朝帝国の崩壊によりソグディアナがアラブ軍によって徐々に征服され、次に中国で安禄山の反乱が起きたことによって、政治的均衡が変化すると、この基盤がとても脆弱な遠距離交易は致命的な打撃を受けた。この時期にペルシア商人は海上交易を発展させ、八世紀にはライバルであるソグド人に対して決定的に優位に立つことができた。それでもソグド人の遠距離交易はすぐには終わりを迎えなかった。おそらく、九世紀初めにわずかに再開し、その後決定的に崩壊する。中国との接触が最後に確認されるのは九三〇年頃である。

ソグド人の交易が地理的に最も拡大した時、それはクリミア半島から朝鮮半島までユーラシアのステップ地域全体を包括していた。文献はいたるところでソグド商人の存在を証明する。ソグド商人は東西交易の媒介者であると同時に、中央アジアの地理的境界をはるかに越えた空間において遊牧民と定住民の仲介者でもあった。遊牧民と定住民の仲介者の役割を担ったソグド人は、彼らが得意とする高価な商品の売買の他に、二つの経済圏の間で大小様々な取引を請け負った。馬の交易に関与したことで、ソグド人は、中世初期の東アジアで観察される重要な経済現象のうちの一つにおいて中心的位置を占めた。彼らはステップ地域と定住民世界を結ぶもう一つの遠距離交易、すなわちイスラーム時代の毛皮と奴隷の交易の先駆者でもあった。奴隷と麝香は遠方から来た特産物のうち、彼らが最後まで扱ったもので、サマルカンドはその交易を一〇世紀まで掌握し続けた。その後、中央アジアがこのような経済的・文化的役割を取り戻すことは二度となかった。モンゴル帝国でも、チムール帝国でも、遠距離交易は中央アジアを通過するが、西アジアでは絹はもはや七世紀の値段を維持していなかった。

もっとも、本研究によって明らかになったとおり、ソグド商人の歴史は完璧というにはほど遠い。文書資料の欠如により曖昧な部分が多く残っているし、しばしば証拠ではなく手がかり程度のものを論理の接合点として論証を進めざるをえなかった。ソグド人の遠距離交易が歴史的事象であるとしても、その正確な起源は謎のままである。筆者は遠距離交易が生まれた状況を明らかにしたが、なぜソグド人がそれを継続したのかは分からないままである。ソグド人が交易のためにクシャーン朝下のインドまたは中国に移住する現象の経済的理由を復元することはできたが、ソグド人の社会構造の根底は不明なままである。このような欠如が全体を通して筆者の作業を制限している。ソグド人の交易の最終段階についても、社会的性質に関する情報が完全に欠如しているため、商人階級が新しいイスラーム社会の中でどのような変転を遂げたのか知ることができない。文書資料の保存を左右する偶然性によって、最盛期におけるソグディアナの経済的・社会的情報は、ザラフシャン川の渓谷に深く入り込んだまちであるペンジケントについてのみ知られている。また、商人の移住の理由とその形態は、ソグド人の交易史において大きな未知の領域として残されている。そのため、筆者は、たとえば交易ネットワークの話をするよりも、ソグド人の交易やソグド商人の話をせざるをえなかった。交易ネットワークの話をするほうが的確だったのだろうが、そうはできなかった。実際、「古代書簡」Ⅱを除けば、ソグド人の交易の最盛期の資料さえも、ここで問題にしているのが個人の商人による交易ではなく交易ネットワークであることを明白には証明しない。活動範囲の広さから、それがネットワークである可能性はきわめて高いと思われるのではあるが……。遠距離交易に従事する商人と地域内交易に従事する商人との連携がそれを証明することを可能にするが、そのような連携はほとんど知られていない。文献から、地域内交易に従事する商人が知られる一方、ソグド・テュルク人の政治構造も知られる。そして安禄山とジザブロスの周辺では、地域内交易に従事する商人がソグド・テュルク人の政治構造とつながっていたことも知られる。また、パイケントの裕福な人物のような有力商人によって構成される社会集団が実在したはずだが、文書資料の保存を左右する偶然性が、それを明らかにするのを阻止する。

このように足りないところはあるのだが、最初に立てた仮説、すなわちソグド商人による遠距離交易が歴史的事象として存在したことは完全に立証されたと思われる。なぜなら、そのように呼ばれるものに対応する経済的・社会的構造は、その発展を数百年にわたってたどることができるようなものだからである。史料が不足しているため、中世初期の交易の分野において、このように定義し、研究することができる歴史的実態は、他にはほとんどないだろう。ソグド人の交易史は、かろうじてそのような危険な状況から逃れている。康僧会、ナナイヴァンダク、マニアク、そして安禄山は、数百年の時を隔てて同じ歴史の中に属しているのである。

訳者あとがき

本書は、Étienne de la Vaissière, *Histoire des marchands sogdiens*, Bibliothèque de l'Institut des hautes études chinoises, XXXII, Deuxième édition révisée et augmentée, Paris: Collège de France, Institut des hautes études chinoises, 2004 の全訳である。現在のウズベキスタン、タジキスタンにあたる地域を本拠地としていたソグド人の交易活動を対象とし、その誕生から、中国、インド方面での活動、ソグディアナ本土の市場の拡大、東西ステップ地域、イスラーム圏内における活動、そしてその最終段階まで、約一〇〇〇年間のソグド商人の交易圏の拡大と縮小の歴史をたどるとともに、交易ネットワークの構造を浮かび上がらせることにより、ソグド人のシルクロード交易が歴史的実態であることを証明することを目的としている。

著者のエチエンヌ・ドゥ・ラ・ヴェシエールは一九六九年にフランスのディジョンで生まれ、一九九〇年にフランス高等師範学校 École normale supérieure に入学、一九九九年にフランス高等研究院 École pratique des hautes études に原書の前身となる博士論文「ソグド商人の歴史」を提出し、受理されている。現在はフランス社会科学高等研究院 École des hautes études en sciences sociales (EHESS) の教授である。専門は中世中央アジア社会経済史で、イスラーム化前後の中央アジアに関する重要な論文を次々と発表し、世界的に注目されている研究者である。

本書の序によれば、二〇〇二年刊行の初版がすぐに品切れになったため、初版からわずか一年半後の二〇〇四年に第二版を出版することにしたという。翌二〇〇五年には英訳が、二〇一二年には中国語訳が出版されている(É. de la Vaissière, J. Ward (trans.), *Sogdian Traders: A History*, Leiden; Boston: Brill, 2005. 魏義天著、王睿訳『粟特商人史』広西師範大学出版社、二〇一二年)。さらに、欧米、ロシア、中国の学術雑誌に一四本もの書評が発表されたことも(EHESS のホームページ上に公表されているドゥ＝ラ＝ヴェシエールの業績リストによる)、原書の影響力の大きさを示している。二〇一六年に第三版が刊行され(ただし、序によれば内容は基本的に第二版と同じ)、フランスでは中央アジア史研究の基本書になっている。

日本語の書評は発表されていないが、二〇〇四年に吉田豊が英文の書評を *Journal of Royal Asiatic Society*, XIV/2に発表している。ソグド商人に直接関係する資料がきわめて少ない状況を打開するために、文献資料だけでなく、コインや考古資料など利用可能なものはすべて利用している点、従来の研究者がまったく思いつかなかった視点から資料を分析している点などが高く評価されている。一方で、東方におけるソグド人の交易活動を論じる際には必ず引用されるはずの日本の東洋史研究者による論文がほとんど言及されていないことへの批判も述べられている。また、森安孝夫は、東方学会の英文雑誌 *Acta Asiatica* の二〇〇八年の特集号「日本におけるイスラーム以前の中央アジア史研究」に、国内におけるソグド人研究の成果をテーマごとに要約した紹介文を発表し、関係する文献の目録を付している("Japanese Research on the History of the Sogdians along the Silk Road, Mainly from Sogdiana to China", *Acta Asiatica*, XCIV, 2008)。冒頭部分において、ドゥ・ラ・ヴェシエールによる『ソグド商人の歴史』の出版が「日本の学界にとってショッキングな出来事」として紹介されている。『ソグド商人の歴史』というタイトルの専門書が、ソグド人研究の蓄積のある日本ではなくフランスにおいて出版されたこと、日本の東洋史学者による研究論文が十分に利用されていないことへの危機感が、国内における研究成果を英文で発信するきっかけになっている(後に同紹介文の増補版が日本語で発表された森安編『ソグドからウイグルへ——シルクロード東部の民族と文化の交流』所収、汲古書院、二〇一一年)。吉田、森安らの指摘を受けて、第二版には桑原隲蔵や池田温など日本の東洋史研究者の論文が言及されてはいるものの、その内容が十分に反映されていない、または正しく理解されていないところがある。たとえば、ドゥ＝ラ＝ヴェシエールは、漢文文献に言及される「興胡《こうこ》」を「裕福な胡人」(本書七四、一五六頁)または「許可された胡人」(本書一〇九頁)

と説明している。荒川正晴の研究によって、興胡とは唐の名目的な支配がソグディアナに及んだ後で唐内地に入境したソグド商人に与えられた公的な身分であることが明らかにされている（荒川『ユーラシアの交通・交易と唐帝国』名古屋大学出版会、二〇一〇年、三四四〜三七八頁、初出は一九九七年。荒川の一連の研究については前掲森安編二〇一一年に要約あり）。

本書の第5章では、タリム盆地の北道沿いのオアシス都市にソグド商人が存在したことを示す資料を挙げるなかで、マニ教寺院の存在が認められることを指摘し、Chao Huashan, 1996を引用している（注33）。確かに、森安らの研究により、トルファンの高昌故城《こうしょう》のマニ教寺院址の他に、ベゼクリク石窟にもマニ教窟が存在したことが証明されている。しかし、日本語で書かれた論文はドゥ・ラ・ヴェシエールの目にとまらなかったのか、晁華山《ちょうかさん》の英語論文が引用されている。晁論文はトルファンの仏教石窟にはマニ教窟に比定すべき石窟が他にも多数あると主張するが、十分な根拠がないとの批判があり、その利用には注意が必要である（吉田・森安「ベゼクリク出土ソグド語・ウイグル語マニ教徒手紙文」『内陸アジア言語の研究』一五、二〇〇〇年、注2参照）。

本書にも注意を要する部分がある。第10章では、マルヴァズィーらが中国の都をY.njūrと記していることに注目し、九〇七年から九二三年まで洛陽は雍州《ようしゅう》と呼ばれていたとするV・ミノルスキーの主張をもとに、マルヴァズィーらの当該部分の情報は一〇世紀初めのものであるという結論を導いている（二九六頁）。しかし、洛陽が雍州と呼ばれたことは一度もなく、ミノルスキーの主張は漢文文献の誤った解釈に依拠していることが指摘されている（Chou Yi-liang, "Notes on Marvazī's Account on China," *Harvard Journal of Asiatic Studies*, IX, 1945）。したがって、マルヴァズィーの中国に関する情報がいつ頃のものであるかについては再検討が必要である。

本書が刊行された二〇〇四年以降に発表されたソグド人に関する新資料や新知見について述べておきたい。第一に挙げられるのは、いわゆる「ザンダニージー」問題である。一九五九年の論文で、D・シェパードとW・B・ヘニングは、ベルギーのユイの教会に伝世する錦の裏面に記された文字がソグド語であり、しかも、そこにはイスラーム史料がブハラのザンダナ村の特産品として挙げる「ザンダナ織《おり》(ザンダニージー)」という単語が含まれていると発表した。この錦の文様は、円文の中に一対の鹿を左右対称に表す特徴的なもので、この論文の発表以降、ヨーロッパの教会や、コーカサスの墓地、敦煌莫高窟《ばっこうくつ》などで見つかった類似の文様を持つ錦が次々と「ザンダニージー」に比定された。その結果、ユーラシア大陸の東西に相当数のソグド製錦が運ばれていたという結論が導かれた。しかし、B・マルシャークなどソグド美術の専門家は、錦の文様とソグド壁画との間に共通性がないことから、ユイ・タイプの錦とソグドとの関係を疑問視していた。最近になって問題の文字が再調査され、それがアラビア語であり、内容もザンダナ村とは全く関係ないことが判明した(N. Sims-Williams/G. Khan, "Zandanījī Misidentified", *Bulletin of the Asia Institute*, XXII, 2008[2012])。著者の指示により、コーカサスの墓地で出土し、従来「ザンダニージー」に比定されていた錦に関する記述(原著二一四頁一二行目〜二一五頁一七行目)を本訳書では削除している。

第2章で検討される「ソグド語古代書簡」は解読が進み、利用しやすくなっている。本書に全訳が掲載された「古代書簡」Ⅱ、Ⅴの他に、現在までに「古代書簡」Ⅰ、Ⅲ、Ⅳ、Ⅵ(一部のみ)の英訳がN・シムズ＝ウィリアムズによって発表されている。「古代書簡」ⅠはSims-Williams, 2005,「古代書簡」Ⅰ、ⅢはSims-Williams, 2004,「古代書簡」Ⅳは、N. Sims-Williams, "The Sogdian Ancient Letter No. 4 and the Personal Name Manavaghichk", *Estudios Iranios y Turanios*, III, 2017, 本書第2章注8に言及される「古代書簡」Ⅵ(四〜六行目)はSims-Williams, 2005, p. 182を参照。同氏による「古代書簡」Ⅰ、Ⅱ、Ⅲ、Ⅴの英訳はワシントン大学のホームページ上でも公開されている("The Sogdian Ancient Letters 1, 2, 3, and 5", translated by Prof. Nicholas Sims-Williams, introduction by Prof. Daniel C. Waugh, 2004. http://depts.washington.edu/uwch/silkroad/texts/sogdlet.html 二〇一八年一一月八日アクセス)。

第5章注17にはコータンで出土したソグド語文書が列挙されているが、その後、コータンにおけるソグド商人の活動を示す文書が新たに見つかっている。中国人民大学博物館が入手したコータン出土ソグド語文書には四点の経済文書が含まれている(Bi Bo/N. Sims-Williams, "Sogdian Documents from Khotan", *Journal of the American Oriental Society*, CXXX/4, 2010; CXXXV/2, 2015)。また、コータンで出土したユダヤ・ペルシア語文書の研究も進んでいる(吉田豊「コータンのユダヤ・ソグド商人?」土肥義和/氣賀澤保規編『敦煌・吐魯番文書の世界とその時代』所収、東洋文庫、二〇一七年)。

二〇世紀末から、六世紀に中国に居住したソグド人の墓が西安や太原で発見され、精緻な浮き彫りと彩色を施した石製葬具が見つかっている(第5章注117)。現在までに考古学的調査によって六基の墓から装飾をともなう葬具や墓門が見つかっている(虞弘《ぐこう》墓、安伽《あんか》墓、史君墓、康業墓、翟曹明《てきそうめい》墓、天水で発見されたが墓主名が不明な墓)。その他に、出土状況は不明だが浮き彫りの様式や図像内容から、ソグド人の葬具であると推定されるものが八点確認されている(安陽出土と伝えられる葬具、MIHO MUSEUM所蔵葬具、V. Kooros個人蔵葬具、Carter, 2002に発表された個人蔵葬具台座二点、ヴィクトリア&アルバート博物館所蔵葬具台座、大唐西市博物館所蔵葬具台座、中国国家博物館所蔵葬具)(拙稿「ソグド人の墓と葬具」森部豊編『ソグド人と東ユーラシアの文化交渉』所収、勉誠出版、二〇一四年、葛承雍「粟特人大会中祆教色彩的新図像」『文物』二〇一六年第一期ほか参照)。史君墓では漢文とソグド語のバイリンガルの墓誌が見つかって注目を集めたが、最近になってもう一点、漢文・ソグド語併記の墓誌の存在が明らかにされた(Bi Bo/N. Sims-Williams/Yan Yan, "Another Sogdian-Chinese Bilingual Epitaph", *Bulletin of Oriental and African Studies*, LXXX/2, 2017)。

一〇年ほど前からソグド人にスポットライトを当てた専門書と一般書が国内で次々と出版されている。出版順に挙げれば、森安孝夫『シルクロードと唐帝国』(講談社、二〇〇七年)、森部豊『ソグド人の東方活動と東ユーラシア世界の歴史的展開』(関西大学出版部、二〇一〇年)、曽布川寛/吉田豊編『ソグド人の美術と言語』(臨川書店、二〇一一年)、森安編『ソグドからウイグルへ』(前掲書)、森部編『ソグド人と東ユーラシアの文化交渉』(前掲書)、石見清裕編『ソグド人墓誌研究』(汲古書院、二〇一六年)、福島恵『東部ユーラシアのソグド人――ソグド人漢文墓誌の研究』(汲古書院、二〇一七年)などがある。ソグド語文書や図像資料の研究の他、とくに、中国北部で発見されるソグド人の墓誌や石刻資料を利用した研究が活発に行われている。そこでは、漢人社会の中で軍人として活躍したソグド人や、安禄山のように中国北方において突厥《とっけつ》社会に融合したソグド人（「ソグド系突厥」）が主要な研究対象となっている。本書の第5章と第7章においてもこの二つの集団について検討されている。ドゥ・ラ・ヴェシエールは「商人集団と軍人集団、テュルク化したソグド人と漢化したソグド人を全く相容れないものとして対比させてはいけない」とし、「中国において漢人とテュルク人との関係が地理的にも社会的にもちょうどオーバーラップする場所に属している」「一つの同じ集団」としてとらえるべきであるとしている（本書一八七頁）。

最後になりましたが、本書を翻訳する機会を与えてくださった前田耕作先生と、二〇一一年当時岩波書店編集部員だった高村幸治さんに感謝します。著者のドゥ・ラ・ヴェシエール氏は、訳者の疑問をいつも簡潔明瞭な説明で解決してくださいました。吉田豊先生は訳文を通読してくださり、いくつもの誤りを指摘してくださいました。お二人のお陰で正確な翻訳に近づいたと思いますが、今も残っているであろう誤訳の責任はすべて訳者にあります。岩波書店の猿山直美さんと杉田守康さんにもたいへんお世話になりました。心から感謝申し上げます。

二〇一八年一二月

影山悦子

Étienne de la Vaissière

1969 年生まれ．フランス高等師範学校修了，フランス高等研究院にて博士号取得．同研究院歴史学・文献学部門講師を経て現在，フランス社会科学高等研究院教授．専門は中世中央アジア社会経済史．著書に *Samarcande et Samarra. Élites d'Asie centrale dans l'empire abbasside*, Paris: Association pour l'avancement des études iraniennes, 2007，編書に *Les Sogdiens en Chine*, Paris: École française d'Extrême-Orient, 2005 (É. Trombert と共編) などがある．

【訳者】

影山悦子

1972 年生まれ．神戸市外国語大学大学院外国語学研究科博士課程修了(文学博士)．東京文化財研究所文化遺産国際協力センター特別研究員等を経て，現在，奈良文化財研究所国際遺跡研究室アソシエイトフェロー．専門は中央アジア文化史．共著書に曽布川寛/吉田豊編『ソグド人の美術と言語』(臨川書店)などがある．

ソグド商人の歴史

エチエンヌ・ドゥ・ラ・ヴェシエール

2019 年 2 月 6 日　第 1 刷発行

訳　者　影山悦子《かげやまえつこ》

発行者　岡本　厚

発行所　株式会社　岩波書店
〒101-8002 東京都千代田区一ツ橋 2-5-5
電話案内 03-5210-4000
http://www.iwanami.co.jp/

印刷・三陽社　カバー・半七印刷　製本・牧製本

ISBN 978-4-00-023737-6　Printed in Japan

索　引

本文の頁数を立体，注の頁数を斜体で示す．

地　名

ア 行

カ 行

サ 行

タ 行

ナ　行

ハ　行

マ 行

ヤ 行

ラ 行

ワ 行

人　名

ア 行

カ 行

サ 行

タ 行

ナ 行

ハ 行

マ 行

ヤ 行

ラ 行

ワ 行

事　項

ア 行

カ 行

サ 行

タ 行

ナ 行

ハ 行

マ 行

ヤ 行

史料名・著者名

サ 行

タ 行

ナ 行

ハ 行

マ 行

ヤ 行

ラ 行

注

第1章

(1) Bernard/Francfort, 1978, p. 5-11 参照.

(2) この情報を提供してくれた Claude Rapin に感謝する．コク・テペに人が住むようになるのはもっと早く，前 2000 年紀まで遡る可能性がある．

(3) 中央アジアの先史時代と原史時代については，Kohl, 1984; Lyonnet, 1997 参照.

(4) Sims-Williams, 1991.

(5) Gharib, 1995, p. XIII-XXIX.

(6) Livšic/Kaufman/D'jakonov, 1954 参照.

(7) Vallat, 1971, p. 53-59 のエラム語版の翻訳，引用部分は p. 57-58 所収．原文は Briant, 1996, p. 184 に転載されている．

(8) Bernard/Francfort, 1978, p. 49-51．似通った青い石の鉱山は他にも存在するが，品質はかなり落ちる(Delmas/Casanova, 1990)．ラピスラズリの輸出については，Briant, 1984, p. 21，とくに Herrmann, 1968, p. 21-29 を参照．後者は鉱山の地図，写真，平面図を収める．

(9) 主に Bleichsteiner, 1930, p. 93-104 参照．また，Herzfeld, 1938, p. 303-304; Kent, 1953, p. 209 も参照．古代ペルシア語では sinkabru，エラム語では ši-in-qa-ab-ru-iš，アッカド語では ṣi-in-ga-＋ru-ú．カーネリアンはラピスラズリと同様に象嵌細工に適しているため，ペルセポリスなどアケメネス朝の他の遺跡で大量に発見されている．

(10) すでに前 3000 年紀にカーネリアンが交易によって伝播していたことが考古学によって証明されている(Majizadeh, 1982)．

(11) Bernard/Francfort, 1978, p. 9-11.

(12) Fleming, 1982.

(13) Herzfeld, 1938, p. 304 から得た情報.

(14) これらの材料は，後の時代に中央アジアの壁画にもしばしば使用されている．たとえばハルチャヤン(Lapierre, 1990, p. 33)の壁画や，有名なサマルカンドのソグド時代の壁画など．

(15) 1000 年後，サマルカンドとトハリスタンの使節はカーネリアンを，未加工の塊のまま，唐の宮廷に運んでいる(Schafer, 1963, p. 228)．

(16) たとえば，ペルセポリスの作業場にいたソグド人の職人——kurtaš——，Briant, 1996, p. 446．また，アケメネス朝の勢力によってアナトリアに移住させられたイラン系民族の一部は，ソグド人の可能性がある(Arrianos, IV, 3, Briant, 1984, p. 94-96 において指摘され，分析されている)．

(17) アケメネス朝時代の中央アジアの遠距離交易に関する唯一の文書は，ソグド人

ではなく，バクトラの商人に関係する．この商人の宝石がインダス川に投げ入れられたことを，アケメネス朝の宮廷に仕えていたギリシア人医師クテシアスが証言している．「470個の宝石と他の高価な石が〔インダス〕川に投げ入れられた．それらはバクトラの商人の持ち物だった」(Ctesias, Auberger 訳, p. 106).

(18) ギリシア人の要塞都市をシル川沿いに建設することによって，ソグディアナを遊牧民が住むヒンターラント(後背地域)から切り離そうとしたアレクサンドロス大王の意図は，ソグド人とサカ族との間に存在した経済的補完性を断つことであり，それが前329年のソグド人の大規模な反乱――アケメネス朝の故地で起きた反乱の中でアレクサンドロスが最も鎮圧に苦労した――の本当の原因だったかもしれない(Mandel'štam, 1977, p. 219-220. Briant, 1982, p. 226-234 は，この分析を相対化しようとするが，筆者はこの分析には価値があると思う).

(19) Kuz'mina, 1977, p. 213-214 は，バクトリア美術とクルガンで発見された遺物との間に類似性を認めている．

(20) Schiltz, 1994, p. 263.

(21) Briant, 1996, p. 767; Schiltz, 1994, p. 277-284.

(22) Véronique Schiltz は筆者のために以下の情報を確認してくれた．すなわち，トルコ石は伝播しているが，ステップ世界の遺物にはラピスラズリの装飾がなされていない．「金・トルコ石」様式の歴史については，たとえば，Treister/Yatsenko, 1997-1998, p. 52-53 参照.

(23) とくに，アリアノスが言及したとされるインダス川下流のソグド人は(Arrianos, VI, 15, 4, Brunt 訳, p. 145)，ディオドロスに従って Sodras に修正した上で(Diodoros, XVII, CII 4, Goukowsky 訳, p. 139)，インド語文献の Śudras と同定する必要がある．

(24) この推測を支持するために，前4世紀から前3世紀にインド・イラン語の概念が中国の思想に流入したこと，そして，ソグディアナとバクトリアで発行されたグレコ・バクトリア王国のコインが中国産のニッケルを含有することが引き合いに出された(Henning, 1948, p. 608, Haloun からの手紙を引用)．しかし，グレコ・バクトリア王国のコインに含まれるニッケルは中国産ではない(Raschke, 1978, p. 706-707)．また，インド・イラン語の概念はあまりに漠然としていて，どれも証明することができない．

(25) たとえば，Čuguevskij, 1971 または Gharib, 1995, p. XV 参照.

(26) 西洋の言語で「中国」を表す語については，Pelliot, 1912, 1913; Bodde, 1986, p. 21 参照．Pelliot は1913年のメモの中で，前2世紀にフェルガナでは中国の人々を指すのに「秦人」という呼称を用いた形跡があることを指摘している(『史記』巻123，大宛列伝，p. 3177).

(27) Pelliot, 1912, p. 736-739.

(28) 漢代の正史は，Hulsewé, 1961 によって使いやすいように紹介されている．

(29) 該当する部分の訳注は『漢書』Hulsewé 訳にある．

(30)『史記』全体，とりわけ巻123の信憑性に疑いが持たれている(Hulsewé, 1961,

1975;『漢書』Hulsewé 訳). Hulsewé は,『史記』巻 123 は成立が遅い『漢書』のテキストをもとに後から修正されたとする説を強く主張している. 他の中国学者は逆に『史記』の信憑性と優位性を主張している(たとえば Pulleyblank, 1970, または Leslie/Gardiner, 1982). Daffinà, 1982 も参照.『漢書』巻 96 は良好な状態で今日に伝わっているが,『漢書』巻 61, 張騫伝と『史記』巻 123 はそうではない. ところが, 両者のテキストに認められる乱れは全く同じ種類のものである. したがって, 一方は他方をもとに復元されたということになる. 紙が発明される前, 漢文文献はひもで結ばれた細い簡牘(かんとく)に記されていた. 少なくとも『史記』に関しては, 別の箇所に移動した 23 文字を特定することができ, それは 1 枚に 23 文字が記された簡牘の順序が乱れたことに起因すると思われる.『史記』と『漢書』のどちらが他方を写したのか, 中国学者の間で議論は決着していない. 漢文史料の記述の正確な年代を明らかにしたい者にとって, この問題は重要である. もちろん, 筆者はこれらの文献の成立過程に関する問題を解く術を持たないが,『史記』巻 123 の歴史と地理の構成には一貫性が認められることから,『史記』が『漢書』をもとに復元された可能性は低いと考える.

(31)『史記』巻 123, p. 3162, Watson 訳, p. 234. 和訳は小川環樹ほか訳『史記列伝』5, 岩波文庫, 1975, p. 79. 対応する『漢書』のテキスト(巻 96 上, p. 3889)は, Hulsewé 訳, p. 116 にある.『史記』の文章より明瞭ではないが, 複数の情報を補足する.

(32)『史記』巻 123, p. 3164, Watson 訳, p. 235. 和訳は『史記列伝』5, p. 80.

(33)『史記』巻 123, p. 3174, Watson 訳, p. 245. 和訳は『史記列伝』5, p. 91.『漢書』巻 96 上, p. 3896 に同じテキストがある, Hulsewé 訳, p. 136.

(34) Pulleyblank, 1966.

(35) 現在のタシュケント地域.

(36) Pulleyblank, 1966; Daffinà, 1967, p. 48-63 は, Shiratori, 1928, p. 84-90 と Haloun, 1937, p. 252 を利用している.

(37) Bernard, 1996, p. 345-346 も同じ問題について記述している.

(38) Lubo-Lesničenko, 1978. この絹織物は, ほとんど知られていない漢代の技術を研究する上で貴重な資料である.

(39) Gorbunova, 1986, p. 176-177, 205.

(40)『魏書』巻 102, 西域伝, (破)洛那国, p. 2270;『北史』巻 97, 西域伝, 破洛那国, p. 3221.

(41) 中国語の中古音を復元する Pulleyblank の研究によれば, 当時, 破洛那は $P^{h}a^{h}$ lak na^{h} と発音されていた(Pulleyblank, 1991b 参照). Daffinà, 1982, p. 325 も参照.

(42) たとえば, 康居は, 張騫が派遣される少し前にすでに漢文文献に言及されている(『漢書』Hulsewé 訳, p. 123-124, n. 298). さらに, Éric Trombert によれば, 中国の詩人は, 張騫の帰還以前に, 当時中央アジア西部にあり, 中国にはなかったワインに言及している.

(43)『史記』巻 123, p. 3166, Watson 訳, p. 236. 和訳は『史記列伝』5, p. 81.

(44)『史記』巻123, p. 3170, Watson訳, p. 240-241. 和訳は『史記列伝』5, p. 86.

(45)『史記』巻123, p. 3168, Watson訳, p. 238. 和訳は『史記列伝』5, p. 83.

(46)『史記』巻123, p. 3171, Watson訳, p. 242. 和訳は『史記列伝』5, p. 88.

(47)『史記』巻123, p. 3173, Watson訳, p. 244. 和訳は『史記列伝』5, p. 91.

(48) Raschke, 1978, p. 606-622. ただし, 貢ぎ物の絹が匈奴から「積極的なソグド商人」に渡ったことを説明するためにRaschkeが展開した議論は, 具体的な証拠にもとづいていない(p. 622). ソグド人に与えられた役割に賛同して彼の議論に従いたいところだが, 文献によって確実に論証される, 中国から来た人々と商人が直に接触するプロセスの方が好ましい.

(49)『史記』巻123, p. 3164, Watson訳, p. 235.「その都を藍市城(らんしじょう)(バクトラ)と申しまして, 市場があって, いろいろな物を売っております」. 和訳は『史記列伝』5, p. 80.

(50) Rapin, 1992, p. 295-299. わずかとはいえ, オリーブオイルを入れるアンフォラの断片と黒釉の壺の断片が存在するため, 断定的なことを言うのは避けなければならない. グレコ・バクトリア王国のコインは, 西方やヒンドゥークシュ山脈の南でも発見されるが, その数はかなり少ない(Bernard, 1985, p. 107-113, 158参照).

(51) 前200年頃までのインドにおける貴石など考古学的トレーサー(追跡子)の分布に関する研究は, Lahiri, 1992参照.

(52) 発掘者(Olga Inevatkina, Lauriane Martinez-Sève, Frantz Grenet)からの個人的な情報.

(53) Bernard/Francfort, 1978, p. 73-74, n. 45, 46. イブン・ハウカルが引用することから, この鉱脈は遅くともイスラーム時代には開発されていたことが知られる.

(54) トルコ石はアイ・ハヌムでも見つかっているが, それはホラズムから運ばれたようである. より広く見れば, この遺跡ではとくに宝物庫から準宝石の破片が多数発見されているが, それらはグレコ・バクトリア王国のエウクラティデスがインドから持ち帰った戦利品かもしれない. Rapin, 1992, p. 171-182参照.

(55) 台付きゴブレットについては, Grenet, 1996b, p. 367-369; Lyonnet, 1997参照.

(56) Bernard, 1996, p. 347参照.

(57) *Periplus Maris Erythraei*, Casson校訂・訳. 現在では, テキストの年代は1世紀半ばの前後30年間であると推定されている(Robin, 1991; Fussman, 1991参照). 著者はインド洋の交易ルートに関する知識を労を厭わず書き留めた船長である.

(58) Daffinà, 1982, p. 316-318; Kuwayama, 1987参照.

(59)『漢書』巻96上, p. 3886, Hulsewé訳, p. 109. 和訳は小竹武夫訳『漢書』下巻, 筑摩書房, 1979, p. 340-341.

(60) いくつかの例が, Yü, 1967, p. 212にある.

(61) *Periplus Maris Erythraei*, Casson校訂・訳, 第64節, p. 91. 和訳は蔀勇造訳註『エリュトラー海案内記』2, 東洋文庫, 2016, p. 32.

(62) *Historia Augusta*, ハドリアヌス21, 14(Callu訳, p. 42), アウレリアヌス33, 4(Paschoud訳, p. 44), 41, 10(Paschoud訳, p. 52).

(63) 基礎となるRaschkeの論文参照(Raschke, 1978, p. 637-650). 1つずつ可能性をつぶしていく消去法的な論法，すなわち，中国人，ソグド人，クシャーン人，パルティア人を順々に排除し，地中海東部の住人だけを交易の仲介者として残す論法は，豊富な学識にもかかわらず，ほとんど説得力がない. クシャーン帝国とエジプトとの交易については，Šerkova, 1991 参照.

(64) Šerkova, 1991, p. 15-50 参照.

(65) プトレマイオスは中央アジアに関する先人たちの知識，すなわちストラボンStraboの『地理誌』第XI，XV巻(XI, 9, XI, 13, XV, 1, 4-27, XV, 2, 8, XV, 73)や大プリニウスPliniusの『博物誌』第VI巻(VI, 49, 52, 54-55, 88)で読むことができる知識を著しく改善した.

(66) Bernard, 1996, p. 341-345; Bernard/Francfort, 1978, p. 45-48, 93-95. ソグディアナに関する部分は，Ptolemaios，Ronca訳，p. 31-36(ギリシア語，ラテン語の原文とドイツ語訳)，p. 106-107(英訳)にある.

(67) 大プリニウスの『博物誌』I, 2も参照. Shiratori, 1957, p. 3-4はBerthelot, 1930, p. 202を批判している.

(68)『地理学』I, 11, 5-6; Ptolemaios，Coedès訳(1977年再版)，p. 29. 和訳は織田武雄監修，中務哲郎訳『プトレマイオス地理学』東海大学出版会，1986，p. 7.

(69)『漢書』巻96上，p. 3893，Hulsewé訳，p. 128. 和訳は小竹訳『漢書』下巻，p. 343. 実際には，この一節は曖昧で，別の翻訳も可能である. いずれにせよ，康居の使節は常に交易を口にしていた.

(70) Hulsewé訳，p. 126，n. 307.

(71)『史記』の一節(巻123, p. 3158，Watson訳，p. 232)は誤解を招いた. テキストによれば，張騫は匈奴に対抗するために月氏と同盟を結ぼうとして，フェルガナから康居へ，次に康居から月氏のもとへと向かった. そのため，フェルガナと月氏の中間に位置するソグディアナは，康居に含まれていたと考えられた. しかし，フェルガナの領土は数年前にまさにこの月氏が通過したせいで荒廃していたので，フェルガナ王は，ただ時間を稼ぎ，厄介払いをするために，この迷惑な使節を康居王のもとに送ったのである.『史記』によれば，康居王は月氏と匈奴の両方に敬意を払っていた. 康居は，月氏と匈奴のどちらに忠誠を誓うか選ばなければならない状況に置かれた.

(72) Leslie/Gardiner, 1982, p. 280, n. 51(『漢書』巻96上，p. 3889「安息国は(中略)やはりまた銀で銭をつくり，図柄はただ王の面(かお)だけで，裏面が夫人の面である」. 小竹訳『漢書』下巻，p. 341-342).

(73)『後漢書』の著者范曄(はんよう)(445年没)は，将軍班超の息子で歴史家班固の甥にあたる班勇によって125年頃に書かれた報告に刺激を受けたと言い，150年から170年に起きた出来事を追加している.

(74)『後漢書』巻88，西域伝，Chavannes訳，p. 195. Shiratori, 1928, p. 94-100に従って「栗弋」を「粟弋」に修正. 粟弋(ぞくよく)はSukdokと発音され，ソグディアナを指す.

(75) Litvinskij, 1973, p. 128-152.

(76) Šerkova, 1991, p. 64-74 と p. 24 の地図参照．また Staviskij, 1995, p. 192-200 も参照．

(77) Bubnova/Polovnikova, 1991, 1997.

(78) 発掘者であり，情報を提供してくれた Claude Rapin に感謝する．

(79) 便利なリストが Simonenko, 2001 にある．

(80) 『後漢書』巻 88, p. 2920.

(81) 『魏略』は，239 年から 265 年に公認の史料編纂官ではない魚豢(ぎょかん)によって書かれた．この原文は失われたが，429 年に裴松之(はいしょうし)が『三国志』に付した注に，長い引用文が残されている．この部分は Chavannes によって翻訳されている(『魏略』Chavannes 訳)．

(82) 『三国志』巻 30，魏書，烏丸鮮卑東夷伝，p. 862 に引く『魏略』西戎伝，Chavannes 訳，p. 558-559．和訳は今鷹真/小南一郎訳『正史三国志』4，ちくま学芸文庫，1993，p. 489．黒海沿岸のボスポラス王国とホラズムのコインの類似が指摘されている．Vajnberg, 1977 参照．

(83) Berthelot, 1930, p. 225 参照．

(84) 『後漢書』巻 88，Chavannes 訳，p. 177.

(85) 『魏略』Chavannes 訳，p. 555-556，『三国志』巻 30，p. 860.

(86) 大プリニウス『博物誌』XXXVII, 119.

第2章

(1) Sims-Williams, 2001 訳，Frantz Grenet, Xavier Tremblay, Étienne de la Vaissière の協力を得て．和訳は吉田豊/荒川正晴「ソグド人の商業(四世紀初)」歴史学研究会編『世界史史料 3　東アジア・内陸アジア・東南アジア I』岩波書店，2009, p. 342-345 と，吉田豊「ソグド人の言語」曽布川寛/吉田豊編『ソグド人の美術と言語』臨川書店，2011，p. 89-90．和訳されていない部分は，Sims-Williams, 2001 の英訳から重訳した．丸数字はソグド語原文のテキストの行数．[　]は原文の欠損部分が復元された上で翻訳されていることを示す〔「古代書簡」の翻訳については訳者あとがき参照〕.

(2) Stein, 1921, vol. II, p. 669-677，位置については Stein, 1921, vol. V，地図 74 参照．本書第 2 章で言及する地理情報はすべて本書**地図 3** に示す．

(3) 書簡の断片も複数ある．いわゆる「古代書簡」とともに発見されたこれらの断片類に，さらに Aurel Stein が楼蘭の南西で発見した 20 行の手紙の断片(LM II ii 09 文書)を追加しなければならない．Stein, 1928, vol. I, p. 195, vol. II, p. 1031, vol. III, pl. CXXIV，位置については vol. IV，地図 29．この手紙は，古文書学的見地から同時代のものであると思われ，「古代書簡」II と同様にフンに言及する(5 行目)．書体は難解である．この断片は校訂も翻訳もされていない．手紙を書いたのは女性で，基本的には人の往来に言及している．何箇所かで交易についても述べていると

思われる(13 行目の「売る」という動詞 pr'yδ).

(4) Reichelt, 1931. 現在これらの手紙は大英図書館に Or. 8212/92-101 という番号で保管されている.

(5) Henning, 1948 はそれらが 313 年のものであると提案した. J. Harmatta は 196 年説を支持した(Harmatta, 1979a, 1979b, 1992). Grenet/Sims-Williams, 1987 は Henning の仮説に戻るべきであることを示した.

(6) Grenet/Sims-Williams, 1987, p. 105.

(7) 都である楼蘭(クロライナ)の遺跡だけでなく, タリム盆地の中央に位置するニヤのようにコータンとの境界に近い遠隔地でも漢文文書が発見されることが, それを証明している.

(8) 発見された場所が敦煌と楼蘭をつなぐルート沿いであることが, 目的地が楼蘭であることを支持する論拠の 1 つである. さらに, 文脈を明確にすることはできないが, 楼蘭は「古代書簡」VI の 5 行目に言及されている. そのうえ, 書簡の受取人のうちの一人の名前はニヤ文書に見られる〔本書 p. 63 参照〕(ニヤ文書については本書第 2 章注 17 参照). また楼蘭ではソグド語文書が——本書第 2 章注 3 で引用した LM II ii 09 文書——発掘されている.

(9)「古代書簡」II, 50 行目.

(10)「古代書簡」II, 41〜42 行目.

(11) しかし, この一節はすこし曖昧である. なぜなら,「〔私があなたにそれについて話し続けることは〕あなた方にとって役に立ちません」と理解することもできるからである. すでに Henning, 1948, p. 607, n. 4 は曖昧さを強調した上で, ここで言う利益が商売上の富を意味する可能性を選んだ. この点について吉田豊に意見を求めたところ, 使用されている prγ'w という単語は, どちらかというと具体的な意味を持つことを筆者に指摘してくれた.

(12)「彼は kwr'ynk に行きました. そこから誰も帰って来ていませんので,〔中国〕内地に行ったソグド人たちがどうなったのだとか, どんな国々に至ったのかについて書こうにも〔書けません〕」(8〜10 行目)という一節が, このように推測させる.

(13) Grenet/Sims-Williams/de la Vaissière, 2001 は, 文献学と歴史学の立場から, この手紙に詳細な注釈を加えている. 和訳は Grenet/Sims-Williams/de la Vaissière, 2001 の英訳からの重訳. [ ]は原文の欠損部分が復元された上で翻訳されていることを示す.

(14) Harmatta, 1979a, p. 163 が 42〜43 行目に「いくつかの絹の巻物」「香料」を読みとった理由が筆者には分からない〔「古代書簡」II の 24 行目の raghzak という単語を本書の著者は「毛織物」と訳している〕.

(15) 直訳すれば「白いもの」を意味する 'spytc は, 鉛白の粉の可能性がある. ソグド人は 6 世紀には鉛白の交易をしていたし, 漢文文献では鉛白は胡粉(ごふん)と呼ばれている(ただし反対意見もある. Laufer, 1919, p. 201 参照).

(16) 樟脳と胡椒が言及されていることは, 交易によって東南アジアやインドのような遠隔地と接触していたことを示している(Laufer, 1919, p. 374-375, 478-479). 麝

香は河西回廊のチベット側から来ている.

(17) とても多くの文書(数百点)から成るこの資料群は，西北インドのプラークリット語で，カロシュティー文字で書かれている．時代は3世紀後半から4世紀初めに遡る(Brough, 1965, p. 599ff.)．残念ながら，基本的に内容は，農業を中心とし，物々交換を基盤とする経済における，租税や行政に関わるものである．これらの文書の一部はBurrow, 1940によって翻訳された．しかしながら，商業を基盤とする経済が垣間見えることもある．

(18) Burrow, 1940, p. 9, 文書35.

(19) しかし，Atwood, 1991の主張とは反対に，それが漢人商人であると伝える資料はない．

(20)「古代書簡」IIの麻布を除く．もっとも，かなり難解なこの部分が麻布を意味すればの話だが．Liu Bo, 1995, p. 152-153は，毛織物，綿布，絹布，香料など，同様の物品に言及する漢代以降の漢文文献をいくつか引用している．

(21) Ikeda, 1979, p. 458の文書の286行目参照.

(22) Holmes, 1999参照.

(23)「古代書簡」II, 42行目，V, 10, 21, 24行目など．略号sとstyrとの関係は，「古代書簡」Vの24～26行目に示される．そこでは$4\frac{1}{2}$ styrの次に$7\frac{1}{2}$ sが言及される．

(24) これらの計算と銀盤については，Livšic/Lukonin, 1964, p. 176参照.

(25) 文書702，訳文はBurrow, 1940, p. 141.

(26)「古代書簡」Vの9～10行目．prasthaはインドでは約1.5キログラムである．

(27) Atwood, 1991, p. 190は，このスタテルがいくつかの文書では(たとえば文書702，訳文はBurrow, 1940, p. 141)重量単位であることを示している．しかし，文書12は，金のスタテルが容器の中に隠されているのが偶然見つかったことに言及しており，スタテルが，コイン，ここでは金貨である可能性を示している．コータン出土のシノ・カロシュティー銭は，1世紀または2世紀に発行された銅銭である．漢文の銘文によれば，その重さは1両で，漢代には15.6グラムだった．小さい方のコインはその4分の1の重さだった．したがって，シノ・カロシュティー銭は，バクトリアにおいて普及していたスタテル/ドラクマと同じ単位系を形成していた．シノ・カロシュティー銭は重さが1スタテルまたは1ドラクマであるだけでなく，それぞれスタテルまたはドラクマと呼ばれていたと推測することができる(Cribb, 1984, p. 149-150，この分析はZeimal, 1991-1992, p. 145-146によって受け入れられている)．

(28) 便宜的な呼称．5世紀以降ブハラがその中心となるオアシスのどこで，このコインが造られたかは知られていない．

(29) Grenet/Sims-Williams, 1987, p. 114が採用した解決案．しかし，タリム盆地では1点も発見されていないし，西部ソグディアナ以外での発見もごく少数であることを強調しておく．Ernazarova, 1974, p. 171-172; Zeimal, 1983, p. 253; Bopearachchi, 1991-1992; Rtveladze, 1984参照.

(30) Bopearachchi, 1991-1992, p. 8.

(31) このコインの重さは，第1期には1〜1.5グラムだったが，4世紀以降の第3期，第4期には0.2グラムしかなかった(Zeimal, 1983, p. 251).

(32) 18行目で衣服に言及，32行目の追記で数量に言及．LM II ii 09文書においては女性は経済活動から排除されていない(売ること，中国への往来に言及).

(33) Sims-Williams, 1996c, p. 48-49.

(34) これは，Sims-Williams, 1996cの解釈である.

(35) Henning, 1948, p. 606, n. 9は，これらのまちに住んでいたソグド人の実際の人数を得るには，これらの数字を10倍しなければならないとしているが，彼の推定は楽観的すぎる嫌いがある．ナナイヴァンダクがここで記述しているのは，Henningが考えていた敦煌の共同体のことではなく，書簡の残りの部分に引用される仲買人たちのように，家族から遠く離れて中国内地にいる単身の商人のことだろう．また，「古代書簡」Vの7行目は，フリーフワターウがkačan(姑臧)で孤立していると言っている．言及される人数は，かなりのソグド人がいたことを明示するが，あまり厳密に推定すべきではない.

(36) Grenet/Sims-Williams/de la Vaissière, 2001, p. 100.

(37) この部分はHenning 1948, p. 612, n. 5, p. 607, n. 2, p. 615, n. 2において翻訳されている．20行目「私は中国人に対してどのように礼儀正しくするかを習わなければならないでしょう」，33行目「ファルンフントは姿を消しました．中国人は彼を捜しましたが，彼を見つけませんでした」，35行目「ファルンフントの罪状(または「彼の借金」)のために，私と母は中国人の下女になりました」.

(38) 楼蘭出土の漢文文書は小断片ではあるが，明らかに交易に関係すると思われる．Chavannes, 1913, p. 188(LA VI ii 0229)の翻訳を参照．「敦煌で売買をする．銭二万枚」.

(39) Chavannes, 1913, p. X，それぞれ，呑胡，破胡，厭胡，凌胡.

(40) 楼蘭出土のソグド語の小断片については，Stein, 1921, vol. I, p. 383, vol. IV, pl. CLIII参照．2つ目の断片はStein, 1928, vol. II, p. 1031, vol. III, pl. CXXIVに示されている(わずかに読むことのできる部分« (ʾ)D βγw xwtʾw βγʾ(ʾ)[ny BRY ...] »は，ソグド語の手紙の書き出しの標準的な定型句である．この点についてはSims-Williams, 1991参照．発見場所は楼蘭の南南西50キロメートルに位置する．Stein, 1928, vol. IV，地図29参照)．LM II ii 09も参照〔本書第2章注3参照〕．ソグド語が記された割符は，Stein, 1921, vol. II, p. 652, vol. IV, pl. CLVII参照.

(41) Brough, 1965, p. 594.

(42) Bailey, 1982, p. 23は古代コータン語のsūlīと，パフラヴィーのsūlīkを挙げている．このテキストの分析はNoble, 1931参照，p. 453でsulig'aをチベット語のS'uligから「カシュガルの住人」と翻訳しているが，修正しなければならない．最新の解説はEmmerik/Skjærvø, 1987, p. 148-149参照．Burrow, 1940, p. 137も参照．この文書の最後の部分はNoble, 1931によって翻訳されている．「SPA S'A NAの面前で．証人は，ナニヴァダガNani-Vhadhag'a，サシヴァカS'as'ivaka，スパニヤカSpaniyakaだった」.

(43) βγyšt(y)βntk. Grenet/Sims-Williams/de la Vaissière, 2001, n. 3 参照.

(44) Burrow, 1934, p. 514-515 参照. この文書に出てくる3人目の証人スパニヤカの名前もイラン語の可能性がある.

(45) Rong, 2000, p. 134 に引用されたテキスト. 429年に裴松之が『三国志』に付した注の一節である. 漢文テキストは『三国志』巻33, 蜀書・後主伝, p. 895. 和訳は井波律子訳『正史三国志』5, ちくま学芸文庫, 1993, p. 78.

(46) Rong, 2000, p. 134 の意見とは反対に.

(47)『三国志』巻30, 魏書・烏丸鮮卑東夷伝, p. 840, 訳文は Zürcher, 1968, p. 371.

(48) Enoki, 1955, p. 51-52.

(49) Zürcher, 1972, vol. I, p. 58.

(50) 筆者の知る限り, 欧文の論文において, この西方出身のエリート集団に関する問題に, しかるべき方法で取り組んだのは, Antonino Forte だけである. 1本の論文と, 内容は豊富だが別の目的で書かれた著作の結論部分において, 手短に論じられている(Forte, 1995, 1996).

(51)『魏書』巻30, 安同伝, p. 712, 訳文は Forte, 1995, p. 14-15.

(52) Forte, 1995, p. 16,『魏書』の前注と同じ節による.

(53)『新唐書』巻75下, 表, 宰相世系, 李氏, 武威李氏, p. 3445-3446, 訳文は, Forte, 1995, p. 26-27 参照.

(54)『梁書』巻18, 康絢伝, p. 290.『魏書』巻59, 蕭宝寅伝, p. 1316, 巻64, 郭祚伝, p. 1425, 巻73, 楊大眼伝, p. 1635 も参照. Eberhard, 1956, p. 150 による引用. 筆者のために『梁書』の家系の部分を翻訳してくれた Éric Trombert に心から感謝する.

(55) これは Antonino Forte の1995年の研究に対する最も重要な批判である. 彼はこれらの文献を信頼しすぎて, とても古典的な美化の過程を考慮していない.

(56) 康姓一族の一人, 康僧会(こうそうえ)については, 本書第3章 p. 59-61, 注9の議論を参照.

(57) 37行目. 3番目の民族が, 破損した部分に言及されている可能性がある. なぜなら, インド人('yntkwt)と('PZY)ソグド人(swγδykt)への言及の前に,「〜と」('PZY)があり,「民族Xとインド人とソグド人……」となっているからである.

(58) Chavannes 訳, 1907, p. 216-217.『後漢書』巻88, 西域伝, 車師, p. 2931.

(59)『史記』巻123, 大宛列伝, p. 3171, Watson 訳, p. 241. 和訳は小川環樹ほか訳『史記列伝』5, 1975, 岩波文庫, p. 87.

(60) Yang, 1945-1947, p. 154 の訳文.『晋書』巻26, 食貨志, p. 784-785. Zürcher, 1972, vol. I, p. 59 も参照.

(61) Rong, 2000, p. 128 で英訳されたテキスト.『三国志』巻16, 魏書, 倉慈伝, p. 512. 和訳は今鷹真訳『正史三国志』3, 1993, ちくま学芸文庫, p. 204-205.

(62) Yü, 1967, p. 195 は, 西方に注文した漢人貴族の例を挙げている.

(63) Frankel, 1957 参照. この著作はきわめて有用で, 正史のうち欧文に翻訳されている部分の全リストを提供する.

(64) Thierry, 1993, p. 108 (『晋書』巻 105, 載記 5, 石勒下, p. 2747 を引用)と, Trombert, 1996, p. 212 (10 世紀の百科事典である『太平御覧』巻 820, 布帛部・白畳, p. 3653 を引用)参照.

(65) Thierry, 1993, p. 108 参照. 『晋書』巻 113, 載記 13, 符堅上, p. 2900, 2904 による.

(66) Thierry, 1993, p. 122, 130 は, これらすべての使節のリストを提供する. Eberhard, 1948 は, 『魏書』の該当箇所を挙げ, 〔北〕魏に限定して同じ作業をしている.

(67) Liu Xinru, 1988, p. 147.

(68) LA I iii 1 文書. Chavannes, 1913, p. 182, pl. XXVII は「粟特」とは読んでいなかった. その後修正された読みである. Rong, 1993, p. 12, n. 28; Yoshida, 1996, p. 69-70 参照. Éric Trombert は, 筆者のために読みを確認してくれた. 建興 18 年の紀年のあるこの文書は, 楼蘭で発見された最も遅い漢文文書でもある. 建興という年号は中国内地では 316 年に終わったが, 前涼ではその後も使用された.

(69) Yoshida, 1996, p. 69.

(70) Thierry, 1993, p. 122 は典拠を示さない. 中国で発見されたビザンツのコインについては, Thierry/Morisson, 1994 参照.

(71) Franke, 1936, II, p. 60ff.

(72) 『魏書』巻 102, 西域伝, 粟特国, p. 2270. Enoki, 1955, p. 44 の訳文. 和訳は内田吟風編『中国正史西域伝の訳註』1980, p. 17. 『魏書』巻 5, 高宗紀, 太安三年, p. 116 によると, ここに言及される使者は 457 年に派遣された.

(73) Thierry, 1993, p. 98-99 参照.

(74) Thierry, 1993, p. 104 参照.

第 3 章

(1) Zürcher, 1972, p. 10; Demiéville (dir.), 1978, p. 266.

(2) 訳文は Chavannes, 1909, p. 199-200. 和訳は吉川忠夫/船山徹訳『高僧伝』1, 2009, 岩波文庫, p. 63.

(3) 訳文は Forte, 1995, p. 68.

(4) Forte, 1995, p. 18-19 参照. Pelliot, 1903b も参照.

(5) Chavannes, 1909, p. 203.

(6) Zürcher, 1972, vol. I, p. 51-55.

(7) 資料の一部は Grenet, 1996a によって集められている. この地域の歴史, とくに経済史については Hall, 1992 を参照. インドシナ半島の扶南国(ふなんこく)については Pelliot, 1903b を参照.

(8) Zürcher, 1972, vol. II, p. 336, n. 148 は, 地方の支配者のもとに「胡」と呼ばれる人が何人もいたこと,「胡」はもっぱら西方の異民族に使われる用語であり, 南方の異民族の呼称である「蛮」とは区別されることに注意を促している.

(9) 康泰については何も知られていない．Pelliot, 1903b, p. 275 は，康が稀な姓であり，外国人を指すことを指摘している．『史記』と『漢書』の索引を参照すると，称号または封土としてでなければ，康という姓は現れないことが確認される．たった一人，康と呼ばれる奴隷が西暦紀元より少し前に，『漢書』巻 59，張湯伝，p. 2655 に登場する．この年代であれば，彼がソグド人であると考えることは十分可能である．

(10) 訳文は Mukherjee, 1970, p. 37 を一部修正，『太平御覧』巻 359，兵部，羈，p. 1650a．Hall, 1992, p. 194 も参照．

(11) Pelliot, 1903b, p. 271 が引用する『梁書』巻 54，諸夷伝，海南諸国，中天竺国，p. 798 は，呉の時代(222〜280 年)のエピソードを伝える．「〔インド国の王は〕二人を派遣した．そのうち陳宋は，月支〔国〕の馬四頭を贈ることで〔范〕栴(扶南の王)に謝意を示すために派遣された」．

(12) 他の資料については，Malleret, 1960, p. 315, 1962, p. 363-379, pl. XC-XCV, XCVIII-C 参照．

(13) Giáp, 1932, p. 213-214.

(14) Ts'ao Yung-ho, 1982, p. 222.

(15) 古代インド語文献中にソグド人を特定する作業は古くから行われている．*Mārkaṇḍeya Purāṇa* と *Matsya Purāṇa* には，Cakṣu(Vakṣu)川，すなわちオクサス川がチューリカー族の国を通って流れると記され，このチューリカー族がソグド人であることが 1910 年に R. Gauthiot によって明らかにされた(Gauthiot, 1910, p. 541-542)．1930 年に P. Bagchi はチューリカー族に言及するインド語文献のリストを作成している(Bagchi, 1930, p. 1-10)．Singh, 1972, p. 177-178 も参照．

(16) *Mahābhārata*, VI 75 20，プーナ批判版，Roy 訳，p. 276．van Buitenen の翻訳は第 VI 巻に達しなかった．和訳は山際素男編訳『マハーバーラタ』3，三一書房，1993, p. 336.

(17) Fussman, 1974, p. 33 は，カンボージャ族をガズナ周辺の山岳地帯とアルガンダブ川上流域に位置づけている．

(18) この種の何度も手直しされたテキストは，年代の推定が難しいことを強調しておく．各節に別々の年代が与えられる可能性も十分ある．*The Mārkaṇḍeya Purāṇa* の LVII 35-42(Pargiter 訳，p. 311-324)と LVIII 37 にソグド人が言及される．他のプラーナ文献も同じ種類のリストを伝える．たとえば，*Vāyu Purāṇa* は北方民族の 1 つとして XLV 121 でチューリカー族に，XLV 115-119 で Carmakhaṇḍika 族に言及する．*Brahma Purāṇa* も XXV 44-50 で同様に引用している．*Matsya Purāṇa*(L 76)は，より興味深い文脈で彼らに言及している．というのも，彼らは将来のインド王に数えられているのである．しかし，ここでもリストは形式化している．チューリカー族は Varāhamihira の *Bṛhat Saṃhitā*(IX 15, 21, X 7, XIV 23, XVI 35, XIV 8), *Carakasaṃhitā*(30 6)にも言及される．

(19) とくに Ali, 1973 参照．この著者は Meru 山をパミールに同定し，プラーナ文献中にアジアの地理をすべて読みとることができるという．この点に関して p. 97-98

の論証は完全に非生産的である．ソグディアナがRamaṇakaという名前で示されるというのは単なる仮説にすぎない（Ali, 1973, p. 83-84, 87）．

(20) Singh, 1972, p. 123-127の議論．

(21) Prasad, 1984, p. 128.

(22) この点についてはすでに検証されている．Henning, 1948, p. 603, n. 3; Sims-Williams, 1996c, p. 49参照．

(23) 「古代書簡」II, 36〜38行目「そして彼らが洛陽に到着した時，両［方……］とインド人とソグド人はそこですべて餓死していました」．「古代書簡」に他の商人集団は言及されない．唯一，LM II ii 09文書は，5行目で一人のフンに言及するが，文脈は不明である．本書第2章注3参照．

(24) Henning, 1948, p. 603, n. 3. Sims-Williams, 1996c, p. 52は，インド化したバクトリア人であるという仮説を立てている（名前の末尾が-isaであるため）．

(25) Sims-Williams, 1996c, p. 51.

(26) Sims-Williams, 1983, p. 135.

(27) Weller, 1934.

(28) Forte, 1995, p. 69, n. 13.

(29) 最新の研究はCallieri, 1996を，参考文献はCallieri, 1998を参照．

(30) Forte, 1995, p. 67-68に引用されている．

(31) Zürcher, 1972, vol. I, p. 23に引用されている．

(32) 『高僧伝』巻3，訳経，Shih訳，p. 155．吉川/船山訳『高僧伝』1，p. 346.

(33) Kuwayama, 1987, p. 705の指摘を参照．

(34) 仏教の伝播と商人の移動との関係はしばしば強調されている．とくに，Liu Xinru, 1988, p. 143参照．4世紀末に中国にいたインド人僧侶が，商人の助けを借りて香や写本を入手した例を挙げている．

(35) Zürcher, 1972, vol. I, p. 23, 『高僧伝』I, 324. 2. 27を引用．吉川/船山訳『高僧伝』1，p. 53-54.

(36) シャティアルについては，Fussman/König, 1997を参照．

(37) Sims-Williams, 1989, 1992b, 1997，コーパス全体の分析．

(38) Fussman/König, 1997, p. 58-59, 62に集められたデータを参照．

(39) Sims-Williams, 1992b, p. 27-28.

(40) Jettmar, 1987a. Gérard Fussmanは同じテーマを扱ったBandini-Königの論文について筆者に教えてくれたが，筆者の手元に届くのが遅かったため考慮することができなかった（D. Bandini-König, O. von Hinüber, *Die Felsbildstationen Shing Nala und Gichi Nala. Materialien zur Archäologie der Nordgebiete Pakistans*, IV, Mainz: Philipp von Zabern, 2001. xiii+385 p.+63 p.(Urdu), CXXV pl., 4 maps）．

(41) 定型句のバリエーションの詳細な検討は，Sims-Williams, 1992b, p. 29-34参照．

(42) Sims-Williams, 1989, p. 23, no. 254 (36: 38)．xrβntnを新疆のタシュクルガンの古名に同定する吉田の提案に従って訳文を一部改めた（Yoshida, 1991, p. 237-238）．ソグド語テキスト：« nnyβntk ZK nrsβ ''γt-kym kw 10 'ḤRZY MN k'rt βγncytk

y'n pt'yst 't xrβntn twxtr pr'ys'n rty ZKw 'ḤY pr šyr wyn'n 'M wγš' ». 和訳は吉田豊「ソグド人の言語」曽布川寛/吉田豊編『ソグド人の美術と言語』臨川書店, 2011, p. 92.

(43) とくにFussman, 1997, p. 82を参照. ソグド人のペカコPekakoは二人のインド人とともにおそらくチトラル方面へ移動した. シャティアルでは, ブラーフミー文字で記されたイラン語の名前が10点から15点ほど認められている(Fussman, 1997, p. 79). Hinüber, 1997, p. 60も参照.

(44) このように辺鄙な地域に銘文が集中し, とくにシャティアルにソグド語銘文が集中している原因について, 多くの仮説が提出された. たとえば, そこがソグド人の交易の広がりの最終地点であったと見る者もいる. すなわち, ある政治勢力がソグド人に対して, そこでインド商人と商品を交換することを強制し, その先に進むことを妨げたという見方である. また, そこが聖地であったと見る者もいるが, それは仏教の線刻画だけでなく先に引用したソグド語の銘文によっても示唆される. 筆者にはこの解決案の方がよいと思われる. また, インダス川の渡河点につながる単なる休憩地であったかもしれない. これらの議論はFussman/König, 1997, p. 62-106に示されている. いずれにせよ, すべての仮説はその地域におけるソグド人の存在に商業的性格を認める点で一致している. ただし他の職業も示されている.

(45) Sims-Williams, 1992b, p. 80参照.

(46) Sims-Williams, 1989, p. 29(no. 380), シャティアル. Sims-Williams, 1992b, p. 14(no. 451), シャティアル, 同書p. 18(no. 528, 535), シャティアル.

(47) Sims-Williams, 1989, p. 14(no. 44), シャティアル.

(48) Sims-Williams, 1992b, p. 56参照.

(49) Ma Yong, 1989参照. Jettmar, 1989, p. LIIIは迷密(めいみつ)の同定を疑問視している. より詳細な分析を行っているHöllmann, 1993も参照.

(50) Sims-Williams, 1997, p. 67は6世紀末のソグド語のブグト碑文と比較している.

(51) Sims-Williams, 1989, p. 16(no. 86, 92), p. 17(no. 115), p. 20(no. 184); Sims-Williams, 1992b, p. 13(no. 416).

(52) Gérard Fussmanによって何度も主張された説. たとえば, Fussman, 1974, 1980参照.

(53) Göbl, 1968, とくにGöbl, 1984参照.

(54) 貨幣学については主にCribb, 1984, 1985, 1990, ラバタク碑文についてはSims-Williams/Cribb, 1995-1996参照. Fussmanは最近になって再び78年説を支持している(Fussman, 1998). Falk, 2001は天文学のテキストの再解釈により, カニシカ紀元の起点を西暦127年に定めた.

(55) Cribb, 1984, 1985参照.

(56) Grenet, 1996b, p. 367-370.

(57) Lin Meicun, 1996.

(58) たとえば, ソグド文字とカロシュティー文字が刻まれたクシャノ・ササン朝時代(3~4世紀)の封泥(ふうでい)が, バクトリアのジガ・テペ遺跡で発見されている.

若い男性か，もしくは女性を表し，カロシュティー文字とソグド文字の二重の銘を持つ(「ヴァダナシャ王子」Vadanaśa rayasa/w'δ'[...]ソグド文字の方は欠損により途中で終わっている)．Kruglikova, 1984, p. 146参照．

(59) Zeimal, 1983, p. 249. ソグディアナの南の境界はクシャーン朝時代に北に後退したと思われる．アレクサンドロス大王の歴史家はバクトリアとの境界をアム川としているが，クシャーン朝時代以降，アム川右岸のヒッサール山脈の南ではバクトリア語が優勢なことが確認される．

(60) コスマスについては，Pigulevskaja, 1951, p. 129-156参照．コスマスが記すインド洋の行程についてはCosmas Indicopleustes『キリスト教地誌』第III章第65節参照．

(61) Cosmas Indicopleustes, Wolska-Conus訳，第I巻，序文，p. 39ff.

(62) Cosmas Indicopleustes, II, 45, Wolska-Conus訳，第I巻，p. 352.

(63) Cosmas Indicopleustes, II, 46, Wolska-Conus訳，第I巻，p. 352-354.

(64) Cosmas Indicopleustes, XI, 15, Wolska-Conus訳，第III巻，p. 344-346.

(65) それに対してインドの商品の交易は継続した．インド西海岸の港のヒンターラントはヒマラヤまで続き，多数の産物を入手するのに不可欠だった．Cosmas Indicopleustes, XI, 5-6, Wolska-Conus訳，第III巻，p. 322-324が言及するシンドの輸出品(麝香，ヤク，麝香獣)がそれを証明する．

(66) ここで言っているのは優位性であって独占ではない．たとえば，ガラスはトハリスタンの商人によって中国に導入されている(Enoki, 1969, p. 1, 3参照)．

(67) Kuwayama, 1987, p. 718ff., 1989, p. 90-97.

(68) Maršak, 1981; Azarpay, 1981, p. 140. しかし，この影響の波は別の西寄りの道を通った可能性もある．Kuwayama, 1987, p. 724参照．また，使用された絵画技法については，Lapierre, 1990, p. 34参照．この論文の著者によれば，ソグド人画家は7世紀の『ヴィシュヌダルモッタラ *Viṣṇudharmottara*』のようなインドの巨匠たちの専門書を知っていた．

(69) Callieri, 1996.

(70) この高名な求法僧については，*Xuanzangs Leben und Werk*, 1992-1996参照．

(71) 玄奘『大唐西域記』中華書局，p. 13-14. 和訳は水谷真成訳注『大唐西域記』1，東洋文庫，1999，p. 122. Éric Trombertは，この部分と以下に引用する部分の翻訳を見直してくれた．心から感謝する．

(72) 詳細は，Grenet, 1996a, p. 67ff. を参照．

(73) テキストの翻訳は，Thomas訳，I，p. 319-320〔参考文献のチベット語史料〕．

(74) Yoshida, 1993b(Sims-Williams, *Sogdian and other ...* の書評)参照．慧超が言う「胡」がイラン系民族の総称であるのに対して，「興胡」はより限定的にイラン系の商人——この時代であれば多くはソグド商人——を指す名称で，とくにタリム盆地で使われた．このことは，彼らが中国から来たという言及と見事に一致する．8世紀のタリム盆地におけるソグド人の役割については，本書第5章を参照されたい．テキストはFuchs訳，1939，p. 445を参照，ただし，「興」を「興」に訂正しなけ

ればならない〔興胡については訳者あとがき参照〕.

(75) Yoshida, 1993b.

(76) とくに，広東の近くで発見され，チャーチ出身のソグド人の名前を持つ銀器と，中国南部の桂林のネストリウス派の墓碑――ブハラ生まれの人物の名前を挙げる――の場合はそうである．どちらもYoshida, 1996に引用された例.

(77) Grenet 1996a, p. 69-73．タイの別のストゥッコに関するChowdhury, 1996, p. 99も参照.

(78) 義浄『大唐西域求法高僧伝』Chavannes訳，p. 37-38, 73-76.

(79) ただし，そこには複数の商人が言及される．Kalhana, *Rājataranginī*，Stein訳，参照．とくにラウヒータカ国のNoṇaという商人に言及するIV, 11を参照．一方，このテキストはトハリスタンの住人にも言及する(IV, 246).

(80) Maršak, 1981.

(81) とくにChattopadhyaya, 1994所収の論文を参照．Deyell, 1990も参照.

第4章

(1)『魏書』巻102，西域伝，嚈噠国，p. 2278-2279.

(2)『通典』巻193，辺防9，西戎5，嚈噠，p. 1040.

(3) Ammianus Marcellinus, XIV, 3, 1，仏訳，第I巻，p. 67．ヒオニトの名前は356年まで現れない.

(4) Grenet, 1996b, p. 388, n. 57.

(5) Ammianus Marcellinus, XVI, 9, 3-4，仏訳，第I巻，p. 163-164．Marquart, 1901, p. 36, n. 5参照.

(6) Ammianus Marcellinus, XVII, 5, 1，仏訳，第II巻，p. 52.

(7) Ammianus Marcellinus, XIX, 1, 7，仏訳，第II巻，p. 122ff.

(8) Altheim, 1969, II, p. 38．Maenchen-Helfenは，この挿話に時代錯誤があると見ている(Maenchen-Helfen, 1973, p. 52, n. 169)．その可能性はあるが，少しも確実ではない.

(9) Faustes of Byzantium, V, vii, xxxvii (Garsoïan訳，p. 187-198, 217-218)〔参考文献のアルメニア語史料参照〕．最初のエピソードは368年に(同書p. 352)，2番目のエピソードは374年から378年の間に起きたとされる(Marquart, 1901, p. 50参照).

(10) Gignoux, 1990, p. 197-198; Loginov/Nikitin, 1993, p. 250参照.

(11)『法顕伝』Beal訳，p. 28-30.

(12) Loginov/Nikitin, 1993, p. 271.

(13) Dauvillier, 1948, p. 280-281; Colless, 1986, p. 52参照．この時代にメルヴのコインの中央にリボンのついた十字架が現れる．Loginov/Nikitin, 1993, p. 272は，この十字架をササン朝のキリスト教徒の印章に表された十字架と関係づけている.

(14) Loginov/Nikitin, 1993, p. 272.

(15) Ṭabarī, I, 863, 英訳, 第V巻, p. 94, または Mas'ūdī, Pellat 訳, I, p. 229.
(16) Marshak/Raspopova, 1990a, p. 181.
(17) たとえば, ナサフ(エルクルガン遺跡)で. Sulejmanov, 2000, p. 61.
(18) Burjakov, 1991, p. 198-199. 北からの人口流入は数百年に及んだ可能性がある. 5世紀にはソグディアナの減少した人口を再び増加させるほど大量の人口が供給されたことが証明されている.
(19) Burjakov/Askarov, 1997. 2世紀から3世紀の墳墓については, Obel'čenko, 1992, p. 90-98.
(20) ジェティ・アサル文化とカウンチ文化はともに半農半牧の文化である(Grošev, 1985). Marshak/Raspopova, 1990a, p. 181 は新しい形状の土器の少なくとも一部はシル川に由来することを認めながらも, 山岳地帯の人々が空白地帯を満たしたという仮説も検討している.
(21) Lyonnet, 1997; Gardin, 1998.
(22) 5世紀のバクトリア北部は都市生活を維持し, 繁栄していたとするソビエト時代の情報は(テルメズ周辺など, いくつかの地域については反論の余地はない), 100年近く修正しなければならない. その情報は, ササン朝によるクシャーン帝国征服に関する, 現在では放棄された年代観にもとづいている. 実際には, 征服は233年に行われたと推定され(Sims-Williams, 1996a, p. 643 参照), ソビエト時代の発掘者が編年の基準として採用した年代よりも140年近く早い(征服の年代を遅く見る議論とその正当化は, Sedov, 1987, p. 96-106 参照). 最近になって, ササン朝のバフラーム1世が273年から276年の間にバクトラで発行したコインが発見され, この推定が裏付けられた(Nikitin, 1999, p. 259-263).
(23) Litvinskij/Solov'ev, 1985, p. 135-136.
(24) Lyonnet, 1997, p. 283.
(25) Mizuno, 1970, p. 26.
(26) Gardin, 1957, p. 95.
(27) Rtveladze, 1989, p. 54, 63; Grenet, 1996b, p. 371 参照.
(28) 発見されたササン朝時代の銘文をシャープール2世の治世のものと認めればの話である. この点については, Lukonin, 1969 参照.
(29) Rtveladze, 1989, p. 54. スルハン・ダリア流域については, Leriche et al., 2001 に収められた論考と文献表を参照.
(30) Lyonnet, 1997, p. 268-284. Gardin, 1998 も参照, ただし, 彼の編年の区分はかなり粗いため, 5世紀の断絶が目立たなくなっている.
(31) Gardin, 1957, p. 95 参照. テペ・ザルガランでは, ササン朝時代の2つの時期の間に居住の痕跡が認められない層があることを記している.
(32) Lyonnet, 1997, p. 279, n. 604, p. 283.
(33) Lyonnet, 1997, p. 276.
(34) Lyonnet, 1997, p. 274.
(35) Lyonnet, 1997, p. 279.

(36) 玄奘『大唐西域記』Beal 訳, p. 44. 『大唐西域記』中華書局, p. 12, col. 4. 和訳は水谷真成訳注『大唐西域記』1, 東洋文庫, 1999, p. 109.

(37) 玄奘『大唐西域記』Beal 訳, p. 45-46.

(38) Ṭabarī, I, 2683, 英訳, 第 XIV 巻, p. 54.

(39) Burjakov/Askarov, 1997 に概要が簡潔に示されている. この編年は地表面で採集された土器にもとづいている.

(40) Pugačenkova, 1983.

(41) Sulejmanov, 2000, p. 83-86.

(42) 結果として, 砂漠との境界は, オアシスの西に位置するワラフシャという村の東 12 キロメートルの地点から西 10 キロメートルの地点に移動している. Muxamedžanov, 1978, p. 94-97 参照. 彼の研究は Šiškin, 1963, p. 19-31 の先駆的研究による.

(43) Šiškina, 1987, p. 165.

(44) Burjakov/Askarov, 1997, p. 73 は, 人口の分布にもとづき, バルシュ運河, バルミシュ運河, バシュミン運河が 5 世紀に建設されたと推定している.

(45) Frye, 1965, p. 10, 91.

(46) Adylov, 1995 が依拠しているのは, 建造方法と, 城壁の内側と外側で発見された土器の年代である.

(47) Shishkina, 1994, p. 93. カタ・クルガンからジーザクまでの区間の地図は, Muxamedov, 1972, p. 133 を参照.

(48) Semënov, 1989; Grenet, 1996b.

(49) Sulejmanov, 2000.

(50) サマルカンドについては, フランスとウズベキスタンによって現在行われている発掘の成果が公表されるまでは, 主に 4 巻本の *Afrasiab*, 1969-1975 を参照.

(51) 中央アジアの都市について参照すべき文献は, 今もなお, Belenickij/Bentovič/Bol'šakov, 1973 である. ペンジケントについては, とくに Belenickij/Maršak/Raspopova, 1981 を参照. ナサフ(エルクルガン)については Sulejmanov, 2000, ペンジケントにおける都市生活の発達については Raspopova, 1993.

(52) Semënov, 1989, p. 129.

(53) Shishkina, 1994. p. 92 の図は連続する城壁のラインを示す. Belenickij/Bentovič/Bolšakov, 1973, p. 220ff. を参照.

(54) Šiškina, 1987, p. 169 の図面. この城壁は, デヴォリ・カリマトと呼ばれる.

(55) Semënov, 1989, p. 130.

(56) 迷密国(『魏書』巻 102, 西域伝, 迷密国, p. 2269)を『新唐書』の米国(巻 221 下, 西域伝下, 米, p. 6247)と同一視することが受け入れられ, さらに, 迷密国が言及されるようになる年代を 20 年遅らせる必要がなければの話である(次の注 57 を参照). Chavannes, 1903, p. 144; Ma Yong, 1989, p. 146-147. 考古学資料は, Staviskij, 1959; Staviskij/Urmanova, 1958 参照.

(57) 『魏書』巻 102, 西域伝, 粟特国, p. 2270, 翻訳は Enoki, 1955, p. 44. 和訳は内

田吟風編『中国正史西域伝の訳註』1980, p. 17. 筆者がここで提案する年代観は，本書の初版で展開したEnoki, 1955に依拠する年代観とは異なる．匈奴がサマルカンドを三代にわたって支配しているという『魏書』巻102, p. 2270に残された情報は，437年に西域に派遣された董琬(とうえん)の情報ではなく，457年に北魏に派遣された使節によるものである．なぜなら，『通典』巻193，辺防9，西戎5，奄蔡，p. 1039は次のように明言している．「『魏書』は，匈奴が〔ソグディアナの〕王を殺し，其国を有したと云う．文成帝(在位452〜465年)の時初めて使者を派遣し朝貢した．其王忽倪はすでに三世である」．

(58) Grenet, 2002は，テペ・マランジャーン出土コインのGhirshman(1948, p. 73-75)による読みを批判している．Ghirshmanの読みは，Göbl, 1967, I, p. 17-18; Cribb, 1990, p. 179-181において繰り返し引用されている．Curielは1953年にこの読みが間違っていることを示している(Curiel/Schlumberger, 1953, p. 119-123)．

(59) Enoki, 1969, p. 8-14は，仏教僧侶によれば，ヒンドゥークシュ山脈の南北が統合されたのは412年以降であることを示す．ガンダーラで出土したキダーラの銀貨は，ヤズデギルド2世(438〜456年)の王冠を模倣している．

(60) Zeimal, 1983, p. 251.

(61) Priscus, Blockley訳，p. 337, 347, 349, 355, 361.

(62) Semënov, 1989; Grenet, 1996b.

(63) 5世紀の新しい城塞は，練り土の大きなブロック(厚さ4メートル)で造られた巨大な基礎の上に建てられた．基礎の下から発見された土器は5世紀後半のものであるのに対して，練り土の層の上から見つかった土器は5世紀末のものである．この情報は当該地点の発掘を担当した考古学者のOlga Inevatkinaから提供された．記して感謝する．

(64) 本書p. 57参照．

(65) 同じく遊牧世界と接していたフェルガナも同様に発展していることを指摘しておく(Anarbaev/Matbabaev, 1993-1994, p. 223)．

(66) 玄奘『大唐西域記』Beal訳，p. 38.

(67) Grenet, 1996b, p. 367-368, 388-389参照．

(68) Azarpay, 1981所収Belenitskii/Marshak論文，p. 50.

(69) Grenet, 1996b. ペンジケントとパイケントの城壁に関する体系的な研究はSemënov, 1996参照．

(70) キダーラは，とくに468年にペーローズによって撃破された(Priscus, Blockley訳，p. 316)．

(71) Marshak/Raspopova, 1990a, p. 182.

(72) Grenet, 1996b, p. 388, n. 57は，イランの敵を列挙する『ザンド・イー・ワフマン・ヤスン *Zand ī Wahman Yasn*』(第4章第58節)を引用する．「フン(Hyōn)，テュルク，エフタル(？くずれた形)，砂漠と山岳の住人，漢人，カーブル人，ソグド人，ビザンツ人，赤フン，白フン」．

(73) 『隋書』巻24，食貨志，p. 691. Thierry, 1993; Skaff, 1998参照．

(74) Filanovič, 1983; Burjakov, 1982; Bernard/Grenet, 1991 所収論考参照. 造幣に関する研究は, Rtveladze, 1982, p. 31-39; Rtveladze, 1997-1998 にある. Burjakov, 1990, p. 82-100 は, 都市の発展と交易との関係について取り組んでいる.

(75) Burjakov(dir.), 1990, p. 6-77, 平面図は p. 6.

(76) Smirnova, 1981, p. 371-393.

(77) Burjakov, 1990, p. 97.

(78) この地域が細分化されていたことは考古学によって裏付けられている. まちの数は多いが, どのまちもこのオアシスにおけるサマルカンドの役割, もしくは南のカンカの役割を果たしてはいない. 最も有力なミングルジュクでも 35 ヘクタールしかない(Filanovič, 1982, p. 31).

(79) Rtveladze, 1982, p. 39.

(80) Rtveladze, 1982.

(81) 5 世紀から 7 世紀のチャーチの領主の城に見られるソグドおよび地元の影響に関する研究は, Filanovič, 1991, p. 208 を参照. Burjakov, 1982, p. 137.

(82) Filanovič, 1991, p. 208.

(83) 玄奘『大唐西域記』Beal 訳, p. 26. 本書 p. 97 参照.

(84) Kljaštornyj, 1964, p. 158, 219.

(85) 増水時に入江や貯水池に自然にたまった水の利用を基本とする灌漑から, 十分な長さの運河(サンギル・アリクは 20 キロメートル)による灌漑への移行. Grošev, 1985, p. 45ff., 118-124.

(86) Maršak/Raspopova, 1983; Ageeva/Pacevič, 1958; とくに Bajpakov, 1986 参照.

(87) 6 世紀に遡るとされるマイトベ遺跡. Bajpakov, 1986, p. 28-29 参照.

(88) Narshakhī, Frye 訳, p. 7, ハムーク Ḥamūk をジャムーク Jamūk に修正する必要がある.

(89) アク・ベシムについては Semënov/Tašbaeva, 1997, クラースナヤ・レーチカについては *Krasnaja Rečka i Burana*, 1989, p. 71-72. スイアーブに関する漢文史料は Zuev, 1960 に集められている.

(90) Bajpakov, 1986, p. 7-12.

(91) 中央の平行四辺形の部分(シャフリスタン 2)は, まちが最初に要塞化された時の中核部分であり, まちの周囲に点々と城が築かれたのと同じ時代に建設された可能性がある. シャフリスタン 2 の発掘によって, 人の居住が確認される 3 つの層の存在が明らかにされた. それは 11～12 世紀, 8～10 世紀, 5～8 世紀の層で, 最後に挙げた層はソグド人が到来した年代と一致する. 7 世紀と 8 世紀にまちが拡大したことは, シャフリスタン 2 と城塞の間で人が居住した空間が拡張し, 防衛システムが延長されたことから認められる. 以上の記述は, *Krasnaja Rečka i Burana*, 1989, p. 69ff. 参照.

(92) Bajpakov, 1986, p. 32-34.

(93) 玄奘『大唐西域記』Beal 訳, p. 26 を修正. 以下の引用も同様に Éric Trombert の助けを借りて修正した. 心から感謝する. 『大唐西域記』中華書局, p. 8, col. 6.

和訳は水谷訳注『大唐西域記』1，p. 57-58.

(94) 玄奘『大唐西域記』中華書局，p. 8，col. 4, 12. 和訳は水谷訳注『大唐西域記』1，p. 56, 63.

(95) 玄奘『大唐西域記』Beal 訳，p. 27 を修正.『大唐西域記』中華書局，p. 8，col. 8. 和訳は水谷訳注『大唐西域記』1，p. 58.

第 5 章

(1) 漢文史料中にペンジケントが見あたらないことが議論を呼んだが，今なお解決していない．中国では，米という名前でペンジケントを含むサマルカンドの南東地域全体を指したのかもしれない．Yoshida, 1993b, p. 254 参照．筆者は，米国の都城の鉢息徳(当時の発音は Patsiktek)がまさにペンジケントのことであると考えている(『新唐書』巻 221 下，西域伝下，米，p. 6247)．この点については，Grenet/de la Vaissière, 2002, p. 165-166 も参照.

(2) Kuwabara, 1926(和文)．この論文を筆者に教えてくれた吉田豊に感謝する.

(3) Schafer, 1963, p. 54.

(4) Lévi, 1913, p. 349-352. この一族は，数世代にわたってインド音楽のレパートリーを中国人の好みに合わせて編曲するのに大きな役割を果たした.

(5) 本書 p. 50 で言及した李抱玉の一族の場合を参照.

(6) Forte, 1996. Antonino Forte は，この論文の中で，唐代の文献中の安姓の人物をブハラ出身者とみなすことを頑なに拒否し，パルティア人とみなすことを主張している．確かにそれが正しい場合もある．しかし Forte は，同じ姓に 2 つの異なる移民の層が存在し，そこに安国という名前がイランのアルサケス朝からブハラに移る変遷が反映されていることを認めない．別に，ソグド人自身が安という漢語の姓を使用していたことが，ソグド語文献によって証明されている(たとえば，728 年に洛陽で書写されたソグド語仏教文献の奥書)〔本書 p. 130 参照〕.

(7) たとえば，河北の節度使の史憲誠はソグド姓だが，正史に収められた伝記が明記するように，出自は奚(けい)という民族である．この情報は，史姓がほとんどの場合ソグド人を指すという事実よりも重要である(反対意見は Rong, 2000, p. 145).

(8) Pulleyblank, 1952, p. 320-322.

(9) 早い年代は Brough, 1965, p. 604 参照．遅い年代は Litvinskij (dir.), 1988, p. 271-272 参照．後者は中国の研究を利用している.

(10) Vorob'ëva-Desjatovskaja, 1988, p. 92.

(11) Debaine-Francfort/Idriss/Wang, 1994; Debaine-Francfort/Idriss, 2001.

(12)『法顕伝』，翻訳は Beal 訳，p. xxiv.

(13) 翻訳と注釈は Pelliot, 1916, p. 120-122. A. スタインが敦煌から将来した 885 年の漢文文書(Ch. 917)の断片.

(14) Pelliot, 1916 は石城鎮将の康払耽延(こうふつたんえん)とその弟の地舎撥(じしゃはつ)の名前に言及するが，康払耽延は 'prtmy'n というソグド語の名前であると解釈するこ

とができる（Pulleyblank, 1952, p. 333, n. 1 に引用された W. B. Henning による解釈）．チベット語史料がこの4つのまちに言及している可能性がある．敦煌で発見された『チベット編年記』は，694年にチベットの役人 Mgar Sta gu が Sog 人によって捕らえられたことを伝える（Li Fang-Kuei, 1958）．しかし，チベット語の Sog の解釈は確実ではない．

（15） Hamilton, 1977, p. 357.

（16） これらは最近吉田豊によって利用しやすくまとめられている（Yoshida, 1997, p. 568–569）．

（17） マザル・タグ遺跡から出土した文書で，早くても8世紀のものである．Sims-Williams, 1976: no. 12, 15, 16, 23, 27, 30, 33 参照．商業に関係するのは最後の文書（no. 33）だけである．このコーパスに追加すべきであると思われる文書に，Sims-Williams/Hamilton, 1990, p. 39–40 の文書 D（商業には関係しない）や，とりわけ，多色の絹織物に言及する Trinkler コレクションの断片（Sims-Williams, 1979, p. 337, n. 6）がある〔コータンで新たに発見されたソグド語文書については訳者あとがき参照〕．

（18） 今日では文献学者によって受け入れられているようである．Sims-Williams, 1996c, p. 46 と，Yoshida, 1997, p. 568 が挙げる参考文献を参照．Rong Xinjiang 1993（中文）は十数点のコータン語テキストをこの意味で解釈している．

（19） Mode, 1991–1992 参照.

（20） 文書は10巻本の『吐魯番出土文書』（1981–1991）によってほぼ完全に出版された．写真版といくつかの断片を加えた新しい校訂本が存在する（『吐魯番出土文書』4巻本，1992–1996）．遺跡の説明は Lubo-Lesničenko, 1994, p. 75–81 を参照．これらの文書には全部で281点の契約文書が含まれるが，そのうちの42点が商業関係の契約（25点は640年から768年の文書），59点が貸借，残りは基本的には雇用（30点）または租田（110点）に関する契約である．契約については，Hansen, 1995, p. 19–24; Scheil, 1995; Yamamoto/Ikeda, 1987, p. 10 参照.

（21） Yamamoto/Ikeda, 1987, p. 79, no. 256.

（22） ソグド語またはテュルク・ソグド語のテキストについては，Sims-Williams/Hamilton, 1990，ウイグル語のテキストについては Hamilton, 1986〔参考文献のテュルク語史料〕．一方，トルファンで発掘された漢文の社会経済文書は，敦煌の石窟で発見された同種の文書とともに，利用しやすく3巻にまとめられている．第1巻は法律文書を（Yamamoto/Ikeda/Okano, 1978），第2巻は戸籍簿を集め（Yamamoto/Dohi, 1985），最も興味深い第3巻は513点の契約文書をまとめている（Yamamoto/Ikeda, 1987）．敦煌文書については，交易に関する漢文の契約文書33点（Yamamoto/Ikeda, 1987, p. 14）と貸借文書の資料群（Trombert, 1995 に研究あり）が知られている．

（23） *Ḥudūd al-ʻĀlam* に2言語で併記された地名に関する分析は，本書 p. 294–295 参照.

（24） Kageyama, 1997（和文）.

(25) Yamamoto/Ikeda, 1987, p. 12.
(26) Pinault, 1987〔本書 p. 162 参照〕.
(27) Trombert, 2000a 参照．スバシ出土の文書もこの校訂本の中に含まれている．
(28) Pinault, 1998 参照.
(29) Trombert, 2000a 所収の 2 点の断片(no. 77 と no. 220)はソグド語であり，Sims-Williams/Hamilton, 1990, pl. 40-41 の 4 点の断片とともに扱わなければならない．この情報は吉田豊による．深く感謝する．クチャのソグド人の存在については，E. Kageyama, "Sogdians in Kucha, a study from archaeological and iconographical material", de la Vaissière/Trombert(eds.), 2005, p. 363-375.
(30) Yoshida/Moriyasu, 1988(和文)．このテキスト(69 TAM 135)は，高等研究院の Frantz Grenet の演習においてフランス語に翻訳された．演習には，Xavier Tremblay, Youri Karev と筆者が参加した〔本書 p. 144-146 参照〕.
(31) この情報も吉田豊による．とくに Henning, 1936, p. 13 を参照．また，トゥムシュクにおけるソグド人の影響に関する説明も参照(Tremblay, 2001, p. 91-92).
(32) Grenet/Zhang Guangda, 1996, p. 175.
(33) Chao Huashan, 1996〔訳者あとがき参照〕.
(34) Thierry, 1993 参照，リストによれば，ササン朝のコインはアスターナ墓地で 27 点，カラホージャ墓地で 31 点発見されている．カシュガルの西のウルグ・アルトの埋蔵貨幣を除けば，新疆全体で発見されたササン朝のコインの総数はわずか 65 点である．ウルグ・アルトの埋蔵物は，それだけで，中国で発見されたササン朝とアラブ・ササン朝式のコイン全体の 3 分の 2 以上を占める(1430 点中の 947 点)〔本書 p. 148-149〕.
(35) Waley, 1956 の研究を参照．それは，Grenet/Zhang Guangda, 1996 が発表されるまで，敦煌および中国内地におけるイランの神々に関する最も明解な研究論文だった．他の多くの論考とは異なり，彼は，ゾロアスター教の多神教の形態であるソグド人の宗教と，改革されたイランのゾロアスター教とを混同していない．両者の混同は，中国に伝わった西方の宗教の同定に重大な影響を与えた．Leslie, 1981-1983 と Forte, 1996 が両者を混同しているのはとくに残念である．
(36) トルファンの主要な信仰だったことが証明されている天神信仰をゾロアスター教信仰とみなすべきか否かをめぐって，中国の研究者の間で激しい論争が起こった．筆者は，Lin Wushu, 1992-1993 と同じ意見で，ゾロアスター教の信仰とみなすべきではないと考える．
(37) Grenet/Zhang Guangda, 1996, p. 183; Zhang Guangda, 2000, p. 194-195. しかしながら，引用されているすべての文書がゾロアスター教に関係しているかどうかは疑問である．風伯(ふうはく)のように中国の民間宗教に含まれるものもある．
(38) Zhang Guangda, 2000, p. 193. Dx18937 文書に「祆」の文字は確かに存在する(Zhang Guangda の論文の印刷時にそれが抜け落ちてしまった)．しかしながら，このテキストの行が完全に残っているかどうかは定かではなく，文脈を明らかにするのは難しい(Éric Trombert による指摘).

(39) Pelliot chinois 2005 の写本(「沙州図経」), 翻訳は Grenet/Zhang Guangda, 1996, p. 175; Waley, 1956, p. 124-125. 和訳は Ikeda 1965, p. 50.

(40) Grenet/Zhang Guangda, 1996, p. 175: Pelliot chinois 2690, 2748, 2983, 3870, 3929, 5034, 3571.

(41) Grenet/Zhang Guangda, 1996, p. 181-183: Pelliot chinois 4640 と, 良い信仰(デーン Dēn)と悪い信仰を表す線画(Pelliot chinois 4518, 24). この線画は Pelliot chinois 4640 の内容(祆神を描くための紙の支出)と正確に一致する. また, Pelliot chinois 2629 と, 同じテキストの別の部分(現在敦煌に保管され, 964 年の文書と推定される)も引用されている.

(42) 銀盤については Lin Meicun, 1997(中文), 木片については Huang Wenbi, 1983(中文), pl. XXVII 参照. これらの資料と納骨器の存在は吉田豊の指摘による. 記して感謝する.

(43) Waley, 1956, p. 125(スタイン将来漢文文書 Or. 8210/S. 367(「沙州・伊州地志残巻」)). Yoshida, 1994, p. 392 も参照. ハミの祆廟で信仰された神格の名は「阿覧」, すなわちソグド語の rām または rāman である. どちらも用例がある. 翟は Zhai または Di と発音される.

(44) 石万年(せきまんねん)の例も挙げることができる. ハミが唐に降伏する段取りをつけた人物である. Pulleyblank, 1952, p. 350-354 を参照. 『通典』巻 191(辺防・西戎)とスタイン将来漢文文書 Or. 8210/S. 367 を引用.

(45) Ikeda, 1981, p. 77-78. テキストは Yamamoto/Dohi, 1985, II(A), p. 120-123 において校訂されている.

(46) Jiang Boqin, 1994(中文), 第5章(p. 150-263)は, トルファン文書に言及されるソグド人について研究している. 以下で引用する資料の大部分はここから引用した. きわめて重要なこの章を筆者のために翻訳してくれた Éric Trombert に心から感謝する.

(47) Jiang Boqin, 1994(中文): 農夫, p. 156-157: IV, p. 37(IV, p. 37 は『吐魯番出土文書』(写真版のない校訂本), 第 IV 巻, p. 37 を指す). 皮革業者, p. 166: IV, p. 289. 客館管理者, p. 158-159: IV, p. 132-135. 幡の装飾人, p. 157-158: III, p. 138-142. 葡萄栽培者, p. 163-164. 銅匠, p. 165: VII, p. 452. 殺猪匠, 画匠, 製革匠, p. 166. 官吏, p. 173: VII, p. 468. 「釘駝脚」, p. 166: IV, p. 291-292. 「釘駝脚」とは, 長時間歩いた駱駝の固くひび割れた足の皮を縫う, または留める専門の職人のことである.

(48) Jiang Boqin, 1994(中文), p. 159-161: VI, p. 243-269.

(49) 次の段落全体は Éric Trombert の研究に負っている. 記して感謝する. 詳細は, de la Vaissière/Trombert, 2004, p. 937-940 を参照.

(50) Or. 8210/S. 613 写本.

(51) 中国に加わった(従化)この郷は, 人口(推定 300 戸, 約 1400 人)においても, 地理的な位置(敦煌城から成る郷に隣接)においても, その地域に 13 ある郷の中で優位に立っている. 主に Ikeda, 1965(和文)を参照. また Ikeda, 1981 も参照.

(52) TAM 42: 54f.

(53) たとえば，康烏破門陀(こううはもんだ)はこの名簿の中で最上級の土地を所有していた．すなわち，合わせて 11 畝(60 アール以上)の面積を持つ 8 枚の畑を所有し，そのうちの 6 畝は二期作が可能な畑〔常田〕である．

(54) 写本 Pelliot chinois 4979 verso 1.

(55) 正史が使節に随行する胡人を指して言う客胡「招待された/旅人である胡人」は別に扱う必要があることを荒川正晴から指摘していただいた．

(56) Jiang Boqin, 1994(中文), p. 158: III, p. 90.

(57) Yamamoto/Ikeda, 1987, p. 13, no. 29.

(58) Yamamoto/Ikeda, 1987, p. 14, no. 32 において校訂されたテキスト．

(59) 漢文の定型表現(興胡/百姓)と正確に対応している．和訳は Yoshida/Moriyasu, 1988, p. 7-8．類似した(ただし同一ではない)定型表現はムグ文書 Nov. 3 verso 9〜10 行目(Livšic, 1962, p. 23, 25-26)に見られ，現在ではバクトリア語にもそれに対応する表現が知られているが(Sims-Williams, 2000, p. 216)，それらが全く同じ内容を含むかどうかは明らかではない．この点に注意を促してくれた Ilya Yakubovich に感謝する〔吉田は，この部分の訳を修正している．本書第 6 章注 41 参照〕.

(60) O. Ikeda(1981, p. 79)と E. Lubo-Lesničenko(1994, p. 259)はその内容を示している．文書は『吐魯番出土文書』VI, p. 470-478 に発表されている．

(61) Ikeda, 1981, p. 78 参照.

(62) この文書に言及される人物の一人である車不呂多は，619 年の別の文書に引用されている：『吐魯番出土文書』III, p. 111.

(63) このテキストは Lubo-Lesničenko, 1994, p. 259 において指摘された．『吐魯番出土文書』III, p. 318-325 において校訂されている．筆者のために翻訳し，解説してくださった Éric Trombert に心から感謝する．

(64) 吉田豊が論文(Yoshida, 1989, 1991, 1994, 1997，吉田は筆者にそれらを送ってくれた)の中で提出した同定と，筆者自身の同定を合わせれば，言及されている 15〜20 人の名前が，ソグド語の名前として確認されているか，もしくはソグド語で解釈が可能である．それは欠損のない名前の大部分である〔Y. Yoshida, “Sogdian names in Chinese characters, Pinyin, reconstructed Sogdian pronunciation, and English meanings”, appendix to V. Hansen’s article, de la Vaissière/Trombert (eds.), 2005, p. 305-306〕.

(65) Forte, 1996.

(66)『北史』巻 92，安吐根伝，p. 3047．Forte, 1996, p. 649 を参照．唐代の文献では安国と安息国は明確に区別されていると主張する Forte の論証は，少なくとも『北史』以降は安と安息に明らかな同化が見られることから，かなり弱いものになる(『北史』巻 97，西域伝，安国，p. 3224，Chavannes, 1903, p. 136, n. 7〔参考文献の特定のテーマに関する歴史文献〕)．両者はもはや区別されず，Forte が批判する桑原の説は，少なくとも唐代の文献に関しては正しいと思われる．

(67) Marshak, 2002.

(68) 唐王朝の出自は正史の中で明確に主張されているものの，作り話である可能性があり，李一族には他の系譜も提案されていることに注意する必要がある．他の系譜によれば，彼らは中国北東部の鮮卑系の部族と結びついた後で，北西部に定住し，非漢民族の貴族と密接な婚姻関係を結んだ．Twitchett (ed.), 1979, p. 150-151 参照．

(69) Thierry, 1993, p. 98, 133 参照，『隋書』巻 24，食貨志，p. 691 を引用〔本書第 4 章注 73 参照〕．

(70) Leslie, 1981-1983, p. 289; Schafer, 1963, p. 17-19; とくに Schafer, 1984.

(71) Gernet, 1956, p. XI.

(72) Schafer, 1951 はこれらの説話をいくつか翻訳または要約している．ほとんどは，9 世紀，すなわち玄宗の黄金期がすでに超自然的な色合いを帯びる時代に作成されたと考えられている．これらのテキストにおいてペルシア商人や海上交易がかなりの部分を占めているのは，テキストが遅い時代に作成されたためであると考えることができる．

(73) Schafer, 1963: 小人 (p. 48)，楽師と舞人 (p. 50-57)，馬 (p. 60-70, 222)，犬 (p. 77)，ライオン (p. 85)，豹 (p. 87)，鬱金 (p. 125)，石蜜 (p. 153)，様々な薬草 (p. 183-184)，絨毯 (p. 198)，絹織物 (p. 202)，藍 (p. 212)，黒塩 (p. 217，正確な意味は不明)，宝石 (p. 222)，水晶 (p. 227)，カーネリアン (p. 228，本書 p. 8-10 参照)，金 (p. 254)，真鍮 (p. 256-257)，駝鳥の卵の杯 (p. 258)，宝飾品 (p. 259)，鎖帷子 (p. 261)．

(74) Dohi, 1988 (和文) による具体的な事例の研究を参照．吉田豊による指摘．

(75) Schafer, 1963, p. 28-29.

(76) 皇帝はポロをするのが嫌いではなかった．『安禄山事迹』に引用された逸話を参照．des Rotours 訳，p. 87.

(77) 『安禄山事迹』des Rotours 訳，p. 49．ソグドのダンスについては Ishida, 1932; Schafer, 1963, p. 50-57 参照．

(78) Schafer, 1963, p. 56.

(79) Schafer, 1963, p. 52.

(80) 一方は Marshak, 2002 を，最近発見された方は『中国文物報』(2003 年 8 月 26 日) を参照．

(81) テキストによれば高利貸しは「ウイグル人」だが，これほど早い時代にそのようなことは考えにくい．おそらく「ウイグルに仕えるソグド人」と理解すべきだろう．

(82) Schafer, 1963, p. 20.

(83) Twitchett, 1967, p. 209-211, 215. Rong, 2000, p. 141 の地図も参照．

(84) Rong, 2000, p. 140-141.

(85) 李白 (和訳は石田幹之助『増訂 長安の春』東洋文庫，1967, p. 47-48)，酒家で客の相手をするソグド人女性 (胡姫) を称賛する他のテキストについては，Ishida, 1932, 1961 参照．また，Lin Meicun, 1992 (中文) は，これらの若い女性がたどる社会的道筋を復元しようとしている．トルファン出土のソグド語女奴隷売買契約文書

をこの枠組みで利用できるかどうかは疑わしい.

(86) Ts'ao Yung-ho, 1982, p. 223.

(87) Schafer, 1963, p. 29.

(88) Schafer, 1963, p. 259. ソグド人の祭りを描写したものは, Scaglia, 1958 参照.

(89) ソグド語の曜日の名前は今日まで中国の暦に残っている. Chavannes/Pelliot, 1913, p. 158 参照. Schafer, 1963, p. 276 は, ミフルの日(ソグド語で日曜日)に言及する 1960 年の台湾の暦を引用している. Grenet/Pinault, 1997 も参照, トルファンが接点になっている例を示す.

(90) Rong, 2000, p. 138-139 参照, 『資治通鑑』巻 232, 唐紀, p. 7493(徳宗貞元三(787)年七月)を引用する.

(91) Rong, 2000, p. 142-144; Wen, 1983(中文), p. 67 参照. 組合員〔社人〕19 人のうち, 少なくとも 5 人はソグド人である(1 人の姓は判読不能). 銘文は, Liu Jing-long/Li Yukun, 1998(中文), II, p. 424, no. 1800 に発表されている.

(92) 栄新江の論文(Rong, 2000)が発表され, この地域の文書資料はかなり豊富になった. 基本的に情報は墓誌に由来する. ソグド人に関する栄新江の研究は 1 冊にまとめられている(Rong, 2001(中文)).

(93) Waley, 1956, p. 126-127.

(94) ソグド姓の人物は, この他に, 黄河流域の中規模のまちである衛州, 魏州, 邢州(けいしゅう), 定州(定県), 恒州, 瀛州(えいしゅう)において言及されている. また, 幽州(北京)や太原の北の代州(代県)と蔚州(うつしゅう)でも認められる. 個人への言及は基本的に墓誌に由来する.

(95) Institute of Archaeology of Shanxi, 2001(中文).

(96)「太原には古い風習があった. 僧侶とその弟子は主要な活動として禅を実践していた. 彼らが死んでも埋葬せず, 屍は近郊〔のある場所〕に置かれ, 猛禽や野獣に食べさせていた. この習わしは, 数年来続き, まちの人々はこの場所を「黄坑」と呼んだ. この場所では, 千匹以上の飢えた犬が屍の肉を食べていた」. 訳文は Zhang Guangda, 1994. 原文は, 李暠という 8 世紀の役人の伝記からの抜粋である(『旧唐書』巻 112, 李暠伝, p. 3335). これをソグド人の風習と結びつけることに対して反論があることを, 吉田豊は筆者に知らせてくれた(Cai Hongsheng, 1992(中文), p. 14; 2002(中文)). それでも, この風習――犬の使用が明言される――が中国内地で唯一この地に存在する理由が, ただの偶然であるとは認めがたい. もちろん, 屍を放置することはよくある風習だが――玄奘の証言によればインドでも行われた――特定の場所に遺体を放置して犬に頼る方法はゾロアスター教に特有であり, とりわけソグディアナで確認されている(Grenet, 1984, p. 227-228).

(97) Pulleyblank, 1955, p. 80, 159, n. 26. 『旧唐書』巻 185 下, 宋慶礼伝, p. 4814.

(98) Arakawa 1997(和文). この日本語論文の利用を可能にしてくれた影山悦子に心から感謝する.

(99) Twitchett, 1967, p. 213.

(100) 何妥の伝記は『北史』巻 82, 何妥伝, p. 2753-2759 と『隋書』巻 75, 何妥伝,

p. 1709-1715 に，何稠の伝記は『隋書』巻 68，何稠伝，p. 1596-1598 にある．『資治通鑑』(巻 178-181，隋紀，とくに p. 5406, 5552, 5558, 5623)と『通志』(巻 174，儒林伝，p. 54，台北版『四庫全書』巻 380，史部・別史類，p. 329)に補足的な情報がある．

(101) 古代中国においてガラスは東ローマ帝国の特産品として知られていた．中国にその技術を再度導入したのはトハラ人である(『北史』巻 97，西域伝，大月氏国，p. 3226-3227)．

(102) Leslie, 1981-1983, p. 289.

(103) 成都の地域は中国内陸部で数少ない塩の供給地の1つである．

(104) バグシュールと益州(成都)を同一視することは，『フドゥード』の注釈の中で(*Ḥudūd*, 1970, p. 230) V. Minorsky によって支持されている．しかし，Hamilton, 1958, p. 130-132 は異なる意見を主張している．

(105) Lubo-Lesničenko, 1994, p. 217-229 は，このルートに関する多くの資料を集めている．何妥の父親がはじめに定住した郫県(ひけん)はこのルート上にあり，成都の次の宿泊地である．

(106)『周書』巻 50，異域伝下，吐谷渾，p. 913，Schafer, 1950, p. 180-181 に引用あり．

(107) 15 行目「ガーウトゥスが山々を通って(？)行ったからです」．

(108) Lin Meicun, 1995(中文)，pl. 21 の図版を参照．織り出された文字は D. N. MacKenzie によって解読された．残念ながら支配者の名前は失われている．

(109) Beckwith, 1979, p. 300ff. 最初のチベット帝国の歴史において最も重要な医者は，名前はサンスクリット語だが，出身は西方(「ローマ」)で，漢語の知識を持ち，「彼らの言語では biji と呼ばれた」．このことは，その出自が少なくとも混合していたことを支持する．Halaśanti という名前の別の人物は，*Sogpo śa stagcangyi rgyud* という作品を翻訳している．Sogpo をサカ族またはソグド人の音写とみなせば，それはソグド語またはコータン語のテキストということになるだろう．この点については Hoffman, 1971, p. 454 参照．

(110) Sims-Williams, 1983, p. 137, n. 41.

(111) Grenet, 1995-1996, p. 288.

(112) Beckwith, 1987 はこの問題を詳細に扱っている．

(113) テキストの翻訳は，Thomas 訳，I, p. 319-320〔参考文献のチベット語史料〕．

(114)『三国志』巻 33，蜀書，後主伝，p. 895〔本書 p. 48 に引用〕．

(115) 'yps'r は「古代書簡」III の 8 行目と 12 行目に，β'zkr'm は「古代書簡」I の 4 行目に言及される．Sims-Williams, 2004 の新しい翻訳を参照．しかしながら，'yps'r はインダス川上流のソグド語銘文の中に固有名詞として存在することが確認されている(Sims-Williams, 1992b, p. 45)．β'zkr'm については，ムグ文書 A13(1 行目)との比較によってその意味を確定することができる．A13 はペンジケントの β'zkr'm から発送された支払い命令文書である．Grenet/de la Vaissière, 2002, p. 187, n. 33 参照．

(116) 前注で言及した支払い命令文書は，ペンジケントのナーフの名において発送されている．チャーチのコインには，ナーフの名において発行されたものがある〔本書第6章注38参照〕．

(117) 中国で発見された6世紀のソグド人の(またはその影響が見られる)墓もしくは葬具はこれまでに9点が知られている．そのうちの5点はMarshak, 2002, p. 227-264，他の2点はCarter, 2002，最近発見されたものは『中国文物報』(2003年8月26日)を参照．天水で発見されたものは未発表である．発見された葬具全体について，そして特定の図像の主題についてはRiboud, 2003参照〔これまでに知られているソグド人の石製葬具については訳者あとがき参照〕．

(118) Pelliot, 1903a. 筆者は以下の情報の一部をÉric Trombertに負っている．詳細はde la Vaissière/Trombert, 2004, p. 945ff. を参照．

(119)『通典』巻40，職官，p. 573, 575.『通典』ほど完全ではないが『旧唐書』巻42，職官志，p. 1803も参照．

(120)『隋書』巻27，百官志，p. 756. 稀にではあるが，地方のソグド人共同体の首長である現職の薩甫の例が知られている．たとえば，中国北東部の定州では，ある寺院に伝わる6世紀末の銘文に，薩甫の書記でありソグド姓の商人である何永康(かえいこう)が言及されている．Rong, 2000, p. 149.

(121)『隋書』巻28，百官志，p. 790-791.

(122)『吐魯番出土文書』II, p. 40-47, TAM 524: 32/1-1, 2, 32/2-1, 2. Zhang Guang-da, 2000, p. 195に研究がある．

(123)『吐魯番出土文書』III, p. 110-115, TAM 331: 12/1-8.

(124) Forte, 1995, p. 11が指摘する安万通(あんまんつう)の墓誌．彼の祖先は北魏の太祖(在位386～408年)の時代に摩訶薩宝だったという．

(125) Abū Zayd，Ferrand訳，p. 38. 和訳は家島彦一訳注『中国とインドの諸情報』1，東洋文庫，2007，p. 33.

(126) Rong, 2000, p. 130-136に多くの例が見られる．

(127) 読みは吉田豊による．心から感謝する．

(128) Rong, 2000, p. 132は良い例を分析している．

(129) Arakawa, 1998(和文)；Luo Feng, 2000も参照．

(130) Renou, 1981, p. 143, 153.

(131) Yoshida, 1988(和文), p. 168-171は，この称号が「古代書簡」の中に存在することを指摘した最初の論文である．Sims-Williams, 1996c, p. 51, n. 37も参照．

(132) Liu Xinru, 1988, p. 114参照．Dien, 1962, p. 336, n. 5, p. 337, 343, n. 66も参照．

(133) 薩薄という称号は仏教からマニ教に伝わり，マニ教では同じ意味でマニに与えられた．

(134) Sims-Williams, 1996c, p. 48-49.

(135) Duchesne-Guillemin, 1962, p. 71-76. この参考文献はFrantz Grenetから得た．

(136) トルファンの崇化郷については，とくに，Skaff, 2003参照．

(137) Arakawa, 1998(和文), p. 176-180参照．

(138) Rong Xinjiang, 2000, p. 141. 薩宝は彼の称号ではなく名前である.
(139) Arakawa, 1998(和文).
(140) すでに引用した751年の名簿〔差科簿〕のおかげである. 池田温はそれについて綿密な研究をしている. Ikeda, 1965(和文).
(141) Sims-Williams, 1996c, p. 58-59.
(142) Rong Xinjiang, 2001(中文), p. 132-135. さらに, 同姓同士の結婚が皆無であることを強調しなければならない. それは, 中国に存在した族外婚の規則に従っていたからであると推測される. しかし反対の例もあり, 米継芬(べいけいふん)(714〜805年)は米姓の女性と結婚している.
(143) Pelliot chinois 3348v 2B の写本, Trombert, 2000b, p. 107-120.
(144) Arakawa, 2001, p. 13.
(145) たとえば, 唐代にも, 先行する時代と同様に, 胡人が西方や遊牧民への使節の役目を果たした例がいくつもある.
(146) Rong Xinjiang, 2001(中文), p. 104.
(147) Rong Xinjiang, 2000, p. 148.
(148) Marshak, 2002; Riboud, 2003; Institute of Archaeology of Shaanxi, 2001(中文).

第6章

(1) 玄奘『大唐西域記』Beal 訳, p. 27, 32, 『大唐西域記』中華書局, p. 8, col. 8, p. 9, col. 9, 10. 和訳は水谷真成訳注『大唐西域記』1, 東洋文庫, 1999, p. 58, 76.
(2) Chavannes, 1903, p. 120-121, 134-135. 『新唐書』巻221, p. 6233(西域伝上, 素葉水城), 6244(西域伝下, 康国). 和訳は小谷仲男/菅沼愛語「『新唐書』西域伝訳注(2)」『京都女子大学大学院文学研究科研究紀要史学編』10, 2011, p. 141.
(3) Ananias of Širak『地誌』Hewsen 訳, p. 32-35. プトレマイオスの『地理学』を7世紀に書き直したものである.
(4) Ananias of Širak『地誌』Hewsen 訳, p. 74A.
(5) 714年頃バスラ生まれ. 実際にはトハリスタン出身の捕虜の孫である.
(6) Abū 'l-Faraj al-Iṣfahānī, *Kitāb al-Aghānī*, III, p. 132; Spuler, 1952, p. 400 に引用されている.
(7) Ṭabarī, II, 1444-1445, 英訳, 第XXIV巻, p. 175-176.
(8) Livšic, 1962, p. 94, 95, 100. Livšic は, このテキストがクチャのまちに関係すると誤解していた.
(9) 翻訳は Grenet/de la Vaissière, 2002.
(10) Belenitski/Marshak, 1971, p. 18.
(11) Belenitski/Marshak, 1971, p. 18; Grenet, 2005.
(12) Smirnova, 1987. しかしながら, フタコブラクダ(*Camelus bactrianus*)は, ブハラ王家のエンブレムでもあり, また中央アジアでは一般に軍事力と男性的な力の象徴であることを指摘しておく. たとえば, カラハン朝は11世紀に「獅子」と

「雄駱駝」という2つの部族に分裂した．また，ウストルシャナの8世紀の領主は，「黒い(雄)駱駝」(カラブグラ)という名前を持つ．

(13) 一方で神格名については異論がある．F. Grenet は栄光の神ファルンとみなすが(Grenet, 1995–1996, p. 279)，B. Maršak と V. Raspopova は，勝利と旅人の神ワシャグンに比定している(Maršak/Raspopova, 1990b, p. 141–142)．

(14) Narshakhī, Frye 訳, p. 30.

(15) Raspopova, 1993, p. 26. Raspopova による類型は，まちの住居を，それが占める場所と式典用広間の豪華さによって統計的に分類した結果にもとづいている．

(16) 農村や山村の経済については，主に Jakubov, 1988, 1979 参照．都市住民については Belenickij/Maršak/Raspopova, 1979 も参照．

(17) Raspopova, 1971, p. 72.

(18) その土地の手工業の活性化に貴族の市場が果たした役割については，Raspopova, 1980, p. 53–54, 107, 130–131 参照．

(19) Yoshida, 1991, p. 242. 表：「私の主人であるカーナク・タルカン・エスカータチュ様へ」，裏：「私の主人であるエスカータチュ・カーナク・タルカン様へ」．カーナク・タルカンが称号で，エスカータチュが固有名詞だろう．そうでなければ，2つの定型表現で倒置が起こっていることを理解することができない．

(20) Sims-Williams, 1992b, p. 53; Grenet, 2000.

(21) Jiang Boqin, 1994, p. 187(中文)．

(22) Ikeda, 1981, p. 78.

(23) 本書 p. 201ff.

(24) 本書 p. 244 で絹の反物の値段を銀で換算する．この訴訟については本書 p. 111.

(25) Yamamoto/Ikeda, 1987, p. 13, no. 29.

(26) Gernet, 1957, p. 357–360; Yamamoto/Ikeda, 1987, p. 14–15, no. 33; Yamamoto/Ikeda, 1986, pl. 27 参照．

(27) たとえば Narshakhī, Frye 訳, p. 44–45, または Ṭabarī, II, 1444–1445, 英訳, 第 XXIV 巻, p. 175–176.

(28) Maljavkin, 1988 の主張とは反対に．イスラーム世界については Udovitch, 1970; Goitein, 1967, p. 149–167 参照．

(29) Ṭabarī, II, 1188–1189, 英訳, 第 XXIII 巻, p. 136–137.

(30) インダス川上流のソグド語銘文に用例がある γ'tk (女性形は γ'th) を「大商人」を意味する単語とみなすことが提案されているが(Sims-Williams, 1992b, p. 52)，そこに引用されている関連語彙はむしろ，一家の主人や ''ztpyδrk のような自由人の概念を想起させる．

(31) Fussman, 1997, p. 76, n. 16.

(32) 本書 p. 301 参照．

(33) たとえば731年にマーイムルグとカブーダンに対して．Chavannes, 1903, *Notes additionnelles*, p. 53 参照．ペルシア語の『カンディヤ』には，ブハラの人々がサマルカンドに支払った貢ぎ物に関する最後の記憶が残されている．*Qandiyya*,

Vjatkin 訳，p. 247 の翻訳参照.

(34) Maršak, 1990, p. 287.

(35) Chavannes, 1903, p. 145.『新唐書』巻 221 下，西域伝下，何国，p. 6247.

(36) ムグ文書 A13，翻訳は Livšic, 1962, p. 69; Henning, 1965, p. 249. 現在は Grenet/de la Vaissière, 2002, p. 187, n. 33 を参照. F. Grenet と筆者は，このテキストを高等研究院の演習で新たに翻訳した. 吉田豊はこの文書について時間をかけて我々と議論してくださった.

(37) ムグ文書のテキストを参照. たとえば，Livšic, 1962, p. 53ff.

(38) チャーチのコインの読みを教えてくれた吉田豊に心から感謝する. Rtveladze, 1997-1998(p. 327) が発表したコインの数点がナーフの名において発行されていることに異論の余地はない.

(39) Narshakhī, Frye 訳，p. 30.

(40) V. A. Livšic によって校訂され，ロシア語に翻訳されている. Livšic, 1962, p. 17-45, 45-53, 53-63. 墓地の購入契約文書については，Gershevitch, 1975 が改善した翻訳を参照.

(41) Yoshida/Moriyasu, 1988(和文). 吉田による英訳(Yoshida in Hansen, 2003)では，翻訳に1箇所変更がある. 以前は「旅にあるもの，定住しているもの」と訳されていた部分が，現在では「効力があり，権威がある」と翻訳されている. その根拠は，本書第5章注 59 で引用したバクトリア語のテキストに対応する言い回しが確認されることである. 和訳は歴史学研究会編『世界史史料3　東アジア・内陸アジア・東南アジア I』岩波書店，2009，p. 346-348.

(42) ササン朝の契約文書の定型表現との比較は，Choksy, 1988 を参照. バクトリア語の契約文書の翻訳は，Sims-Williams, 2000 参照.

(43) Al'baum, 1975, p. 52, fig. 15, p. 54-56. Marschak, 1994 と，それが批判している Mode, 1993 を参照.

(44) Peegulevskaya(Pigulevskaja), 1956 参照. Ishoboht が8世紀に編纂した判例集の中で，とくに，大部分が交易に関係する第5巻を使用している.

(45) たとえば本書 p. 44 で言及した「射手型」は5世紀末まで残った. Zeimal', 1994, p. 249.

(46) Loginov/Nikitin, 1985.

(47) Zeimal', 1994, p. 246.

(48) Zeimal', 1994, p. 249.

(49) Frantz Grenet による提案.

(50) たとえば，7世紀以降，ブハル・フダーは銀の 20〜30 パーセントを失い，その後も銀の含有率はさらに低下した. サマルカンドで発行された「射手型」のコインの銀の含有量は，末期にあたる5世紀には 0.2〜0.3 グラムだった. ソグディアナにおけるコインの流通については，Belenickij/Maršak/Raspopova, 1980 参照.

(51) コインの名称も同じ考えを反映しているのかもしれない. ムグ文書に「宗教の〔タイプの〕ドラクマ」δrxmyh δyn'kknh という呼び名がある(Livšic, 1962, p. 21,

Nov. 3 recto 20 行目; p. 22, Nov. 4 recto 20 行目; p. 47, V 8 12 行目). Livšic は δrγmyh δyn'rk'h と読んでいた. 読みを修正した I. Yakubovich による新しい校訂版は, I. Yakubovitch, "Marriage Sogdian Style", *Iranistik in Europa - Gestern, Heute, Morgen*, Wien, 2006, p. 307-343. おそらくこの名称は, 7 世紀に, ササン朝崩壊後もしばらく発行されたササン朝式のすべてのコインを指すだろう. 銀の含有率には著しい差があるが, 裏面にはすべてゾロアスター教のシンボルである火の祭壇が表されている.

(52) Narshakhī, Frye 訳, p. 36.

(53) Thierry, 1993, p. 100-102 参照.

(54) Zeimal, 1991-1992, p. 171 の反対意見参照. Thierry, 1993, p. 134 は, 胡人の共同体が多数存在したことを理由に, 河西での銀貨の流通を認めている.

(55) これは, 考古学による発見からシステマティックに歴史に移行することの難しさを示す格好の例でもある. なぜなら, 河西で出土した 6 世紀のコインの中にはペルシアのコインが含まれていないからである. Thierry, 1993, p. 98-99, 133 と『隋書』巻 24, 食貨志, p. 691 参照.

(56) Twitchett, 1967, p. 213 参照.

(57) Twitchett, 1963, p. 142(賦役令第 6 条, 武徳七(624)年令と開元七(719)年令).

(58) それぞれの商品については Laufer, 1919; Schafer, 1963 参照.

(59) Burjakov, 1974, p. 102-107 は, チャーチでの銀の産出はイスラーム時代よりもずっと前に始まり, 7 世紀には大いに発展していたことを指摘している.

(60) Ibn Ḥawqal(Kramers/Wiet 訳, p. 459)「Washjird と Shuman から Quwadhiyan まで, 我々はサフランを豊富に入手する. それはこの地域から大量に輸出される」.

(61) 本書 p. 225 参照.

(62) Thierry, 1993, p. 132-134.

(63) Trombert, 2000b, p. 108-110.

(64) Trombert, 2000b, p. 109.

(65)「今のところ, 中国から来る商人はいません. そのため, 絹の負債〔の問題〕を, 今は調査できません. (中略)商人が中国から到着すれば, 絹の負債〔の問題〕を調査します」. 翻訳は Burrow, 1940, p. 9, 文書 35〔参考文献のインド語史料参照〕.

(66) 論証は本書 p. 244-245 を参照.

(67) Schafer, 1963, p. 224ff. ソグド人はとくにカーネリアンや水晶を輸出している.

(68) しかしながら, コータンはアラブの地理学者が言うところの「チベットのまち」(madina al-Tubbat)ではない. たとえば, イドリーシーはそのように呼んでいる(Idrīsī, Nef/de la Vaissière 訳, 第 3 気候, 第 9 節). 「チベットのまち」はコータンを指すとよく言われるが, 実際にはカシュガルを指すことを明らかにしたのは Rubinacci, 1974 である.

(69) Bailey, 1982, p. 38. *Ḥudūd al-'Ālam*, Minorsky 訳, p. 92 も参照(チベットから輸出された毛皮のリスト).

(70) エンデレ出土文書 Kh 661 参照. その年代ははっきりしない. 本書 p. 47 で言及

した．

(71) Vorobyova-Desyatovskaya, 1992 が引用する文書は，村落や農村の社会のものだろう．

(72) Xiong, 2000, p. 182.

(73) Pinault, 1998 参照．

(74) Henning, 1936, p. 11.

(75) Twitchett, 1968.

(76) Enoki, 1969, p. 1,『北史』巻 97，西域伝，大月氏国，p. 3226-3227 を引用．

(77) 64 TAM 29: 107，第 VII 巻，p. 88ff.

(78) 73 TAM 509: 8/10，第 IX 巻，p. 48-49〔この文書は本書 p. 109-110 に引用されている〕．

(79) 73 TAM 509: 8/21a，第 IX 巻，p. 68.

(80) Rtveladze, 1987, p. 127.

(81) 本書 p. 228-229 参照．

(82) 本書 p. 201-204 参照．

(83) Kervran, 1994; Piacentini, 1992. Hall, 1992; Pigulevskaja, 1951 も参照．

(84) Sims-Williams, 1997, p. 65, 71.

(85) Frye, 1993 参照．

(86) Herrmann/Kurbansakhatov, 1994, p. 69; Herrmann/Kurbansakhatov, 1995, p. 37 参照．Frejman, 1939 も参照．

(87) Herrmann/Kurbansakhatov, 1994, p. 68.

(88) 本書 p. 247 参照．

(89) Ṭabarī, II, 1022，英訳，第 XXII 巻，p. 165-166.

(90) 701 年にアラブ人とペルシア人がケシュとアム川の間の砂漠でテュルク人の分遣隊とすれ違った時，彼らは自分たちを商人だと偽っている（Ṭabarī, II, 1078，英訳，第 XXIII 巻，p. 27 参照）．

(91) Sadighi, 1938, p. 118.

(92) この点について筆者に指摘してくれた Éric Trombert に感謝する．

(93) もう一方のイブン・アルファキーフのテキストは，イブン・フルダーズビフの情報を不完全に繰り返しているにすぎない．

(94) Ibn Khurdādhbih，de Goeje 訳，p. 116，アラビア語原文は p. 153.

(95) Wu Chi-yu, 1996 参照．*Sérinde*, 1995, p. 78 に図版あり．

(96) Utas, 1968.

(97) *Qandiyya*，Vjatkin 訳，p. 247-249 参照．校訂本はなく，テキストのロシア語訳だけが存在する．異なる時代に書かれたテキストが混在している．

(98) Klevan, 1979; Rtveladze, 1997 参照．メルヴのユダヤ人共同体は，おそらくパルティア時代から存在する．

(99) Rtveladze, 1997.

(100) Jettmar, 1987a. これらの銘文は東方タイプの方形ヘブライ文字で記され，古

文書学的には847年のブハラの冊子本と類似する．すでに言及したソグド語銘文と同じ地域で見つかっている．ソグド語銘文のうちの1点は，ヘブライ語の銘文と同じ場所(キャンプサイト)で見つかっている．

(101) al-Bīrūnī『インド誌』Sachau 訳，p. 206．カシュミールの住人は，侵略者を恐れて，ユダヤ商人以外は彼らのもとに入らせなかった．このテキストと前注の銘文を理由に，K. Jettmar は8世紀にユダヤ商人がソグド商人に取って代わったという仮説を立てている．その可能性はあるが，これほど少ない要素では証明することはできない．ソグド語銘文はおそらく5世紀以降のものではないだろう．6世紀から8世紀については，問題は全く手つかずのまま残されていることに留意すべきである．

(102) コーカサスの北の T'mutorokan, Phanagoria, Kerč に，ユダヤ人共同体が多数存在したことを示す証拠は，Golb/Pritsak, 1982, p. 35 参照．

(103) Cahen, 1972.

(104) Gil, 1974, p. 320.

(105) テオフィラクト・シモカッタは，7世紀初めにササン朝の支持のもとで，ユダヤ人による遠距離交易が紅海に向けて行われたことを伝える(Theophylact Simocatta, V 7. 6，Whitby 訳)．

(106) Goitein の以下の著書を参照．Goitein, 1967(ここには，他にサマルカンド出身のユダヤ人が言及されている．p. 400, n. 2); Goitein, 1973.

(107) 軍隊のための物資を中央アジアに運搬する際に，漢人商人とソグド商人が果たした役割については，とくに Arakawa, 1992(和文)参照．北東方面への運搬については本書 p. 120 参照．

(108) Pinault, 1987, p. 67-68.

(109) Ikeda, 1981, p. 78〔本書 p. 109-110〕.

(110) Reichelt, 1931, p. 8-9, 22-25.

(111) Lubo-Lesničenko, 1994, p. 237.

(112) Schafer, 1950, p. 180-181.

(113) Ibn Faḍlān，Charles-Dominique 訳，p. 38.

(114) Ṭabarī, II, 1444-1445，英訳，第 XXIV 巻，p. 176.

(115) Narshakhī，Frye 訳，p. 44-45.

(116) Reichelt, 1931, p. 8-9, l. 11.

(117)『北史』巻97，西域伝，且末国，p. 3209，Schafer, 1950, p. 181 に引用されている．

(118) Mahler, 1959 のとても気まぐれな同定には注意を要する．

(119) Schafer, 1963, p. 71.

(120) バイン・ツォクト碑文の48行目．翻訳は Giraud, 1960, p. 64,「我々は，黄金，白銀，未婚女性，既婚女性，こぶのある駱駝，絹織物を大量に持ち帰った」．

(121) Yamamoto/Ikeda, 1987, p. 13, no. 29〔本書 p. 141 に引用されている〕.

(122) Jettmar, 1987b.

(123) Kervran, 1999.

(124) 現在ではササン朝の貿易港の方がよく知られている．これらの遺跡のいくつかを検討している Kervran, 1994 参照.

(125) パイケントのリバートの発掘に筆者を参加させてくれた Djamal Mirzaaxmedov と，その遺跡でソグド人の交易について長時間議論してくれた Gregori Semënov に感謝する．パイケントのリバートについては，*Gorodišče Pajkend*, 1988, p. 113ff. 参照.

(126) Manylov, 1996, p. 122-123.

(127) 発掘者である M. G. Bogomolov からの私信．Burjakov, 1989, p. 27-31 参照.

(128) アクテペ・チランザルの建物を発掘者は寺院と解釈したが，キャラバンサライの特徴がある．しかし，その年代は十分には明らかでなく――7世紀または8世紀――イスラーム以前のものであると断言することはできない．Filanovič, 1989, p. 47.

(129) さらに，それはキャラバンサライの意味でソグド語からペルシア語に伝わった(Henning, 1939).

(130) *Vessantara Jātaka*, Benveniste 訳，p. 4, l. 43.

(131) 訳者はこの部分を誤解している．「扉は杭によって〔開いた状態で〕固定されている」とすべきである．Ibn Ḥawqal, BGA (*Bibliotheca Geographorum Arabicorum*), II, p. 466 参照.

(132) Ibn Ḥawqal, Kramers/Wiet 訳，II, p. 448-449, アラビア語原文は BGA, II, p. 466-467.

(133) *Drevnij Zaamin*, 1994, ill. 2, p. 96-97, 22-25. チャーチのいくつかの城は，大きな城壁を備えていたようである(Filanovič, 1989, p. 40; Filanovič, 1991, fig. 2, 3, 4).

(134) Raspopova, 1990.

(135) Hillenbrand, 1994, p. 341.

(136) 821年にウイグルに派遣された使節タミーム・ブン・バフルの話を参照. Tamīm ibn Baḥr, Minorsky, 1948.

(137) Manylov, 1982.

(138) *Drevnij Zaamin*, 1994, ill. 1, p. 96-97.

(139) 発掘者である M. Gricina からの私信．Burjakov, 1990, p. 91; Masson, 1935 参照.

(140) Masson, 1966. これは交易ルートを1区間ごとに扱う注目すべき考古学研究だが，再検討を要する．なぜなら，地表面から採取した遺物によって年代が推定されているからである．研究は，このルートが終始安定していたわけではないことを示している．砂漠を越える場合には，たとえば井戸が涸れればその道筋は変化する.

第7章

(1) テュルク系民族集団の形成と，その政治史，経済史，文化史に関する最新の簡便な要約は，Golden, 1992, p. 115-154 にある．
(2) この改宗の年代とその規模は大いに議論されている．Zuckerman, 1995 参照．
(3) de la Vaissière, 2000．主要な参考文献は今も Dunlop, 1954 である．
(4) Livšic, 1979.
(5) Livšic, 1962, p. 17ff.
(6) Bajpakov, 1986, p. 95〔本書 p. 95 参照〕.
(7) Rtveladze, 1987.
(8) Giraud, 1960, p. 17-19．ルーン文字がアラム文字に由来することについては，Giraud, 1960; Kljaštornyj, 1964, p. 44-50; Róna-Tas, 1987; Kyzlasov, 1991.
(9) Kljaštornyj/Livšic, 1971, 1972．Bazin, 1975 も参照．
(10) Liu Mau-Tsai, 1958, p. 10,『周書』巻 50，異域伝下，突厥，p. 910.
(11) Menandros，断片 10，Blockley 訳，p. 115．本書 p. 183，201ff. 参照．
(12) Asmussen, 1965，とくに Laut, 1986 参照．しかし，Moriyasu, 1990 は，ソグド語に由来する仏教テュルク語の語彙を，8 世紀または 9 世紀のマニ教ソグド語からの借用語であると考えている．
(13) 吉田豊による新しい翻訳は Moriyasu/Ochir, 1999, p. 123(和文)，また Tremblay, 2001, p. 66, n. 110 の注記も参照．
(14) Lieu, 1985, p. 185.
(15) この点について，吉田豊は護雅夫の論文(Mori, 1967(和文))を筆者に教えてくれた．
(16) Liu Mau-Tsai, 1958, p. 87.『隋書』巻 67，裴矩伝からの抜粋(p. 1582)．和訳は羽田明「ソグド人の東方活動」『岩波講座 世界歴史 6　古代 6 東アジア世界の形成 3』1971，p. 428.
(17)『旧唐書』巻 194 上，突厥伝上，p. 5159;『通典』巻 197，5 a(辺防 13，突厥上)，訳文は Pulleyblank, 1952, p. 323．和訳は佐口透ほか訳注『騎馬民族史』2，1972，東洋文庫，p. 102.
(18) Pulleyblank, 1952, p. 318;『北史』巻 22，晟伝，p. 820.
(19) Pulleyblank, 1952, p. 323;『新唐書』巻 215 上，突厥伝上，p. 6038.
(20) たとえば，ビシュバリクの北，7 日行程に位置し，1248 年にグユク・カンが死んだことでも知られるサマルカンドというまち(Bartol'd, 1964, p. 466，ジュヴァイニーによる)．しかしながら，この地名は数点の写本にしか確認されないため，ペリオは認めていない．
(21) 写本では最後の漢字は陁である．
(22)『周書』巻 50, p. 908，訳文は Liu Mau-Tsai, 1958, p. 6-7．和訳は『騎馬民族史』2，p. 31.
(23) Pulleyblank, 1991b, p. 228, no. 149: 9，p. 231, no. 75: 10，p. 314, no. 170: 5.

(24) Sims-Williams, 1992b, p. 41; Yoshida, 1994 参照.

(25) Thierry, 1993, p. 113 が指摘するテキスト,『魏書』巻 103, 高車伝, p. 2310. 和訳は内田吟風ほか訳注『騎馬民族史』1, 1971, 東洋文庫, p. 277.

(26) Pulleyblank, 1991b, p. 388, no. 156: 5, p. 400, no. 125: 4. 吉田豊はこの名前がワルチュ Warč「奇跡」の音写とも考えられることを筆者に指摘してくださった.

(27) Liu Mau-Tsai, 1958, p. 40,『隋書』巻 84, 北狄伝, 突厥, p. 1863 を引用. 和訳は『騎馬民族史』2, p. 39.

(28) Golden, 1992, p. 121-122 参照.

(29) Pulleyblank, 1991a が引用する軍事関連の資料は確実ではない.「粟特康(ソグド人の康)」という人物が五胡十六国の戦いに参加してはいるが(『晋書』巻 107, 載記 7, 石李龍下, p. 2795), 石勒(せきろく)という名前とソグディアナとの間に何らかの関係があったかどうかは全く分からない(Honey, 1990, p. 193 参照).

(30) Lieu, 1985, p. 181 に引用されている.

(31) Thierry, 1993, p. 94.

(32) Thierry, 1993, p. 103.

(33) Livšic, 1981; von Gabain, 1983, p. 624.

(34) Molè, 1970, p. 13, 103. これは 470 年以降に起きた話である.

(35) バイカル湖(ウンガ川)の地域については, Okladnikov, 1963, 1976, p. 42, 327.

(36) Lerner, 1995 参照.

(37) Institute of Archaeology of Shaanxi, 2001(中文), fig. 26, 27, 28, 31; Marshak, 2002. 北周の薩保の安伽(579 年没)は, 明らかに外交官として表現されている〔本書第 5 章注 117 参照〕.

(38) Thierry, 1993.

(39) Giraud, 1960, p. 57.

(40) 6 世紀の中国と突厥との関係の中で交易の側面を深く掘り下げた研究は Ecsedy, 1968 参照.

(41) Menandros, Blockley 訳. 同書 p. 1-32 の導入部分を参照.

(42) Menandros, Blockley 訳, p. 111. メナンドロスのテキストの翻訳をすべて見直してくださった Constantin Zuckerman に心から感謝する.

(43) Liu Mau-Tsai, 1958, p. 13,『周書』巻 50, p. 911 を引用.

(44) Liu Mau-Tsai, 1958, p. 395 参照. 588 年に突厥のために国境付近に市場が設置されたことは, 政策の変化を示している.

(45) 訳文は Chavannes, 1903, *Notes additionnelles*, p. 8.

(46) Liu Mau-Tsai, 1958, p. 7-8,『周書』巻 50, p. 909 を引用.

(47) Schafer, 1963, p. 63.

(48) Schafer, 1963, p. 58.

(49) Schafer, 1963, p. 59 の Sir-Tarduš. Sir と Tarduš を分けるべきであることについては Boodberg, 1951 参照.

(50) Luo Feng, 1996(中文).

(51) 死者の口の中にコインを置く風習がソグディアナに存在したことが確認されている(Grenet, 1984, p. 219 参照). タリム盆地ではとくにアスターナ墓地でよく知られている. この風習の起源は中国ではなく西方にある(Thierry, 1993).

(52) この部分は Pulleyblank, 1952 に従う.

(53) Pulleyblank, 1952, p. 336-337. 神奴の解釈は Henning による.

(54) Kljaštornyj, 1964, p. 78-101 は, 突厥第二可汗国の碑文に見られる表現の意味を詳しく分析し, この čub と漢語の「州」が同じものであると結論を下した.

(55) Pulleyblank, 1952, p. 331.

(56) Schafer, 1963, p. 65.

(57) Twitchett, 1967, p. 223.

(58) Ikeda, 1981, p. 79.

(59) Schafer, 1963, p. 61, 69.

(60) 安禄山の出自と青少年期は, E. Pulleyblank によって復元された. 筆者はここでも彼に従う(Pulleyblank, 1955, p. 7-23).

(61) 安禄山があまりにも典型的なソグド人であることを理由に, Pulleyblank は伝記のこの部分を認めないが, 彼の主張に十分な根拠があるとは思えない. Pulleyblank, 1955, p. 19.

(62) Pulleyblank, 1955, p. 83.

(63) 安禄山が宮廷に上った政治的背景は Pulleyblank, 1955, p. 82-103 で論じられている.

(64) Pulleyblank, 1955, p. 17.

(65) Pulleyblank, 1955, p. 16-17. 唐の軍職に就いたソグド人の例は多数ある. Pulleyblank, 1952, p. 336-337 の典拠を参照.

(66) Pulleyblank, 1955, p. 80, n. 26, p. 159. 『旧唐書』巻 185 下, 宋慶礼伝, p. 4814 参照〔本書 p. 120 参照〕.

(67) Pulleyblank, 1955, p. 75 の主張とは反対に.

(68) 『安禄山事迹』des Rotours 訳, p. 108-109 をいくらか修正した. 和訳は森部豊『安禄山――「安史の乱」を起こしたソグド人』山川出版社, 2013, p. 50-51.

(69) 『安禄山事迹』des Rotours 訳, p. 120.

(70) Pulleyblank, 1952, p. 322.

(71) 『新唐書』巻 135, 封常清伝, p. 4581.

(72) 『新唐書』巻 192, 張巡伝, p. 5537.

(73) Rong, 2000, p. 150. 漢人がソグド人の王族に与えた昭武〔推定される当時の発音は chou mu〕という謎の名称は, 長い間解明されていなかったが, Smirnova, 1970, p. 24-38 によって同定された. 彼女は, ジャムーク Jamūk という称号を明確にソグド人貴族に付与し, 「宝石」と翻訳する 10 世紀のアラビア語テキストと関連づけた(Narshakhī, Frye 訳, p. 7 参照). 現在では, Yoshida, 2003 参照.

(74) 『安禄山事迹』des Rotours 訳, p. 288-289.

(75) 『安禄山事迹』des Rotours 訳, p. 271-272. Pan Yihong, 1992, p. 63-64 参照.

また，Twitchett, 1973, p. 50-51も参照.
(76) この点についてはSkaff, 2000参照.
(77)『安禄山事迹』des Rotours訳，p. 346. 羯胡は胡に対する唐代の古風な呼称である．ソグド人であることが確実な安禄山も羯胡とされる(同書p. 254).
(78) Hu-Sterk, 2000参照．多くの詩を翻訳して，この現象について詳細に研究している.
(79)『安禄山事迹』des Rotours訳，p. 122.
(80) Rong, 2001(中文), p. 62.
(81) Rong, 2001(中文), p. 92.
(82) この2人の人物について，詳細はde la Vaissière/Trombert, 2004, p. 964.
(83) Moribe, 2005.
(84) Mackerras, 1972, p. 184-187.
(85) Moriyasu/Ochir, 1999(和文), p. 209-224.
(86) Chavannes/Pelliot, 1913, p. 177ff. 参照.
(87) Lieu, 1985; Tremblay, 2001参照.
(88) Golden, 1992, p. 155ff.
(89) シネウス碑文には，バヤン・チョルが「セレンゲ川沿いにバイ・バリクを建設するようにソグド人と漢人に命じた」と記されている．訳文はGolden, 1992, p. 158. 同書p. 171-176も参照．Moriyasu/Ochir, 1999(和文), p. 177-195.
(90) Mackerras, 1972, p. 10, 88.『旧唐書』巻195，廻紇伝，p. 5208. 和訳は『騎馬民族史』2, p. 339.
(91) Mackerras, 1972, p. 12.
(92) 本書p. 284以下参照.

第8章

(1) Menandros，Blockley訳，p. 111-127.
(2) 本書p. 183で引用したテキストを参照.
(3) Menandros，Blockley訳，p. 111-115. Constantin Zuckermanは訳文を見直してくださった.
(4) Haussig, 1983, p. 165-166. Grenet, 1996a, p. 75はそれに従っている.
(5) フランス語訳とギリシア語テキストはTheophanes of Byzantium, in Photius, *Bibliothèque*, I，Henry訳，p. 78.
(6) この点についてはShahid, 1995, p. 364-366参照.
(7)『後漢書』巻88，西域伝，大秦国，p. 2919-2920，Chavannes訳，p. 185.
(8) Procopius『秘史』XXV, 13-22，Dewing訳，p. 297-301.
(9) 交易とスパイ活動との関係についてはLee, 1993, p. 175参照.
(10) これらの条約に言及される場所は主にビザンツ側にあるが，すべてがそうというわけではない．たとえば，ホノリウス〔西ローマ帝国初代皇帝，在位395〜423

年〕とテオドシウス2世〔東ローマ帝国第2代皇帝，在位408〜450年〕の勅書の中で，410年にカリニコスとアルタクサタとともに言及されるニシビスは，当時ペルシア領にあった(ローマは368年に最終的にこのまちを失った)．そのうえ，勅書の文言はペルシアとローマがこの点において相互主義をとることを主張していることから，このテキストにローマとペルシアの両方のまちが言及されるのは理にかなっている．これはスパイ活動の可能性を制限するための相互の取り決めである(Christensen, 1944, p. 126-128)．

(11) Procopius『秘史』XXX, 12, Dewing訳，p. 351.

(12) Abū 'l-Faraj al-Iṣfahānī, *Kitāb al-Aghānī*, XIII, p. 207. テキストと翻訳はSimon, 1970, p. 228. 同様にCrone, 1987, p. 130参照.

(13) Ibn Khurdādhbih, de Goeje訳，p. 135による．アラビア語テキストは同書p. 173.

(14) Menandros, Blockley訳，p. 113.

(15) アジア史において略奪は開戦理由としてしばしば使われる．たとえば，後にチンギスハンとホラズムシャーとの間でも使われている．

(16) 本書p. 71で引用したコスマス・インディコプレウステースのとても明解なテキストが示すとおりである(Cosmas Indicopleustes『キリスト教地誌』第II章第46節)．

(17) Menandros, 断片19, 1-2, Blockley訳，p. 171-179.

(18) Litvinskij, 1998, p. 146は，預言者ムハンマドがアラビア半島でソグドの甲冑を持っていたことを読みとっているが，どの部分がそれにあたるのかは分からない．ムハンマドの甲冑のリストは知られていて，その1つは，Sa'dの甲冑と言われている．思い違いがあったのだろうか．

(19) メルヴではカワードの治世の約20年間，ササン朝のコインの発行が中断している．Callieri, 1996参照.

(20) Majizadeh, 1982; Briant, 1984, p. 19-21参照.

(21) この一節はザカリアスの作ではない．アミダ(現在のディヤルバキル)で551年から569年の間に作成されたらしい．Zacharias, Hamilton/Brooks訳，p. 2-5参照〔参考文献のシリア語史料〕.

(22) Zacharias, VII, 第3章，Hamilton/Brooks訳，p. 151-152. この重要なテキストはHannestad, 1955-1957, p. 440において指摘された.

(23) そのことは，さらにプロコピオスによって間接的に裏付けられる．ペーローズが所有していた大きな真珠を，ゼノン〔東ローマ皇帝，在位474〜491年〕が，エフタルから買い取ろうとしたことを伝えている．Procopius『戦史』I, 4, 16(Dewing訳，p. 27)．Hannestad, 1955-1957, p. 440-441参照.

(24) または少なくとも行商人のもとに広く潜入していたスパイの一人のようにふるまっている.

(25) ペーローズがエフタルに敗れて死んだ直後，カワードの治世に同盟政策が講じられた.

(26) Menandros, 断片 10, Blockley 訳, p. 115. Constantin Zuckerman が訳文を見直してくださった.

(27) Menandros, Blockley 訳, p. 124-125.

(28) Menandros, Blockley 訳, p. 127.

(29) グレゴリウスの『歴史十巻』(『フランク史』という誤った名前で知られている). Manandjan, 1962, p. 110. Gregory of Tours, Thorpe 訳, p. 235:「ペルスアルメニア人は大量の生糸を積んで皇帝のもとを訪問し, 皇帝の友好を求めた」.

(30) Menandros, 断片 19, Blockley 訳, p. 171-173.

(31) Menandros, Blockley 訳, p. 175-176.

(32) Ierusalimskaja, 1996, p. 17. Ierusalimskaja, 1967a, 1967b.

(33) Ierusalimskaja, 1996, p. 115-132. モシュチェヴァヤ・バルカ遺跡以外でも, 中世初期の絹織物は発見されている. Nižnij Arxyz で発見された遺物については, Voskresenskij et al., 1996 参照. 同様に, Kuznecov/Runič, 1974, p. 200 参照. 一方で, ホラズムのコインが少なくとも 1 点コーカサス山脈で発見されている(Afanas'ev, 1975, p. 60; Noonan, 1985b, p. 245-248 参照). 最後に, 数点のソグド製銀器がコーカサス山脈で発見されていることを指摘しておく.

(34) Ierusalimskaja, 1996, p. 128.

(35) 黒海における交易については, Procopius『戦史』II, 15, 4-5(Dewing 訳, p. 387)によっても証明されている. ラズィカ王国とビザンツの国境との間に海上交通が存在し, 基本的には食料品(塩と小麦)の交易が行われていた.

(36) Manandjan, 1962. この著者は 7 世紀から 8 世紀にアルメニアの経済がとても困難な状況にあったことを強調している. 北方との交易が始まるのは 8 世紀末以降である. 同書 p. 189ff. 参照.

(37) Ananias of Širak『地誌』Hewsen 訳, p. 32-35.

(38) このテキストには 2 種類の異本がある. 長い方のテキストは 1 点の写本によってのみ知られるが, 短い方は多くの写本が存在する. 長い方が少し古いはずで, それをササン朝帝国崩壊後の状況に合わせた上で要約しているのが短い方のテキストである.

(39) たとえば, アルメニアについては Ananias of Širak『地誌』Hewsen 訳, p. 59-60, 小アジアについては同書 p. 52-54.

(40) Ananias of Širak『地誌』Hewsen 訳, p. 74-75. ソグディアナをサガスタンとする原注は間違いである. サガスタンは実際にはシースタンのことである. このテキストの東方に関する部分については Cardona, 1969 も参照.

(41) Ananias of Širak『地誌』Hewsen 訳, p. 74A.

(42) Balādhurī, *Kitāb Futūḥ al-Buldān*, Hitti/Murgotten 訳, I, p. 306.

(43) Minorsky, 1930, p. 59.

(44) Jordanes, Devillers 訳, p. 16.

(45) Frondžulo, 1974; Baranov, 1987; または Šandrovskaja, 1993, 1995.

(46) Marquart, 1901, p. 190-191. Vasmer, 1923, p. 71-72 の推論はオセット語の sug-

däg「神聖な」にもとづいている．J. Harmatta のような中央アジアの専門家さえも，この解釈に賛同していることに注意すべきである(Harmatta, 1979a, p. 153-156)．

(47) Szemerenyi, 1980 とは反対に．しかしながら，この読みを補強するために引用される漢文テキストは，誤って解釈されていることに注意しなければならない．Enoki, 1955 参照．

(48) アラン語を語源とする説に依拠して，ソグダイアは 212 年に建設されたと言及されることがあるが，それはただの幻想にすぎない．212 年という年代の典拠は，スダクの聖ステファノの生涯を記す歴史的価値のない 16 世紀の史料である．

(49) Dolbeau, 1992.

(50) Verona LI(49)．Vat. gr. 1506 fol. 78a と比較せよ．

(51) Dvornik, 1958, p. 197-199.

(52) Dvornik, 1958, p. 178 に訳文あり．ギリシア語テキストは *Indices Apostolorum*, Schermann, 1907, p. 108.

(53) エピファニオスは，キリストの使徒と弟子のリストの，グルジア人に言及しない最初のヴァージョンを使用していることに留意すべきである．

(54) ギリシア語テキストは，J.-P. Migne(ed.), *Patrologia Graeca*, 1857-1866, CXX, p. 243.

(55) エピファニオスのテキストの厳密さは，たいへん興味深い．というのもエピファニオスは，Sogdianous という語はもう使わずに，Sougdaious tous ano という語を使っている．Constantin Zuckerman が筆者に指摘したように，エピファニオスは Sogdianous という語をテキストで知ってはいたが，旅行中に聞くことがなかったため，その語を Sougdaious と tous ano(「上方の」)の 2 つの語に分けた．そのようにテキストを修正することで，彼は，「ソグデー」と発音された中世初期のソグド人の民族名のギリシア語化した形「ソグダイ」を使ったにすぎないことが確認される．言い換えれば，エピファニオスは，アレクサンドロス大王の遠征の時代から継承されてきた Sogdianous という古風な名称を，中世の発音に応じて修正したのである．

(56) *Acta Andreae*, Bonnet(ed.), 1894, p. 334 参照．

(57)『コンスタンティノス伝』，フランス語訳は Dvornik, 1933, p. 375.

(58) Dvornik, 1933, p. 208.

(59) Klein, 2000 参照．

(60) この未発表の陶片について筆者に教えてくださった Boris Maršak と，写真と注釈とともに，この資料を公表する許可を筆者に与えてくださった Vladimir Livšic に最大の謝意を表する．ここでは Livšic の注釈に依拠している．この陶片は，Ju. M. Desjatčikov 教授の遺品の一部であり，教授がクチュグリイ，ザポロジュスコイ，ゴルツカヤの遺跡を発掘していた 1980 年代末に発見された．

(61) Livšic, 1981 参照．

(62) コンスタンティノープルの倉庫(apothèkè)の租税管理長の印章については Šan-

drovskaja, 1995．また，レオ3世(在位717〜741年)の治世の税務官の印章がソグダイアの遺跡で複数発見されている．それについてはŠandrovskaja, 1993参照．これらの印章はコンスタンティノープルからの交易を想起させる．Baranov, 1991も参照．

(63) Menandros，断片19，Blockley訳，p. 176参照．

(64) そのためには，Darkevič, 1976; Marschak, 1986; Lukonin/Trever, 1987; Noonan, 1985b, annex IIから引き出した情報を組み合わせなければならない．詳細は，de la Vaissière, 2000参照．

(65) Zav'jalov, 1995参照．東方からスカンディナヴィア半島への輸入全般については，Jansson, 1988参照．

(66) Goldina/Nikitin, 1997.

(67) 合計78点の中には，ビザンツのコイン2点，アラブ・ササン朝式コイン2点，ウマイヤ朝のコイン1点，アッバース朝のコイン2点も含まれる．

(68) Noonan, 1982b, p. 272.

(69) スーサの地域にあたるĒrān-xvarrah-Shābuhrの工房で発行されたコインが8点，その模倣貨が4点と多数を占めることに注意する必要がある．しかし，メルヴ(2点)，アームル(2点)，サカスタン(シースタン)(2点)のように，遠く離れた地域で発行されたコインも見られる．結局のところ，発行地は分散しているとしか言えない．アードゥルバーダガーン(アゼルバイジャン)で発行されたコインはたった1点しかないことも注目される．ササン朝のコインの発行地の同定には，Göbl, 1971; Gyselen, 1979; Nikitin, 1995を参照し，その位置については，Gyselen, 1989の地図を参照した．Nikitin, 1995の論文は，とくに，ササン朝コインを模倣したコーカサスのコインが全く違った形式であることを示す．

(70) Livšic/Lukonin, 1964, p. 175は，ソグディアナでカウンターマークが押されたペーローズのコインについて指摘している．エルミタージュ美術館に保管されているが，出土地は示されていない．

(71) Vajnberg, 1977, table XIV: ホラズムの最後のコインであるアズカトスヴァル2世のコインの重さは，ほとんどの場合2.4〜1.7グラムの間に収まる．

(72) Noonan, 1985b, p. 245. Vajnberg, 1977に挙げられているのは，コイン1417点とコインの断片500点だけである．

(73) Mažitov, 1990; Muxamadiev, 1990, p. 37-38; Tolstov, 1938, p. 121参照．詳細は，de la Vaissière, 2000参照．

(74)『後漢書』巻88，西域伝，厳国，p. 2922，Chavannes訳，p. 195．森林地帯のとても広い場所を毛皮獣の骨が占めていることが考古学によって確認され(Kazanski, 1992, p. 95)，さらに2世紀から5世紀には――カマ川に東方の品物が届くようになる前――かなり遠方(中央ヨーロッパ，ドニエプルなど)の品物がそこに集中していたことは注目される(Kazanski, 1992, p. 90-91, 111, 114)．イスラーム世界の毛皮交易についてはLombard, 1969参照．ビザンツ世界の毛皮交易についてはHoward-Johnston, 1998参照．

(75) 今のところ Bubnova/Polovnikova, 1986, 1991, 1997 参照.

(76) Boris Maršak からの情報に心から感謝する．分析によれば，これはミャンマーではなくバルト海沿岸の琥珀である.

(77) 1997 年 8 月のペンジケントの学会での Bubnova の口頭発表.

(78) Darkevič, 1976, p. 145, 56; Lukonin/Trever, 1987, p. 127, no. 19, p. 112-113; Marschak, 1986, p. 325-329; Maršak, 1996.

(79) Pletneva, 1996, p. 43-44, 12.

(80) Noonan, 1982a.

(81) 本書 p. 266 参照.

(82) de la Vaissière, 2000.

(83) Livšic/Lukonin, 1964, p. 165-166; Noonan, 1982b, p. 289.

(84) Menandros, Blockley による校訂と翻訳，断片 10．4, p. 124-125.

(85) Mas'ūdī, Pellat 訳，I, p. 162, §450.

(86) このネットワークに関する考察は Manylov, 1982 参照.

(87)『新唐書』巻 221 下，西域伝下，火尋，p. 6247，Chavannes, 1903, p. 145-146〔参考文献の特定のテーマに関する歴史文献〕; Schafer, 1963, p. 217．和訳は小谷仲男/菅沼愛語「『新唐書』西域伝訳注(2)」『京都女子大学大学院文学研究科研究紀要 史学編』10，2011，p. 152-153.

(88) Schafer, 1963 のホラズムに関する言及の多くはイスラーム史料から引用されている．実際のところ，漢文史料に引用されているのは鹿皮，石蜜(せきみつ)(氷砂糖)，黒塩(？)だけである.

(89) Vajnberg の分類のタイプ G-V と G-VI．Vajnberg, 1977, p. 81, 152-154, 159-161.

(90) Vajnberg, 1977, p. 161, no. 1167.

(91) 例外が 1 点あるが，おそらく模倣貨だろう．Vajnberg, 1977, p. 154, no. 1060.

(92) Vajnberg, 1991 参照．考古学にもとづき，ホラズムとその近隣地域との関係について概観する最近の論考.

(93) Grenet, 1984, p. 141-147.

(94) 1307 年に歴史家のヘトゥムがその著作『東方の地の歴史の花』の中で引用．Pelliot, 1973, p. 117 のテキスト参照．「ホラズムのキリスト教徒「ソルダイン」は，固有の言語と文字を持つ．これはソグド語を話すキリスト教徒である」．ホラズムのメルキト派に対する西方の影響については Tolstov, 1946 参照.

(95) Pelliot, 1973, p. 11, 119-120.

第 9 章

(1) タバリー Ṭabarī のテキストを引用する際は，ライデン版に従ってアラビア語テキストの典拠を示し，次に英訳(責任編集 E. Yar-Shater)の巻数と頁数を記す.

(2) Daniel, 1990 参照．Daniel によれば Zotenberg によるバルアミー Bal'amī の翻訳

は現在でも有効である.

(3) Balādhurī, Hitti/Murgotten 訳. バラーズリーは Abū ʻUbayda による独立した伝承を提示している. 和訳は花田宇秋訳『諸国征服史』3巻本, 2012-2014, 岩波書店.

(4) イスラーム時代初期の史料が乏しいことは, しばしば強調される. たとえば, Lewis, 1977 参照.

(5) Narshakhī, Frye 訳. Riḍawī による 1351 年のペルシア語の校訂本を使用している.

(6) *Histories of Nishapur*, Frye, 1965(写真版). 最も遅い 2 つのテキストの索引が存在する(Jaouiche, 1984). サマルカンドについては, アラビア語の *Kitāb al-Qand* (al-Fāryābī による校訂本)と, ペルシア語の *Qandiyya* 参照(後者については, 写本と Vjatkin, 1906 によるロシア語訳しかない. Yury Karev は, その校訂本を準備している. アラビア語テキストとペルシア語テキストの関係については, Paul, 1993; Weinberger, 1986 参照. 彼らは別々に, それらが独立したものであるとの結論に達している). その他に, 類似のテキストも, より限定的にではあるが使用した. とくに, al-Khatīb al-Bagdādhī による『バグダード史のための地形に関する手引き』(Salmon 訳)と, Samʻānī, *Kitāb al-Ansāb* (Kamaliddinov, 1993 を参照した)を使用した.

(7)『新唐書』巻 221 下, 西域伝下, 米, p. 6247ff., Chavannes, 1903, p. 144〔参考文献の特定のテーマに関する歴史文献〕:「米国は弥末または弭秣賀(マーイムルグ)とも呼ばれる. (中略)君主は鉢息徳城を都とする. 永徽年間(650〜655 年)に, 大食(アラブ)によって攻撃された」. al-Aḥnaf がソグディアナを急襲したのは, 彼がバルフを征服し, ホラズムを急襲した後であることが, バラーズリーによって言及されている. Balādhurī, Hitti/Murgotten 訳, p. 167.

(8) Karev, 2000.

(9) カラハン朝については, 現在では *Études karakhanides*, 2001 所収の論考を参照.

(10) 今なお中心的なテキストである Barthold, 1900(1968)や Gibb, 1923, そして 8 世紀については Karev, 2000 を参照されたい. 近年, 最も議論されている問題は, 間違いなく, アッバース朝革命におけるペルシア人の役割である. それは, Shaban, 1970 が誤ってアラブ人主体の革命であると論じたためである. Daniel, 1979; Kennedy 1981; Sharon, 1983; Daniel, 1997; Agha, 1999; Pourshariati, 1998 参照.

(11) 中世初期の東方の経済史をまとめる試みは, Spuler, 1977 参照. 交易に関する情報はとても少ない.

(12) Ṭabarī, II, 1188-1189, 英訳, 第 XXIII 巻, p. 136-138 参照. 中国の絹というのは生絹(Ḥarīra ṣīniyya)のことである.

(13) タバリーは両方の数字を挙げ, ナルシャヒー(Narshakhī, Frye 訳, p. 45), バルアミー(Balʻamī, Zotenberg 訳, p. 141-142)は 2 番目の数字だけを挙げている. バルアミーはそれが金であると明記している.

(14) Ṭabarī, II, 1189, 英訳, 第 XXIII 巻, p. 137.

(15) Ṭabarī, II, 1287-1288, 英訳, 第 XXIV 巻, p. 10-12; Bal'amī, Zotenberg 訳, p. 180.

(16) Narshakhī, Frye 訳, p. 44-45.

(17) Ṭabarī, II, 1247, 英訳, 第 XXIII 巻, p. 195.

(18) Ṭabarī, II, 1874, 英訳, 第 XXVI 巻, p. 243.

(19) Ṭabarī, II, 1189, 英訳, 第 XXIII 巻, p. 137. ナルシャヒーは, 武器が少ないせいで値段が上昇しているという全く違う話を伝える(Narshakhī, Frye 訳, p. 46).

(20) Maršak/Kramarovskij, 1996, p. 71.

(21) 2つのテキストの比較検討, ロシア語訳, 注釈は, Smirnova, 1960 参照.

(22) バルアミーは 10,000,000 という数字を与えているが, おそらくペルシア語ではよくある 2 と 10 の混同だろう.

(23) バルアミーはここで Jāme dībā「錦の服」という用語を使用しているが, Ibn A'tham al-Kūfī は Thawb「服」としか言っていない. «〔kusok〕 tkani »「織物〔の断片〕」という Smirnova, 1960, p. 73 のロシア語訳は正しくない.

(24) Ibn A'tham al-Kūfī は, Ḥarīr すなわち生絹という用語を使っている.

(25) アラビア語の原語は Shuqqa で, 織物全般を指すこともあるが, 細長い切れを指すこともある.

(26) Trombert, 2000b, p. 118, n. 2.

(27) 1 疋は, 長さ 12 メートル, 幅 0.55 メートルである.

(28) Ṭabarī, II, 1689, 英訳, 第 XXVI 巻, p. 25.

(29) Ṭabarī, III, 79-80, 英訳, 第 XXVII 巻, p. 202.

(30) Ṭabarī, II, 1441, 1447-1448, 英訳, 第 XXIV 巻, p. 171, 177-178.

(31) 訳文は, Frejman, 1962; Livšic, 1962; Bogoljubov/Smirnova, 1963. Grenet, 1989 も参照.

(32) アラブ軍に対するソグド人の最後の抵抗については, Grenet/de la Vaissière, 2002 参照.

(33) Raspopova, 1993, p. 24; Raspopova, 1990, p. 189.

(34) Raspopova, 1990, p. 174; Raspopova, 1993, p. 24-25.

(35) Ṭabarī, II, 1664-1665, 英訳, 第 XXV 巻, p. 192-194; II, 1718, 英訳, 第 XXVI 巻, p. 58.

(36) Ṭabarī, II, 1717-1718, 英訳, 第 XXVI 巻, p. 56-57.

(37) Ṭabarī, II, 1022, 英訳, 第 XXII 巻, p. 165-166.

(38) Shaban, 1970.

(39) Shaban, 1970, p. 48.

(40) このテキストよりも曖昧だが, パイケントの商人について前に引用したテキストも, この意味で使用することができる. メルヴとパイケントとの間に接触があったことは, パイケントの住人が遠征について知らせを受けていたことから知られる. しかしながら, パイケントの商人はとくにメルヴと交易をしていたわけではなく,

むしろ，とても広く東方と，すなわち中国と交易をしていたようである．この分析は，ソグディアナ東部の商人がメルヴへ移住したという，筆者がタバリーのテキストをもとに行った分析と一致するだろう．しかし，これも単に経済に関わる問題なのかもしれない．すなわち，中国への交易によって得られる利益だけが，身代金と引き換えに捕虜を釈放し，まちを再建することを可能にしたということである．

(41) Ṭabarī, II, 1023, 1026, 1080 にもとづく Shaban, 1970, p. 58-60 の解釈．Beckwith, 1987, p. 67 はそれについて熱心に議論し，サービトとフライスを「商人であり王族である2人のソグド人」とみなしている．

(42) Ṭabarī, II, 1080-1082, 1152, 英訳，第 XXIII 巻，p. 28-31, 96-97.

(43) Ṭabarī, II, 1023-26, 英訳，第 XXII 巻，p. 166-170.

(44) Ṭabarī, II, 1157, 英訳，第 XXIII 巻，p. 101-102.

(45) li という小辞は帰属関係を意味することも，単なる目的を意味することもあるため，「なぜなら，私たちに帰属する商人たちはバルフから来る」と「なぜなら，私たちのもとに商人たちはバルフから来る」のどちらの訳を採用すべきか決めかねる．後者の可能性も十分にある．

(46) とりわけ，Shaban は，ソグド人への借金を理由に投獄されたブカイルの副官を，この兄弟が釈放させたと解釈しているが，そのような記述はどこにもない．Ṭabarī, II, 1026.

(47) Ṭabarī, II, 1163, 英訳，第 XXIII 巻，p. 107.

(48) Gibb, 1923, p. 67; Shaban, 1970, p. 98.

(49) Ṭabarī, II, 1364-1365. D. S. Powers による翻訳(英訳，第 XXIV 巻，p. 94)には誤りがある．彼は，これより前の部分では 'ahl を「人々」と訳しているが，ここでは 'ahl al-Sughd を「al-Sughd の軍隊」と訳している．そのことによって，アラビア語テキストに実際は存在しない都市住人と軍隊との対立が生じてしまっている．バラーズリーもこの出来事について報告し，サマルカンドの人々に2回言及する(Balādhurī, Hitti/Murgotten 訳，p. 189)．

(50) Shaban, 1970, p. 98-99.

(51) ここではナルシャヒーのテキストが主要な資料である(Narshakhī, Frye 訳，p. 62-64)．この出来事についてタバリーはわずかしか言及しない(Ṭabarī, III, 74, 英訳，第 XXVII 巻，p. 197)．

(52) Daniel, 1979, p. 86ff. の主張とは反対に．

(53) Ṭabarī, II, 1444-1445, 英訳，第 XXIV 巻，p. 176.

(54) これは Shaban, 1970, p. 102 が，このエピソードに与えている意味である．

(55) Narshakhī, Frye 訳，p. 30.

(56) Narshakhī, Frye 訳，p. 31, 49. 偶像が表現されていたことは，ゾロアスター教の中央アジアの形態を示している．

(57) さらに，Shaban は，740 年にナスル・ブン・サイヤールがソグド人亡命者を赦免したのは，彼らに戦闘員としての価値があるからではなく，彼らが商人だったからであると主張するが，そのような主張は，タバリーが断言することと矛盾する

(Shaban, 1970, p. 131. Ṭabarī, II, 1717-1718, 英訳, 第 XXVI 巻, p. 57 参照). 同じような批判は, ソグド人だけではなく, その他の民族の例にもあてはまることを指摘しておく. すなわち, H. Masson の論文は, メルヴのアラブ人部族のアズド家が交易において果たしたと推測される役割について論じるが, 彼の主張には何の証拠も示されていない(Masson, 1967, p. 198-199).

(58) この問題については, Sublet, 1991, p. 104-114 参照.

(59) Sam'ānī, 'Abdur Raḥmān (ed.), 1962, p. 187. よくあることだが, バルトリドはすでにこのテキストを指摘している. Barthold, 1900 (1968), p. 255.

(60) Ibn al-Faqīh al-Hamadhānī (Massé 訳, p. 191) によれば, 4000 人のブハラ人が〔ウマイヤ朝のホラーサーン総督〕'Ubaid Allāh ibn Ziyād (在位 673〜683 年) によって sikka bukhāriyya に移住した. ナルシャヒー(Frye 訳, p. 37) は, 彼らがブハラから出発したことは伝えるが, その後のことは明言しない.

(61) Chuvin (dir.), 1999, p. 128 の挿図参照.

(62) Ṭabarī, III, 871, 936-937, 英訳, 第 XXXI 巻, p. 137, 209-210.

(63) Ṭabarī, II, 1931, 英訳, 第 XXVII 巻, p. 42.

(64) Mandelung, 1982, p. 39.

(65) Balādhurī, Hitti/Murgotten 訳, p. 175; Narshakhī, Frye 訳, p. 41; Ṭabarī, II, 179, 英訳, 第 XVIII 巻, p. 190.

(66) しかし, アブー・ハニーファは, 絹を扱う商人であり, カーブル出身の一族の出である. さらに, フェルガナでバスラの人々が交易を行っていたという孤立した言及があるが(Ibn al-Faqīh al-Hamadhānī, Massé 訳, p. 191), イスラーム世界の最果ての地としてフェルガナが引用されているだけかもしれない.

(67) Ṭabarī, III, 79, 英訳, 第 XXVII 巻, p. 202.

(68) Narshakhī, Frye 訳, p. 18.

(69) Abū Zayd, Ferrand 訳, p. 104.

(70) Mas'ūdī, Pellat 訳, I, p. 127.

(71) Mas'ūdī, Pellat 訳, I, p. 124-125.

(72) Ṭabarī, II, 1921-1922, 1987, 英訳, 第 XXVII 巻, p. 32-33, 95. Sam'ānī は, *Kitāb al-Ansāb*, VII, 195 において, メルヴにあったソグド人の小さなバザールに言及している(Kamaliddinov, 1993, p. 25 参照).

(73) Beckwith, 1984b は, まちの内部の円形プランに仏教の影響がある可能性を指摘するが, 確かではない.

(74) Ya'qūbī, Wiet 訳, p. 30.

(75) Ya'qūbī, Wiet 訳, p. 31.

(76) Lassner, 1970, p. 28.

(77) このような現象はしばしば見られた.「信徒たちのアミールの庇護民ラビーの委譲地, 彼はカルフ地区の委譲地を市場と店舗に整備し(後略)」. Ya'qūbī, Wiet 訳, p. 37.

(78) Lassner, 1970; al-Khatīb al-Bagdādhī, Salmon 訳参照.

(79) 実際には，バグダードを有名にした宗教的エリート集団の成員の伝記を集めたものである.

(80) しかしながら，パイケントに関するナルシャヒーの一節を引用することができるだろう.「パイケントはまちとみなされていて，その住人は村と呼ばれるのを好まない. パイケントの市民がバグダードに行き，どこの出身かと聞かれると，ブハラではなくパイケントの出身であると答える」，Narshakhī，Frye 訳，p. 18. イスラーム文献においてパイケントは典型的な商人のまちであるが，バグダード行きの目的についてはここでは何も伝えられない.

(81) サマラではフェルガナ，テュルク，ウストルシャナの軍人の地区は他の地区と注意深く分けられており，必要のない商業活動がそこで行われなかったことは明らかである. Ya'qūbī，Wiet 訳，p. 50, 55 参照.

(82) 9 世紀のカリフの軍隊の構成については，Shaban, 1976, p. 63-66; Sharon, 1986, p. 139-140; Bosworth の注釈(Ṭabarī，英訳，第 XXXIII 巻，p. 49)を参照. 同じ頃ビザンツの皇帝が，アッバース朝にならってフェルガナの衛兵を自身のために組織したことを，Constantin Zuckerman から教えていただいた. チャーカルについては，de la Vaissière, 2005 参照.

(83) Bal'amī，Zotenberg 訳，p. 189 は，ブハル・フダーがトランスオクシアナ部隊の隊長であると明言している. Ṭabarī, III, 1197，英訳，第 XXXIII 巻，p. 49 参照.

(84) Ya'qūbī，Wiet 訳，p. 54-55.

(85) Ibn Ḥawqal，Kramers/Wiet 訳，p. 450-451. この貴族階級の役割については，Paul, 1994 参照.

(86) Ṭabarī, III, 1318，英訳，第 XXXIII 巻，p. 200. Bosworth の注釈は，それが仏像であるとするが，確かではない.

(87) Bosworth, 1981 参照.

(88) Ṭabarī, III, 1317，英訳，第 XXXIII 巻，p. 199.

(89) Barthold, 1968, p. 211.

(90) Narshakhī，Frye 訳，p. 82 参照.

(91) Narshakhī，Frye 訳，p. 11-12 参照.

(92) ホラズムの聖職者に関するいくつかの資料，すなわちクタイバによる聖職者の虐殺に関する資料にほぼ限定される. al-Bīrūnī『年代記』Sachau 訳，1879, p. 41 参照.

(93) この失われたテキストとこれらの写本(要約，続き，続きの要約)を結びつける関係性については，Frye, 1965, p. 10ff. 参照.

(94) Bulliet, 1970. この研究は，格好の出発点を提供してくれる. しかし，筆者は Bulliet が「メルヴとブハラからのルート」と呼んでひとまとめにしているものや，論文中に提供された資料から推論されなかったことを明確にするために，これらの写本に取り組み，トランスオクシアナのニスバを探すために，写本を読み直した.

(95) 資料の性質上，死亡した年代による区分に従わざるをえない(預言者から何世代離れているかを示すことを意図してなされた区分). それに加えて，教育を受けて

から死ぬまでの年数を恣意的に決定しなければならない．筆者は，ここでは，教育を受ける年齢を15歳，死亡時の年齢を50歳としたが，これにはもちろん批判の余地がある．

(96) いうまでもないことだが，この統計はとても包括的に見た場合にのみ有効であり，イスラーム化が進行中であることを否定する必要は全くなく，そのリズムを推定することが重要である．一方で，マートゥリーディー al-Māturīdī(944年没)のような傑出した例外が存在する．彼はこの地方のハナフィー学派の創始者である(10世紀前半に生まれたアブー・ライス・サマルカンディー Abū al-Layth al-Samarqandī も同様にこの学派の名を高めた)．その後，セルジューク朝は，この学派をイスラーム世界全体に普及させることになる(Mandelung, 1990参照)．ただし，ブハラはこの分野においてもかなり前から発展していて，最も有名な伝統主義者であるブハーリー(810〜870年)を輩出していること，またマートゥリーディーが名声を得たのは没後であることを強調しておく．

(97) Frye, 1975, p. 215-218参照．ブハラでは早くも874年の時点で，宗教的エリート集団の主要人物が，サーマーン朝への訴えにおいて政治的役割を果たしたことが認められる．

(98) Narshakhī，Frye訳，p. 40.

(99) バクトリア語の分野における研究の進歩によって，その数はさらに少なくなる．Henning, 1939が示したリストを大幅に見直す必要がある．

(100) Muqaddasī，Collins訳，p. 296，アラビア語テキストは，*Bibliotheca Geographorum Arabicorum*, III, p. 335-336.

(101) しかしながら，11世紀初めに著作を残したビールーニーは，もし彼自身がソグド語を読めたのでなければ，ソグド語を読める学者に出会っていたはずである．なぜなら，彼は著作の中にソグディアナのマギ(祭司)の本と，いくつかのソグド語の単語を，何度も引用しているからである(たとえば，彼の『インド誌』に．al-Bīrūnī，Sachau訳，I, p. 260-261)．13世紀初めにFakhru 'd-Dīn Mubarak Shāhは過去の遺物としてソグド文字に言及している．Gauthiot/Ross, 1913参照．

(102) Maršak/Raspopova, 1987, 1990b参照．

第10章

(1) Miquel, 1967-1988とLewicki, 1979による補足を参照．

(2) 翻訳されているのは，Ibn Khurdādhbih(de Goeje, 1889校訂本と翻訳)，Ya'qūbī(『諸国史』Wiet訳)，Ibn Ḥawqal(『大地の姿』Kramers/Wiet訳)，Muqaddasī(Collins訳)，作者不詳の *Ḥudūd al-'Ālam*(Minorsky訳)，Ibn al-Faqīh al-Hamadhānī(Massé訳，より完全に近い写本のal-Hādīによる校訂本)，Ibn Rusta(Wiet訳)，Idrīsī(Nef/de la Vaissière訳，ナポリの校訂本による)である．イスタフリーの著作は翻訳されていないが，イブン・ハウカルは，この地域に関して，おおむね一語一句イスタフリーに従っている．ただし，イブン・ハウカルが手本と自身のテキス

トとの間に生じさせた小さなひずみは，きわめて重大な意味を持つ．とくに言及しない限り，地理書の原文はすべて de Goeje の *Bibliotheca Geographorum Arabicorum* を参照した(BGA と略記し，巻数と頁数を記す．イブン・ハウカルのテキストは第2版を参照した)．これらの地理学者の著作の他にも，必要に応じて種々の著作を参照した．それらは利用する際に示す．

(3) 敦煌のウイグル語文書は Hamilton, 1986〔参考文献のテュルク語史料〕，テュルク・ソグド語文書は Sims-Williams/Hamilton, 1990 参照．漢文の契約文書は Trombert, 1995，経済・社会文書の原文はすべて Yamamoto/Ikeda, 1987 に公表されている．

(4) Mackerras, 1972 は漢文文献を集めている．Moriyasu, 1981 も参照．

(5) Beckwith, 1987 は，チベット帝国の歴史を政治の面から論じ，西方諸国との関係についても論じている．

(6) Noonan, 1980, 1984.

(7) ただし，本書の第8章で強調したとおり，少なくともこの期間の前半は中央アジアの商人の活動は，依然として活発だった．しかし，840年代以降(838年のすぐ後に埋められたデヴィツァの宝物を考慮すれば)の約30年間，コーカサスを通過するルートはほぼ唯一の交通路として優勢だった．

(8) Noonan, 1985a, p. 182ff. は，南コーカサスの交易の終焉を貨幣資料から検証している．中近東の造幣所は10世紀にも引き続き多くのコインを発行するが，それらはもはやロシアまで到達しない．

(9) Noonan, 1992 は，東欧とスウェーデンで発見されたすべてのディルハム銀貨，すなわち15万枚以上のコインを考察している．Lewicki, 1974 はポーランドの資料の総括と参考文献を与える．その後発表された Noonan の論文が示す資料によって，それらを補うことができる．

(10) 10世紀初めのポーランドのクルコヴィチェの宝物は，ほぼ全体がサーマーン朝のコイン(890年代と900年代)から成る．Noonan, 1985a, p. 185, 198.

(11) Noonan, 1992, p. 249.

(12) Ibn Rusta，Wiet 訳，p. 159; Hrbek, 1975, p. 1347 も参照．

(13) Hrbek, 1975, p. 1347，Ibn Faḍlān，Charles-Dominique 訳，p. 47.

(14) Shaban, 1976, p. 148 参照．Ibn al-Athīr, VIII, p. 67 を引用している．

(15) 訳文は Lewicki, 1974，テキストは，BGA, III, p. 324-325.

(16) Ibn Ḥawqal，Kramers/Wiet 訳，p. 463.

(17) Miquel, 1967, I, p. 292-309 参照．

(18) Ibn Ḥawqal，Kramers/Wiet 訳，p. 463．Iṣṭakhrī のアラビア語テキストは，BGA, I, p. 304.

(19) 9世紀から12世紀にイランのまちに存在した商人の集落については，Beradze, 1980 参照．

(20) Belenickij/Bentovič/Bol'šakov, 1973, p. 232ff. 参照．8世紀初めから9世紀半ばにまちの面積が5倍に広がり(p. 239)，この発展は9世紀末にいっそう勢いを増し

た(p. 240ff.)と推測している．ブハラ・オアシスについては，Šiškin, 1963 の地図を参照．

(21) Belenickij/Bentovič/Bol'šakov, 1973, p. 219ff. 参照．Grenet/Rapin, 1998; Shishkina/Pavchinskaja, 1992-1993; Šiškina, 1973, p. 117-120 も参照．サマルカンドの構造と面積を伝える Ibn al-Faqīh al-Hamadhānī のマシュハド写本の翻訳は，Tskitishvili, 1971 を参照．

(22) ムカッダシーによる首都の定義に関する分析を参照．Muqaddasī，Collins 訳，p. 242，BGA, III, p. 270．イブン・ハウカルは，トランスオクシアナでブハラが最も人口の密集したまちであることに言及し，「まちの面積を考慮すれば，より人口が多い」と注をつけて，サマルカンドの優勢を示している．

(23) それに対して，ホラーサーン西部は，サーマーン朝の経済的・社会的支配から逃れ，時にはその政治的支配からも逃れ，ニーシャープールを中心に組織された．かつてのメルヴの領土は，2つの中核都市(ブハラとニーシャープール)によって分割された．

(24) Narshakhī，Frye 訳，p. 78-82.

(25) 本書 p. 148 のナルシャヒーのテキスト参照．ホラズムでも同じように考えられていたことを，ムカッダシーが伝えている(Muqaddasī，BGA, III, p. 286)．

(26) Burjakov/Dudakov, 1994; Burjakov, 1974，とくに p. 102-111 参照．

(27) Davidovič, 1966 は，サーマーン帝国内部の貨幣流通に見られる特徴を詳しく分析している．

(28) Iṣṭakhrī，BGA, I, p. 333 と Ibn Ḥawqal，Kramers/Wiet 訳，p. 487，BGA, II, p. 510 を比較せよ．

(29) これらの問題に関する Noonan, Kočnev, Ataxoždajev の教示に心から感謝する．Davidovič, 1966, p. 112 も参照．

(30) Iṣṭakhrī，BGA, I, p. 318.

(31) Ibn Ḥawqal，Kramers/Wiet 訳，p. 474，テキストは BGA, II, p. 494．過去の状況を伝えていることから，未完了形を完了形に修正する必要がある．いくつかの写本で完了形への修正が確認される．Iṣṭakhrī のテキスト(BGA, I, p. 318)はほぼ同文である．

(32) *Ḥudūd*，Minorsky 訳，p. 113, 352 の注釈．

(33) Iṣṭakhrī，BGA, I, p. 317-318.

(34) Ibn Ḥawqal，Kramers/Wiet 訳，p. 470，BGA, II, p. 490.

(35) *Ḥudūd*，Minorsky 訳，p. 112.

(36) Ibn Ḥawqal，Kramers/Wiet 訳，p. 470，BGA, II, p. 490.

(37) Ibn Ḥawqal，Kramers/Wiet 訳，タワーウィース：p. 469，BGA, II, p. 489; ケシュ：p. 480-481，BGA, II, p. 502; ウィザール：p. 497，BGA, II, p. 520; サマルカンド：p. 474，BGA, II, p. 494; 賛辞：p. 447，BGA, II, p. 464.

(38) *Ḥudūd*，Minorsky 訳，p. 113.

(39) Ibn Ḥawqal，Kramers/Wiet 訳，p. 483-485，BGA, II, p. 505-507．*Ḥudūd*(p.

115)は取引が10万ディナールにのぼることを伝え，また塩化アンモニウムにも言及している．フェルガナについては，Ibn Ḥawqal，Kramers/Wiet訳，p. 492-493, BGA, II, p. 515.

(40) *Ḥudūd*に弓が言及されるのを除いて．Minorsky訳，p. 118.

(41) *Ḥudūd*，Minorsky訳，p. 94-100.

(42) Muqaddasī，Collins訳，p. 286-287，BGA, III, p. 325.

(43) Laufer, 1919, p. 557-559参照.

(44) ジャーヒズ(869年没)の作とされる*Kitāb al-tabaṣṣur bi'l-tijāra*は，Ch. Pellatによって校訂，翻訳がなされた(Ps-Jāḥiẓ, Pellat, 1954)．彼はジャーヒズの作であることに強い疑いを持っている．しかしながら，サアーリビーは11世紀初めに*Laṭā'if*の中で，それがジャーヒズの著作であると言及している(Tha'ālibī，Bosworth訳，p. 142)．この文献は，その様々な要素から9世紀のものと推定される.

(45) Ps-Jāḥiẓ, Pellat, 1954, p. 159.

(46) Tha'ālibī，Bosworth訳，p. 140.

(47) Ya'qūbī，Wiet訳，p. 235.

(48) Abū Zayd，Ferrand訳，p. 109，テキストは本書p. 293に引用.

(49) Tardieu, 1996; Benjamin，Signer/Asher訳参照.

(50) Ya'qūbī，Wiet訳，p. 45.

(51) イスラーム圏におけるテュルク人兵士に関する問題は，数多くの論争を引き起こした．Beckwith, 1984aはこの制度が中央アジア起源であることを明らかにした．先行研究もこの論文中に見られる．de la Vaissière, 2005も参照.

(52) Bosworth, 1963, p. 39-41．Bosworth, 1998も参照.

(53) Ibn Ḥawqal，Kramers/Wiet訳，p. 447.

(54) Muqaddasī，Collins訳，p. 300，BGA, III, p. 340.

(55) Ibn Ḥawqal，Kramers/Wiet訳，p. 474.

(56) 租税についてはTwitchett, 1963, p. 34ff.，硬貨についてはp. 76ff.，行政面についてはp. 109ff.を参照．商業についての議論はTwitchett, 1968，とくにp. 74-78も参照.

(57) Mackerras, 1972, p. 103〔参考文献の特定のテーマに関する歴史文献〕，『新唐書』巻217上，回鶻伝上，p. 6124を引用.

(58) Trombert, 1995, p. 26-27.

(59)『新唐書』巻217上，p. 6121，Mackerras, 1972, p. 89．和訳は佐口透ほか訳注『騎馬民族史』2，東洋文庫，1972，p. 395.

(60)『新唐書』巻217上，p. 6121，Mackerras, 1972, p. 89-91.

(61)『新唐書』巻217上，p. 6121，Mackerras, 1972, p. 91．和訳は『騎馬民族史』2, p. 396.

(62) Mackerras, 1972, p. 151-152, n. 145, p. 166, n. 212.

(63) Mackerras, 1972, p. 109，『新唐書』巻217上，p. 6126を引用.

(64) これに対して，中国の史書にはよくあることで，突厥について述べたことをそ

のままウイグルにも繰り返しているにすぎない，という反論がなされるかもしれない．しかし，ウイグル語に含まれるソグド語の語彙の割合や，すでに引用したカラバルガスン碑文やシネウス碑文は，たとえこれが繰り返しであるとしても，真実にもとづいていることを示している．

(65) Beckwith, 1991, p. 187.

(66) 交易の形態を装ったこの貢ぎ物については十分に研究されている．テキストについては Mackerras, 1969 を，経済的影響については Beckwith, 1991 を参照．

(67) Mackerras, 1969, p. 238-239; Beckwith, 1991, p. 192.

(68) Beckwith, 1991, p. 188.

(69) 本書 p. 198 参照．

(70) Moriyasu, 1981.

(71) Sims-Williams, 1993 参照．Nicholas Sims-Williams は，「サマルカンド出身者」の前にサンスクリット語の名前(C'ytr')を認め，さらにノーシュ・ファルンの前を「仏教僧侶 šmny」と読むことで，このテキストに仏教的解釈を与えている．しかし，他の銘文を注意深く調べても，šmny と読むことにいかなる確信も持てない(しかも，Livšic は文字の間隔がとても狭いこの部分に全く違う読みを与えている)．

(72) Sims-Williams/Hamilton, 1990, p. 39-40.

(73) したがって仏教と関係づける N. Sims-Williams の読みを受け入れるとしても，使節が西方から来たという解釈を排除する必要はない．

(74) この話の最も完全に近いヴァージョンの校訂と翻訳は，Tamīm ibn Baḥr, Minorsky, 1948 を参照．彼らが通った道のりと他の異なるヴァージョンについての詳細な解説を含む．

(75) Tamīm ibn Baḥr，Minorsky, 1948, p. 283，解説は p. 292-294.

(76) Ṭabarī, III, 1044，英訳，第 XXXII 巻，p. 107．Bosworth の解説(n. 340)は，Barthold(Barthold, 1968, p. 201)に従い，トグズ・オグズをアラル海のグズ族と解釈するが，それは誤りで，実際には当時拡大していたウイグルと解釈すべきである．また，シル川への遠征に言及するカラバルガスン碑文のテキスト(漢文テキストの 17 行目)をここでは利用できないことを森安孝夫が指摘してくれた．碑文が言及する急襲は，それより前のラーフィー・ブン・ライスの反乱の時に行われたと考えなければならない．

(77) Ya'qūbī, *Tārīkh*, II, p. 465.

(78) Ya'qūbī, *Tārīkh*, II, p. 465.

(79) Beckwith, 1987, p. 159 は，Ṭabarī, III, 815 のテキストを「テュルク人の王である可汗のもとへ」から「チベット王である可汗のもとへ」に変えているが，何の根拠もない単なる仮説にすぎない．当時トランスオクシアナの北でカルルクを服従させようとしていたウイグルが，王族の亡命者を受け入れることは，十分に可能だった．

(80) Tamīm ibn Baḥr，Minorsky, 1948: イブン・アルファキーフのマシュハド写本には，タミーム・ブン・バフルの著作のより完全に近い抜粋があり，それによって

示すことができる.

(81) *Ḥudūd*, Minorsky 訳, p. li. 照合してみると確かにテキストは精確に一致する. そしてテキストが相互に一致する部分では, 何度も情報源としてジャイハーニーが言及されている. Minorsky は, 中国, テュルク人, インドに関する節をマルヴァズィーのテキストから校訂し, 翻訳している(Marvazī, Minorsky 訳). ジャイハーニーの影響については, 同書 p. 6-9, 61ff. 参照. Minorsky は *Ḥudūd* とガルディーズィーのテキストの対応を分析している. ガルディーズィーの翻訳と校訂は, Gardīzī, Martinez, 1982 参照.

(82) Marvazī, Minorsky, 1942, p. 5, 76ff.

(83) Minorsky はこの点について明らかにしていない. *Ḥudūd* の解説において(p. 227), 彼は甘粛に関する史料の一部は 9 世紀前半のものであることを強調し, しかも導入部分で(p. li)タミーム・ブン・バフルがその情報源であることをとても慎重に提案している. しかし実際にはこの仮説は支持されない. なぜなら, タミーム・ブン・バフルの話の現在知られているヴァージョンには, 甘粛に関する情報が全く示されないからである. 甘粛は, ソグディアナからカラバルガスンへのルート上にも, カラバルガスンから中国へのルート上にも位置しない.

(84) Henning, 1936 参照. これらの手紙は Sundermann, 1984 において校訂, 翻訳, 注釈がなされている. 手紙の年代は同書 p. 300 で示され, 年代幅は 9 世紀全体に広げられている(Sundermann, 1992 では 8 世紀末にも). 手紙がトルファン(コーチョー, 高昌)で発見されたことは, Sundermann, 1991, p. 285-286 参照.

(85) Henning, 1962 参照.

(86) al-Nadīm, Dodge 訳, p. 802-803. 和訳は森安孝夫『ウイグル = マニ教史の研究』大阪大学文学部紀要, 31-32, 1991, p. 162.

(87) Sims-Williams, 1992a, p. 51.

(88) Dauvillier, 1948, p. 285ff.

(89) Dauvillier, 1948, p. 271-272.

(90) al-Nadīm, Dodge 訳, p. 837.

(91) Sims-Williams, 1992a, p. 47, n. 15.

(92) 校訂, 翻訳, 注釈は Maróth, 1985 を参照.

(93) 訳文は Massignon, 1975, p. 51.

(94) Massignon, 1975, p. 227-234. そのうえハッラージュの弟子のところには, 錦で裏打ちされた中国の紙――海路を渡った可能性もあるが――があったことが知られる(Massignon, 1975, p. 230). Massignon は, さらに, 中央アジアのテュルク人がハッラージュを熱心に崇拝したことを指摘する.

(95) Abū Zayd, Ferrand 訳, p. 109(本書**図 4-b** 参照). 和訳は家島彦一訳注『中国とインドの諸情報』2, 東洋文庫, 2007, p. 61-62.

(96) Mas'ūdī, Pellat 訳, I, p. 142.

(97) この点を筆者に想起してくれた Françoise Micheau に感謝する.

(98) 彼の旅行記は, 知られている道筋とも, 可能性のある道筋とも一致しない. そ

れは，テュルク人に関するいくつかの短い記述を並べて，それらをあたかも道筋のようにつなげている．このようなことをするきっかけを与えたのは，おそらく939年頃派遣された中国の使節団だろう．Abū Dulaf，Ferrand 訳，I, p. 208ff.; Marquart, 1901, p. 74–95; Bosworth, 1969, p. 8 参照．

(99) *Ḥudūd*，Minorsky 訳，p. 95.

(100) *Ḥudūd*，Minorsky 訳，p. 94，注釈 p. 271.

(101) *Ḥudūd*，Minorsky 訳，p. 99.

(102) たとえば，パミールのサマルカンダクという村（*Ḥudūd*，Minorsky 訳，p. 121）や中国のナヴィーカスというまち（同書 p. 86: daryā は「川」を意味し，この文脈ではタリム川を指すことについては Minorsky の注釈 p. 234–235 を参照），またカルルクの村には，-kath で終わるソグド語の地名を持つものがある（同書 p. 98）.

(103) *Ḥudūd*，Minorsky 訳，p. ii と p. 85 のテキストを参照.

(104)「中国に行ったことがあり，そこの産物を中国人と取引したことがある聡明な人物に私は出会った．彼は中国の都は Y. njūr と呼ばれていると言った」Marvazī, Minorsky 訳，p. 15.

(105) Šiškina, 1979, p. 63; Sokolovskaia/Rougeulle, 1992, p. 95.

(106) Kervran, 1994, p. 335.

(107) とくに Rougeulle, 1991 参照．またエジプトについては，Mikami, 1988; Gyllensvärd, 1973 も参照．Whitehouse, 1988．歴史家のバイハキー（ガズナ朝の文書局の役人，995年生まれ，1077年没，Bosworth, 1963, p. 10 参照）は，おそらくタバリーの要約されていないヴァージョンを参照し，805（ヒジュラ暦189）年にハールーン・ラシード〔アッバース朝第5代カリフ〕がレイを旅行した時，ホラーサーン総督の 'Alī ibn 'Isā がカリフに贈った物として磁器と真珠を挙げている．「真珠300万点と中国の磁器の大きな盤と碗200点（中略）そして他にも磁器のゴブレットと大きな碗2000点」（Bayhaqī，Ġanī/Fyāḍ 校訂，p. 417）．これが反対の例となる可能性もあるが，これらの豪華な贈り物は早い時代のものであるため，10世紀にソグド人の交易が存在したか否かについて，どのような結論も導き出すことはできない．このエピソードが伝えるのは，せいぜい，ソグド商人が9世紀初めにもなお，いろいろな品物を扱っていたことだけである．ただし，それもアリーがソグド人に頼っていればの話であり，なおかつ問題の磁器が真珠とともに海から来たのでなければの話である．

(108) この貴重な情報を筆者に知らせてくれた François Thierry に心から感謝する．

(109) 敦煌で発見された9世紀から10世紀のウイグル語文書とソグド・ウイグル語文書については，Hamilton, 1986, p. 79, 167–168, 174; Sims-Williams/Hamilton, 1990, p. 24–25, 42, 77 参照.

(110) Trombert, 1995, p. 25 と第II章.

(111) Trombert, 1995, p. 108ff. 参照．毛織物の役割が詳細に説明されている（同書 p. 114–115）．Éric Trombert は，一大交易都市であるトルファンに対して，敦煌ではコインの流通が比較的限定されていたと主張している．一方で，8世紀以降の

トルファンに関する文書資料は不足している．現在知られているトルファン出土の契約文書は――いくつかは銀貨に言及する――すべて720年より前のものである(Trombert, 1995, p. 25; Yamamoto/Ikeda, 1987)．したがって，トルファンにおいてコインの流通が，どのような運命をたどったのかは不明である．発掘によってコインが発見されないことだけが，1つの手がかりを与えてくれる．

(112) 984年にペルシア人とウイグル人から成る使節団が宋の都を訪れている．Schafer, 1951, p. 403が引用する『宋史』巻4，太宗紀，雍熙元年，p. 72．ウイグル人にペルシア人が加わっていることから，陸路をとった可能性がとても高い．しかし，このたった1つの使節団では，関係が持続していたことを証明するのに十分ではないだろう．939年，984年，1027年に使節団は派遣されているが，あたかも古代のルートの両端に位置する2つの国が，一世代に一度，双方の存在を確認するだけで十分であると考えて使節団を派遣したかのように見える．

(113) いくつものコータン語文書が10世紀のこのまちの国際的接触を証言している．たとえば925年のコータン語の旅行案内書には中国までのルートが記され，他に旅行者のための初級のコータン語・漢語便覧と同種のコータン語・サンスクリット語練習教本が知られている．Staël-Holstein写本の旅行案内書についてはHamilton, 1958，2言語併記のガイドブックについては，Emmerick, 1992, p. 47–48参照．カラハン朝の贈り物についてはBarthold, 1968, p. 272, 284参照．

(114) *Ḥudūd*，Minorsky訳，p. 98.

(115) Maḥmūd al-Kāshgharī, II, p. 176–177:「YUKURK'AN yügürgän: イスラームの土地へ向かうシンSinの商人に先行し，彼らと彼らの道筋について知らせる伝書使(barīd)の名前」.

(116) 本書p. 196参照.

(117) Waley, 1956, p. 126参照．董逌の『広川画跋』を引用している.

(118) 詳細は，de la Vaissière/Trombert, 2004参照.

(119) S. 2894 verso 2，校訂はRong, 2001, p. 270–271(中文)を参照.

(120) 康文勝，康叔達，曹光進，安再晟．Pelliot chinois 3547 recto．Rong, 2001, p. 264(中文).

(121) たとえば，コータンに仕えた漢人〔張金山〕は，敦煌に派遣され，967年から977年の間にコータン語の仏典を納めたが，その奥書にソグド文字で署名をしている(Bailey, 1944).

(122) Sims-Williams/Hamilton, 1990, p. 63ff.

(123) 詳細は，de la Vaissière/Trombert, 2004, p. 968参照.

(124) Grenet/Zhang Guangda, 1996〔本書p. 107も参照〕.

(125) Sims-Williams/Hamiton, 1990の参考文献目録.

(126) ただしMoriyasu, 1997(和文)参照．吉田豊の指摘による.

(127) コーチョーでの生活に関する物質的側面については，von Gabain, 1973を参照．交易については，Maljavkin, 1983, p. 224ff.; Zieme, 1976; Pinks, 1968参照.

(128) Hamilton, 1986, p. 126–127.

(129) Hamilton, 1986, p. 176. Hamiltonは，さらに，ウイグル商人の一部は，実際には，他のソグド人よりもテュルク化したソグド人であるという仮説を提出している(同書 p. 177).

(130) Maljavkin, 1983, p. 240ff.

(131) Sims-Williams, 1992a.

(132) Sims-Williams/Hamilton, 1990, とくに p. 10 参照. Yoshida, 1993a も参照. 2言語併用の例を複数引用し，関係する参考文献を挙げ，クレオールの社会と比較している.

(133) Hamilton, 1986, p. 117.

(134) Muqaddasī, Collins 訳, p. 299-300 と Ibn Ḥawqal, Kramers/Wiet 訳, p. 488. 史料は Volin, 1960 に集められ，ロシア語訳されている.

(135) Paul, 1994, p. 13ff. 参照.

(136) Hamilton, 1986, p. XVI は，10世紀後半にはカルルクがウイグルの臣下だったと主張するが，誤りである.

(137) 最近の総括は Staviskij, 1998 参照. セミレチエについては同書 p. 111-133, 152-155, 165-166 で論じられている.

(138) たとえばイスマーイールが893年にタラーズ〔タラス〕を急襲した時. Narshakhī, Frye 訳, p. 86-87 参照. Muqaddasī, Collins 訳, p. 246, ミールキーについては BGA, III, p. 275 参照.

(139) テュルク人の大主教座は782年頃に創設されている(Dauvillier, 1948, p. 285).

(140) Dauvillier, 1948, p. 285ff.; Livšic, 1981, p. 78; Klein, 2000.

(141) 北のルートについては Axinžanov, 1969 参照.

(142) この情報を教えてくれた Anvar Ataxoždajev に心から感謝する.

(143) Raspopova, 1960.

(144) タラーズの例は Senigova, 1972, クラースナヤ・レーチカ(ナヴァケト)の例は *Krasnaja Rečka i Burana*, 1989 を参照. より全般的には，Bajpakov, 1986, p. 128-160 と，それに新しい情報を追加している Bajpakov, 1992 を利用せよ.

(145) Maḥmūd al-Kāshgharī, Dankoff/Kelly 訳, p. 83-84.

(146) Maḥmūd al-Kāshgharī, Dankoff/Kelly 訳, p. 352.

(147) Livšic, 1981; Krippes, 1991 参照.

(148) これらの銘文については Livšic, 1981, p. 80-83 を参照. 吉田豊の指摘により年代を修正した.

(149) William of Rubruk, Cl. C. and R. Kappler 訳, p. 126.

(150) Barthold, 1968, p. 403; Bajpakov, 1986, p. 36.

(151) その遺跡の地図と平面図は Bajpakov, 1986, p. 130-131. また，Minorsky による *Ḥudūd* の注釈における議論も参照(p. 277).

(152) ただしカイラクの地域は，ソグド人集落の中心地域よりも北に位置する. ちなみに，ルブルックはバルハシ湖とこれらのソグド人のまちの間のステップを通ったため，ソグド人の移住地の中心地域を見ていない. しかしながら，カイラクの地域

にソグド人が存在したことは，少なくとも *Ḥudūd* が伝える地名によって示される．それは，ルブルックの行程ではカイラクの1つ前の宿泊地である Equius である．Equius は Iki-ögüz をラテン語化した形で，*Ḥudūd*(p. 95)には Īrgūzgūkath というソグド語化した形で現れる．

(153) Pelliot, 1973, p. 115-117.

(154) Livšic, 1981, p. 78. Kljaštornyj, 1964, p. 130-131 は同じ分析をしている．

参考文献

史料の出典は参考文献の前半に言語別に分類されている．その他の二次文献の出典はアルファベット順に配列されている．たとえば，「古代書簡」IIの翻訳であるSims-Williams, 2001は参考文献の後半ではなく前半に含まれることに注意されたい〔原著の英訳，É. de la Vaissière, *Sogdian Traders: A History*, 2005に掲載された文献リストを使用した〕．

史　料

［漢文史料］

正史と政治文献

『史記』司馬遷撰，北京：中華書局，1985.
『史記』WATSON, B.(trans.): *Records of the Grand Historian: Han Dynasty*, II, New York: Columbia University Press, 2nd ed. rev., 1993, 506 p.
『漢書』班固撰，北京：中華書局，1962.
『漢書』HULSEWÉ, A. F. P., *China in Central Asia: the Early Stage: 125 B.C.–A.D. 23. An Annotated Translation of Chapters 61 and 96 of the History of the Former Han Dynasty*, with an Introduction by M. A. N. Loewe, Leiden: Brill, 1979, 273 p.
『後漢書』范曄撰，北京：中華書局，1965.
『後漢書』CHAVANNES, É., "Les Pays d'Occident d'après le Heou Han chou", *T'oung Pao*, series II, vol. VIII, 1907, p. 149–234, and Chinese text.
『三国志』陳寿撰，北京：中華書局，1962.
『晋書』房玄齢撰，北京：中華書局，1974.
『梁書』姚思廉撰，北京：中華書局，1973.
『魏書』魏収撰，北京：中華書局，1974.
『周書』令狐徳棻撰，北京：中華書局，1971.
『北史』李延寿撰，北京：中華書局，1974.
『隋書』魏徴撰，北京：中華書局，1973.
『旧唐書』劉昫撰，北京：中華書局，1975.
『新唐書』欧陽修撰，北京：中華書局，1975.
『宋史』脱脱等撰，北京：中華書局，1977.
『魏略』CHAVANNES, É., "Les Pays d'Occident d'après le Wei Lio", *T'oung Pao*, series II, vol. VI, 1905, p. 519–571.
『通典』杜佑撰，長沙：岳麓書社，1995.

参考文献(史料)

『通志』鄭樵撰(文淵閣四庫全書, 史部：別史類, 380), 台北：台湾商務印書館, 1986.
『資治通鑑』司馬光, 北京：古籍出版社, 1956.

特定のテーマに関する歴史文献

CHAVANNES, É., *Documents sur les Tou-kiue (Turcs) occidentaux*, Saint Petersburg, 1903, reprint, Paris: A. Maisonneuve, 1973, 378 p.+110 p. (*Notes additionnelles*).

LI Bo 李白, JACOB, P.(trans.), *Florilège de Li Bai*, Paris: Gallimard, 1985, 272 p.

LIU Mau-Tsai, *Die chinesischen Nachrichten zur Geschichte der Ost-Türken (T'u-Küe)*, (Göttinger asiatische Forschungen, X), 2 vols., Wiesbaden: Harrassowitz, 1958, 831 p.

『安禄山事迹』ROTOURS, R. DES (ed. and trans.), *Histoire de Ngan Lou-chan (Ngan Lou-chan che tsi)*, (Bibliothèque de l'Institut des Hautes Études Chinoises, XVIII), Paris: PUF, 1962, 398 p.

MACKERRAS, C., *The Uighur Empire (744–840) according to the T'ang Dynastic Histories*, Columbia: University of South Carolina Press, 1972, 226 p.

仏教文献

『高僧伝』SHIH, R. (trans., annot.), *Biographies des moines éminents (Kao Seng Tchouan) de Houei-kiao*, (Bibliothèque du Muséon, LIV), Louvain: Institut Orientaliste, 1968, 177 p.+XXIV p. (chin.).

玄奘『大唐西域記』北京：中華書局, 1991 年：BEAL, S.(trans.), *Si-Yu-Ki: Buddhist Records of the Western World. Translated from the Chinese of Hiuen Tsiang A.D. 629*, 1884, reprinted New Delhi, 1983, 370 p.

玄奘：慧立/彦悰『大唐大慈恩寺三蔵法師伝』BEAL, S.(trans.), *The Life of Hiuen-Tsiang*, 1888, reprinted Delhi, 1973, 218 p.

『法顕伝』『宋雲行紀』BEAL, S.(trans.), *Travels of Fah-Hian and Sung-Yun: Buddhist Pilgrims from China to India (400 A.D. and 518 A.D.)*, London: Trübner, 1869, 208 p.

義浄『大唐西域求法高僧伝』CHAVANNES, É.(trans.), *Mémoire composé à l'époque de la grande dynastie T'ang sur les religieux éminents qui allèrent chercher la Loi dans les Pays d'Occident*, Paris: Leroux, 1894, 214 p.

慧超『往五天竺国伝』FUCHS, W. (trans.), "Huei-ch'ao's 慧超 Pilgerreise durch Nordwest-Indien und Zentral-Asien um 726", *Sitzungsberichte der Preußischen Akademie der Wissenschaften, Phil.-hist. Klasse*, XXX, Berlin, 1939, p. 426–469.

実務文書

CHAVANNES, É., *Les documents chinois découverts par Aurel Stein dans les sables du Turkestan Oriental*, Oxford: University Press, 1913, 232 p.+XXXVII pl.

『吐魯番出土文書』10 巻本, 北京：文物出版社, 1981–1991.

『吐魯番出土文書』4巻本，北京：文物出版社，1992-1996(図文対照本).
Liu Jinglong, Li Yukun 劉景龍/李玉昆，『龍門石窟碑刻題記彙錄』上下巻，中国大百科全書出版社，1998, 670 p.
Ikeda, O. 池田温，『中国古代籍帳研究：概観・録文』東京：東京大学東洋文化研究所，1979, 669 p.
Yamamoto, T., Ikeda, O., Okano, M., *Tun-Huang and Turfan Documents: Concerning Social and Economic History, I Legal texts*, 2 vols., Tokyo: The Tokyo Bunko, 1978, 1980, 130 p.＋106 p.
____, Dohi, Y., *Tun-Huang and Turfan Documents: Concerning Social and Economic History, II Census registers*, 2 vols., Tokyo: The Tokyo Bunko, 1984, 1985, 280 p.＋212 p.
____, Ikeda, O., *Tun-Huang and Turfan Documents: Concerning Social and Economic History, III Contracts*, 2 vols., Tokyo: The Tokyo Bunko, 1986, 1987, 139 p. ＋220 p.

［ソグド語・バクトリア語史料］

「古代書簡」

Grenet, F., Sims-Williams, N., de la Vaissière, É., "The Sogdian Ancient Letter V", in *Alexander's legacy in the East: Studies in Honor of Paul Bernard, Bulletin of the Asia Institute*, XII, 2001, p. 91-104.
Reichelt, H., *Die soghdischen Handschriftenreste des Britischen Museums, in Umschrift und mit Ubersetzung. II. Teil: Die nicht-buddhistischen Texte*, Heidelberg, 1931, 80 p.
Sims-Williams, N., "The Sogdian Ancient Letter II", in Schmidt, M. G., Bisang, W. (eds.), *Philologica et Linguistica. Historia, Pluralitas, Universitas. Festschrift für Helmut Humbach zum 80. Geburtstag am 4. Dezember 2001*, Trier: Wissenschaftlicher Verlag Trier, 2001, p. 267-280.
____, "Sogdian Ancient Letter I", "Sogdian Ancient Letter III", in Whitfield, S. (ed.), *The Silk Road: Trade, Travel, War and Faith*, London: British Library, 2004, p. 248-249.
____, "Towards a New Edition of the Sogdian Ancient Letters: Ancient Letter 1", in de la Vaissière, É., Trombert, É. (eds.), *Les Sogdiens en Chine*, (Études thématiques, XIV), Paris: École Française d'Extrême-Orient, 2005, p. 181-193.

インダス川上流銘文

Sims-Williams, N., *Sogdian and Other Iranian Inscriptions of the Upper Indus*, I, (Corpus Inscriptionum Iranicarum, II/III), London: SOAS, 1989, 36 p.＋CLXX pl.
____, *Sogdian and Other Iranian Inscriptions of the Upper Indus*, II, (Corpus In-

scriptionum Iranicarum, II/III), London: SOAS, 1992b, 94 p. + CCLXV pl.

ムグ文書ほか

BOGOLJUBOV, M. N., SMIRNOVA, O., *Xozjajstvennye dokumenty. Čtenie, perevod i kommentarii* (Economic documents. Edition, translation and commentary), (Sogdijskie dokumenty s gory Mug, III), Moscow, 1963, 132 p.

FREJMAN, A. A., *Opisanie, publikacii i issledovanie dokumentov s gory Mug* (Description, publication and study of the documents from Mount Mugh), (Sogdijskie dokumenty s gory Mug, I), 1962, 91 p.

GRENET, F., DE LA VAISSIÈRE, É., "The Last Days of Panjikent", *Silk Road Art and Archaeology*, VIII, 2002, p. 155–196.

LIVŠIC, V. A., *Juridičeskie dokumenty i pis'ma* (Legal documents and letters), (Sogdijskie dokumenty s gory Mug, II), Moscow, 1962, 222 p.

SIMS-WILLIAMS, N., *Bactrian Documents from Northern Afghanistan, I: Legal and Economic Documents*, (Studies in the Khalili Collection, III, Corpus Inscriptionum Iranicarum, II/VI: Bactrian), Oxford: University Press, 2000, 255 p.

____, HAMILTON, J., *Documents turco-sogdiens du IXe–Xe siècle de Touen-houang*, (Corpus Inscriptionum Iranicarum, II/III), London: SOAS, 1990, 94 p.

Vessantara Jātaka, BENVENISTE, É. (ed., trans. and comm.), (Mission Pelliot en Asie Centrale, IV), Paris: Geuthner, 1946, 137 p.

YOSHIDA, Y., MORIYASU, T. 吉田豊/森安孝夫/新疆ウイグル自治区博物館「麹氏高昌国時代ソグド文女奴隷売買文書」『内陸アジア言語の研究』4, 1988, p. 1–50.

［テュルク語史料］

HAMILTON, J., *Manuscrits ouïgours du IXe–Xe siècle de Touen-Houang*, 2 vols., Paris: Peeters, 1986, 352 p.

銘文

MAḤMŪD al-KĀSHGHARĪ, *Dīwān Lugāt at-Turk*: DANKOFF, R., KELLY, J. (ed. and trans.), *Compendium of the Turkish Dialects*, Part I, (Sources of Oriental Languages and Litteratures, 7), Harvard, 1982, 416 p., Part II: 1984, 381 p.

MORIYASU, T., OCHIR, A. (ed.) 森安孝夫/オチル(編), 『モンゴル国現存遺蹟・碑文調査研究報告』大阪：中央ユーラシア学研究会, 1999, 292 p.

RADLOFF, W., *Die Alttürkischen Inschriften der Mongolei*, Saint Petersburg, 1895, 460 p.

[アルメニア語史料]

ANANIAS OF ŠIRAK: HEWSEN, R. H.(intr., trans. and comm.), *The Geography of Ananias of Širak (AŠXARHAC'OYC'). The Long and the Short Recensions,* (Beihefte zum Tübinger Atlas des Vorderen Orients, Reihe B [Geisteswissenschaften], LXXVII), Wiesbaden, 1992, 467 p.

ELISHĒ: THOMSON, R. W.(trans. and comm.), *Elishē. History of Vardan and the Armenian War,* Cambridge(Mass.): Harvard University Press, 1982, 353 p. + 1 map.

FAUSTES OF BYZANTIUM: GARSOÏAN, N. (trans. and comm.), *The Epic Histories Attributed to P'awstos Buzand (Buzandaran Patmut'iwnk),* Cambridge (Mass.): Harvard University Press, 1989, 665 p.

[ギリシア語・ラテン語史料]

Acta Andreae: BONNET, M. (ed.), "Acta Andreae Apostoli cum Laudatione contexta", *Analecta Bollandiana,* XIII, 1894, p. 309–352.

AMMIANUS MARCELLINUS: various eds., trans. and comm., *Histoire,* Paris: Les Belles Lettres, 1968–1977.

ARRIANOS: BRUNT, P. A.(trans.), *Anabasis Alexandri,* 2 vols., Cambridge(Mass.): Harvard University Press, 1983, 1989, 548 p., 589 p.

COSMAS INDICOPLEUSTES: WOLSKA-CONUS, W.(ed. and trans.), *Topographie Chrétienne,* 3 vols., (Sources Chrétiennes, 141, 159, 197), Paris: Cerf, 1968, 1970, 1973, 570 p., 374 p., 488 p.

CTESIAS: AUBERGER, J.(trans.), *Ctésias. Histoires de l'Orient,* Paris: Les Belles Lettres, 1991, 191 p.

DIODOROS OF SICILY: GOUKOWSKY, P. (ed. and trans.), *Bibliothèque Historique,* Livre XVII: Paris: Les Belles Lettres, 1976, 279 p.

DION CHRYSOSTOMOS: COHOON, J. W., LAMAR CROSBY, H.(trans.), *The Discourses,* 5 vols., (The Loeb Classical Library, 257, 339, 358, 376, 385), Cambridge(Mass.): Harvard University Press, 1940–1951.

GREGORY OF TOURS: THORPE, L.(trans.), *The History of the Franks,* London: The Penguin Books, 1974, 710 p.

Historia Augusta: CALLU, J.-P. (ed. and trans.), *Histoire Auguste. Vies d'Hadrien, Aelius, Antonin,* Paris: Les Belles Lettres, 1992, 177 p.

Historia Augusta: PASCHOUD, F. (ed. and trans.), *Histoire Auguste. Vies d'Aurélien, Tacite,* Paris: Les Belles Lettres, 1996, 348 p.

Indices Apostolorum: SCHERMANN, Th. (ed.), *Prophetarum vitae fabulosae, indices apostolorum discipulorum que Domini, Dorotheo, Epiphanio, Hippolyto aliisque vindicata,* Leipzig, 1907, 256 p.

JORDANES: DEVILLERS, O. (trans.), *Histoire des Goths*, Paris: Les Belles Lettres, 1995, 229 p.

MENANDROS: BLOCKLEY, R. C. (ed. and trans.), *The History of Menander the Guardsman*, (ARCA, 17), Liverpool, 1985, 307 p.

Periplus Maris Erythraei: CASSON, L. (trans. and comm.), *The Periplus Maris Erythraei*, Princeton: University Press, 1989, 320 p.

PLINIUS (Gaius Plinius Secundus): various eds., trans. and comm., *Histoire Naturelle*, Paris: Belles Lettres, 1950–1981.

____: EICHHOLZ, E. (ed., trans. and comm.), *Natural History*, libri XXXVI–XXXVII, vol. X, Cambridge (Mass.): Harvard University Press, 1962, 344 p.

PRISCUS: BLOCKLEY, R. C. (ed. and trans.), *The Fragmentary Classicising Historians of the Later Roman Empire. Eunapius, Olympiodorus, Priscus and Malchus II Text, Translations and Historiographical Notes*, (ARCA, X), Liverpool: Francis Cairns, 1983, p. 222–400.

PROCOPIUS: DEWING, H. B. (ed. and trans.), *The History of the Wars*, I, Cambridge (Mass.): Harvard University Press, 1914, 583 p.

____: DEWING, H. B. (ed. and trans.), *The Anecdota or Secret History*, Cambridge (Mass.): Harvard University Press, 1969, 384 p.

PTOLEMAIOS: COEDÈS, G. (trans.), *Textes d'auteurs grecs et latins relatifs à l'Extrême-Orient: depuis le IVe siècle av. J.-C. jusqu'au XIVe siècle*, Paris: E. Leroux, 1910, reprint 1977.

____: RONCA, I. (ed. and trans.), *Geographie 6, 9–21. Ostiran und Zentralasien, Teil I*, (IsMEO, Reports and Memoirs, XV, 1), Rome: IsMEO, 1971, 118 p.

STRABON: AUJAC, G. (trans.), *Géographie*, Livre II, Paris: Les Belles Lettres, 1969, 197 p.

____: LASSERRE, F. (trans.), *Géographie*, Livre XI, Paris: Les Belles Lettres, 1975, 179 p.

____: JONES, H. L. (ed. and trans.), *The Geography of Strabo*, VII, London, 1930, 373 p. Translation of Book XV.

THEOPHANES OF BYZANTIUM: in HENRY, I. R. (ed. and trans.), PHOTIUS, *Bibliothèque*, Paris: Les Belles Lettres, 1959, p. 76–79.

THEOPHYLACT SIMOCATTA: WHITBY, M. and M., *The History of Theophylact Simocatta. An English Translation with Introduction and Notes*, Oxford: Clarendon Press, 1986, 258 p. + 4 maps.

WILLIAM OF RUBRUK: KAPPLER, Cl. C. and R. (trans. and ed.), *Voyage dans l'empire mongol 1253–1255*, Paris: Imprimerie Nationale, 1993, 301 p.

［インド語史料］

Burrow, T., *A Translation of the Kharoṣṭhi Documents from Chinese Turkestan*, (J. G. Forlong Fund, XX), London: Royal Asiatic Society, 1940, 151 p.

Kalhana, *Rājataranginī*: Stein, A., *Kalhaṇa's Rājataranginī, a Chronicle of the Kings of Kaśmīr*, 2 vols., Westminster, 1900, 402 p., 555 p.

Mahābhārata: Roy, P. C.(trans.), *The Mahabharata*, Calcutta, 1887, 459 p.

The Matsyamahāpurānam, part I, Delhi: Nag Publishers, 1983, 648 p.

Pargiter, F. E., *The Mārkaṇḍeya Purāṇa*, Calcutta, 1904, 730 p.

［チベット語史料］

Thomas, F. W.(trans. and comm.), *Tibetan Literary Texts and Documents concerning Chinese Turkestan*, I: Literary Texts, London: The Royal Asiatic Society, 1935, 323 p.

［アラビア語・ペルシア語史料］

Abū 'l-Faraj al-Iṣfahānī, *Kitāb al-Aghānī*, Cairo: Dār al-Kutub, 24 vols., 1927–1974.

Abū Dulaf: Ferrand, G., *Relations de voyages et textes géographiques arabes, persans et turks relatifs à l'Extrême-Orient du VIIIe au XVIIIe siècles*, Paris: Leroux, 2 vols., 1913–1914, 743 p.

Abū Zayd: Ferrand, G.(trans.), *Voyage du marchand arabe Sulaymân en Inde et en Chine rédigé en 851 suivi de remarques par Abû Zayd Hasan (vers 916)*, Paris: Bossard, 1922, 157 p.

Balādhurī: Hitti, Ph. Kh., Murgotten, Fr. Cl. (trans.), *The Origins of the Islamic State, being a translation ... of the Kitāb Futūḥ al-Buldān*, 2 vols.,(Studies in History, Economics and Public Law, 163), New York, 1916, 1924.

Bal'amī: Zotenberg, H., *Chronique de Tabari, traduite sur la version persane d'Abou-'Alî Mo'hammed Bel'amî*, 4 vols., Paris, 1867–1874, republished. 4 vols., Paris: Sindbad, 1983.

Bayhaqī: *Tārīkh-i Bayhaqī*, ed. Ġanī and Fyāḍ, Tehran, 1324, 764 p.

Benjamin de Tudela: Signer, M. A.(intr.), Asher, A.(trans.), *The Itinary of Benjamin de Tudela. Travels in the Middle Ages*, New York, 1987, 169 p.

al-Bīrūnī: Sachau, E. (trans.), *Alberuni's India*, 2 vols., London: Kegan, Trench, Trübner, 1910, 408 p., 431 p.

____: *al-Āthār al-bāqiya 'an al-qurūn al-khāliya*, Sachau, E.(ed.), Leipzig, 1879, *The chronology of ancient nations*, Sachau, E.(trans.), Leipzig, 1879, 464 p.

Gardīzī: Arends, A. K. (trans.), Epifanova, L. M. (comm.), *Zajn al-axbar. Ukrašenie*

izvestij. Razdel ob istorii Xorasana, Tashkent: FAN, 1991, 176 p.

____: Martinez, A. P., "Gardīzī's Two Chapters on the Turks", *Archivum Eurasiae Medii Aevi*, II, 1982, p. 109-217.

Histories of Nishapur: Frye, R. N., *The Histories of Nishapur*, La Haye: Mouton, 1965, 20 p. + 3 facsimiles.

Ḥudūd al-'Ālam: Minorsky, V. (trans. and comm.), *Ḥudūd al-'Ālam. "The Regions of the World". A Persian Geography 372 A.H.-982 A.D.*, (Gibb Memorial Series, XI), 2nd ed., London, 1970, 524 p.

Ibn Faḍlān: *Récit de voyage*, in P. Charles-Dominique (trans.), *Voyageurs arabes: Ibn Faḍlān, Ibn Jubayr, Ibn Baṭṭūṭa et un auteur anonyme*, Paris: Gallimard, 1995, p. 25-67.

Ibn al-Faqīh al-Hamadhānī: Massé, H. (trans.), *Abrégé du livre des pays*, Damascus, 1973, 441 p.

____: *Kitāb al-Buldān*, ed. Yū. al-Hādī, Beirut, 1996.

Ibn Ḥawqal: *Configuration de la Terre (Kitab Surat Al-Ard)*, 2 vols., Kramers, J. H. and Wiet, G. (trans.), Paris-Beirut, 1964, 551 p.

____: *Kitāb Ṣūrat Al-Arḍ*: Kramers, J. (ed.), (Bibliotheca Geographorum Arabicorum, II), Leiden: Brill, 3rd ed., 1967, 528 p.

Ibn Khurdādhbih: *Kitāb al-Masālik wa'l-Mamālik*: de Goeje, M. J. (ed. and trans.), *Kitâb al-Masâlik wa'l-Mamâlik (liber viarum et regnorum) auctore Abu'l-Kâsim Obaidallah ibn Abdallah ibn Khordâdhbeh*, Leiden: Brill, 1889, 216 p. + 308 p. (Arabic text).

Ibn Rusta: Wiet, G. (trans.), Ibn Rusteh, *Les atours précieux*, Cairo, 1955, 319 p.

Idrīsī, *Géographie*: Nef, A. and de la Vaissière, É. (trans.), *L'agrément de celui qui est passionné pour la pérégrination à travers le monde*, CD-Rom, Paris: Bibliothèque Nationale de France, 2000.

Iṣṭakhrī, *Kitāb al-masālik al-mamālik*: de Goeje, M. J. (ed.), (Bibliotheca Geographorum Arabicorum, I), Leiden: Brill, 3rd ed., 1967, 348 p.

al-Khatīb al-Bagdādhī: Salmon, G., *Al-Khatîb al-Bagdâdhî. L'introduction topographique à l'histoire de Bagdad d'Abou Bakr Ahmad ibn Thâbit al-Khatîb al-Bagdâdhî*, Paris: Bouillon, 1904, 206 p. + 93 p.

Kitāb al-Qand: Al nasafī, *al-Qand fī dhikr 'ulamā' Samarqand*, al-Fāryābī (ed.), 1991, 622 p.

Maḥmūd al-Kāshgharī: テュルク語史料参照

Marvazī: Minorsky, V. (trans.), *Sharaf al-Zamān Ṭāhir MARVAZĪ on China, the Turks and India: Arabic Text (circa A.D. 1120) with an English Translation and Commentary*, (James G. Forlong Fund, XXII), London: The Royal Asiatic Society, 1942, 170 p. + 53 p. (Arabic text).

Mas'ūdī: Pellat, Ch. (trans.), *Les prairies d'or*, I, Paris: Société Asiatique, 1962, 248 p.

Merveilles de l'Inde: Sauvaget, J. (trans.), "Les merveilles de l'Inde", *Mémorial Jean Sauvaget*, I, Damascus: Institut Français de Damas, 1954, p. 189-309.

Muqaddasī: *Kitāb Ahsan al-Taqāsīm fī ma'rifāt al-Aqālīm*: de Goeje, M. J. (ed.), (Bibliotheca Geographorum Arabicorum, III), Leiden: Brill, 1906, 498 p.

____: Collins, B. A. (trans.), *The Best Divisions for Knowledge of the Regions. A Translation of Ahsan al-Taqasim fi Ma'rifat al-Aqalim*, Reading: Garnet, 1994, 460 p.

al-Nadīm: Dodge, B. (trans.), *The Fihrist of al-Nadīm. A Tenth-century Survey of Muslim Culture*, 2 vols., New York: Columbia University Press, 1970, 1149 p.

Narshakhī, M., *Tārīkh-i Bukhārā*: Riḍawī (ed.), Tehran, 1351, 445 p.

____: Frye, R. N. (trans.), *The History of Bukhara*, Cambridge, 1954, 178 p.

Pand-Nāmah: Nazim, M. "The *Pand-Nāmah* of Subuktigīn", *Journal of the Royal Asiatic Society*, 1933, p. 605-628.

Ps-Jāḥiẓ: Pellat, Ch., "Ǧāḥiziana, I: le *Kitāb al-Tabaṣṣur bi-l-Tiǧāra* attribué à Ǧāḥiz", *Arabica*, I/2, 1954, p. 153-165.

Qandiyya, Persian: Vjatkin, V. A. (trans.), *Kandija malaja*, Samarkand, 1906, p. 235-290.

Sam'ānī, *al-Ansab*, vol. 1: al-Yamani, 'Abdur Raḥmān (ed.), Hyderabad, 1962, 413 p. (6 vols., 1962-1966).

Tha'ālibī, *Latā'if al-Ma'ārif*: Bosworth, C. E. (trans. and comm.), *The Book of Curious and Entertaining Information: The Latā'if al-Ma'ārif of Ta'ālibī*, Edinburgh: The University Press, 1968, 164 p.

Ṭabarī, Abū Ja'far Muḥammad ibn Jarīr, *Tārīkh al-Rusul wa al-Mulūk*, Leiden ed., reprinted Beirut, 11 vols., n. d.

____ (Eng. trans.): Yar-Shater, E. (dir.), *The History of al-Ṭabarī*, 38 vols., New York: State University of New York Press, 1987-1997.

Tamīm ibn Baḥr: Minorsky, V., "Tamīn ibn Baḥr's Journey to the Uyghurs", *Bulletin of the School of Oriental and African Studies*, XII/2, 1948, p. 275-305.

Ya'qūbī, *Tārīkh al-Ya'qūbī*, 2 vols., Beirut: Dār Ṣader, 1960, 363 and 516 p.

____, *Les Pays*: Wiet, G. (trans.), Ya'ḳūbī, *Les Pays*, Cairo: Institut Français d'Archéologie Orientale, 1937, 291 p.

[シリア語史料]

Sachau, E. (ed. and trans.), *Syrische Rechtsbücher. Dritter Band. Corpus juris des persischen Erzbischofs Jesubocht. Erbrecht oder Canones des persischen Erzbischofs Simeon. Eherecht des Patriarchen Mâr Abhâ*, Berlin, 1914, 385 p.

Zacharias of Mitylene: Hamilton, F. J., Brooks, E. W., *The Syriac Chronicle Known as That of Zachariah of Mitylene*, London, 1899, 344 p.

研究論文

Adylov, Š. T., "O datirovke steny Kampirak i nekotoryx voprosax političeskoj istorii zapadnogo Sogda" (On the date of the Kampirak wall and some questions about the political history of southern Sogdiana), *Genezis i puti razvitia processov urbanizacii Central'noi Azii. Tezisy dokladov*, Samarkand, 1995, p. 45-47.

Afanas'ev, G. E., "Poselenija VI-IX vv. rajona Kislovodska" (Settlements of the 6th-9th centuries in the Kislovodsk region), *Sovetskaja Arxeologija*, 1975/3, p. 53-62.

Afrasiab, 4 vols., Tashkent, 1969-1975.

Ageeva, E., Pacevič, G., "Iz istorii osedlyx poselenij i gorodov južnogo Kazaxstana" ([Episodes] from the history of the sedentary settlements and cities of southern Kazakhstan), *Trudy instituta istorii, arxeologii i etnografii*, V: arxeologija, Alma-Ata, 1958, p. 3-215.

Agha, S. S., "The Arab Population in Khurāsān during the Umayyad Period", *Arabica*, XLVI/2, 1999, p. 211-229.

Al'baum, L., *Živopis' Afrasiaba* (The paintings of Afrasiab), Tashkent: FAN, 1975, 110 p.

Ali, S. M., *The Geography of the Purāṇas*, New Delhi, 1973, 234 p.

Altheim, Fr., *Geschichte der Hunnen, II, Die Hephtaliten in Iran*, Berlin: W. de Gruyter & co, 1969, 329 p.

Anarbaev, A., Matbabaev, B., "An Early Medieval Urban Necropolis in Ferghana", *Silk Road Art and Archaeology*, III, 1993-1994, p. 223-249.

Arakawa, M. 荒川正晴, 「唐の対西域布帛輸送と客商の活動について」『東洋学報』73/3-4, 1992, p. 31-63.

____, 「唐帝国とソグド人の交易活動」『東洋史研究』56/3, 1997, p. 603-636.

____, 「北朝隋・唐代における「薩寶」の性格をめぐって」『東洋史苑』50-51, 1998, p. 164-186.

____, "The Transit Permit System of the Tang Empire and the Passage of Merchants", *Memoirs of the Toyo Bunko*, LIX, 2001, p. 1-21.

Atlas Kirgizskoj SSR (The atlas of Kyrgyz Republic), I, Moscow, 1987, 157 p.

Asmussen, J. P., *X^{u}āstvānīft. Studies in Manichaeism*, (Acta Theologica Danica, VII), Copenhagen: Prostant Apud Munksgaard, 1965, 292 p.

Atwood, Ch., "Life in Third-fourth Century Cadh'ota: a Survey of Information Gathered from the Prakrit Documents Found North of Minfeng (Niyä)", *Central Asiatic Journal*, XXXV/3-4, Wiesbaden: Harrassowitz, 1991, p. 161-200.

Axinžanov, S. M., "Drevnie karavannye puti Kimakov" (Ancient caravan routes of the Kimak), in *Materialy 1-j naučnoj konferencii molodyx učenyx AN Kasaxskoj*

SSR, Alma-Ata, 1969, p. 429.

AZARPAY, G., *Sogdian Painting. The Pictorial Epic in Oriental Art*, Berkeley: University of California Press, 1981, 211 p. + XXIX pl.

BAGCHI, P., "Śulika, Cūlika and Cūlikā-Paiśācī", *Calcutta University: Journal of the Department of Letters*, XXI, 1930, p. 1-10.

BAILEY, H. W., "The Colophon of the Jâtaka-stava", *Journal of the Greater India Society*, 1944, XI, 1, p. 10-12

____, *The Culture of the Sakas of Ancient Iranian Khotan*, (Columbia Lectures on Iranian Studies, I), Delmar-New York: Caravan Books, 1982, 109 p.

BAJPAKOV, K. M., *Srednevekovaja gorodskaja kul'tura južnogo Kazaxstana i Semireč'ja (VI-načalo XIII v.)* (The medieval urban culture of southern Kazakhstan and Semireč'e [from the 6th to the beginning of the 13th century]), Alma-Ata, 1986, 255 p.

____, "Nouvelles données sur la culture sogdienne dans les villes médiévales du Kazakhstan", *Studia Iranica*, XXI/1, 1992, p. 33-48.

BARANOV, I. A., "Sugdeja VII-XIII vv.: k probleme formirovanija srednevekovogo goroda" (Sogdaia from the 7th to the 13th century: on the problem of the formation of a medieval city), *Trudy meždunarodnogo kongresa po slavjanskoj Arxeologii*, Moscow, 1987, p. 19-26.

____, "Vizantija i Vostok v sisteme organizacii remesla i torgovli srednevekovoj Sugdei" (Byzantium and the East in the [system of] organization of handicrafts and trade in medieval Sogdaia), in *Problemy istorii Kryma. Tezisy dokladov naučnoj konferencii (23-28 sentjabrja)*, I, Simferopol, 1991, p. 11-13.

BARTOL'D, V. V., "K voprosu o jazykax sogdijskom i toxarskom" (On the question of the Sogdian and Tokharian languages), reproduced in *Sočinenija*, II/2, Moscow: Nauka, 1964, p. 461-470.

BARTHOLD, W., *Turkestan down to the Mongol Invasion*, 3rd ed. revised by C. E. BOSWORTH, London, 1968 (1st ed. 1900), 573 p.

BAZIN, L., "Turcs et Sogdiens: les enseignements de l'inscription de Bugut (Mongolie)", in *Mélanges linguistiques offerts à Émile Benvéniste*, (Collection Linguistique, LXX), Paris: Société de Linguistique, 1975, p. 37-45.

BECKWITH, C., "The Introduction of Greek Medicine into Tibet in the Seventh and Eighth Centuries", *Journal of the American Oriental Society*, XCIX/2, April-June 1979, p. 297-313.

____, "Aspects of the Early History of the Central Asian Guard Corps in Islam", *Archivum Eurasiae Medii Aevi*, IV, 1984a, p. 29-43.

____, "The Plan of the City of Peace. Central Asian Iranian Factors in Early 'Abbâsid Design", *Acta Orientalia Academiae Scientiarum Hungaricae*, XXXVIII/1-2, 1984b, p. 143-164.

____, *The Tibetan Empire in Central Asia. A History of the Struggle for Great Power among Tibetans, Turks, Arabs, and Chinese during the Early Middle Ages*, Princeton: Princeton University Press, 1987, xxii + 269 p.

____, "The Impact of the Horse and Silk Trade on the Economies of T'ang China and the Uighur Empire", *Journal of the Economic and Social History of the Orient*, XXXIV, Leiden: Brill, 1991, p. 183-198.

Belenickij, A. M., Bentovič, I. B, Bol'šakov, O. G, *Srednevekovyj gorod Srednej Azii* (The medieval city in Central Asia), Leningrad, 1973, 389 p.

____, Maršak, B., Raspopova, V., "Social'naja struktura naselenija drevnego Pendžikenta" (The social structure of the population of ancient Panjikent), in Gafurov, B. G., Girs, G. F., Davidovič, E. A. (dir.), *Tovarno-denežnye otnošenija na Bližnem i Srednem Vostoke v epoxu Srednevekov'ja*, (Bartol'dovskie Čtenija 1976), Moscow: Nauka, 1979, p. 19-26.

____, Maršak, B., Raspopova, V., "K xarakteristike tovarno-denežnyx otnošenij v rannesrednevekovom Sogde" (Towards a characterization of the relation between commodities and money in early medieval Sogdiana), in Girs, G. F., Davidovič, E. A. (dir.), *Bližnij i Srednij Vostok. Tovarno-denežnye otnošenija pri feodalizme*, (Bartol'dovskie Čtenija 1978), Moscow: Nauka, 1980, p. 15-26.

____, Maršak, B., Raspopova, V., "Sogdijskij gorod v načale srednix vekov (itogi i metody issledovanija drevnego Pendžikenta)" (A Sogdian city at the beginning of the Middle Ages [results and methods of analysis of ancient Panjikent]), *Sovetskaja Arxeologia*, 1981/2, p. 94-110.

Belenitski, A. M., Marshak, B., "L'art de Piandjikent à la lumière des dernières fouilles", *Arts Asiatiques*, XXIII, 1971, p. 3-39.

Beradze, G. G., "O torgovyx svjazjax gorodov Irana v IX-XII vv. (Torgovye kolonii)" (On the commercial connections among the cities of Iran in the 9th-12th centuries [commercial colonies]), in Girs, G. F., Davidovič, E. A. (dir.), *Bližnij i Srednij Vostok. Tovarno-denežnye otnošenija pri feodalizme*, (Bartol'dovskie Čtenija 1978), Moscow: Nauka, 1980, p. 27-37.

Bernard, P., *Fouilles d'Aï Khanoum IV. Les monnaies hors trésors. Questions d'histoire gréco-bactrienne*, (Mémoires de la Délégation Archéologique Française en Afghanistan, 28), Paris, 1985, 183 p.

____, "Maracanda-Afrasiab colonie grecque", *La Persia e L'Asia Centrale da Alessandro al X secolo*, (Atti di Convegni Lincei, CXXVII), Roma: Accademia Nazionale dei Lincei, 1996, p. 331-365.

____, Francfort, H.-P., *Études de géographie historique sur la plaine d'Aï Khanoum (Afghanistan)*, Paris: CNRS, 1978, 106 p.

____, Grenet, F. (dir.), *Histoire et cultes de l'Asie centrale préislamique. Sources écrites et documents archéologiques*, Paris: Éditions du CNRS, 1991, 297 p.

Berthelot, A., *L'Asie ancienne centrale et sud-orientale d'après Ptolémée*, Paris, 1930, 430 p.

Bleichsteiner, R., "Altpersischer Edelsteine", *Wiener Zeitschrift für der Kunde des Morgenlandes*, 37, 1930, p. 93–104.

Bodde, D., "The State and Empire of Ch'in", in Twitchett, D., Loewe, M. (eds.), *The Cambridge History of China. Volume I: The Ch'in and Han Empires 221 B.C.–A.D. 220*, Cambridge: University Press, 1986, p. 20–102.

Boodberg, P. A., "Three Notes on the T'u-chüeh Turks", in Fischel, W. J. (ed.), *Semitic and Oriental Studies Presented to William Popper*, (Publications in Semitic Philology, XI), University of California, 1951, p. 1–11.

Bopearachchi, O., "The Euthydemus Imitations and the Date of Sogdian Independence", *Silk Road Art and Archaeology*, II, 1991–1992, p. 1–21.

Bosworth, C. E., *The Ghaznavids. Their Empire in Afghanistan and Eastern Iran 994–1040*, Edinburgh: University Press, 1963, 331 p.

____, "An Alleged Embassy from the Emperor of China to the Amir Naṣr b. Ahmad: a Contribution to Sâmânid Military History", in Minovi, M., Afshar, I. (eds.), *Yâd-nâme-ye īrānī-ye Minorsky*, Tehran, 1969, p. 1–13.

____, "The Rulers of Chaghāniyān in Early Islamic Times", *Iran*, XIX, 1981, p. 1–20.

____, "Les Ṭāhirides", *Encyclopédie de l'Islam*, Nouvelle édition, X, 1998, p. 112–113.

Briant, P., *État et pasteurs au Moyen-Orient ancien*, Cambridge-Paris: Cambridge University Press/Maison de Sciences de l'Homme, 1982, 267 p.

____, *L'Asie centrale et les royaumes proche-orientaux du premier millénaire (c. VIIIe–IVe siècles avant notre ère)*, (Mémoire, XLII), Paris: Recherches sur les Civilisations, 1984, 113 p.

____, *Histoire de l'Empire Perse. De Cyrus à Alexandre*, Paris: Fayard, 1996, 1247 p.

Brough, J., "Comments on Third-Century Shan-Shan and the History of Buddhism", *Bulletin of the School of Oriental and African Studies*, XXVIII/3, London, 1965, p. 582–612.

Bubnova, M. A., Polovnikova, I. A., "Torgovyj put' jantarja v severnuju Baktriju i Sogd (I v. do n. e.–VII v. n. e.)" (The amber trade route in northern Bactriana and Sogdiana [1st century BCE–7th century CE]), *Gorodskaja sreda i kul'tura Baktrii-Toharistana i Sogda (IV v. do n. e.–VIII v. n. e.). Tezisy dokladov sovetsko-francuzskogo kollokviuma, Samarkand, 25–30 avgusta 1986 g.*, Tashkent, 1986, p. 24.

____, Polovnikova, I. A., "Torgovye puti Pribaltijskogo jantarja v Srednej Azii (drevnost', srednevekov'e)" (The Baltic amber trade routes in Central Asia [antiquity, Middle Ages]), *Goroda i karavansarai na trassax velikogo šelkovogo puti. Tezisy dokladov meždunarodnogo seminara JuNESKO. Urgenč, 2–3 maja 1991 g.*, Urgenč, 1991, p. 26–27.

____, POLOVNIKOVA, I. A., "K voprosu o proisxoždenii izdelij iz jantarja najdennyx v Pendžikente" (On the question of the provenance of amber objects found at Panjikent), in *50-let raskopok drevnego Pendžikenta. Tezisy dokladov naučnoj konferencii (15-20 avgusta 1997 god)*, Pendjikent, 1997, p. 76-77.

BULLIET, R. W., "A Quantitative Approach to Medieval Muslim Biographical Dictionaries", *Journal of the Economic and Social History of the Orient*, XIII, 1970, p. 195-211.

BURJAKOV, Ju. F., *Gornoe delo i metallurgija srednevekogo Ilaka* (Mining and metallurgy of medieval Ilak), Moscow: Nauka, 1974, 139 p.

____, *Genezis i etapy razvitiia gorodskoj kul'tury Taškenckogo oazisa* (Genesis and stages of development of urban culture in the Tashkent oasis), Tashkent: FAN, 1982, 212 p.

____, *U sten drevnego Xaradžketa* (At the walls of ancient Xaradžket), Tashkent: Uzbekistan, 1989, 64 p.

____, "Torgovye puti i ix rol' v urbanizacii bassejna Jaksarta" (Trade routes and their role in the urbanization of the Jaxartes basin), in *Na sredneaziatskix trassax velikogo šelkovogo puti. Očerki istorii i kul'tury*, Tashkent: FAN, 1990, p. 82-100.

____(dir.), *Drevnij i srednevekovyj gorod vostočnogo Maverannaxra*, (Ancient and medieval cities of eastern Transoxiana), Tashkent: FAN, 1990, 128 p.

____, "À propos de l'histoire de la culture de la région de Tashkent au 1er millénaire avant notre ère et au 1er millénaire de notre ère", in BERNARD, P., GRENET, F. (eds.), *Histoire et cultes de l'Asie centrale préislamique: Sources écrites et documents archéologiques*, Paris: CNRS, 1991, p. 197-204.

____, ASKAROV, K. K., "K tipologii sel'skix poselenii južnyx rajonov samarkandskogo Sogda V-VIII vv. n. e." (Toward a typology of rural settlement in the southern regions of Sogdiana [associated with] Samarkand), in *50-let raskopok drevnego Pendžikenta. Tezisy dokladov naučnoj konferencii (15-20 avgusta 1997 god)*, Pendjikent, 1997, p. 70-73.

____, DUDAKOV, S. A., "Novye materialy k istorii gornogo dela Kuraminskogo Xrebta" (New materials for the history of mining in the Kuraminsk mountains), in *Fergana v drevnosti i srednevekov'e*, Samarkand, 1994, p. 37-42.

BURROW, T., "Iranian Words in the Kharoṣṭhi Documents from Chinese Turkestan", *Bulletin of the School of Oriental Studies*, VII/3, 1934, p. 509-516.

____, "Iranian Words in the Kharoṣṭhi Documents from Chinese Turkestan-II", *Bulletin of the School of Oriental Studies*, VII/4, 1934, p. 779-790.

CAHEN, C., "Quelques questions sur les Radanites", *Der Islam*, XLVIII, 1972, p. 333-334.

CAI Hongsheng 蔡鴻生, 「唐代九姓胡禮俗叢考」『文史』35, 1992, p. 109-125.

____, 「唐代"黄坑"辨」『欧亜学刊』2002/3, p. 244-250.

CALLIERI, P., "Hephtalites in Margiana New Evidence from the Buddhist Relics in Merv", in *La Persia e l'Asia Centrale da Alessandro al X secolo*, (Atti dei Convegni Lincei, 127), Rome: Accademia Nazionale dei Lincei, 1996, p. 391–400.

____, "Index chronologique, supplément: Margiane-Turkménistan", in P. Guenée, *Bibliographie analytique des ouvrages parus sur l'art du Gandhāra entre 1950 et 1993*, (Mémoires de l'Académie des Inscriptions et Belles-Lettres, NS, XVI), Paris: Institut de France, 1998, p. 163–172.

CARDONA, G. R, "L'India e la Cina secondo l'Ašxarhac'oyc'", in *Armeniaca, mélanges des études arméniennes*, Venice, 1969.

CARTER, M., "Notes on Two Chinese Stone Funerary Bed Bases with Zoroastrian Symbolism" in Huyse Ph. (ed.), *Iran. Questions et Connaissances, vol. I: La période ancienne*, (Cahier de Studia Iranica, XXV), Paris: Association pour l'avancement des études iraniennes, 2002, p. 263–287.

CHAO Huashan, "New Evidence of Manichaeism in Asia: A Description of Some Recently Discovered Manichaean Temples in Turfan", *Monumenta Serica. Journal of Oriental Studies*, XLIV, 1996, p. 267–315.

CHATTOPADHYAYA, B., *The Making of Early Medieval India*, New Delhi: Oxford University Press, 1994, 270 p.

CHAVANNES, É., "Seng-Houei †280 p. C.", *T'oung Pao*, series II, vol. X, 1909, p. 199–212.

____, PELLIOT, P., "Un traité manichéen retrouvé en Chine, traduit et annoté", *Journal Asiatique*, 1911 and 1913, p. 99–199 and 261–394.

CHOKSY, J. K., "Loan and Sales Contracts in Ancient and Early Medieval Iran", *Indo-Iranian Journal*, XXXI, 1988, p. 191–218.

CHOWDHURY, A. M., "Bengal and Southeast Asia: Trade and Cultural Contact in the Ancient Period", in *Ancient Trades and Cultural Contacts in Southeast Asia*, Bangkok: The Office of the National Culture Commission, 1996, 312 p.

CHRISTENSEN, A., *L'Iran sous les Sassanides*, (Annales du Musée Guimet, XLVIII), 2nd ed., Copenhagen, 1944, 560 p.

CHUVIN, P.(dir.), *Les arts de l'Asie centrale*, Paris: Citadelles-Mazenod, 1999, 617 p.

COLLESS, B. E., "The Nestorian Province of Samarqand", *Abr-Nahrain*, XXIV, 1986, p. 51–57.

CRIBB, J., "The Sino-Kharosthi Coins of Khotan. Their Attribution and Relevance to Kushan Chronology. Part 1", *Numismatic Chronicle*, CXLIV, 1984, p. 126–153.

____, "The Sino-Karoshti Coins of Khotan: Their Attribution and Relevance to Kushan Chronology. Part 2", *Numismatic Chronicle*, CXLV, 1985, p. 136–149 + 4 ill.

____, "Numismatic Evidence for Kushano-Sasanian Chronology", *Studia Iranica*, 19/2, 1990, p. 151–193.

CRONE, P., *Meccan Trade and the Rise of Islam*, Oxford: Blackwell, 1987, 300 p.

Čuguevskij, L., "Novye materialy k istorii sogdijskoj kolonii v rajone Dun'xuana" (New materials for the history of Sogdian colonies in the region of Dunhuang), *Strany i Narody Vostoka*, X, Moscow, 1971, p. 147-156.

Curiel, R., Schlumberger, D., *Trésors monétaires d'Afghanistan*, (Mémoires de la Délégation Archéologique Française en Afghanistan, XIV), Paris, 1953, 131 p. + XVI pl.

Daffinà, P., *L'immigrazione del Sakā nella Drangiana*, (IsMEO Reports and Memoirs, IX), Rome: IsMEO, 1967, 126 p. + 2 maps.

____, "The Han Shu Hsi Yü Chuan Re-translated. A Review Article", *T'oung Pao*, LXVIII, 1982, p. 309-339.

Daniel, E. L., *The Political and Social History of Khurasan under Abbasid Rule 747-820*, Minneapolis & Chicago: Bibliotheca Islamica, 1979, 223 p.

____, "Manuscripts and Editions of Bal'amī's *Tarjamah-i tārīkh-i Ṭabarī*", *Journal of the Royal Asiatic Society*, 1990/2, p. 282-321.

____, "Arabs, Persians, and the Advent of the Abbasids Reconsidered", *Journal of the American Oriental Society*, CXVII/3, 1997, p. 542-548.

Darkevič, V. P., *Xudožestvennyj metall Vostoka VIII-XIII vv.: Proizvedenija vostočnoj torevtiki na territorii evropejskoj časti SSSR i Zaural'ja* (Decorative metalwork of the East from the 8th to the 13th century: Works of eastern toreutics on the territory of the European part of the USSR and beyond the Urals), Moscow, 1976, 199 p.

Dauvillier, J., "Les Provinces Chaldéennes de l'Extérieur au Moyen-Âge", in *Mélanges offerts au R. P. Ferdinand Cavallera*, Toulouse, 1948, p. 260-316.

Davidovič, E. A., "Denežnoe obraščenie v Maverannaxre pri Samanidax" (Monetary circulation in Transoxiana under the Samanids), *Numizmatika i Epigrafika*, VI, Moscow, 1966, p. 103-134.

Debaine-Francfort, C., Idriss, A. (dir), *Keriya mémoire d'un fleuve. Archéologie et civilisation des oasis du Taklamakan*, Paris: Fondation EDF et éditions Findakly, 2001, 247 p.

____, Idriss, A., Wang, B., "Agriculture irriguée et art bouddhique ancien au cœur du Taklamakan (Karadong, Xinjiang, IIe-IVe siècles) ", *Arts Asiatiques*, XLIX, 1994, p. 34-52.

Delmas, A. B., Casanova, M., "The Lapis Lazuli Sources in the Ancient East", *South Asian Archaeology 1987, Part 1*, Rome, 1990, p. 493-505.

Demiéville, P. (dir.), Durt, H., Seidel, A., *Répertoire du Canon bouddhique sino-japonais. Édition de Taishō (Taishō shinshū Daizōkyō). Fascicule annexe du Hōbōgirin*, 2nd ed., 1978, 372 p.

Deyell, J. S., *Living without Silver: The Monetary History of Early Medieval North India*, Delhi: Oxford University Press, 1990, 369 p.

DIEN, A. E., "The *sa-pao* Problem Re-examined", *Journal of the American Oriental Society*, LXXXII/3, July-September 1962, p. 335-346.

DOHI, Y. 土肥義和, 「敦煌発見唐・回鶻間交易関係漢文文書断簡考」『中国古代の法と社会：栗原益男先生古稀記念論集』汲古書院, 1988, p. 399-436.

DOLBEAU Fr., "Listes latines d'Apôtres et de disciples, traduites du grec", *Apocrypha*, III, 1992, p. 259-279.

Drevnij Zaamin (istorija, arxeologija, numismatika, etnografia) (Ancient Zaamin: history, archaeology, numismatics, ethnography), Tashkent: FAN, 1994, 118 p.

DUCHESNE-GUILLEMIN, J., *La religion de l'Iran ancien*, Paris, 1962.

DUNLOP, D. M., *The History of the Jewish Khazars*, 2nd ed. New York: Schocken, 1967, 293 p. (1st ed. 1954).

DVORNIK, F., *Les légendes de Constantin et Méthode vues de Byzance*, (Byzantinoslavica, Supplément, I), Prague, 1933, 443 p.

____, *The Idea of Apostolicity in Byzantium and the Legend of the Apostle Andrew*, (Dumbarton Oaks Series, IV), Cambridge: Harvard University Press, 1958, 342 p.

EBERHARD, W., "Die Beziehungen der Staaten der T'o-pa und der Sha-t'o zum Ausland", *Ankara Üniversitesi Yıllığı*, II, 1948, p. 141-213.

____, "The Origin of the Commoners in Ancient Tun-huang", *Sinologica*, IV/3, 1956, p. 141-155.

ECSEDY, H., "Trade-and-War Relations Between the Turks and China in the Second Half of the 6th Century", *Acta Orientalia Academiae Scientiarum Hungaricae*, XXI/2, 1968, p. 131-180.

EMMERICK, R. E., *A Guide to the Literature of Khotan*, 2nd ed., (Studia Philologica Buddhica, Occasional Papers Series, III), Tokyo: The International Institute for Buddhist Studies, 1992, 62 p.

____, SKJÆRVØ, P. O., *Studies in the Vocabulary of Khotanese*, II, (Veröffentlichungen der iranischen Kommission herausgegeben von Manfred Mayrhofer, XVII), Vienna, 1987, 179 p.

ENOKI, K., "Sogdiana and the Hsiung-nu", *Central Asiatic Journal*, I/1, 1955, p. 43-62.

____, "On the Date of the Kidarites (I)", *Memoirs of the Research Department of the Toyo Bunko*, XXVII, 1969, p. 1-26.

ERNAZAROVA, T. S., "Denežnoe obraščenie Samarkanda po arxeologo-numizmatičeskim dannym (do načala IX v.)" (The monetary circulation of Samarkand according to archaeological and numismatic data [before the beginning of the 9th century]), *Afrasiab*, III, Tashkent: FAN, 1974, p. 155-243.

Études karakhanides, Cahiers d'Asie Centrale, IX, IFEAC-Édisud: Tashkent/Aix-en-Provence, 2001, 302 p.

FALK, H., "The *yuga* of Sphujiddhvaja and the Era of the Kuṣâṇas", *Silk Road Art and Archaeology*, VII, 2001, p. 121-136.

FILANOVIČ, M., "O mestopoloženii i naimenovanii Taškenta v predarabskoe vremja" (On the location and name of Tashkent in the pre-Arabic period), *Obščestvennye Nauki v Uzbekistane*, 1982/6, p. 31-36.

____, *Taškent. Zaroždenie i razvitie goroda i gorodskoj kul'tury* (Tashkent: origin and development of the city and its urban culture), Tashkent: FAN, 1983, 202 p. + VII pl.

____, "Sistema rasselenija i gradostroitel'nye formy Taškentskogo mikrooazisa v drevnosti i rannem srednevekov'e" (Settlement and forms of urbanization in the micro-oasis of Tashkent in antiquity and the early Middle Ages), in PUGAČENKOVA, G. A.(dir.), *Gradostroitel'stvo i arxitektura*, Tashkent: FAN, 1989, p. 35-51.

____, "Les relations historiques, culturelles et idéologiques et les échanges entre le Čāč, la Sogdiane et la Chorasmie au début du Moyen-Âge, d'après les données de l'étude des résidences fortifiées aux VIe-VIIIe s. de notre ère", in BERNARD, P., GRENET, F.(eds.), *Histoire et cultes de l'Asie centrale préislamique: Sources écrites et documents archéologiques*, Paris: CNRS, 1991, p. 205-212.

FLEMING, D., "Darius I's Foundation Charters from Susa and the Eastern Achaemenid Empire", *Afghan Studies*, III-IV, 1982, p. 81-87.

FORTE, A., *The Hostage An Shigao and His Offspring. An Iranian Family in China*, Kyoto, 1995, 152 p.

____, "Kuwabara's Misleading Thesis on Bukhara and the Family Name An 安", *Journal of the American Oriental Society*, CXVI/4, 1996, p. 645-652.

____, "Iraniens en Chine. Bouddhisme, mazdéisme et bureaux de commerce", in COHEN, M., DREGE, J.-P., GIES, J. (dir.), *La Sérinde, terre d'échanges*, Paris: La Documentation Française, 2000, p. 181-190.

FRANKE, O., *Geschichte des chinesischen Reiches*, 5 vols., Berlin: de Gruyter, 1930-1952.

FRANKEL, H. H., *Catalogue of Translations from the Chinese Dynastic Histories for the Period 220-960*, (Chinese Dynastic Histories Translations, suppl. I), Berkeley: University of California Press, 1957, 295 p.

FREJMAN, A. A., "Sogdiiskaya nadpis iz starogo Merva" (A Sogdian inscription from ancient Merv), *Zapiski Instituta Vostokovedeniya*, VII, Moscow, 1939.

FRONDŽULO, M., "Raskopki v Sudake" (Excavations at Sudak), *Feodal'naja Tavrika*, Kiev, 1974, p. 139-150.

FRYE, R. N., "Jamūk, Sogdian" Pearl"?", *Journal of the American Oriental Society*, LXXI, 1951, p. 142-145.

____, *Bukhara, the Medieval Achievement*. Norman: University of Oklahoma Press, 1965, 210 p.

____, *The Golden Age of Persia. The Arabs in the East*, London, 1975, 290 p.

____, "Sasanian-Central Asian Trade Relations", *Bulletin of the Asia Institute*, VII,

1993, p. 73-77.

Fussman, G., "Documents épigraphiques kouchans", *Bulletin de l'École française d'Extrême-Orient*, LXI, 1974, p. 1-66 + XXXIII pl.

____, "Nouvelles inscriptions Saka: ère d'Eucratide, ère d'Azès, ère Vikrama, ère de Kanishka", *Bulletin de l'École française d'Extrême-Orient*, LXVII, 1980, p. 1-43.

____, "Le Périple et l'histoire politique de l'Inde", *Journal Asiatique*, CCLXXIX, 1991, p. 31-38.

____, "Expliquer Shatial", in Fussman, G., König, D. (dir.), *Die Felsbildstation Shatial*, (Materialen zur Archäologie der Nordgebiete Pakistans, II), Mainz: Ph. von Zabern, 1997, p. 73-84.

____, "L'inscription de Rabatak et l'origine de l'ère śaka", *Journal Asiatique*, CCLXXXVI, 1998, p. 571-651.

____, König, D. (dir.), *Die Felsbildstation Shatial*, (Materialen zur Archäologie der Nordgebiete Pakistans, 2), Mainz: Ph. von Zabern, 1997, 412 p. + XV pl. + 1 map + 38 p. (Urdu).

Gabain, A. von, *Das Leben im uigurischen Königreich von Qočo (850-1250)*, (Veröffentlichungen der Societas Uralo-Altaica, VI), Wiesbaden: Harrassowitz, 1973, 251 p. + XCIX pl.

____, "Irano-Turkish Relations in the Late Sasanian Periods", *The Cambridge History of Iran, 3/1, The Seleucid, Parthian and Sasanian Periods*, 1983, p. 613-624.

Gardin, J.-Cl., *Céramiques de Bactres*, (Mémoires de la Délégation Archéologique Française en Afghanistan, XV), Paris: Klincksieck, 1957, 131 p. + XXIII pl.

____, *Prospections Archéologiques en Bactriane orientale (1974-1978), III, Description des sites et notes de synthèse*, (Mémoires de la Mission Archéologique Française en Asie centrale, IX), Paris: Éditions Recherches sur les Civilisations, 1998, 370 p.

Gauthiot, R., review of F. C. Andreas, "Zwei soghdische Exkurse zu Vilhelm Thomsens: Ein Blatt ...", *Journal Asiatique*, XV, 1910, p. 538-545.

____, Ross, E. D., "L'alphabet sogdien d'après un témoignage du XIIIe siècle", *Journal Asiatique*, series XI, vol. I, 1913, p. 521-533.

Gernet, J., *Les aspects économiques du bouddhisme dans la société chinoise du ve au Xe siècle*, (Publications de l'EFEO, XXXIX), Paris: École française d'Extrême-Orient, 1956, 331 p.

____, "La vente en Chine d'après les contrats de Touen-Houang (IXe-Xe siècles)", *T'oung Pao*, XLV, 1957, p. 295-391.

Gershevitch, I., "Sogdians in a Frogplain", in *Mélanges linguistiques offerts à Émile Benvéniste*, (Collection Linguistique, LXX), Paris: Société de Linguistique, 1975, p. 195-211.

Gharib, B., *Sogdian Dictionary. Sogdian-Persian-English*, Tehran, 1995, 37 + 517 p. +

Persian.

GHIRSHMAN, R., *Les Chionites-Hephtalites,* (Mémoires de la Délégation Archéologique Française en Afghanistan, XIII), Cairo, 1948, 156 p.+VIII pl.

GIÁP, T. V., "Le Bouddhisme en Annam des origines au XIIIe siècle", *Bulletin de l'École française d'Extrême-Orient,* XXXII, 1932, p. 191-268.

GIBB, H. A. R., *The Arab Conquest in Central Asia,* (James G. Forlong Fund, II), London: The Royal Asiatic Society, 1923, 102 p.

GIGNOUX, Ph., "Les nouvelles monnaies de Shāpūr II", *Studia Iranica,* XIX, 1990, p. 195-208.

GIL, M., "The Râdhânite Merchants and the Land of Râdhân", *Journal of the Economic and Social History of the Orient,* XVII, 1974, p. 299-328.

GIRAUD, R., *L'Empire des Turcs Célestes, Les règnes d'Elterich, Qapghan et Bilgä (680-734),* Paris, 1960, 223 p.

GÖBL, R., *Dokumente zur Geschichte der iranischen Hunnen in Baktrien und Indien,* 4 vols., Wiesbaden: Harrassowitz, 1967, 276 p., 352 p., XCVIII pl., XLVIII pl.

____, "Numismatic Evidence Relating to the Date of Kaniska", in BASHAM, A. L.(ed.), *Papers on the Date of Kanishka,* London, 1968, p. 103-113.

____, *Sasanian Numismatics* (Manuals of Middle Asian Numismatics, I), Braunschweig, 1971, 97 p.+XVI pl.

____, *System und Chronologie der Münzprägung des Kušānreiches,* Vienna: Verlag der Österreichischen Akademie der Wissenschaften, 1984, 153 p.+CLXXX pl.

GOITEIN, S. D., *A Mediterranean Society. The Jewish Communities of the Arab World as Portrayed in the Documents of the Cairo Geniza, I: Economic Foundations,* Berkeley: University of California Press, 1967, 550 p.

____, *Letters of Medieval Jewish Traders,* Princeton: University Press, 1973, 359 p.

GOLB, N., PRITSAK, O., *Khazarian Hebrew Documents of the Tenth Century,* Ithaca and London: Cornell University Press, 1982, 166 p.

GOLDEN, P., *An Introduction to the History of the Turkic Peoples,* (Turcologica, IX), Wiesbaden: Harrassowitz, 1992, 483 p.

GOLDINA, R. D., NIKITIN, A. B., "New Finds of Sasanian, Central Asian and Byzantine Coins from the Region of Perm', the Kama-Urals Area", in TANABE, K., CRIBB, J., WANG, H. (eds.), *Studies in Silk Road Coins and Culture. Papers in Honour of Prof. Ikuo Hirayama,* Kamakura: The Institute of Silk Road Studies, 1997, p. 111-130.

GORBUNOVA, N. G. *The Culture of Ancient Ferghana VI century B.C.-VI century A.D.,* Oxford: B. A. R, 1986, 365 p.

Gorodišče Pajkend. K probleme izučenija srednevekogo goroda Srednej Azii (The site of Pajkend. On the problem of the analysis of medieval cities in Central Asia), Tashkent, 1988, 198 p.

GRENET, F., *Les pratiques funéraires dans l'Asie centrale sédentaire de la conquête grecque à l'islamisation*, Paris: CNRS, 1984, 362 p. + XXII pl.

____, "Les" Huns "dans les documents sogdiens du mont Mugh (avec un appendice par N. SIMS-WILLIAMS)", *Études irano-aryennes offertes à Gilbert Lazard*, (Cahier de Studia Iranica, VII), 1989, p. 165-184.

____, "Vaišravana in Sogdiana. About the Origins of the Bishamon-Ten", *Silk Road Art and Archaeology*, IV, 1995-1996, p. 277-297.

____, "Les marchands sogdiens dans les mers du Sud à l'époque préislamique", *Cahiers d'Asie Centrale*, I-II, 1996a, p. 65-84.

____, "Crise et sortie de crise en Bactriane-Sogdiane aux IVe-Ve s. de n. è.: de l'héritage antique à l'adoption de modèles sassanides", in *La Persia e l'Asia Centrale da Alessandro al X secolo*, (Atti dei Convegni Lincei, CXXVII), Rome: Accademia Nazionale dei Lincei, 1996b, p. 367-390.

____, "Trois documents sogdiens d'Afrasiab", in INEVATKINA, O. (ed.), *Srednaja Azija. Arxeologija, istorija, kul'tura. Materialy meždunarodnoj konferencii posvjaščennoj 50-letiju naučoj dejatel'nosti G. V. Šiškinoj*, Moscow: Gosudarstvennyj muzej Vostoka, 2000, p. 196-202.

____, "Regional Interaction in Central Asia and North-West India in the Kidarite and Hephtalite Period", in SIMS-WILLIAMS, N. (ed.), *Indo-Iranian Languages and Peoples*, (Proceedings of the British Academy), London, 2002, p. 203-224.

____, "The self-image of the Sogdians", in DE LA VAISSIÈRE, É., TROMBERT, É. (eds.), *Les Sogdiens en Chine*, (Études thématiques, XIV), Paris: EFEO, 2005, p. 124-140.

____, PINAULT, G.-J., "Contacts des traditions astrologiques de l'Inde et de l'Iran d'après une peinture des collections de Turfan", *Comptes rendus des séances de l'Académie des Inscriptions et Belles-Lettres*, 1997, p. 1003-1063.

____, RAPIN, Cl., "De la Samarkande antique à la Samarkande islamique: continuités et ruptures", in GAYRAUD, R.-P. (ed.), *Colloque international d'archéologie islamique, IFAO, Le Caire, 3-7 février 1993*, Cairo: Institut Français d'Archéologie Orientale, 1998, p. 387-402.

____, RAPIN, Cl., "Alexander, Aï Khanum, Termez: Remarks on the Spring Campaign of 328", in *Alexander's Legacy in the East: Studies in Honor of Paul Bernard, Bulletin of the Asia Institute*, XII, 2001, p. 79-89.

____, SIMS-WILLIAMS, N., "The Historical Context of the Sogdian Ancient Letters", in *Transition Periods in Iranian History. Actes du Colloque de Fribourg-en-Brisgau (22-24 mai 1985)*, (Cahier de *Studia Iranica*, 5), Louvain, 1987, p. 101-122.

____, ZHANG Guangda, "The Last Refuge of the Sogdian Religion: Dunhuang in the Ninth and Tenth Centuries", *Bulletin of the Asia Institute*, X, 1996, p. 175-186.

GROŠEV, V. A., *Irrigacija južnogo Kazaxstana v srednie veka* (Irrigation of southern Kazakhstan in the Middle Ages), Alma-Ata: Nauka, 1985, 148 p. + 8 ill.

GYLLENSVÄRD, B., "Recent Finds of Chinese Ceramics at Fostat. I", *The Museum of Far Eastern Antiquities*, XLV, 1973, p. 91-119.

GYSELEN, R., "Ateliers monétaires et cachets officiels sassanides", *Studia Iranica* VIII, 1979, p. 189-212.

____, *La géographie administrative de l'empire sassanide. Les témoignages sigillographiques*, (Res Orientales I), Bures-sur-Yvette, 1989, 166 p.

HALL, K. R., "Economic History of Early Southeast Asia", in TARLING, N. (ed.), *The Cambridge History of Southeast Asia, I, From Early Times to c. 1800*, Cambridge: University Press, 1992, p. 183-275.

HALOUN, G., "Zur Üe-tṣi-Frage", *Zeitschrift der Deutschen Morgenländischen Gesellschaft*, XCI, 1937, p. 243-318.

HAMILTON, J., "Autour du manuscrit Staël-Holstein", *T'oung Pao*, XLVI, 1958, p. 115-153.

____, "Le pays des Tchong-Yun, Čungul, ou Cumuḍa au Xe siècle", *Journal Asiatique*, CCLXV, 1977, p. 351-379.

HANNESTAD, J., "Les relations de Byzance avec la Transcaucasie et l'Asie Centrale aux 5e et 6e siècles", *Byzantion*, XXV-XXVII (1955-1957), p. 421-456.

HANSEN, V., *Negotiating Daily Life in Traditional China. How Ordinary People Used Contracts 600-1400*, New Haven: Yale University Press, 1995, 285 p.

____, "New Works on the Sogdians, the Most Important Traders on the Silk Road, A.D. 500-1000" with an Appendix by Y. Yoshida "Translation of the Contract for the Purchase of a Slave-Girl Found at Turfan and Dated 639", *T'oung Pao*, LXXXIX, 2003, p. 149-161.

HARMATTA, J., "Sogdian Sources for the History of Pre-Islamic Central Asia", in HARMATTA, J. (ed.), *Prolegomena to the Sources on the History of Pre-Islamic Central Asia*, Budapest: Akadémiai Kiadó, 1979a, p. 153-165.

____, "The Archaeological Evidence for the Date of the Sogdian 'Ancient Letters'", in HARMATTA, J. (ed.), *Studies in the Sources on the History of Pre-Islamic Central Asia*, Budapest: Akadémiai Kiadó, 1979b, p. 75-90.

____, "Origin of the Name Tun-huang", in CADONNA, A. (ed.), *Turfan and Tun-huang. The Texts. Encounter of Civilizations on the Silk Route*, (Orientalia Venetiana, IV), Florence: Olschki, 1992, p. 15-20.

HAUSSIG, H. W., *Die Geschichte Zentralasiens und der Seidenstrasse in vorislamischer Zeit*, Darmstadt: Wissenschaftliche Buchgesellschaft, 1983, 318 p. + 2 maps.

HENNING, W. B., "Neue Materialen zur Geschichte des Manichäismus", *Zeitschrift der Deutschen Morgenländischen Gesellschaft*, XV, 1936, p. 1-18.

____, "Sogdian Loan-words in New Persian", *Bulletin of the School of Oriental Studies*, IX, 1939, p. 93-106.

____, "The Date of the Sogdian Ancient Letters", *Bulletin of the School of Oriental and African Studies*, XII/3-4, 1948, p. 601-615.

____, "Persian Poetical Manuscripts from the Time of Rūdakī", in *A Locust's Leg. Studies in Honour of S. H. Taqizadeh*, London, 1962, p. 89-104.

____, "A Sogdian God", *Bulletin of the School of Oriental and African Studies*, XXVIII, 1965, p. 242-254.

HERRMANN, G., "Lapis-Lazuli: the Early Phases of its Trade", *Iraq*, XXX, 1968, p. 21-57.

____, KURBANSAKHATOV, K. *et al.*, "The International Merv Project. Preliminary Report on the Second Season (1993)", *Iran*, XXXII, 1994, p. 53-75.

____, KURBANSAKHATOV, K. *et al.*, "The International Merv Project. Preliminary Report on the Third Season (1994)", *Iran*, XXXIII, 1995, p. 31-60.

HERZFELD, E., *Altpersische Inschriften*, Berlin, 1938, 384 p.

HILLENBRAND, R., *Islamic Architecture. Form, Function and Meaning*, Edinburgh University Press, 1994, reprint 2000, 664 p.

HINÜBER, O. von, "Zu den Brāhmī Inschriften", in FUSSMAN, G., KÖNIG, D. (dir.), *Die Felsbildstation Shatial*, (Materialen zur Archäologie der Nordgebiete Pakistans, II), Mainz: Ph. von Zabern, 1997, p. 59-60.

HOFFMANN, H. H. R., "The Tibetan Names of the Saka and Sogdians", *Asiatische Studien*, XXV, 1971, p. 440-455.

HÖLLMANN, T. O., "Chinesische Felsinschriften aus dem Hunza- und Industal", in JETTMAR, K. (ed.), *Antiquities of Northern Pakistan*, II, 1993, p. 61-75.

HOLMES, V., *On the Scent: Conserving Musk Deer. The Uses of Musk and Europe's Role in Its Trade*, Brussels: Traffic Europe, 1999, 58 p.

HONEY, D. B., "History and Historiography on the Sixteen States: Some T'ang *topoi* on the Nomads", *Journal of Asian History*, XXIV/2, 1990, p. 161-217.

HOWARD-JOHNSTON, J., "Trading in Fur, from Classical Antiquity to the Early Middle Ages", in CAMERON, A. (ed.), *Leather and Fur. Aspects of Early Medieval Trade and Technology*, London 1998, p. 65-79.

HRBEK, I., "BULGHĀR", *Encyclopédie de l'Islam*, 2nd ed., vol. 1, Leiden: Brill, 1975, p. 1344-1348.

HU-STERK, F., "Entre fascination et répulsion: regards des poètes des Tang sur les 'Barbares'", *Monumenta Serica*, XLVIII, 2000, p. 19-38.

HUANG Wenbi 黄文弼,『新疆考古発掘報告(1957-1958)』北京：文物出版社, 1983.

HULSEWÉ, A. F. P., "Notes on the Historiography of the Han period", in BEASLEY, W. G., PULLEYBLANK, E. G. (eds.), *Historians of China and Japan*, London: Oxford University Press, 1961, p. 31-43.

____, "The Problem of the Authenticity of *Shih-chi* Chap. 123, the Memoir on Ta Yüan", *T'oung Pao*, LXI, 1975, p. 83-147.

Ierusalimskaja, A. A., "O severokavkazskom 'Šelkovom puti' v rannem srednevekov'e" (Concerning the 'Silk Road' of the northern Caucasus in the early Middle Ages), *Sovetskaja Arxeologia*, 1967/2, 1967a, p. 59-78.

____, "K voprosu o svjazjax Sogda s Vizantiej i Egiptom (ob odnoj unikal'noj tkani iz severokavkazskogo mogil'nika Moščebaja Balka)" (On the question of connections between Sogdiana, Byzantium and Egypt [concerning a unique fabric from the northern Caucasian scpulchre of Moščevaja Balka]), *Narody Azii i Afriki*, III, 1967b, p. 119-126.

____, *Die Gräber der Moščevaja Balka. Frühmittelalterliche Funde an der Nordkaukasischen Seidenstrasse*, Munich: Editio Maris, 1996, 370 p.+LXXXVIII pl.

Ikeda, O. 池田温, 「8世紀中葉における敦煌のソグド人聚落」『ユーラシア文化研究』1, 1965, p. 49-94.

____, "Les marchands sogdiens dans les documents de Dunhuang et de Turfan", *Journal Asiatique*, CCLXIX, 1981, p. 77-79.

Institute of Archaeology of Shaanxi 陝西省考古研究所, 「西安的北周安伽墓」『文物』2001/1, p. 4-26.

Institute of Archaeology of Shanxi et al. 山西省考古研究所(他), 「太原隋代虞弘墓清理簡報」『文物』2001/1, p. 27-52.

Ishida, M., "Études sino-iraniennes, I. À propos du *Hou-siuan-wou*", *Memoirs of the Rresearch Department of the Toyo Bunko*, VI, 1932, p. 61-76.

____, "The *Hu-chi* 胡姫, Mainly Iranian Girls, Found in China during the T'ang Period", *Memoirs of the Research Department of the Toyo Bunko*, XX, 1961, p. 35-40.

Jakubov, Ju., "O strukture sel'skix poselenij gornogo Sogda v rannem srednevekov'e" (Concerning the structure of rural settlements in the mountainous regions of Sogdiana in the early Middle Ages), in Gafurov, B. G., Litvinskij, B. A. (eds.), *Kul'tura i iskusstvo narodov Srednej Azii v drevnosti i srednevekov'e*, Moscow, 1979, p. 73-78.

____, *Rannesrednevekovye sel'skie poselenija gornogo Sogda* (Rural settlements in the mountainous regions of Sogdiana in the early Middle Ages), Dushanbe, 1988, 289 p.

Jansson, I., "Wikingerzeitlicher orientalischer Import in Skandinavien", *Bericht der römisch-germanischen Kommission*, LXIX, Mayence: Römisch-germanische Kommission des Deutschen Archäologischen Instituts P. von Zabern, 1988, p. 564-647.

Jaouiche, H., *The Histories of Nishapur. 'Abdalgġāfir al-Farisī. Siyāq Ta'rīkh Naisābūr. Register Personen- und Ortsnamen*, Wiesbaden: L. Reichert Verlag, 1984, 102 p.

Jettmar, K., "Hebrew Inscriptions in the Western Himalayas", in Gnoli, G., Lanciotti, L. (dir.), *Orientalia Iosephi Tucci Memoriae Dedicata*, (Serie Orientale Roma,

LVI, 2), Rome: IsMEO, 1987a, p. 667–670.

____, "The 'Suspended Crossing'—Where and Why?", in Pollet, G.(ed.), *India and the Ancient World. History, Trade and Culture before A.D. 650. Professor P. H. L. Eggermont Jubilee Volume*, (Orientalia Lovaniensia Analecta, XXV), Louvain: Departement Oriëntalistiek, 1987b, p. 95–102.

____(ed.), *Antiquities of Northern Pakistan. Reports and Studies: I. Rock Inscriptions in the Indus Valley*, 2 vols., Mainz: Ph. von Zabern, 1989, 157 p.+CCXVII pl.

Jiang Boqin 姜伯勤,『敦煌吐魯番文書與絲綢之路』北京：文物出版社, 1994, 277 p.

Kageyama, E. 影山悦子,「東トルキスタン出土のオッスアリ(ゾロアスター教の納骨器)について」『オリエント』40/1, 1997, p. 73–89.

Kamaliddinov, Š. S., *"Kitab al-Ansab" Abu Sa'da Abdalkarima ibn Muxammada as-Sam'ani kak istočnik po istorii i istorii kul'tury Srednej Azii* (The *Kitab al-Ansāb* of Abu Sa'd 'Abd al-Karīm b. Muḥammad as-Sam'ānī as a source for the history and the cultural history of Central Asia), Tashkent: FAN, 1993, 184 p.

Karev, Y., "Političeskaja situacija v Maverannaxre v seredine VIII veka" (The political situation in Transoxiana in the middle of the 8th century) in Inevatkina, O. (ed.), *Srednaja Azija. Arxeologija, istorija, kul'tura. Materialy meždunarodnoj konferencii posvjaščennoj 50-letiju naučoj dejatel'nosti G. V. Šiškinoj*, Moscow: Gosudarstvennyj muzej Vostoka, 2000, p. 205–218.

Kazanski, M., "Les *arctoi gentes* et 'l'empire' d'Hermanaric. Commentaire archéologique d'une source écrite", *Germania* LXX/1, 1992, p. 75–122.

Kennedy, H., *The Early Abbasid Caliphate. A Political History*, London: Croom Helm, 1981, 238 p.

Kent, R. G., *Old Persian. Grammar, Texts, Lexicon*, New Haven: American Oriental Society, 2nd ed., 1953, 219 p.

Kervran, M., "Forteresses, entrepôts et commerce: une histoire à suivre depuis les rois sassanides jusqu'aux princes d'Ormuz", *Itinéraires d'Orient. Hommages à Claude Cahen*, (Res Orientales VI), Bures-sur-Yvette, 1994, p. 325–351.

____, "Caravansérails du delta de l'Indus. Réflexions sur l'origine du caravansérail islamique", *Archéologie islamique*, VIII–IX, 1999, p. 143–176.

Klein, W., *Das nestorianische Christentum an den Handelswegen durch Kyrgyzstan bis zum 14. Jh.*, Turnhout: Brepols, 2000, 464 p.

Klevan, A., "Hebrew Inscriptions on Ossuaries Discovered in Central Asia", *Qadmoniot*, XII/2–3, 1979, p. 91–92 (in Hebrew).

Kljaštornyj, S. G., *Drevnetjurskie runičeskie pamjatniki kak istočnik po istorii Srednej Azii* (The Old Turkic runic inscriptions as a source for the history of Central Asia), Moscow, 1964, 215 p.

____, Livšic, V. A., "Sogdijskaja nadpis' iz Buguta" (The Sogdian inscription of Bugut), *Strany i Narody Vostoka*, X, 1971, p. 121–146.

____, Livšic, V. A., "The Sogdian Inscription of Bugut Revised", *Acta Orientalia Academiae Scientiarum Hungaricae*, XXVI/1, 1972, p. 69-102.

Klyachtorniy, S. G., "À propos des mots *sogd bärcakar buqaraq ulys* de l'inscription de Kul téghin", *Central Asiatic Journal*, III, 1958, p. 245-251.

Klyashtorny, S. G., "The Royal Clan of the Turks and the Problem of Early Turkic-Iranian Contacts", *Acta Orientalia Academiae Scientiarum Hungaricae*, XLVII/3, 1994, p. 445-448.

Kohl, P. L., *Central Asia. Palaeolithic Beginnings to the Iron Age. L'Asie centrale des origines à l'Âge du Fer*, Paris: Recherches sur les Civilisations, 1984, 313 p.

Krasnaja Rečka i Burana (Materialy i issledovanija Kirgizkoj arxeologičeskoj ekspedicii) (Krasnaja Rečka and Burana), Frunze, 1989, 184 p.

Krippes, K., "Sociolinguistic Notes on the Turcification of the Sogdians", *Central Asiatic Journal*, XXXV/1-2, 1991, p. 67-80.

Kruglikova, I. T., "Bully iz Džigatepe" (Bullae from Džigatepe), in *Drevnjaja Baktrija. Materialy Sovetsko-Afganskoj arxeologičeskoj ekspedicii*, III, Moscow: Nauka, 1984, p. 141-150.

Kuwabara, J. 桑原隲蔵,「隋唐時代に支那に来住した西域人に就いて」羽田亨(編)『支那学論叢:内藤博士還暦祝賀』京都:弘文堂, 1926, p. 565-660.

Kuwayama, S., "Literary Evidence for Dating the Colossi in Bāmiyān", in Gnoli, G. and Lanciotti, L. (dir.), *Orientalia Iosephi Tucci Memoriae Dedicata*, (Serie Orientale Roma, LVI/2), Rome: IsMEO, 1987, p. 701-727.

____, "The Hephthalites in Tokharestan and Northwest India", *Zinbun*, XXIV, 1989, p. 89-134.

Kuz'mina, E. E., "Les relations entre la Bactriane et l'Iran du VIIIe au IVe siècle B.C.", in *Le plateau iranien et l'Asie centrale des origines à la conquête islamique, Paris 22-24 mars 1976*, (Colloques internationaux du CNRS, no. 567), Paris: CNRS, 1977, p. 201-214.

Kuznecov, V. A., Runič, A. P., "Pogrebenie alanskogo družinnika IX v." (Tomb of an Alan warrior of the 9th century), *Sovetskaja Arxeologija*, 1974/3, p. 196-203.

Kyzlasov, I. L., "Paleografičeskoe issledovanie aziatskix runičeskix alfavitov" (Paleographic analysis of the Asian runic alphabets), *Sovetskaja Arxeologija*, 1991/4, p. 62-85.

Lahiri, N., *The Archaeology of Indian Trade Routes (up to 200 B.C.)*, New Delhi: Oxford University Press, 1992, 461 p.

Lapierre, N., "La peinture monumentale de l'Asie centrale: observations techniques", *Arts Asiatiques*, XLV, 1990, p. 28-40.

Lassner, J., *The Topography of Baghdad in the Early Middle Ages*, Detroit: Wayne State University Press, 1970, 324 p.

Laufer, B., *Sino-Iranica. Chinese Contributions to the History of Civilization in*

Ancient Iran, Chicago, 1919, 630 p.

LAUT, J. P., *Der frühe türkische Buddhismus und seine literarischen Denkmäler*, (Veröffentlichungen der Societas Uralo-Altaica, XXI), Wiesbaden: Harrassowitz, 1986, 228 p.

DE LA VAISSIÈRE, É., "Les marchands d'Asie centrale dans l'empire khazar", in KAZANSKY, M., NERCESSIAN, A., ZUCKERMAN, C. (eds.), *Les centres proto-urbains russes entre Scandinavie, Byzance et Orient*, (Réalités Byzantines, VII), Paris: Lethielleux, 2000, p. 367-378.

____, "Čākars d'Asie centrale: à propos d'ouvrages récents," *Studia Iranica* XXXIV, 2005, p. 139-149.

____, TROMBERT, É., "Des Chinois et des Hu: Migrations et intégration des Iraniens orientaux en milieu chinois durant le haut Moyen Âge", *Annales. Histoire, Sciences sociales*, LIX/5-6, septembre-décembre 2004, no. 5-6, p. 931-969.

____, TROMBERT, É. (eds.), *Les Sogdiens en Chine*, (Études thématiques, 13), Paris: École Française d'Extrême-Orient, 2005, 444 p.

LEE, A. D., *Information and Frontiers. Roman Foreign Relations in Late Antiquity*, Cambridge: University Press, 1993, 213 p.

LERICHE, P., PIDAEV, C., GELIN, M., ABDOULLAEV, K., *La Bactriane au carrefour des routes et civilisations de l'Asie centrale. Actes du colloque de Termez 1997*, (La Bibliothèque de l'Asie Centrale, I), Paris: Maisonneuve et Larose, 2001, 422 p.

LERNER, J., "Central Asians in Sixth-century China: A Zoroastrian Funerary Rite", *Iranica Antiqua*, XXX, (Festschrift K. Schippmann II), Gand, 1995, p. 179-190.

LESLIE, D. D., "Persian Temples in T'ang China", *Monumenta Serica*, XXXV, 1981-1983, p. 275-303.

____, GARDINER, K. H. J., "Chinese Knowledge of Western Asia during the Han", *T'oung Pao*, LXVIII, 1982, p. 254-308.

LÉVI, S., "'Tokharien B' langue de Koutcha", *Journal Asiatique*, series XI, vol. II, 1913, p. 311-380.

LEWICKI, T., "Le commerce des sâmânides avec l'Europe orientale et centrale à la lumière des trésors de monnaies coufiques", in KOUYMIJAN, D. K. (ed.), *Near Eastern Numismatics, Iconography, Epigraphy and History. Studies in Honor of Georges C. Miles*, Beyrouth, 1974, p. 219-233.

____, "À propos de deux études sur la géographie humaine du monde musulman", *Cahiers de Civilisation Médiévale*, XXII/2, April-June 1979, p. 173-190.

LEWIS, B., "Sources for the Economic History of the Middle East", in SPULER, B. (dir.), *Wirtschaftsgeschichte des vorderen Orients in Islamischer Zeit*, (Handbuch der Orientalistik, VI, 6, 1), Leiden: Brill, 1977, p. 1-17.

LI Fang-Kuei, "Notes on Tibetan *Sog*", *Central Asiatic Journal*, III, 1958, p. 139-142.

LIEU, S. N., *Manichaeism in the Later Roman Empire and Medieval China. A Histor-*

ical Survey, Manchester: University Press, 1985, 360 p.

LIN Meicun 林梅村, 「粟特文買婢契與絲綢之路上的女奴貿易」『文物』1992/9, p. 49-54.

____, 『西域文明：考古, 民族, 語言和宗教新論』北京：東方出版社, 1995, 496 p.

____, "Kharoṣṭhī Bibliography: The Collections from China", *Central Asiatic Journal*, XL/2, 1996, p. 188-220.

____, 「中国境内出土帯銘文的波斯和中亜銀器」『文物』1997/9, p. 55-65.

LIN Wushu, "A Discussion about the Difference between the Heaven-God in the Qočo Kingdom and the High Deity of Zoroastrism", *Zentralasiatische Studien*, XXIII, 1992-1993, p. 7-12.

LITVINSKIJ, B. A., *Ukrašenija iz mogil'nikov zapadnoj Fergany* (Ornamentation of the tombs of Ferghana), Moscow: Nauka, 1973, 211 p.

____ (dir.), *Vostočnyj Turkestan v drevnosti i rannem srednevekov'e* (Eastern Turkestan in antiquity and the early Middle Ages), Moscow: Nauka, 1988, 452 p.

____, *La civilisation de l'Asie centrale antique*, (Archäologie in Iran und Turan, III), Rahden: Verlag Marie Leidorf, 1998, 215 p. + 2 maps + XXIX pl.

____, SOLOV'EV, V. S., *Srednevekovaja Kul'tura Toxaristana v svete raskopok v Vaxšskoj doline* (The medieval culture of Tukharistan in the light of excavations in the Wakhsh valley), Moscow, Nauka, 1985, 263 p.

LIU Bo 劉波, 「敦煌所出粟特語古信礼与両晋之際敦煌姑臧的粟特人」『敦煌研究』1995/3, p. 147-154.

LIU Mau-Tsai, "Kulturelle Beziehungen zwischen des Ost-Türken (= T'u-küe) und China", *Central Asiatic Journal*, III/3, 1958, p. 190-215.

LIU Xinru, *Ancient India and Ancient China: Trade and Religious Exchanges A.D. 1-600*, Delhi: Oxford University Press, 1988, 231 p.

LIVŠIC, V. A., "Praviteli Panča. Sogdijcy i Tjurki" (The sovereigns of Panč. Sogdians and Türks), *Narody Azii i Afriki*, 1979/4, p. 56-68.

____, "Sogdijcy v Semireč'e: lingvističeskie i epigrafičeskie svidetel'stva" (The Sogdians in Semireč'e: linguistic and epigraphic evidence), *Pis'mennje pamjatniki i problemy istorii kul'tury narodov Vostoka*, (XV godičnaja naučnaja sessija, Leningradskoe Otdelenie, Institut Vostokovedenija, AN S.S.S.R., December 1979, I[2]), Moscow, 1981, p. 76-84.

____, KAUFMAN, I. M., D'JAKONOV, I. M., "O drevnej sogdijskoj pis'mennosti Buxary" (On the ancient Sogdian written language of Bukhara), *Vestnik Drevnej Istorii*, 1954/1, p. 150-163.

____, LUKONIN, V. G., "Srednepersidckie i sogdijskie nadpici na serebrjanyx sosudax" (Inscriptions in Middle Persian and Sogdian on silver vessels), *Vestnik Drevnej Istorii*, 1964/3, p. 155-176.

LOGINOV, S. D., NIKITIN, A. B., "O načal'nom etape čekanki bukarskix podražanij drax-

mam Varaxrama V" (On the first stage in the minting of Bukharan imitations of the drachms of Vahrām V), *Obščestvennye Nauki v Uzbekistane*, 1985/6, p. 49-53.

____, NIKITIN, A. B., "Sasanian Coins of the Third Century from Merv", "Coins of Shapur II from Merv", "Sasanian Coins of the Late 4th-7th Centuries from Merv", "Post-Sasanian Coins from Merv", *Mesopotamia*, XXVIII, 1993, p. 225-246, 247-270, 271-312, 313-318.

LOMBARD, M., "La chasse et les produits de la chasse dans le monde musulman, VIIIe-XIe siècles", *Annales*, XXIV, 1969, p. 572-593.

LUBO-LESNIČENKO, E., "Šelkovyj put'v period Šesti Dinastij (III-VI vv.) po novym materialam" (The Silk Road in the Six Dynasties period [3rd-6th centuries] according to new materials), *Trudy Gosudarstvennogo Ermitaža*, XIX, 1978, p. 15-25.

____, "Velikij Šelkovij put'" (The great Silk Road), *Vostočnij Turkestan v Drevnosti i Rannem Srednevekov'e*, chapitre VIII, 1, 1988, p. 352-391.

____, "Western Motifs in the Chinese Textiles of the Early Middle Age", *National Palace Museum Bulletin*, XXVIII/3-4, Taipei, 1993, p. 1-28.

____, *Kitaj na Šelkovom puti. Šelk i vnešnie svjazi drevego i rannesrednevekovogo Kitaja* (China on the Silk Road. Silk and the international relations of China in antiquity and the early Middle Ages), Moscow: Vostočnaja Literatura, 1994, 326 p.

LUKONIN, V. G., "Srednepersidskie nadpisi iz Kara-Tepe" (A Middle Persian inscription from Kara-Tepe), in STAVISKIJ, B. Ja. (dir.), *Budijskie peščery Kara-tepe v Starom Termeze*, Moscow: Nauka, 1969, p. 40-46.

____, TREVER, K. V., *Sasanidskoe serebro sobranie Gosudarstvennogo Ermitaža* (Sassanid silver in the Hermitage collections), Moscow: Iskusstvo, 1987, 154 p. + CXXIV pl.

LUO Feng 羅豊, 『固原南郊隋唐墓地』北京：文物出版社, 1996, 247 p.

____, "*Sabao*: Further Consideration of the Only Post for Foreigners in the Tang Dynasty Bureaucracy", *China Archaeology and Art Digest*, IV/1, December 2000, p. 165-191.

LYONNET, B., *Céramique et peuplement du Chalcolithique à la conquête arabe. Prospections archéologiques en Bactriane Orientale (1974-1978), volume II*, (Mémoires de la Délégation Archéologique Française en Asie Centrale, VIII), Paris: Éditions Recherches sur les Civilisations, 1997, 447 p.

MA Yong, "The Chinese Inscriptions of the 'Da Wei' Envoy of the 'Sacred Rock of Hunza'", in JETTMAR, K. (ed.), *Antiquities of Northern Pakistan. Reports and Studies: I. Rock Inscriptions in the Indus Valley*, I, Mainz: Ph. von Zabern, 1989, p. 139-157.

MACKERRAS, C., "Sino-Uighur Diplomatic and Trade Contacts (744 to 840)", *Central Asiatic Journal*, XIII/3, 1969, p. 215-240.

MAENCHEN-HELFEN, O. J., *The World of the Huns. Studies in their History and Culture*, Berkeley: University of California Press, 1973, 602 p.

MAHLER, J. G., *The Westerners Among the Figurines of the T'ang Dynasty of China*, (Serie Orientale Roma, XX), Rome: IsMEO, 1959, 204 p. + XLII pl.

MAJIZADEH, Y., "Lapislazuli and the Great Khorasan Road", *Paléorient*, VIII/1, 1982, p. 59-69.

MALLERET, L., *L'archéologie du delta du Mékong, II: La civilisation matérielle d'Oc-èo*, Paris: EFEO, 1960, 398 p.

____, *L'archéologie du delta du Mékong, III: La culture du Fou-nan*, Paris: EFEO, 1962, 500 p.

MALJAVKIN, A. G., *Ujgurskie gosudarstva v IX-XII vv.* (The Uighur states in the 9th-12th centuries), Novosibirsk: Nauka, 1983, 297 p.

____, "Sogdijskij torgovyj sojuz" (The Sogdian commercial associations), *Meždunarodnaja associacija po izučeniju kul'tur Central'noj Azii: Informacionnyj Bjulleten'*, XV, Moscow: Nauka, 1988, p. 53-59.

MANANDJAN, Ja. A., *O torgovle i gorodax Armenii v svjazi s mirovoj torgovlej drevnix vremen (V v. do n. ery-XV v. n. ery)* (On the commerce and cities of Armenia in connection with world commerce in the ancient period [5th century BCE to 15th century CE]), Yerevan, 1962, 346 p.

MANDEL'ŠTAM, A. M., "Rannie kočevniki v drevej istorii Srednej Azii" (Early nomads in the ancient history of Central Asia), in *Le plateau iranien et l'Asie centrale des origines à la conquête islamique, Paris 22-24 mars 1976*, (Colloques internationaux du CNRS, 567), Paris: CNRS, 1977, p. 214-223.

MANDELUNG, W., "The early Murji 'a in Khurāsān and Transoxiana and the spread of Ḥanafism", *Der Islam*, LIX, 1982, p. 32-39.

____, "al-Māturīdī", *Encyclopédie de l'Islam*, 2nd ed., vol. VI, 1990, p. 836-838.

MANYLOV, Ju. P., "Arxeologičeskie issledovanija karavan-saraev central'nogo Ustjurta" (Archaeological analysis of the caravanserais of the central Ust-Yurt), *Arxeologija Priaral'ja*, I, 1982, p. 93-122.

____, "Arxeologičeskie raboty na torgovom puti iz Sogda v central'nye Kyzylkumy" (Archaeological works on the trade route from Sogdiana to the central Kyzylkum), *Istorija Material'noj Kul'tury Uzbekistana*, XXVII, 1996, p. 121-128.

MARÓTH, M. "Ein Brief aus Turfan", *Alt-orientalische Forschungen*, XII/2, 1985, p. 283-287.

MARQUART, J., *Ērānšahr nach des Geographie des Ps. Moses Xorenac'i*, (Abhandlungen der Akademie des Wissenschaften in Göttingen, N. F. 3, n. 2), Berlin, 1901, 358 p.

____, *Osteuropäische und ostasiatische Streifzüge*, Leipzig, 1903, reprinted Darmstadt, 1961, 557 p.

MARŠAK, B., "Indijskij komponent v kul'tovoj ikonografii Sogda"(The Indian element in the religious iconography of Sogdiana), *Kul'turnye vzaimosvjazi narodov Srednej Azii i Kavkaza s okružajuščim mirom v drevnosti i srednevekov'e. Tezisy dokladov*, Moscow: Nauka, 1981, p. 107-109.

MARSCHAK, B., *Silberschätze des Orients. Metallkunst des 3.-13. Jahrhunderts und ihre Kontinuität*, Leipzig: Seemann Verlag, 1986, 438 p.

MARŠAK, B., "Les fouilles de Pendjikent", *Comptes rendus des séances de l'Académie des Inscriptions et Belles-Lettres*, Paris, 1990, p. 286-313.

MARSCHAK, B., "Le programme iconographique des peintures de la" Salle des ambassadeurs "à Afrasiab (Samarkand)", *Arts Asiatiques*, XLIX, 1994, p. 5-20.

MARŠAK, B., "Sassanidische und türkisch-sogdische Erzeugnisse im Schatz von Mala Pereščepina", *Reitervölker aus dem Osten Hunnen + Awaren. Burgenländische Landesausstellung 1996*, Eisenstadt, 1996, p. 212-216.

MARSHAK, B., "La thématique sogdienne dans l'art de la Chine de la seconde moitié du VIe siècle", *Comptes rendus des séances de l'Académie des Inscriptions et Belles-Lettres*, Paris, 2002, p. 227-264.

MARŠAK, B., KRAMAROVSKIJ, M., *Sokrovišča Priob'ja* (Treasures of the Ob' basin), Exhibition catalogue of the Hermitage Museum, Saint Petersburg: Formika, 1996, 228 p.

____, RASPOPOVA, V., "Sogdijcy v Semireč'e" (Sogdians in Semireč'e), in *Tezisy dokladov vsesojuznoj naučnoj konferencii "Kul'tura i iskusstvo Kirgizii"*, I, Leningrad, 1983, p. 78-80.

____, RASPOPOVA, V., "Une image sogdienne du Dieu-Patriarche de l'agriculture", *Studia Iranica*, XVI/2, 1987, p. 193-199.

MARSHAK, B., RASPOPOVA, V., "Les nomades et la Sogdiane", in FRANCFORT, H.-P.(ed.), *Nomades et sédentaires en Asie centrale. Apports de l'archéologie et de l'ethnologie*, Paris: Éditions du CNRS, 1990a, p. 179-185.

MARŠAK, B., RASPOPOVA, V., "Wall Paintings from a House with a Granary. Panjikent, 1st Quarter of the Eighth Century A.D.", *Silk Road Art and Archaeology*, I, 1990b, p. 122-176.

MASSIGNON, L. *La Passion de Hallâj, martyr mystique de l'Islam, I La vie de Hallâj*, Paris: Gallimard, 1975, 708 p.

MASSON, H., "The Role of the Azdite Muhallabid Family in Marw's Anti-Umayyad Power Struggle", *Arabica*, XIV/2, 1967, p. 191-207.

MASSON, M. E., *Problema izučenija cisteri-sardoba* (Problems in the analysis of cisterns/sardob), (Materialy Yzkomstarisa, VIII), Tashkent, 1935, 44 p.+1 map.

____, *Srednevekovye torgovye puti iz Merva v Xorezm i v Maverannaxr (v predelax Turkmenskoj SSR)* (Medieval trade routes from Merv to Khorezm and Transoxiana [within the Turkmen SSR]), (Trudy JuTAKE, XIII), Ashkhabad: Turk-

menistan, 1966, 298 p.

Mažitov, N. A., "Funerary Complexes of Birsk with Coins of the 8th Century" (Funerary complexes of Birsk with coins of the 8th century), *Sovetskaja arxeologija* 1990/1, p. 261-266.

Mikami, T., "Chinese Ceramics from Medieval Sites in Egypt", in Prince Mikasa Takahito (ed.), *Cultural and Economics Relations Between East and West: Sea Routes*, (Bulletin of the Middle Eastern Culture Center in Japan, II), Wiesbaden: Harrassowitz, 1988, p. 45-61.

Minorsky, V., "Transcaucasica", *Journal Asiatique*, CCXVII, 1930, p. 41-112.

Miquel, A., *La géographie historique du monde musulman jusqu'au milieu du 11e siècle*, Paris/La Haye: Mouton, 4 vols., 1967-1988.

Mizuno, S. (ed.) 水野清一(編), 『チャカラク・テペ：北部アフガニスタンにおける城塞遺跡の発掘 1964-1967』 京都大学, 1970.

Mode, M., "Sogdian Gods in Exile. Some Iconographic Evidence from Khotan in the Light of Recently Excavated Material from Sogdiana", *Silk Road Art and Archaeology*, II, 1991-1992, p. 179-214.

____, *Sogdien und die Herrscher der Welt. Türken, Sasaniden und Chinesen in Historiengemälden des 7. Jahrhunderts n. Chr. aus Alt-Samarqand*, (Europäische Hochschulschriften, Kunstgeschichte, 162), Francfort: Peter Lang, 1993, 217 p.

Molè, G., *The T'u-yü-hun from the Northern Wei to the time of the Five Dynasties*, (Serie Orientale Roma, XLI), Rome: IsMEO, 1970, 287 p.

Mori, M. 護雅夫, 「東突厥国家内部におけるソグド人」『古代トルコ民族史研究』 1, 山川出版社, 1967, p. 61-93.

Moribe, Y., "Military Officers of Sogdian Origin from the Late Tang Dynasty to the Period of Five Dynasties", in de la Vaissière, É., Trombert, É. (eds.), *Les Sogdiens en Chine*, Paris: EFEO, 2005, p. 243-254.

Moriyasu, T., "Qui des Ouighours ou des Tibétains ont gagné en 789-792 à Beš-Balïq", *Journal Asiatique*, CCLXIX, 1981, p. 193-205.

____, "L'origine du bouddhisme chez les Turcs et l'apparition des textes bouddhiques en turc ancien", in Haneda, A. (dir.), *Documents et archives provenant de l'Asie centrale. Actes du Colloque franco-japonais Kyoto 4-8 octobre 1988*, Kyoto: Association franco-japonaise des études orientales, 1990, p. 147-165.

____森安孝夫, 「《シルクロード》のウイグル商人：ソグド商人とオルトク商人の間」『岩波講座 世界歴史 11 中央ユーラシアの統合 9-16 世紀』岩波書店, 1997, p. 93-119.

Mukherjee, B. N., *The Economic Factors in Kushāṇa History*, Calcutta: Pilgrim Publishers, 1970, 114 p.

Muthesius, A., *Byzantine Silk Weaving. AD 400 to AD 1200*, Vienna: Verlag Fassbaender, 1997, 260 p. + CXXVIII pl.

MUXAMADIEV, A. G., *Drevnie Monety Povolž'ja* (Ancient coins of the Volga region), Kazan, 1990, 159 p.

MUXAMEDOV, X., "Novye učastki Kanpir-Devora drevnego Sogda" (New pieces of ancient Sogdian Kanpir-Devor), *Istorija Material'noj Kul'tury Uzbekistana*, IX, 1972, p. 131-136.

MUXAMEDŽANOV, A. R., *Istorija orošenija Buxarskogo oazisa (s drevnejšix vremen do načala XX v.)* (History of the irrigation of the Bukharan oasis from antiquity to the 20th century), Tashkent: FAN, 1978, 294 p.

NIKITIN, A. B., "Sasanian Coins in the Collection of the Museum of Fine Arts, Moscow", *Ancient Civilisations from Scythia to Siberia* II/1, 1995, p. 71-91.

____, "Notes on the Chronology of the Kushano-Sasanian Kingdom", in ALRAM, M., KLIMBURG-SALTER, D. (eds.), *Coins, Art and Chronology. Essays on the Pre-Islamic History of the Indo-Iranian Borderlands*, (Philosophisch-Historische Klasse Denkschriften, CCLXXX), Vienna: Verlag der österreichischen Akademie der Wissenschaften, 1999, p. 259-263.

NOBLE, P. S., "A Kharoṣṭhī Inscription from Endere", *Bulletin of the School of Oriental Studies*, VI, 1931, p. 445-455.

NOONAN, T. S., "When and How Dirhams First Reached Russia: A Numismatic Critique of the Pirenne Theory", *Cahiers du Monde Russe et Soviëtique*, XXI, 1980, p. 401-469.

____, "A Ninth Century Dirham Hoard From Devitsa in Southern Russia", *American Numismatic Society Museum Notes*, 1982a, p. 185-209.

____, "Russia, the Near-East, and the Steppe in the Early Medieval Period: an Examination of the Sasanian and Byzantine Finds from the Kama-Urals Area", *Archivum Eurasiae Medii Aevi*, II, 1982b, p. 269-302.

____, "Why Dirhams First Reached Russia: the Role of Arab-Khazar Relations in the Development of the Earliest Islamic Trade with Eastern Europe", *Archivum Eurasiae Medii Aevi*, IV, 1984, p. 151-282.

____, "Khazaria as an Intermediary between Islam and Eastern Europe in the Second Half of the Ninth Century: the Numismatic Perspective", *Archivum Eurasiae Medii Aevi*, V, 1985a [1987], p. 179-204.

____, "Khwārazmian Coins of the Eight Century from Eastern Europe: the Post-Sasanian Interlude in the Relations between Central Asia and European Russia", *Archivum Eurasiae Medii Aevi*, VI, 1985b [1987], p. 243-258.

____, "Fluctuations in Islamic trade with Eastern Europe during the Viking Age", *Harvard Ukrainian Studies*, XVI/3-4, 1992, p. 237-259.

OBEL'ČENKO, O. V., *Kul'tura Antičnogo Sogda. Po arxeologičeskim dannym VII v. do n. e.-VII v. n. e.* (The culture of ancient Sogdiana according to archaeological data, from the 7th century BCE to the 7th century CE), Moscow: Nauka, 1992,

256 p.

Okladnikov, A. P., "Novye dannye po istorii Pribajkal'ja v Tjurskoe Vremja. (Sogdijskaja kolonija na r. Unge)", (New data on the history of the Baikal region in the Türk period. [A sogdian colony on the Unge River]), *Tjurkologičeskie Issledovanija*, XVIII, 1963, p. 275-281.

____, "Arxeologičeskie issledovanija v Burjat Mongolii" (Archaeological research in Buryat Mongolia), in *Istorija i kul'tura Burjatii*, Ulan-Ude, 1976.

Pan Yihong, "Early Chinese Settlement Policies towards the Nomads", *Asia Major*, Third Series, V/2, 1992, p. 41-78.

Paul, J., "Histories of Samarcand", *Studia Iranica*, XXII/1, 1993, p. 69-92.

____, *The State and the Military: the Samanid Case*, (Papers on Inner Asia, XXVI), Bloomington, 1994, 40 p.

Peegulevskaya, N. V., "Economic Relations in Iran during the IV-VI Century A.D.", *Journal of the K. R. Cama Oriental Institute*, 38, 1956, p. 60-80.

Pelliot, P., "Le *sa-pao*", *Bulletin de l'École française d'Extrême-Orient*, III, 1903a, p. 665-671.

____, "Le Fou-nan", *Bulletin de l'École française d'Extrême-Orient*, III, 1903b, p. 248-303.

____, "L'origine du nom de 'Chine'", *T'oung Pao*, XIII, 1912, p. 727-742.

____, "Encore à propos du nom de 'Chine'", *T'oung Pao*, XIV, 1913, p. 427-428.

____, "Le 'Cha Tcheou Tou Fou T'ou King' et la colonie sogdienne de la région du Lob Nor", *Journal Asiatique*, series XI, vol. VII, 1916, p. 111-123.

____, "Notice sur: H. Reichelt, *Die soghdischen Handschriften*", *T'oung Pao*, XXVIII, 1931, p. 457-463.

____, *Recherches sur les Chrétiens d'Asie Centrale et d'Extrême-Orient*, œuvre posthume, Dauvillier, J. (ed.), Paris: Imprimerie Nationale, 1973, 309 p.

Piacentini, V. F, *Merchants-Merchandise and Military Power in the Persian Gulf (Sūriyānj/Shahriyāj-Sīrāf)*, (Atti della Accademia Nazionale dei Lincei, Memorie, serie IX, III/2), Rome, 1992, 190 p.

Pigulevskaja, N., *Vizantija na putjax v Indiju. Iz istorii torgovli Vizantii s Vostokom v. IV-VI vv.* (Byzantium on the routes to India. On the history of Byzantine trade with the East in the 4th to 6th centuries), Moscow-Leningrad, 1951, 409 p.

____, 1956, see Peegulevskaya.

Pinault, G., "Épigraphie koutchéenne", chap. IV of *Sites divers de la région de Koutcha*, (Mission Paul Pelliot, VIII), Paris: Collège de France, 1987, p. 59-196.

____, G.-J., "Economic and Administrative Documents in Tocharian B from the Berezovsky and Petrovsky Collections", *Manuscripta Orientalia*, IV/4, 1998, p. 3-20.

Pinks, E., *Die Uiguren von Kan-chou in der frühen Sung-Zeit (960-1028)*, (Asiatische Forschungen, XXIV), Wiesbaden, 1968, 226 p.

Pletneva, S. A., *Sarkel i "Šelkovyj put'"* (Sarkel and the "Silk Road"), Voronež, 1996, 166 p.

Pourshariati, P., "Local Histories of Khurāsān and the Pattern of Arab Settlement", *Studia Iranica*, XXVII/1, 1998, p. 41-82.

Prasad, K., *Cities, Crafts and Commerce under the Kuṣāṇas*, Delhi: Agam Kala Prakashan, 1984, 202 p.

Pugačenkova, G. A., "Ištixanskie drevnosti (nekotorye itogi issledovanij 1979 g.) (The antiquities of Ištixan: some results from the investigations of 1979), *Sovetskaja Arxeologija*, 1983/1, p. 259-270.

Pulleyblank, E. G., "A Sogdian Colony in Inner Mongolia", *T'oung Pao*, XLI, 1952, p. 317-356.

____, *The Background of the Rebellion of An Lu-shan*, Oxford: University Press, 1955, 264 p.

____, "Chinese and Indo-Europeans", *Journal of the Royal Asiatic Society*, 1966, p. 9-39.

____, "The Wu-sun and Sakas and the Yüeh-chih migration", *Bulletin of the School of Oriental and African Studies*, XXXIII, 1970, p. 154-160.

____, "Chinese-Iranian Relations I. In Pre-Islamic Times", in Yarshater, E. (dir.), *Encyclopaedia Iranica*, V/4, Costa Mesa: Mazda Publishers, 1991a, p. 424-431.

____, *Lexicon of Reconstructed Pronunciation in Early Middle Chinese, Late Middle Chinese, and Early Mandarin*, Vancouver: UBC Press, 1991b, 488 p.

Rapin, C., *La trésorerie du palais hellénistique d'Aï Khanoum. L'apogée et la chute du royaume grec de Bactriane. Fouilles d'Aï Khanoum*, VIII, (Mémoires de la Délégation Archéologique Française en Afghanistan, XXXIII), Paris: de Boccard, 1992, 463 p. + CXXVI pl.

Raschke, M. G., "New Studies in Roman Commerce with the East", in Temporini, H. (dir.), *Politische Geschichte (Provinzen und Randvölker: Mesopotamien, Armenien, Iran, Südarabien, Rom und der Ferne Osten)*, (Aufstieg und Niedergang der römischen Welt, II, 9.2), Berlin, 1978, p. 604-1378.

Raspopova, V., "Gončarnye izdelija sogdijcev čujskoj doliny. Po materialam raskopok na Ak-Bešim v 1953-1954 gg." (Sogdian ceramics of the Ču plain, according to the materials from the excavations of Ak-Bešim in 1953-1954), *Trudy Kirgizskoj Arxeologo-Etnografičeskoj Ekspedicii*, IV, Moscow, 1960, p. 138-163.

____, "Odin iz bazarov Pendžikenta VII-VIII vv." (One of the bazaars of Panjikent, 7th-8th centuries), *Strany i Narody Vostoka*, X, 1971, p. 67-85.

____, V. I., *Metalličeskie izdelija rannesrednevekovogo Sogda* (Metalwork of Sogdiana in the early Middle Ages), Leningrad, 1980, 137 p.

____, *Žilišča Pendžikenta (opyt istoriko-social'noj interpretacii)* (The dwellings of Panjikent [a historical-social interpretation]), Leningrad, 1990, 208 p.

____, *Rannesrednevekovyj sogdijskij gorod (po materialam Pendžikenta). Dissertacija* (A Sogdian city of the early Middle Ages [according to the materials from Penjikent]. Dissertation), Saint Petersburg, 1993, 70 p.

RENOU, L., *La civilisation de l'Inde ancienne d'après les textes sanskrits*, Paris: Flammarion, 1981, 207 p.

RIBOUD, P., "Le cheval sans cavalier dans l'art funéraire sogdien en Chine: à la recherche des sources d'un thème composite", *Arts Asiatiques*, LVIII, 2003, p. 148-161.

ROBIN, Ch., "L'Arabie du Sud et la date du Périple de la mer Érythrée (Nouvelles données)", *Journal Asiatique*, CCLXXIX, 1991, p. 1-30.

RÓNA-TAS, A., "On the Development and Origin of the East Turkic" Runic "Script", *Acta Orientalia Academiae Scientiarum Hungaricae*, XLI/1, 1987, p. 7-14.

RONG Xinjiang 栄新江, 「古代塔里木盆地周辺粟特移民」『西域研究』1993/2, p. 8-15.

____, "The Migrations and Settlements of the Sogdians in the Northern Dynasties, Sui and Tang", *China Archaeology and Art Digest*, IV/1, Décembre 2000, p. 117-163.

____, 『中古中国与外来文明』北京：三聯書店, 2001, 490 p.

ROUGEULLE, A., "Les importations de céramiques chinoises dans le Golfe arabo-persique (8e-11e siècles)", *Archéologie islamique*, II, 1991, p. 5-46.

RTVELADZE, E. V., "Numizmatičeskie materialy k istorii rannesrednevekogo Čača" (Numismatic materials for the history of Čāč in the early Middle Ages), *Obščestvennye Nauki v Uzbekistane*, 1982/8, p. 31-39.

____, "La circulation monétaire au nord de l'Oxus à l'époque gréco-bactrienne", *Revue Numismatique*, XXVI, 1984, p. 61-76.

____, "Denežnoe obraščenie v severo-zapadnom Toxaristane v rannem srednevekov'e" (Monetary circulation in Northwest Tukharistan in the early Middle Ages), in *Gorodskaja Kul'tura Baktrii-Toxarestana i Sogda. Antičnost', rannee srednevekov'e. Materialy Sovetsko-francuskogo kollokviuma (Samarkand 1986)*, Tashkent: FAN, 1987, p. 120-130.

____, "Pogrebal'nye sooruženija i obrjad v severnom Toxaristane" (Funerary structures and rites of Northern Tukharistan), in PUGAČENKOVA, G. A. (dir.), *Antičnye i rannesrednevekovye drevnosti južnogo Uzbekistana*, Tashkent: FAN, 1989, p. 53-72.

____, "Pre-Muslim Coins of Chach", *Silk Road Art and Archaeology*, V, 1997-1998, p. 307-328.

____, "K istorii evreev-iudaistov v Srednej Azii (domusul'manskij period)" (On the history of the Jews of Central Asia in the pre-Islamic period), in *Verovanija i Kul'ty domusul'manskoj Srednej Azii*, Moscow: Gosudarstvennyj muzej Vostoka, 1997, p. 46-50.

RUBINACCI, R., "Il Tibet nella Geografia d'Idrīsī", *Gururājamañjarikā. Studi in onore*

di G. Tucci, Naples: Instituto Universitario Orientale, 1974, p. 195–220.

SADIGHI, Gh. H., *Les Mouvements religieux iraniens au IIe et au IIIe siècle de l'hégire*, Paris: Les Presses Modernes, 1938, 333 p.

ŠANDROVSKAJA, V., "Die Funde der byzantinischen Bleisiegel in Sudak", in OIKONOMIDES, N. (ed.), *Studies in Byzantine Sigillography*, III, Washington: Dumbarton Oaks Research Library and Collection, 1993, p. 85–98.

____, "Die neuen Funde an byzantinischen Bleisiegeln auf der Krim", in OIKONOMIDES, N. (ed.), *Studies in Byzantine Sigillography*, IV, Washington: Dumbarton Oaks Research Library and Collection, 1995, p. 153–161.

SCAGLIA, G., "Central Asians on a Northern Ch'i Gate Shrine", *Artibus Asiae*, XXI/1, 1958, p. 9–28.

SCHAFER, E. H., "The Camel in China down to the Mongol Dynasty", *Sinologica*, II, Basel, 1950, p. 165–194, 263–290.

____, "Iranian Merchants in T'ang Dynasty Tales", in FISCHEL, W. J. (ed.), *Semitic and Oriental Studies presented to William Popper*, (Publications in Semitic Philology, XI), University of California, 1951, p. 403–422.

____, *The Golden Peaches of Samarkand. A Study of T'ang Exotics*, Berkeley: University of California Press, 1963, 400 p.

____, "Notes on T'ang Geisha 3: Yang-chou in T'ang Times", *Schafer Sinological Papers*, 6, 1984, 17 p.

SCHEIL, J.-M., *Die chinesischen Vertragsurkunden aus Turfan*, (Münchener ostasiatische Studien, LXXII), Stuttgart: Frantz Steiner Verlag, 1995, 200 p.

SCHILTZ, V., *Les Scythes et les nomades des steppes. VIIIe siècle avant J.-C.–Ier siècle après J.-C.* (L'Univers des Formes, XXXIX), Paris: Gallimard, 1994, 473 p.

SEDOV, A. V., *Kobadian na poroge rannego srednevekov'ja* (Kobadian on the threshold of the Middle Ages), Moscow: Nauka, 1987, 199 p.

SEMËNOV, G. L., "Sogdian Cities of the Early Middle Ages: Formation of Plans", in SMIRNOVA, G. (ed.), *Itogi rabot arxeologičeskix ekspedicij Gosudarstvennogo Ermitaža*, Leningrad, 1989, p. 128–140.

____, *Sogdijskaja Fortificacija V–VIII vekov* (Sogdian fortifications of the 5th–8th centuries), Saint Petersburg: Ermitage, 1996, 225 p.

____, *Sogdijskij gorod V–XII vv. Formirovanie plana* (Sogdian cities of the 5th–12th centuries. Formation of plans), Saint Petersburg: Ermitage, 2002, 46 p.

____, TAŠBAEVA, K., "Raskopki v Ak-Bešime v 1996 gody" (Excavations at Ak Bešim in 1996), *Otčetnaja arxeologičeskaja sessija za 1996 god*, Saint Petersburg: Ermitage, 1997, p. 48–51.

SENIGOVA, T. N., *Srednevekovyj Taraz* (Medieval Taraz), Nauka: Alma-Ata, 1972, 218 p.

Sérinde, Terre de Bouddha. Dix siècles d'art sur la route de la soie, catalog of the

exhibition at the Galeries Nationales du Grand Palais, 24 October 1995 - 19 February 1996, Paris: RMN, 1995, 430 p.

Šerkova, T. A., *Egipet i Kušanskoe Carstvo. Torgovye i kul'turnye kontakty* (Egypt and the Kushan Empire. Commercial and cultural contacts), Moscow: Nauka, 1991, 193 p.

Shaban, M. A., *The 'Abbāsid Revolution*, Cambridge: University Press, 1970, 182 p.

____, *Islamic History. A New Interpretation*, 2 vols., Cambridge: University Press, 1971, 1976, 197 p., 221 p.

Shahid, I., *Byzantium and the Arabs in the Sixth Century, Vol. I, Part 1: Political and Military History*, Washington: Dumbarton Oaks, 1995, 726 p.

Sharon, M., *Black Banners from the East. The Establishment of the 'Abbāsid State. Incubation of a Revolt*, (Hebrew University, Max Schloessinger Memorial Series, II), Jerusalem: The Magnes Press, 1983, 265 p.

____, "The Military Reforms of Abū Muslim and Their Consequences", in Sharon, M. (ed.), *Studies In Islamic History and Civilisation in Honour of Pr. David Ayalon*, Jerusalem: Cana, 1986, p. 105-143.

Sheng, A., "Innovations in Textile Techniques on China's Northwest", *Asia Major*, XI/2, 1998, p. 117-160.

Shepherd, D. G., "Zandanîjî Revisited", in *Documenta Textilia: Festschrift für S. Müller-Christensen*, Munich: Bayerisches Nationalmuseum, 1980, p. 105-122.

____, Henning, W. B., "Zandanîjî Identified", in *Aus der Welt der islamischen Kunst, Festschrift für E. Kühnel*, Berlin, 1959, p. 15-40.

Shiratori, K., "A Study on Su-t'ê (粟特) or Sogdiana", *Memoirs of the Research Department of the Toyo Bunko*, II, 1928, p. 81-145.

____, "On the Ts'ung-ling Traffic Route Described by C. Ptolemaeus", *Memoirs of the Research Department of the Toyo Bunko*, XVI, 1957, p. 1-34.

Shishkina, G. V., "Ancient Samarkand: Capital of Soghd", *Bulletin of the Asia Institute*, VIII, 1994, p. 81-99.

____, Pavchinskaja, L. V., "Les quartiers de potiers de Samarcande entre le IXe et le début du XIIIe siècle", "La production céramique de Samarcande du VIIIe au XIIIe siècle", in *Terres secrètes de Samarcande. Céramiques du VIIIe au XIIIe siècle*, exhibition catalog, Paris: Institut du Monde Arabe, Caen, Toulouse, 1992-1993, p. 31-45, 45-73.

Simon, R., "Ḥums et īlāf, ou commerce sans guerre (sur la genèse et le caractère du commerce de la Mecque)", *Acta Orientalia Academiae Scientiarum Hungaricae*, XXIII/2, 1970, p. 205-232.

Simonenko, A., "Chinese and East Asian Elements in Sarmatian Culture of the North Pontic Region", *Silk Road Art and Archaeology*, VII, 2001, p. 53-72.

Sims-Williams, N., "The Sogdian Fragments of the British Library", *Indo-Iranian*

Journal, XVIII, 1976, p. 43-74.

___, "On the Plural and Dual in Sogdian", *Bulletin of the School of Oriental and African Studies*, XLII/2, 1979, p. 337-346.

___, "Indian Elements in Parthian and Sogdian", in Röhrborn, K. Veenker, W. (dir.), *Sprachen des Buddhismus in Zentralasien. Vorträge des Hamburger Symposions vom 2. Juli bis 5. Juli 1981*, Wiesbaden, 1983, p. 132-141.

___, "A Sogdian Greeting", in Emmerick, R., Weber, D. (eds.), *Corolla Iranica. Papers in Honour of Prof. Dr. David Neil MacKenzie*, Frankfurt: Peter Lang, 1991, p. 176-186.

___, "Sogdian and Turkish Christians in the Turfan and Tun-huang Manuscripts", in Cadonna, A. (ed.), *Turfan and Tun-huang. The Texts. Encounter of Civilizations on the Silk Route*, (Orientalia Venetiana, IV), Florence: Olschki, 1992a, p. 43-61.

___, "The Sogdian Inscriptions of Ladakh", in Jettmar, K. (ed.), *Antiquities of Northern Pakistan. Reports and Studies*, II, Mainz: P. von Zabern, 1993, p. 151-163 + XVI pl.

___, "Nouveaux documents sur l'histoire et la langue de la Bactriane", *Comptes rendus des séances de l'Académie des Inscriptions et Belles-Lettres*, 1996a [1997], p. 633-654.

___, "From Babylon to China: Astrological and Epistolary Formulae across Two Millennia", in *La Persia e L'Asia Centrale da Alessandro al X secolo*, (Atti di Convegni Lincei, CXXVII), Rome: Accademia Nazionale dei Lincei, 1996b, p. 77-84.

___, "The Sogdian Merchants in China and India", in Cadonna, A., Lanciotti, L. (eds.), *Cina e Iran da Alessandro Magno alla Dinastia Tang*, Florence: Olschki, 1996c, p. 45-67.

___, "Zu den iranischen Inschriften", in Fussman, G., König, D. (dir.), *Die Felsbildstation Shatial*, (Materialen zur Archäologie der Nordgebiete Pakistans, II), Mainz: Ph. von Zabern, 1997, p. 62-72.

___, Cribb, J., "A New Bactrian Inscription of Kanishka the Great", *Silk Road Art and Archaeology*, IV, 1995-1996, p. 75-142.

Singh, M. R., *Geographical Data in the Early Puranas. A Critical Study*, Calcutta, 1972, 407 p.

Šiškin, V. A., *Varaxša*, Moscow, 1963, 246 p. + XVIII pl.

Šiškina, G. V., "Gorodskoj kvartal VIII-XI vv. na severo-zapade Afrasiaba" (An urban quarter from the 8th-11th centuries in the northwest of Afrasiab), *Afrasiab*, II, Tashkent: FAN, 1973, p. 117-156.

___, *Glazurovannaia keramika Sogda: Vtoraia polovina VIII - načalo XIII v.* (Glazed ceramics of Sodiana: from the second half of the 8th to the beginning of the 13th century), Tashkent, 1979, 216 p.

____, "Drevnij Samarkand i ego okruga" (Ancient Samarkand and its environs), in *Gorodskaja kul'tura Baktrii-Toxarestana i Sogda. Antičnost', rannee srednevekov'e. Materialy Sovetsko-francuskogo kollokviuma* (Samarkand 1986), Tashkent: FAN, 1987, p. 164-170.

Skaff, J. K., "Sasanian and Arab-Sasanian Silver Coins from Turfan: Their Relationship to International Trade and the Local Economy", *Asia Major*, XI/2, 1998, p. 67-115.

____, "Barbarians at the Gates The Tang Frontier Military and the An Lushan Rebellion", *War and Society*, XVIII/2, 2000, p. 23-35.

____, "The Sogdian Trade Diaspora in East Turkestan during the Seventh and Eighth Centuries", *Journal of the Economic and Social History of the Orient*, XLVI/4, 2003, p. 475-524.

Smirnova, O., "K istorii samarkanskogo dogovora 712 g." (On the history of the Samarkand treaty of 712), *Kratkie Soobščenija Instituta Vostokovedenija Akademija Nauk SSSR*, XXXVIII, Moscow, 1960, p. 69-79.

____, *Očerki iz istorii Sogda* (Essays on the history of Sogdiana), Moscow, 1970, 288 p.

____, *Svodnyj katalog sogdijskix monet. Bronza* (Catalog of Sogdian coins. Bronze), Moscow, 1981, 548 p.

____, "Dvugorbyj verbljiud na sogdijskix monetax" (The Two-humped camel on Sogdian coinage), *Strany i Narody Vostoka*, XXV, 1987, p. 142-148.

Sokolovskaia, L., Rougeulle, A., "Stratified Finds of Chinese Porcelains from Pre-Mongol Samarkand (Afrasyab)", *Bulletin of the Asia Institute*, VI, 1992, p. 87-98.

Spuler, B., *Iran in früh-islamischer Zeit. Politik, Kultur, Verwaltung und öffentliches Leben zwischen der arabischen und des seldschukischen Eroberung 633 bis 1055*, Wiesbaden: Fr. Steiner Verlag, 1952, 656 p.

____, "Die wirtschaftliche Entwicklung des iranischen Raumes und Mittelasiens im Mittelalter", in Spuler, B. (dir.), *Wirtschaftsgeschichte des vorderen Orients in Islamischer Zeit*, (Handbuch der Orientalistik, VI, 6, 1), Leiden: Brill, 1977, p. 116-159.

Staviskij, B. Ja., "Istoričeskie svedenija o verxnej časti zerafšanskoj doliny" (Historical information concerning the upper Zarafshan valley), *Istoria Material'noj Kul'tury Uzbekistana*, I, 1959, p. 79-93.

____, "Central Asian Mesopotamia and the Roman World: Evidence of Contacts", in Invernizzi, A. (ed.), *In the Land of the Gryphons: Papers on Central Asian Archaeology in Antiquity*, Florence, 1995, p. 191-202.

____, *Sud'by Buddizma v Srednej Azii po dannym arxeologii* (The fate of Buddhism in Central Asia according to archaeological data), Moscow: Vostočnaja literatura RAN, 1998, 214 p.

____, Urmanova, M. X., "Gorodišče Kuldor-tepe" (The site of Kuldor-tépé), *Sovetskaja*

Arxeologija, 1958/1, p. 231–235.

STEIN, A., *Serindia*, 5 vols., Oxford: Clarendon Press, 1921.

____, *Innermost Asia*, 4 vols., Oxford: Clarendon Press, 1928.

SUBLET, J., *Le voile du nom. Essai sur le nom propre arabe*, Paris: PUF, 1991, 208 p.

SULEJMANOV, R. X., *Drevnij Naxšab* (Ancient Naxšab), Tashkent: Fan, 2000, 342 p.+ CCI pl.

SUNDERMANN, W., "Probleme der Interpretation manichäisch-soghdischer Briefe", in HARMATTA, J. (ed.), *From Hecataeus to al-Khuwārizmī*, (Collection of the Sources of the History of Pre-Islamic Central Asia, I/III), Budapest: Akadémiai Kiadó, 1984, p. 289–316.

____, "Completion and Correction of Archaeological Work by Philological Means: the Case of the Turfan Texts", in BERNARD, P., GRENET, F. (dir.), *Histoire et cultes de l'Asie centrale préislamique. Sources écrites et documents archéologiques*, Paris: Éditions du CNRS, 1991, p. 283–288.

____, "Iranian Manichean Turfan Texts Concerning the Turfan Region", in CADONNA, A. (ed.), *Turfan and Tun-huang. The Texts. Encounter of Civilizations on the Silk Route*, (Orientalia Venetiana, IV), Florence: Olschki, 1992, p. 63–84.

SZEMERÉNYI, O., *Four Old Iranian Ethnic Names: Scythian-Skudra-Sogdian-Saka*, (Veröffentlichungen der Iranischen Kommission Herausgegeben von Manfred Mayrhofer, 9), Vienna: Verlag der Österreichischen Akademie der Wissenschaften, 1980, 47 p.

TARDIEU, M., "Le Tibet de Samarcande et le pays de Kûsh: mythes et réalités d'Asie centrale chez Benjamin de Tudèle", *Cahiers d'Asie centrale*, I–II, 1996, p. 299–310.

THIERRY, F., "Sur les monnaies sassanides trouvées en Chine", in GYSELEN, R. (dir.), *Circulation des monnaies, des marchandises et des biens*, (Res Orientales, V), Bures-sur-Yvette, 1993, p. 89–139.

____, MORISSON, C., "Sur les monnaies byzantines trouvées en Chine", *Revue Numismatique*, XXXVI, 1994, p. 109–145, pl. XVI.

TOLSTOV, S. P., "Monety šaxov drevnego Xorezma i drevnexorezmijskij alfavit" (Coins of the kings of ancient Khorezm and the Khorezmian alphabet), *Vestnik Drevnej Istorii*, 1938/4, p. 120–145.

____, "Novogodnij Prazdnik 'Kalandas' u xorezmijskix xristian načala XI veka" (The New Year's festival of the "Calandas" among the Khorezmian Christians at the beginning of the 11th century), *Sovetskaja Etnografija*, 1946/2, p. 87–108.

TREISTER, M., YATSENKO, S. A., "About the Centres of Manufacture of Certain Series of Horse-Harness Roundels in Gold-Turquoise Animal Style of the 1st–2nd Centuries A.D.", *Silk Road Art and Archaeology*, V, 1997–1998, p. 51–106.

TREMBLAY, X., *Pour une histoire de Sérinde. Le manichéisme parmi les peuples et religions d'Asie Centrale d'après les sources primaires*, (Veröffentlichungen der

Kommission für Iranistik, XXVIII), Vienna: Verlag der Österreichischen Akademie der Wissenschaften, 2001, 337 p.

Trombert, É., *Le crédit à Dunhuang*, (Bibliothèque de l'Institut des Hautes Études Chinoises, XXIX), Paris: Collège de France, 1995, 258 p.

____, "Une trajectoire d'ouest en est sur la route de la soie. La diffusion du coton dans l'Asie centrale sinisée (6e–10e siècles)", in *La Persia e L'Asia Centrale da Alessandro al X secolo*, (Atti di Convegni Lincei, CXXVII), Rome: Accademia Nazionale dei Lincei, 1996, p. 205–227.

____(ed.), Ikeda On, Zhang Guangda (collab.), *Les manuscrits chinois de Koutcha. Fonds Pelliot de la Bibliothèque Nationale de France*, Paris: Institut des Hautes Études Chinoises du Collège de France, 2000a, 150 p. + LIV pl.

____, "Textiles et tissus sur la Route de la Soie. Éléments pour une géographie de la production et des échanges", in Cohen, M., Drège, J.-P., Giès, J. (eds.), *La Sérinde, terre d'échanges*, Paris: La Documentation Française, 2000b, p. 107–120.

Ts'ao Yung-ho, "Pepper Trade in East Asia", *T'oung Pao*, LXVIII, 1982, p. 221–247.

Tskitishvili, O. "Two Questions Connected with the Topography of the Oriental City in the Early Middle Ages", *Journal of the Economic and Social History of the Orient*, XIV/3, 1971, p. 311–320.

Twitchett, D., *Financial Administration under the T'ang Dynasty*, Cambridge: University Press, 1963, 374 p.

____, "T'ang Market System", *Asia Major*, XII/2, 1967, p. 202–248.

____, "Merchant, Trade and Government in Late T'ang", *Asia Major*, XIV/1, 1968, p. 63–95.

____, "The Composition of the T'ang Ruling Class: New Evidence from Tunhuang", in Wright, A. F., Twitchett, D. (eds.), *Perspectives on the T'ang*, New Haven: Yale University Press, 1973, p. 47–86.

____(ed.), *Sui and T'ang China 589–906*, (Cambridge History of China, III), Cambridge: University Press, 1979, 850 p.

Udovitch, A. L., *Partnership and Profit in Medieval Islam*, Princeton: University Press, 1970, 282 p.

Utas, B., "The Jewish-Persian Fragment from Dandān-Uiliq", *Orientalia Suecana*, XVII, 1968, p. 123–136.

Vajnberg, B., *Monety drevnego Xorezma* (The coins of ancient Khorezm), Moscow, 1977, 194 p. + XXXI pl.

Vajnberg, B. I., "Rol' kochevnikov v razvitii ekonomiki i torgovli Xorezma v drevnosti" (The role of the nomadic people in the developement of the economie and trade of Khorezm in antiquity), in Askarov, A. A. (dir.), *Goroda i Karavansarai na trassax velikogo Shelkogo puti*. Tezisy dokladov meždunarodnogo seminara JuNESKO. Urgench, 2–3 maja 1991 g., Urgench, 1991, p. 29–33.

VALLAT, F., "Deux nouvelles 'chartes de fondation' d'un palais de Darius Ier à Suse", *Syria*, XLVIII, 1971, p. 53-59.

VASMER, M., *Untersuchungen über die ältesten Wohnsitze der Slaven. I: Die Iranier in Südrußland*, (Veröffentlichungen des baltischen und slavischen Instituts an der Universität Leipzig, III), Leipzig, 1923, 79 p.

VOLIN, S. L., "Svedenija arabskix i persidskix istočnikov IX-XVI vv. o doline reki Talas i smežnyx rajonov" (Information from Arabic and Persian sources of the 9th-16th centuries concerning the valley of the Talas river and neighboring regions), *Trudy Instituta Istorii, Arxeologii i Etnografii AN Kasaxskoj SSR*, VIII, 1960, p. 72-92.

VOROB'ËVA-DESJATOVSKAJA, M., "Indijcy v Vostočnom Turkestane v drevnosti (nekotorye sociologičeskie aspekty)" (Indians in Eastern Turkestan in antiquity [some sociological aspects]), *Vostočnij Turkestan v drevnosti i rannem srednevekov'e*, I, Moscow, 1988, p. 61-96.

VOROBYOVA-DESYATOVSKAYA, M., "The Leningrad Collection of the Sakish Business Documents and the Problem of the Investigation of Central Asian Texts", in CADONNA, A. (ed.), *Turfan and Tun-huang. The Texts. Encounter of Civilizations on the Silk Route*, (Orientalia Venetiana, IV), Florence: Olschki, 1992, p. 85-95.

VOSKRESENSKIJ, D. L., GOLIKOV, V. P., OPFINSKAJA, O. V., PŠENIČNOVA, E. A., "Sogdijskie tkani VIII-IX vv. na transkavkazskom učastke velikogo Šelkogo puti" (Sogdian fabrics of the 8th-9th centuries on the Transcaucasian part of the great Silk Road), *Gumanitarnaja nauka v Rosii: Sorosovskie laureaty*, Moscow, 1996, p. 213-219.

WALEY, A., "Some References to Iranian Temples in the Tun-huang Region", *Bulletin of the Institute of History and Philology. Academia Sinica*, XXVIII, 1956, p. 123-128.

WEINBERGER, J., "The Authorship of Two Twelth Century Transoxanian Biographical Dictionaries", *Arabica*, XXXIII, 1986, p. 369-382.

WELLER, F., "Bemerkungen zum soghdischen Vimalakīrtinirdeśasūtra", *Asia Major*, X/2, 1934, p. 314-364.

WEN Yucheng 温玉成, 「龍門所見中外交通史料初探」『西北史地』1983/1, p. 61-68.

WHITEHOUSE, D., "Abbasid Maritime Trade: the Age of Expansion", in Prince MIKASA Takahito (ed.), *Cultural and Economic Relations Between East and West: Sea Routes*, (Bulletin of the Middle Eastern Culture Center in Japan, II), Wiesbaden: Harrassowitz, 1988, p. 62-70.

WHITFIELD, R., *The Art of Central Asia. The Stein Collection in the British Museum*, II, *Paintings from Dunhuang* II, Tokyo: Kodansha International, 1983, 358 p.

WU Chi-yu, "Le manuscrit hébreu de Touen-houang", in DRÈGE, J.-P. (ed.), *De Dunhuang au Japon. Études chinoises et bouddhiques offertes à Michel Soymié*,

(Collège de France, Institut des Hautes Études Chinoises, Hautes Études Orientales, XXXI), Geneva: Droz, 1996, p. 259–291.

XIONG, V., *Sui-Tang Chang'an. A Study in the Urban History of Medieval China*, Ann Arbor: Center for Chinese Studies, 2000, 370 p.

Xuanzangs Leben und Werk, (Veröffentlichungen der Societas Uralo-Altaïca, XXXIV), 5 vols., Wiesbaden: Harrassowitz, 1992–1996.

YANG, L. S., "Notes on the Economic History of the Chin Dynasty", *Harvard Journal of Asiatic Studies*, IX, 1945–1947, p. 107–185.

YANG Junkai 楊軍凱, 「入華粟特聚落首領墓葬的新発現：北周涼州薩保史君墓石槨図像初釈」栄新江/張志清(編)『従撒馬爾干到長安：粟特人在中国的文化遺跡』北京：北京図書館出版社, 2004, p. 17–26.

YOSHIDA, Y. 吉田豊, 「ソグド語雑録 II」『オリエント』31/2, 1988, p. 165–176.

____, 「ソグド語の人名を再構する」『三省堂ぶっくれっと』78, 1989, p. 66–71.

____, "Sogdian Miscellany, III", in EMMERICK, R., WEBER, D. (eds.), *Corolla Iranica. Papers in Honor of Prof. Dr. David Neil MacKenzie*, Frankfurt am Main: Peter Lang, 1991, p. 237–244.

____, review of SIMS-WILLIAMS, N., HAMILTON, J., *Documents turco-sogdiens du IXe–Xe siècle de Touen-houang*, London, 1990, in *Indo-Iranian Journal*, XXXVI/4, 1993a, p. 362–371.

____, review of SIMS-WILLIAMS, N., *Sogdian and Other Iranian Inscriptions of the Upper Indus*, I, (Corpus Inscriptionum Iranicarum, II/III), London: SOAS, 1989, in *Indo-Iranian Journal*, XXXVI/3, 1993b, p. 252–256.

____, review of SIMS-WILLIAMS, N., *Sogdian and Other Iranian Inscriptions of the Upper Indus*, II, (Corpus Inscriptionum Iranicarum, II/III), London: SOAS, 1992, in *Bulletin of the School of Oriental and African Studies*, LVII/2, 1994, p. 391–392.

____, "Additional Notes on Sims-Williams' Article on the Sogdian Merchants in China and India", in CADONNA, A., LANCIOTTI, L. (eds.), *Cina e Iran da Alessandro Magno alla Dinastia Tang*, Florence: Olschki, 1996, p. 68–78.

____, review of EMMERICK, R., VOROB'ËVA-DESJATOVSKAJA, M. (eds.), *Saka Documents Texts. The Saint Petersburg Collections*, London, 1995, in *Bulletin of the School of Oriental and African Studies*, LX/3, 1997, p. 567–569.

____, "On the Origin of the Sogdian Surname Zhaowu 昭武 and the Related Problems", *Journal Asiatique*, CCXCI/1-2, 2003, p. 35–67.

YÜ Ying-Shih, *Trade and Expansion in Han China. A Study in the Structure of Sino-Barbarian Economic Relations*, Berkelay and Los Angeles: University of California Press, 1967, 251 p.

ZAV'JALOV, V. A., "K voprosu o proisxoždenii statuetki Buddy iz Xel'go" (On the question of the provenance of the Buddha statuette from Helgö), *Arxeologičeskie Vesti*, IV, Saint Petersburg, 1995, p. 137–142.

ZEIMAL, E. V., "The Political History of Transoxiana", chapter 6 of the *Cambridge History Of Iran, III/1: The Seleucid, Parthian and Sasanian Periods*, Cambridge: University Press, 1983, p. 232-262.

____, "Eastern (Chinese) Turkestan on the Silk Road, First Millenium A.D.: Numismatic Evidence", *Silk Road Art and Archaeology*, II, 1991-1992, p. 137-177.

ZEIMAL', E. V., "The Circulation of Coins in Central Asia during the Early Medieval Period (Fifth-Eighth Centuries A.D.) ", *Bulletin of the Asia Institute*, VIII, 1994, p. 245-267.

ZHANG Guangda, "Trois exemples d'influences mazdéennes dans la Chine des Tang", *Études Chinoises*, XIII/1-2, 1994, p. 203-219.

____, "Iranian Religious Evidence in Turfan Chinese Texts", *China Archaeology and Art Digest*, IV/1, December 2000, p. 193-206.

ZIEME, P., "Zum Handel im uigurischen Reich von Qočo" *Alt-orientalische Forschungen*, IV, 1976, p. 235-250.

ZUCKERMAN, C., "On the Date of the Khazars'Conversion to Judaism and the Chronology of the Kings of the Rus Oleg and Igor. A Study of the Anonymous Khazar *Letter* from the Genizah of Cairo", *Revue des Études Byzantines*, LIII, 1995, p. 237-270.

ZUEV, Ju. A., "Kitajskie izvestija o Sujabe" (Chinese information about Suyab), *Izvestija Akademii Nauk Kazaxskoj SSR*, 3 (14), 1960, p. 87-96.

ZÜRCHER, E., "The Yüeh-chih and Kaniṣka in the Chinese Sources", in BASHAM, E. (ed.), *Papers on the Date of Kaniṣka*, Leiden: Brill, 1968, p. 346-390.

____, *The Buddhist Conquest of China*, (Sinica Leidensia, XI), 2 vols., 2nd ed., Leiden: Brill, 1972, 470 p.